-Mana-

¡De viva voz!

H3 Act C, paso 1
39 Act B

La tala de bosques
to cut the trees
—andures

PG 166 Act C Oct 11
Act C

¡De viva voz!

INTERMEDIATE CONVERSATION AND GRAMMAR REVIEW

Michael D. Thomas

University of Mary Hardin-Baylor

Boston   Burr Ridge, IL   Dubuque, IA   Madison, WI   New York
San Francisco   St. Louis   Bangkok   Bogotá   Caracas   Kuala Lumpur
Lisbon   London   Madrid   Mexico City   Milan   Montreal   New Delhi
Santiago   Seoul   Singapore   Sydney   Taipei   Toronto

McGraw-Hill Higher Education

A Division of the **McGraw-Hill** *Companies*

This is an  book.

¡De viva voz!
Intermediate Conversation and Grammar Review

This book is printed on acid-free paper.

5 6 7 8 9 0 DOC DOC   0 9 8 7 6 5

ISBN 0-07-233382-0

Editor-in-chief: *Thalia Dorwick*
Executive editor: *William R. Glass*
Developmental editor: *Pennie Nichols-Alem*
Senior marketing manager: *Nick Agnew*
Project manager: *David M. Staloch*
Senior production supervisor: *Pam Augspurger*
Designer: *Francis Owens*
Cover Design: *Susan Sanford*
Art editor: *Nora Agbayani*
Compositor: *Black Dot Group*
Supplement coordinator: *Tracey Knapp*
Typeface: *Palatino*
Printer and binder: *R.R. Donnelley*

Library of Congress Cataloging-in-Publication Data

Thomas, Michael D., 1948–
   ¡De viva voz! : intermediate conversation and grammar review / Michael D. Thomas.
      p. cm.
   Includes index.
   ISBN 0-07-233382-0
   1. Spanish language—Textbooks for foreign speakers—English. I. Title.

PC4129.E5 T54 2000
468.2'421—dc21   00-039435

ontents

reface

The Larousse *Gran Diccionario Español-Inglés/English-Spanish* (1993) defines the phrase ***de viva voz*** as "personally, in person (***personalmente***); ***decir algo a alguien de viva voz*** to tell s.o. sth. personally; *viva voce*, by word of mouth." A concentration on personal, vivid communicative exchange characterizes the approach and content of *¡De viva voz! Intermediate Conversation and Grammar Review*. This focus on communication is also reflected in the text's cover illustrations, which portray people vigorously involved in diverse forms of message transmission. As can happen in real life, one person shares information, which may in turn be communicated to others one-on-one, via small groups or electronic media, or in the public square. All of the "communication" that is taking place on the cover is clearly representative of the communicative objectives of this book.

¡*De viva voz!* is an exciting new text for second-year programs that emphasizes oral skills and conversation. Each lesson provides thematic, lexical, and structural support for dynamic personal exchanges that are also systematically guided and carefully leveled. Written for students who have completed first-year college Spanish or the equivalent, *¡De viva voz!* may be used in an intermediate level conversation or grammar review course, or over several terms with a cultural or literary reader.

Pedagogical Approach

¡De viva voz! seeks to balance two essential demands of language learning: 1) a knowledge of standard Spanish structures and 2) opportunities for spontaneous creativity in the language. Grammar in this text is presented as a means to a communicative end. As language teachers, we know that a relatively limited number of simple structures can serve as the basis for producing a vast number of original sentences, even at the novice or intermediate level. Thus, throughout the text, students are provided the linguistic tools necessary to create original discourse by personalizing or contextualizing basic patterns.

In addition, the text weaves into each particular language structure, context, and theme three significant facets of human communication: the *social*, the *emotional*, and the *dramatic*.

Socialization in the real world implies information sharing in a language community. This encompasses narrating life experiences, participating in question-answer exchanges, seeking and providing information, and discussing ideas, to name just a few. In order to approximate experiences found outside of the classroom, textbooks and language classes must promote socialization, and this process must be intense because our classroom contact hours are limited. The activities of ¡De viva voz! are designed to create a simulated language community in the classroom.

An *emotional* connection with the language is vital in order to make the language emotionally as well as intellectually real to students. In many classes, students must repress inherent emotional impulses. There is a stunning contrast between their passive or unenthusiastic demeanor in the traditional classroom and their highly animated behavior when they leave class, interact in the cafeteria, or converse in the halls. Since one of our principal goals as language teachers is to develop students' communicative proficiency, we should make every effort to tap into this natural energy and establish a very human connection with the Hispanic world.

The value of *dramatic* activity in the second language classroom should not be underestimated. Dramatization positively affects student involvement and long-term retention of structures and vocabulary. The "dramatic" activities provide instructors the opportunities to model sentences and situations in such a way that the language, culture, and people come alive for the student, right in the middle of an otherwise traditional classroom setting.

Content and Organization

Students enter intermediate-level college Spanish from a wide variety of academic backgrounds. Some have taken Spanish in the distant past; many studied it in high school or at another college with a different text and approach; others have forgotten a good deal of whatever they knew before summer vacation. Some students are strong in grammar, but weak in conversation; some are strong in conversation, but weak in grammar; many are weak in both areas.

What most students have learned or only vaguely remember must be used and amplified. Thus, ¡De viva voz! presents and reviews aspects of Spanish grammar and vocabulary in a progressive way. The complete conversational review also assures that students who are not majors or minors will complete the language requirement sequence with the ability to understand and use the language in a given cultural setting. To enhance this process, brief cultural readings support chapter themes and give the instructor an opportunity to expand on a number of subjects. In addition, six popular and literary readings appear after even-numbered chapters. A detailed explanation of the chapter structure is presented in A Guided Tour, found on page xv.

Some Notes About Exercises and Activities

The ACTFL Proficiency Guidelines state that the "Intermediate level is characterized by the speaker's ability to:

- create with the language by combining and recombining learned elements, though primarily in a reactive mode
- initiate, minimally sustain, and close in a simple way basic communicative tasks
- ask and answer questions"

These guidelines were not meant to describe an approach, but rather a product. However, in considering them, I have been inspired to design activities that include an interesting variety of communicative situations. These activity types should serve as an "intermediate stepping-stone" to advanced proficiency. Students work on proficiency through:

- one-on-one conversation and information-gathering activities such as interviews, signature searches, etc.
- oral reports and narrations based on personal information or information gathered from others or from Internet and library sources
- word and guessing games
- student-instructor exchanges
- lists created to personalize themes and structures and to serve as springboards for conversations
- debates and general discussions about current issues or textual content
- dramatic activities for creating and presenting scenes
- class discussions about readings and cultural information.

The materials and activities of *¡De viva voz!* have been tested in language classrooms for more than a decade at three institutions of higher learning. Colleagues who have taught with them have reported very satisfying results. Based on our experience with these materials in the classroom, we believe that this text can serve as an important vehicle to help novice and low-intermediate language learners become markedly more conversational and comfortable with the Spanish language.

Distinctive Features of the Text

Progressive arrangement of material. As previously noted, the text is a carefully constructed program systematically arranged from simple to more complex structures and concepts, from high-frequency vocabulary words to lexical items appropriate for the intermediate-level student. Throughout the text, students learn how to recombine elements learned in previous sections and chapters.

Conversation appropriate to student level. Every instructor hopes to be able to teach an intermediate class entirely in Spanish; with *¡De viva voz!* this is possible. Because of the nature of the activities, the class can talk in the language without spending excessive time talking about the language. The instructor can guide engaging, fast-paced, leveled conversations.

Special emphasis on the Spanish verb system. *¡De viva voz!* addresses as high priority the traditional nemesis for American students: the Spanish verb system. A carefully selected list of frequently used verbs is introduced, reviewed, and then recycled throughout the Spanish tense/mood system.

Tables and summary charts. These charts provide model sentences using structures studied and organize difficult concepts, making them easier to grasp and remember.

Authentic language. Many of the model sentences and titles have "fallen from the lips" of native Spanish speakers. These are sentences that my students and I have collected over the years. They can be funny, impertinent, romantic, angry, or charming, just like the people who uttered them. My hope is that these examples help students relate to and better understand the Spanish language and Hispanic culture.

Engaging cultural content. Cultural notes, jokes, and realia are sprinkled throughout the text. To provide an objective view, I have, whenever possible, included brief activities with sociological or historical facts. To personalize the cultural and historical content, the instructor is given many opportunities to relate personal experiences with Hispanic culture.

Authentic literary and journalistic readings. The readings have been selected according to geographic and thematic diversity, quality, proven interest to students, and level. While the text is not a "reader" per se, readings have been included to provide a culturally authentic avenue for various levels of discussion.

A Guided Tour

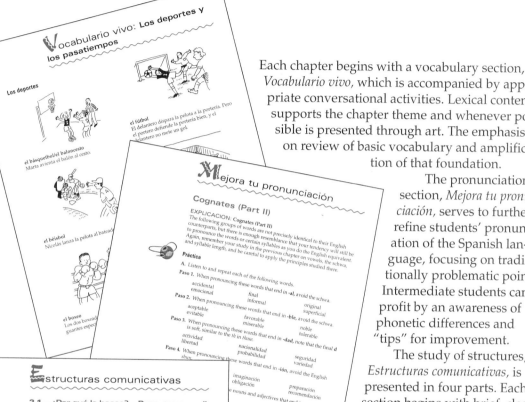

Each chapter begins with a vocabulary section, *Vocabulario vivo,* which is accompanied by appropriate conversational activities. Lexical content supports the chapter theme and whenever possible is presented through art. The emphasis is on review of basic vocabulary and amplification of that foundation.

The pronunciation section, *Mejora tu pronunciación,* serves to further refine students' pronunciation of the Spanish language, focusing on traditionally problematic points. Intermediate students can profit by an awareness of phonetic differences and "tips" for improvement.

The study of structures, *Estructuras comunicativas,* is presented in four parts. Each section begins with brief, clear explanations of structures and principles. Lively model sentences are used to exemplify the linguistic point. There follows a variety of exercises and communicative contexts that allow the students to interact, report, narrate, or ask questions. Grammar is presented as a guide to communication, not as an element that inhibits it.

Vocabulario vivo: Los deportes y los pasatiempos

Los deportes

el fútbol
El delantero dispara la pelota a la portería. Pero el portero defiende la portería bien, y el delantero no mete un gol.

el básquetbol/el baloncesto
Marta avienta el balón al cesto.

el béisbol
Nicolás lanza la pelota al bateado...

el boxeo
Los dos boxea...
guantes espec...

Mejora tu pronunciación

Cognates (Part II)

EXPLICACION: Cognates (Part II)
The following groups of words are not precisely identical to their English counterparts, but there is enough resemblance that your tendency will still be to pronounce the words or certain syllables as you do the English equivalent. Again, remember your study in the previous chapter on vowels, the schwa, and syllable length, and be careful to apply the principles studied there.

Práctica

A. Listen to and repeat each of the following words.

Paso 1. When pronouncing these words that end in **-al**, avoid the schwa.

accidental	final
emocional	informal
	original

Paso 2. When pronouncing these words that end in **-ble**, avoid the schwa.

aceptable	superficial
evitable	favorable
	miserable
	noble
	tolerable

Paso 3. When pronouncing these words that end in **-dad**, note that the final **d** is soft, similar to the *th* in *those.*

actividad	nacionalidad
libertad	probabilidad
	seguridad
	variedad

Paso 4. When pronouncing these words that end in **-ión**, avoid the English *shun.*

imaginación	preparación
obligación	recomendación

...e nouns and adjectives that end in **-nte**, avoid...

excelente	inteligente
independiente	reciente

...following sentences.

...cial.
...ble.

3   ¿Qué deportes te gustan?   57

Estructuras comunicativas

3.1 —¿Por qué lo haces? —Pues, ¡porque sí!
Interrogatives, connecting words, and relative pronouns

Estructura 1: Las palabras interrogativas

Remember that the interrogatives or question words in Spanish carry an accent on the stressed syllable, and that all questions are enclosed (¿...?).

¿Cómo?	How?
¿Cuál? ¿Cuáles?	Which? What?
¿Cuándo?	When?
¿Cuánto? ¿Cuánta?	How much?
¿Cuántos? ¿Cuántas?	How many?
¿Dónde?	Where?
¿Adónde? ¿De dónde?	To where? From where?
¿Por qué?	Why?
¿Qué?	What?
¿Quién(es)?	Who?
¿A quién(es)? ¿De quién(es)?	To whom? From whom?

LENGUA

¿Qué? / ¿Cuál?

¿Qué? significa *What?* y **¿Cuál?** normalmente significa *Which?* **¿Cuál?** se usa en muchos casos antes del verbo **ser,** porque la estructura implica **entre todas las posibilidades,** ¿cuál es? (*of all possibilities, which is it?*) Sin embargo, la traducción al inglés suele ser *What?*

¿**Cuál** es tu nombre?	*What is your name?*
¿**Cuál** es tu (número de) teléfono?	*What is your telephone number?*
¿**Cuál** es tu dirección?	*What is your address?*
¿**Cuál** es la respuesta?	*What is the answer?*
¿**Cuál** es el problema?	*What is the problem?*

Cuando **¿Qué?** se usa con **ser,** se está pidiendo una definición o una identificación.

¿**Qué** es eso?	*What is that?*
¿**Qué** es un cometa?	*What is a comet?*

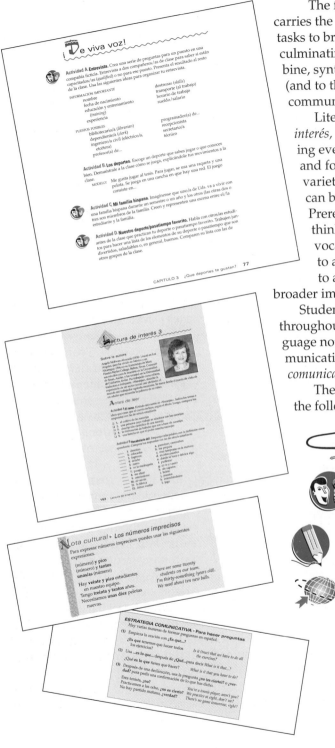

The final section of each chapter, *¡De viva voz!*, carries the title of the text and offers a variety of tasks to bring the chapter to a close. It serves as a culminating section, allowing students to recombine, synthesize, and demonstrate to their teacher (and to themselves) how much more they can communicate in Spanish.

Literary and popular readings, *Lectura de interés*, are presented in a special section following every even-numbered chapter in the text and form the basis for lively discussion of a variety of interesting themes. Usually, readings can be discussed in a single class period. Prereading activities guide the student to think about the theme and to learn new vocabulary. Postreading exercises are geared to assess comprehension and lead the class to analyze the reading and to discuss its broader implications.

Students will find other recurring features throughout the text, including cultural and language notes (*Nota cultural, Lengua*) as well as communicative strategies for self-expression (*Estrategia comunicativa*).

The icons used throughout the text indicate the following:

 Material that is presented on the accompanying audio-cassette or audio CD

 Activities that are particularly suited for pair, or group work.

 Activities that integrate a written component, such as brief assignments to be completed outside of class

 Activities that direct students to do additional exploration of a topic on the World Wide Web.

Supplements

A *Listening Comprehension Pronunciation Tape* (or CD) is packaged with each new copy of the textbook. This tape (or CD) focuses solely on the *Mejora tu pronunciación* sections.

The student *Workbook/Lab Manual* provides exercises for independent review and practice of the materials. Based on the organization of the textbook, the manual presents lexical and structural exercises, as well as opportunities to create with the language and to increase the number of positive contact hours with the language. These exercises help students refine their accuracy while developing the generation of original language.

The *Audio Lab Program*, available either on cassette or audio CD, supports the *Workbook/Lab Manual* by providing listening comprehension activities. The *Audio Lab Program* is available for individual students, as well as in an institutional lab version.

Acknowledgements

Special recognition is due to my family—my wife, Susan, and my three children, Elizabeth, Carolyn, and Jeff—for many years of patience. I owe particular thanks to Judith Arnold, my colleague in Spanish at the University of Mary Hardin-Baylor, who has over a period of many years graciously helped me field-test these materials in various stages of development. I gratefully acknowledge the financial support of the Charles A. Dana Foundation and the University of Mary Hardin-Baylor. Grants from these institutions made it possible for me to develop this text while a Dana Foundation Fellow at Dartmouth College during the summer of 1993. Sincere notes of appreciation go to Robert Russell of Dartmouth College, who worked above and beyond the call of duty to help me improve many aspects of the presentation, and to Dartmouth professor John Rassias, creative genius, tireless source of inspiration to language teachers far and wide. I am also indebted to student assistants Laura Ibarra and Guillermina Camacho, who assisted in proofreading.

Finally, I am extremely grateful to the entire McGraw-Hill staff for their professionalism and for exceeding my expectations for editorial assistance. To Bill Glass: without his expertise, feedback, diligence, and commitment to me as an author, this project would still be sitting on my desk; and to Pennie Nichols-Alem, development editor, for her openness, skill, and willingness to work hard. Thanks also go to Laura Chastain, whose careful native reading of the manuscript raised the level of linguistic and cultural accuracy. I would also like to acknowledge Francis Owens, who oversaw the development of the beautiful cover and interior design, and David Staloch, who served as project manager during the production process.

A number of language teaching professionals have reviewed portions or all of this text in manuscript form and have made valuable comments during its development. The appearance of their names, however, constitutes no endorsement of the text or of its methodology:

Teresa Bargetto-Andrés
Iowa State University

Ester Choque
Southwest Missouri State University

Jane Cowles
Kenyon College

Leo Emilfork
Pine Manor College

Sharon Foerster
University of Texas-Austin

Chris Foley
Liberty University

James Ford
University of Arkansas

Kathleen March
University of Maine

Nancy McElveen
Greensboro College

Carlos Monsanto
University of Houston

Olga L. O'Hearn
Norfolk State University

John Oller
University of New Mexico

Denise Overfield
University of West Georgia

John Rassias
Dartmouth College

Robert Russell
Dartmouth College

Kirsten Thorne
Lawrence University

Lonnie Turbee
Syracuse University

Rima Vallbona
University of St. Thomas

Joseph Vélez
Baylor University

Anthony J. Vetrano
LeMoyne College

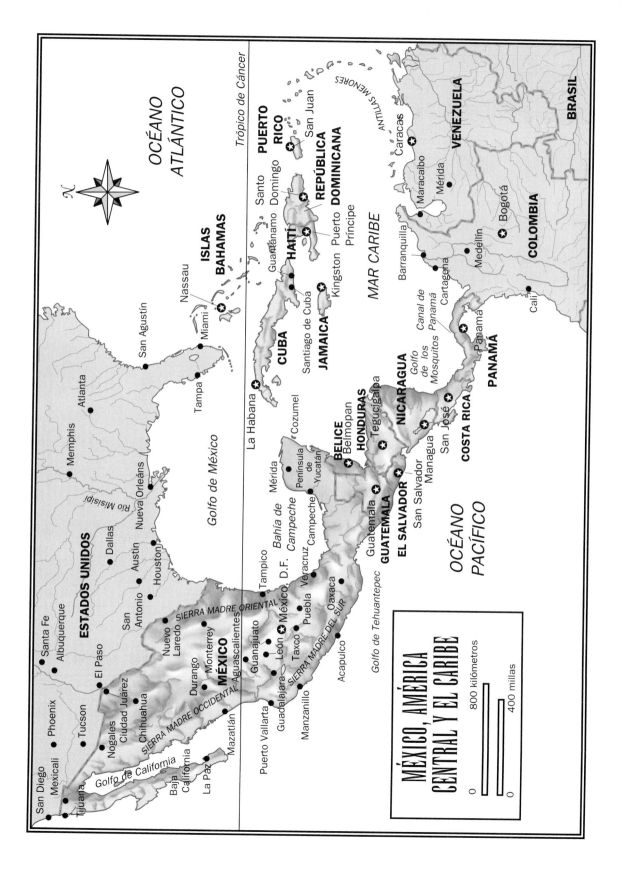

MÉXICO, AMÉRICA CENTRAL Y EL CARIBE

OCÉANO ATLÁNTICO

OCÉANO PACÍFICO

MAR CARIBE

Golfo de México

Golfo de California

Golfo de Tehuantepec

Bahía de Campeche

Trópico de Cáncer

ANTILLAS MENORES

ESTADOS UNIDOS

San Diego
Mexicali
Tijuana
Phoenix
Tucson
Nogales
Ciudad Juárez
Chihuahua
El Paso
Albuquerque
Santa Fe
Memphis
Atlanta
Dallas
Austin
San Antonio
Houston
Nueva Orleáns
Tampa
San Agustín
Miami

Río Misisipí

MÉXICO
La Paz
Mazatlán
Durango
Nuevo Laredo
Monterrey
Aguascalientes
Guanajuato
León
Guadalajara
Puerto Vallarta
Manzanillo
Taxco
Acapulco
México D.F.
Puebla
Oaxaca
Veracruz
Tampico
Mérida
Cozumel
La Habana
Península de Yucatán

SIERRA MADRE ORIENTAL
SIERRA MADRE OCCIDENTAL
SIERRA MADRE DEL SUR

Baja California

CUBA
Santiago de Cuba
JAMAICA
Kingston
Guantánamo

ISLAS BAHAMAS
Nassau

PUERTO RICO
San Juan

HAITÍ
Puerto Príncipe
REPÚBLICA DOMINICANA
Santo Domingo

BELICE
Belmopan
GUATEMALA
Guatemala
EL SALVADOR
San Salvador
HONDURAS
Tegucigalpa
NICARAGUA
Managua
COSTA RICA
San José
PANAMÁ
Panamá
Canal de Panamá
Golfo de los Mosquitos

VENEZUELA
Caracas
Maracaibo
Mérida

COLOMBIA
Bogotá
Medellín
Barranquilla
Cartagena
Cali

BRASIL

0   800 kilómetros

0   400 millas

MAR CARIBE

OCÉANO
ATLÁNTICO

Maracaibo
Barranquilla
Caracas
PANAMÁ
GUAYANA
VENEZUELA
Georgetown
Medellín
Paramaribo
Panamá
Río Orinoco
Cayena
Bogotá
SURINAME
Cali
COLOMBIA
GUAYANA FRANCESA
Quito
Ecuador

Río Amazonas
ECUADOR
Belém
Guayaquil
Manaus

PERÚ
BRASIL

Recife

Cuzco
Lima
La Paz
Brasília
Arequipa
BOLIVIA
Sucre

PARAGUAY
Antofagasta
Rio de Janeiro
Asunción
Trópico de Capricornio
CHILE
San Miguel
São Paulo
de Tucumán
La Serena

OCÉANO
PACÍFICO

Córdoba
Rosario
URUGUAY
Valparaíso
OCÉANO
ATLÁNTICO
Santiago
ARGENTINA
Montevideo
Buenos Aires
Concepción
Río de la Plata
Bahía Blanca

Puerto Montt
Bariloche
Chiloé

AMÉRICA DEL SUR

Islas Malvinas
0   1500 kilómetros
Estrecho de Magallanes
Punta Arenas   Tierra del Fuego
0   1000 millas
Cabo de Hornos

CORDILLERA DE LOS ANDES

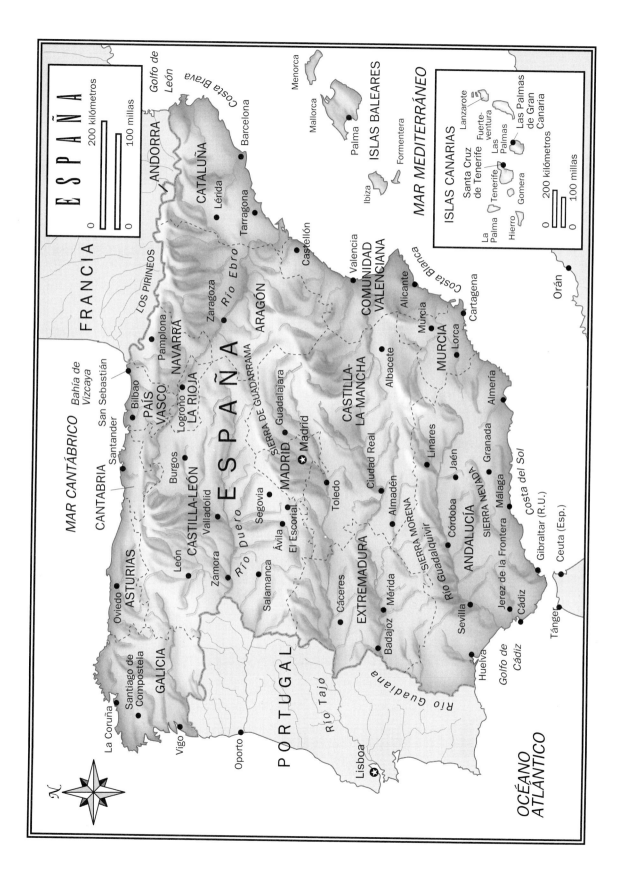

En muchos hogares hispánicos, los abuelos viven con sus hijos y nietos. Pero hoy en día algunas familias hispanas son más pequeñas.

La vida del hogar

Metas

En este capítulo vas a...

- conocer a tus compañeros/as de clase
- hablar de tu vida diaria y familiar
- repasar y practicar las siguientes estructuras:
    - ✔ **ser** y **estar** (1.1)
    - ✔ expresiones idiomáticas con **tener** y la expresión **hay** (1.2)
    - ✔ el presente de indicativo de verbos regulares (**-ar, -er, -ir**) (1.3, 1.4)

Vocabulario vivo: El hogar

La casa de los Sánchez

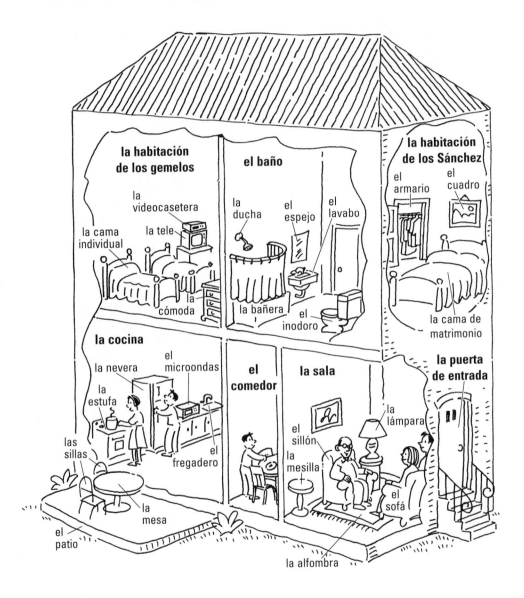

la habitación de los gemelos

la videocasetera

la tele

la cama individual

la cómoda

el baño

la ducha

el espejo

el lavabo

la bañera

el inodoro

la habitación de los Sánchez

el armario

el cuadro

la cama de matrimonio

la cocina

la nevera

el microondas

la estufa

las sillas

el fregadero

la mesa

el patio

el comedor

la sala

el sillón

la mesilla

la puerta de entrada

la lámpara

el sofá

la alfombra

Los familiares

Fernando Sánchez López: **el padre** de la familia, **el esposo** de Marielos, **el yerno** de Carlos

Marielos Miranda de Sánchez: **la madre** de la familia, **la esposa** de Fernando, **la hija** de Carlos

Mabel Sánchez Miranda: **la hija** de Fernando y Marielos, **la hermana** de José y Juan, **la nieta** de Carlos

José Sánchez Miranda: **el hijo** de Fernando y Marielos, **el hermano** de Mabel y Juan, **el hermano gemelo** de Juan, **el nieto** de Carlos

Juan Sánchez Miranda: **el hijo** de Fernando y Marielos, **el hermano** de Mabel y José, **el hermano gemelo** de José, **el nieto** de Carlos

Carlos Miranda Vélez: **el padre** de Marielos, **el suegro** de Fernando, **el abuelo** de Mabel, José y Juan

La familia

el/la abuelo/a (abuelito/a) grandfather/grandmother (grandpa/grandma)
los abuelos grandparents
el/la bisabuelo/a great-grandfather/great-grandmother
el/la bisnieto/a great-grandson/great-granddaughter
las hermanas gemelas twin sisters
el/la hermanastro/a stepbrother/stepsister
los hermanos gemelos twin brothers/brother and sister
el/la hijastro/a stepson/stepdaughter
el/la hijo/a adoptivo/a adopted son/adopted daughter
el/la hijo/a único/a only child
la madrina godmother
la mamá soltera single mom
el marido husband
el matrimonio married couple; marriage
el/la medio/a hermano/a half-brother/half-sister
la mujer wife
el/la nieto/a grandson/granddaughter
el padrino godfather
el papá soltero single dad
el/la primo/a cousin
el/la sobrino/a nephew/niece
el/la tío/a uncle/aunt
el/la tío/a abuelo/a great uncle/great aunt

Los parientes políticos

el/la cuñado/a brother-in-law/sister-in-law
la nuera daughter-in-law
el/la suegro/a father-in-law/mother-in-law
el yerno son-in-law

Otras relaciones y los estados civiles

el/la novio/a boyfriend/girlfriend; fiancé/fiancée; bridegroom/bride
la pareja couple
el/la viudo/a widower/widow
casado/a married
divorciado/a divorced
prometido/a engaged
separado/a separated

LENGUA ~~~~~~

Los sufijos y prefijos familiares

El sufijo **-astro** comunica la idea de *step-*, por ejemplo, **hermanastra**, **padrastro**. El prefijo **bis-** significa *great* al referirse a los abuelos y a los nietos, pero para *great uncles* y *aunts* se dice **tío abuelo** y **tía abuela**. Otros sufijos son **-ino** para *godparents* (**el padrino** y **la madrina**) y el diminutivo **-(c)ito** para indicar cariño (**abuelitas papacito, mamacita, hijito, hijita, nietecito,** etcétera).

Nota cultural • Expresiones de cariño

Las siguientes palabras son ejemplos de expresiones de cariño entre novios o entre esposos.

mi alma (*soul*)
mi amor (*love*)
amorcito/a (*little love*)
mi cielo (*heaven*)

querido/a (*beloved*)
mi tesoro (*treasure*)
mi vida (*life*)

Sólo para la mujer

nena (*baby*)

mi reina (*queen*)

Expresiones cariñosas y comunes

chato/a (*flat nose*)
flaco/a (*skinny one*)

gordo/a (*fat one*)
viejo/a (*old one*)

Actividad A. Preguntas sobre el dibujo. Contesta las siguientes preguntas brevemente.

1. ¿Cómo se llama la esposa de Fernando? ¿Dónde está?
2. ¿Qué hace la madre? ¿Quién la está ayudando? ¿Qué hay en la cocina?
3. ¿Quién es el suegro de Fernando? ¿Dónde está?
4. ¿Qué están haciendo Carlos y su yerno?
5. ¿Dónde está Juan? ¿Qué está haciendo?
6. ¿Qué hay en la sala? ¿en el baño? ¿en la habitación de los Sánchez?

Actividad B. ¿Cómo es tu familia?

Paso 1. Entrevista a dos compañeros/as de clase. Usa las siguientes preguntas como guía general y haz tres preguntas originales. Contéstales las preguntas a tus compañeros/as.

1. ¿Cómo es tu padre? ¿Cómo es tu madre? ¿Trabaja? ¿Dónde?
2. ¿Cuántos hermanos/hijos tienes? ¿Cómo son?
3. ¿Cómo se llama tu esposo/a (novio/a)? ¿Cómo es?
4. ¿Viven todavía tus abuelos? ¿Cómo son? ¿Dónde viven?
5. ¿Dónde vive tu familia?
6. ¿Cómo es tu casa/apartamento? ¿Dónde está?
7. ¿Cuántas habitaciones hay en tu casa/apartamento?

Paso 2. Comparte con la clase las cuatro cosas más interesantes que aprendiste de tus compañeros/as de clase.

Paso 3. Ahora, con tus compañeros/as, háganle preguntas al profesor (a la profesora) sobre su familia y su casa. Usen la forma de **Ud.** y comparen sus respuestas con las de los otros estudiantes.

Actividad C. Juegos y diversiones. En una hoja de papel aparte, dibuja un cuarto o un mueble. Luego, descríbeselo a la clase y los otros estudiantes tratarán de adivinar (*guess*) lo que es.

Actividad D. Casas en venta. Imagínense que uno/a de Uds. quiere venderle una casa al otro (a la otra). El vendedor (La vendedora) debe describirle una casa mientras el otro (la otra) escucha y hace preguntas sobre la casa. Luego, cambien de papeles y repitan la escena.

MODELO: E1: Esta casa es maravillosa. Tiene cuatro habitaciones y dos baños.
            E2: Pero, ¿tiene jardín? Tenemos tres hijos y necesitamos jardín.
            E1: Pues, no, pero hay un patio...

VOCABULARIO UTIL

el cemento cement
el césped lawn
el estuco stucco
el garaje colectivo parking garage
el jardín yard; garden

el ladrillo brick
la madera wood
el metal metal
el muro exterior wall

Actividad E. Mi familia y mi casa. Antes de ir a clase, prepara una narración de cuarenta palabras para leer o presentar en forma oral a la clase.

MODELO: En mi familia somos cinco. Mis padres están divorciados. Mi papá trabaja aquí en una fábrica. Mi mamá vive en Los Angeles...

    O: Mi esposo y yo vivimos en una casa que tiene dos dormitorios. En nuestro dormitorio, hay una cama, un escritorio y una lámpara. Comemos en el comedor...

Mejora tu pronunciación

Avoiding the schwa. Rhythm and syllable length

EXPLICACION: Avoiding the schwa

The schwa or *uh* sound is a sure indicator of an English accent. Unlike Spanish, English has dozens of vowel variants, including the schwa, which occurs most often in unstressed syllables. The schwa is an imprecise *uh* sound. Read the following words aloud; the schwa is underlined.

semester   destiny   recommend   Martha

Práctica

A. Spanish vowel sounds are tenser and vary less than their English counterparts. Listen to and repeat the following vowels.

a   e   i   o   u

B. Listen to and repeat this rhyme known to Spanish-speaking school children.

a, e, i, o, u   El burrito sabe más que tú.

C. Pronounce the following Spanish words, avoiding the schwa. Pay particular attention to those that resemble their English counterparts.

semestre	destino	acción	Marta
moderno	apartamento	María	derecha
terrible	forma	abuela	fábrica
casa	enero	cerca	planeta

EXPLICACION: Rhythm and syllable length

In English, the irregular length of time it takes to pronounce syllables creates a somewhat choppy rhythm. Some English syllables are long, some are short. Syllable length in English is usually determined by stress. Stressed syllables can be relatively long and unstressed syllables can be short and almost unintelligible to the nonnative speaker of English.

Read the following examples aloud (the long syllables are underlined).

The United States of America.
A notable percentage of the population is on vacation in August.
This semester, Mary is not at her grandmother's house.

Can you hear the irregular rhythm? Spanish syllables are regular or equal in length, creating an even, steady rhythm.

Práctica

Listen to and repeat the following sentences. Be careful to avoid the schwa and to pronounce the syllables with equal length.

1. La rosa es roja; la violeta, azul.
   El azúcar es dulce (y también tú).
2. En la escuela, mi hermana describe los planetas.
3. Nuestra cocina tiene dos fregaderos.
4. Adela vive en un apartamento de tres habitaciones.
5. Este semestre María no vive en la casa de su abuela.
6. Muchos hogares incluyen a tres o cuatro generaciones.
7. Mi abuela está en el comedor con mi tía.
8. «En un lugar de la Mancha, de cuyo nombre no quiero acordarme... »
9. Yo soy un hombre sincero de donde crece la palma;
   y antes de morirme, quiero echar mis versos del alma.

Estructuras comunicativas

1.1 ¿Cómo es tu papá? ¿Cómo está? Ser and estar in review

SER (*TO BE*)			
yo	**soy**	nosotros/as	**somos**
tú	**eres**	vosotros/as	**sois**
Ud.	**es**	Uds.	**son**
él/ella	**es**	ellos/ellas	**son**
ESTAR (*TO BE*)			
yo	**estoy**	nosotros/as	**estamos**
tú	**estás**	vosotros/as	**estáis**
Ud.	**está**	Uds.	**están**
él/ella	**está**	ellos/ellas	**están**

¡Recuerda! **Tú** is used with family and friends, while **usted** (**Ud.**) is used in more formal situations. Young people use **tú** forms with others their own age, even if they hardly know them. Usage varies from country to country, but a good rule of thumb is to use **tú** with classmates and **Ud.** with your instructor.

Repaso: ¿Cuándo se usan?

(1) Noun to noun

Only **ser** joins subject nouns or pronouns to predicate nouns.

Yo soy estudiante.	*I am a student.*
Jimmy Smits es un actor hispánico.	*Jimmy Smits is an Hispanic actor.*
Ellos son espías.	*They are spies.*

(2) Origin, ownership, material, special expressions (*de*)

Only **ser** shows origin, ownership, or what a subject is (made of) when followed by **de**.

Él es de Buenos Aires.	*He is from Buenos Aires.*
Este Mercedes-Benz es de mi tío.	*This Mercedes-Benz is my uncle's.*
Su casa es de madera.	*Their house is (made of) wood.*

Estar is used with **de** in a few idiomatic expressions.

Estamos de vacaciones.	*We're on vacation.*
Los zapatos están de moda.	*The shoes are in style.*

(3) Location

Only **ser** locates an activity (the event *takes place*).

La clase es aquí, ¿verdad?	*Class is here, right?*
La reunión es en la biblioteca.	*The meeting is in the library.*

Only **estar** locates places, objects, and people (not events).

Tampico está en México.	*Tampico is in Mexico.*
Las alfombras están en la sala.	*The rugs are in the living room.*
El bebé está en mi habitación.	*The baby is in my bedroom.*

(4) Present progressive

Only **estar** is used for the progressive tenses. The present progressive is equivalent to the *I am* + *-ing* structure in English.

Estamos cantando «Cielito lindo.»	*We're singing "Cielito lindo."*
Yo estoy preparando mi tarea.	*I'm preparing my homework.*
Elsa está abriendo sus regalos.	*Elsa is opening her gifts.*

(5) Descriptions

Ser links nouns to adjectives that describe the physical characteristics of places and things, as well as the physical and personality traits used in the description of persons.

La ciudad de Santiago es hermosa.	*The city of Santiago is pretty.*
Mi novio es alto y guapísimo.	*My boyfriend is tall and very handsome.*

Estar links nouns to adjectives that signify a condition or state the speaker considers uncharacteristic or subject to change; it may also indicate a significant change in the subject's characteristics. For people, it answers the question, *How are you doing?* It may also mean *seems, looks,* or *tastes.*

Los estudiantes están cansados.	*The students are tired.*
Su novio está muy enojado.	*Her boyfriend is very mad.*
¡Qué alta está mi sobrina!	*How tall my niece has grown/looks!*
¡Estás linda!	*You look pretty!*
La sopa está muy rica.	*The soup tastes delicious.*

While only **ser** joins nouns to nouns, both **ser** and **estar** are used with adjectives. However, with **ser** the adjective will indicate a characteristic, while with **estar** it will describe a condition or a change. A few adjectives also take on a different meaning, depending on which verb they are used with.

ser (characteristic of the subject)	**estar** (condition of the subject)
Este profesor es aburrido.	El público está aburrido.
This professor is boring.	*The public is bored.*
Nora es muy viva.	Mis abuelos están vivos.
Nora is very lively.	*My grandparents are alive.*
Ella es pálida.	Estás pálida, mi amor.
She has a pale complexion.	*You look pale, my love.*
Eugenia es muy linda.	Marta, ¡estás linda hoy!
Eugenia is very pretty.	*Martha, you look pretty today!*
Lola es muy lista.	Rogelio, ¿estás listo?
Lola is very smart.	*Rogelio, are you ready?*

SER vs. ESTAR AT A GLANCE

Function	ser	estar
Links nouns to nouns	✔	
Shows possession or origin with **de**	✔	
Locates events	✔	
Locates persons and things		✔
Used for progressive tenses (*-ing*)		✔
Links nouns to adjectives	✔	✔

Actividad A. A conocernos*

Paso 1. Entrevista a dos compañeros/as de clase. Usa las siguientes preguntas como guía general. Haz tres preguntas originales. Contéstales las preguntas a tus compañeros/as.

1. ¿De dónde eres? ¿De dónde son tus abuelos?
2. ¿Cómo eres? ¿trabajador(a)? ¿simpático/a? ¿muy inteligente? ¿modesto/a? ¿Eres buen(a) estudiante?

---

*See the **Cuaderno de práctica** for additional activities.

3. ¿Son generosos tus padres? ¿Es muy trabajador tu papá? ¿Es simpático? ¿guapo? ¿Y tu mamá? ¿Es trabajadora? ¿simpática? ¿muy bonita?
4. ¿Tienes hermanos? ¿Cómo son?
5. ¿Tienes novio/a o esposo/a? ¿Cómo es? ¿De dónde es?
6. ¿Es de oro, de plata o de plástico tu reloj?
7. ¿Dónde está tu apartamento/casa? ¿Está lejos o cerca?

Paso 2. Comparte con la clase las tres cosas más interesantes que aprendiste acerca de tus compañeros/as de clase.

LENGUA

El sujeto y *ser* en preguntas

En inglés en las preguntas con *to be* se invierte el sujeto y el verbo.

Are your parents generous?   **¿Son tus padres generosos?**

Este orden es correcto en español, pero es más común colocar el sujeto al final de la pregunta.

¿Son generosos tus padres?

Actividad B. Para el Oscar.* Creen un breve contexto dramático en que se puedan usar las siguientes oraciones con los verbos, **ser y estar.** Luego, representen la escena a la clase. Pronuncien las expresiones con la emoción correspondiente.

> ¡Uf, estoy cansado/a!
> ¡Estoy nervioso/a!
> ¡Estoy aburrido/a!
> Soy impaciente.
> ¡Estoy loco/a!

Actividad C. Caras y gestos. Dramatiza un estado de ánimo o una actividad. La clase va a tratar de advinar cómo estás o qué estás haciendo.

MODELO: E1: (Pones una cara [*face*] triste.)
E2: Estás triste.
E1: (Bailas.)
E3: Estás bailando.

---

*In this kind of activity, you will work with one or more students to create and act out a scene.

Actividad D. Una familia famosa y su casa. Antes de ir a clase, prepara una narración de por lo menos cuarenta palabras para leer o presentar en forma oral a la clase. Puedes escribir sobre una de las familias a continuación u otra.

IDEAS PARA CONSIDERAR
- una descripción de la casa
- los muebles
- los miembros de la familia

1. el presidente y la Casa Blanca
2. los Brady y su casa
3. los Addams y su casa

1.2 ¡Hombre, tengo hambre! Other aspects of expressing *to be* in Spanish

Estructura 1: Expresiones con *tener*

TENER (*TO HAVE*)			
yo	**tengo**	nosotros/as	**tenemos**
tú	**tienes**	vosotros/as	**tenéis**
Ud.	**tiene**	Uds.	**tienen**
él/ella	**tiene**	ellos/ellas	**tienen**

Tener means *to have* in most contexts. But in some expressions, its English translation is *to be*. Many of these expressions describe conditions, for example, *hungry*. In Spanish *hunger* is expressed as something you *have*, not as something you *are*. Note that the adjective *mucho/a* (not the adverb *muy*) is used to express *very* in these expressions. Other conditions that are expressed this way include *thirsty, hot, cold, sleepy,* and *afraid*.

¡**Tengo** mucho **frío** y no tengo suéter!	*I am very cold, and I don't have a sweater!*
¿**Tienes calor**?	*Are you hot?*
Tenemos hambre, mucha hambre.	*We are hungry, very hungry.*
Si **tienes sed**, toma un refresco.	*If you're thirsty, drink a soft drink.*
Mis estudiantes nunca **tienen sueño**.	*My students are never sleepy.*
Tengo miedo de los perros.	*I'm afraid of dogs.*

---

*Note that **tener** is a stem-changing verb with an irregular first-person singular form. You will review stem-changing verbs in **Capítulo 2**.

Other **tener** expressions that translate as *to be* in English are modeled in the following sentences.

Ana **tiene prisa**; no sé por qué.	*Ana is in a hurry; I don't know why.*
Tú **tienes razón**; yo estoy equivocado.	*You're right; I'm wrong.*
Uds. no **tienen la culpa.**	*You aren't to blame.*
No **tenemos éxito** cuando no trabajamos.	*We're not successful when we don't work.*
¿Cuántos **años tiene** Ud. ya?	*How old are you now?*
Tengo treinta **años.**	*I'm thirty years old.*
Tienes mucha **suerte** hoy.	*You're very lucky today.*

Two **tener** expressions are followed by an infinitive. **Tener que** + infinitive means *to have to (do something)*, in the sense of obligation. **Tener ganas de** + infinitive means *to feel like (doing something)*.

Tengo que estudiar para el examen.	*I have to study for the exam.*
No **tengo ganas de** cocinar esta noche.	*I don't feel like cooking tonight.*

Estructura 2: *Hay*

Hay means *there is* or *there are* in the sense of identifying or affirming a noun's existence, not necessarily its location.

¡**Hay** fiesta esta noche!	*There's a party tonight!*
Hay poca gente.	*There are few people.*
Hay veinticinco estudiantes en la clase.	*There are twenty-five students in the class.*
No **hay** más pan.	*There is no more bread.*

Actividad A. Para el Oscar. Creen un breve contexto dramático en que se puedan usar las siguientes oraciones. Representen la escena a la clase. Pronuncien las expresiones con la emoción correspondiente.

¡Tengo hambre!	¡Tengo sed!	¡Tengo sueño!
¡Tengo miedo!	¡Tengo prisa!	

MODELO: E1: Hola, Nancy. ¿Cómo estás?
E2: Estoy cansada. Y ¡tengo sueño!
E1: Pues, toma un café. Tenemos clase en diez minutos.

Actividad B. ¿Qué tienes?

Paso 1. Describe cada foto a continuación. Luego, compara lo que describes con algo que tú tienes.

MODELO:

Esta cocina es bastante grande. Hay un fregadero doble, una estufa y un horno de gas, un refrigerador blanco, un microondas y un lavaplatos. Mi cocina es pequeña y no tiene un microondas. Pero hay una estufa eléctrica, un fregadero grande y un lavaplatos.

1.

2.

3.

4.

Paso 2. ¿Qué han dicho tus compañeros/as de clase? Explica lo que dijeron por lo menos dos compañeros/as de clase.

MODELO: En el cuarto de Susan hay una cómoda, una cama, dos mesillas, dos lámparas y una alfombra. En el cuarto de Miguel...

Actividad C. ¿Qué tienes?

Paso 1. Entrevista a dos compañeros/as de clase. Usa las siguientes preguntas como guía general. Haz tres preguntas originales. Contéstales las preguntas a tus compañeros/as.

1. ¿Qué haces cuando tienes frío? ¿Qué haces cuando tienes calor?
2. ¿Tienes mucha hambre ahora? ¿Por qué? ¿Cuándo tienes hambre? ¿Qué comes cuando tienes mucha hambre? ¿Qué tomas cuando tienes mucha sed?
3. ¿Qué haces cuando tienes mucha prisa?
4. ¿Qué haces cuando tienes sueño?
5. ¿Qué tienes ganas de hacer ahora? ¿Qué tienes que hacer después de la clase?
6. ¿De qué tienes miedo?
7. ¿Cuántos años tienes?

Paso 2. Comparte con la clase las cuatro cosas más interesantes que aprendiste de tus compañeros/as de clase.

Actividad D. Encuentro cultural

Paso 1. Mira los mapas del mundo hispánico en las páginas xix–xxi. Luego, forma cuatro preguntas para hacerle a tu profesor(a) sobre los países hispánicos.

MODELO: ¿Hay playas bonitas en el Ecuador?
¿Es pintoresco Guatemala?

PALABRAS UTILES

buenos hoteles, ciudades grandes, democrático, gente amable, grande, hermoso, histórico, pequeño, pintoresco, playas bonitas, pobre, rico

Paso 2. Ahora, con otro/a estudiante, resume los comentarios descriptivos del profesor (de la profesora) en un párrafo escrito.

ESTRATEGIA COMUNICATIVA • Respuestas y narraciones

Al contestar preguntas o narrar, no debes traducir palabra por palabra del inglés al español. Construye cada oración alrededor de una idea y usando frases sencillas. Usa palabras interrogativas para guiar tus ideas: **¿Quién?, ¿Con quién?, ¿Dónde?, ¿Por qué?, ¿Cuándo?, ¿Cómo?,** etcétera.

—¿Tomas café?
—Sí, tomo café...

...por la mañana.   ...todos los días.
...con mis amigos.   ...en el restaurante.
...con frecuencia.   ...a las siete.
...porque me gusta.   ...cuando tengo sueño.

Nota cultural • *Los países hispánicos*

A. ¿Cuál es la capital de...? Con otro/a estudiante, háganse preguntas sobre las capitales de los países de habla española. Usen los mapas en las páginas xix–xxi.

MODELO: E1: ¿Cuál es la capital de México?
　　　　　 E2: La capital de México es la Ciudad de México (o México, D.F.).

la Argentina	Cuba	Honduras	el Perú
Bolivia	el Ecuador	México	Puerto Rico
Chile	El Salvador	Nicaragua	la República
Colombia	España	Panamá	Dominicana
Costa Rica	Guatemala	el Paraguay	el Uruguay
			Venezuela

B. Navega el Internet. ¿Qué país hispánico te interesa más? Escoge un país hispánico y haz una lista de cuatro preguntas que puedes investigar en el Internet. Luego prepara un breve informe para presentar a la clase.

MODELO: el Paraguay →
　　　　　 ¿En qué continente está el Paraguay?
　　　　　 ¿Con qué países tiene frontera?
　　　　　 ¿Qué grupos indígenas viven en el Paraguay?
　　　　　 ¿En qué se basa la economía?

1.3 ¿Qué pasa, muchachos? The present tense of regular *-ar* verbs

HABLAR (*TO TALK; TO SPEAK*)	
yo **hablo**	nosotros/as **hablamos**
tú **hablas**	vosotros/as **habláis**
Ud. **habla**	Uds. **hablan**
él/ella **habla**	ellos/ellas **hablan**

The following **-ar** verbs are regular in the present tense.

amar (*to love*)	**escuchar** (*to listen [to]*)	**mirar** (*to look [at]*)
bailar (*to dance*)	**esperar** (*to wait;*	**necesitar** (*to need*)
caminar (*to walk*)	*to hope [for]*)	**olvidar** (*to forget*)
cantar (*to sing*)	**ganar** (*to earn*)	**pasar** (*to spend [time]*)
charlar (*to chat*)	**gastar** (*to spend*	**regresar** (*to return*)
comprar (*to buy*)	*[money]*)	**tomar** (*to take; to*
contestar (*to answer*)	**llamar** (*to call*)	*drink*)
descansar (*to rest*)	**llevar** (*to take;*	**trabajar** (*to work*)
desear (*to wish,*	*to carry*)	**usar** (*to use; to wear*)
to desire)	**llorar** (*to cry*)	**viajar** (*to travel*)
enseñar (*to teach*)	**matar** (*to kill*)	

Review the following cognates for use in activities.

aceptar	considerar	formar	presentar
acompañar	conversar	funcionar	separar
admirar	entrar (en, a)	imaginar	terminar
anunciar	estudiar	invitar	visitar
celebrar	examinar	observar	
comparar	expresar	preparar	

¡Recuerda!   Remember that verbs in the present tense can imply an immediate future.

Terminamos mañana.	*We will finish tomorrow.*
Te llamo esta tarde.	*I will call you this afternoon.*

LENGUA

Llevar y tomar

Para expresar *to take* y *to carry*, es necesario distinguir entre **llevar,** que significa *to take* en el sentido de *to carry* o *to take along*, y **tomar,** que expresa la idea de *to take hold (of something)* o *to take (classes)*. **Llevar** también significa *to wear* y **tomar** puede expresar *to drink (something)*.

Nunca **llevo** mi cuaderno de ejercicios a clase.	*I never take my workbook to class.*
Si **tomamos** el sofá por aquí, es más fácil empujarlo (*push it*).	*If we take (hold of) the sofa here, it's easier to push it.*

Actividad A. Actividades

Paso 1. Escribe ocho oraciones originales con los verbos presentados en esta sección. Trata de describir acciones que puedan representarse físicamente.

MODELOS: María entra en la clase.
Paco camina.
Laura llora.

Paso 2. Lee cada oración en voz alta mientras tu compañero/a trata de representarla dramáticamente.

Actividad B. ¿Cómo pasas el tiempo?

Paso 1. Entrevista a dos compañeros/as de clase. Usa las siguientes preguntas como guía general. Haz tres preguntas originales. Contéstales las preguntas a tus compañeros/as.

1. ¿Qué estudias en la universidad? ¿Dónde estudias? ¿Cuándo?
2. ¿Trabajas? ¿Dónde?
3. ¿Dónde compras tus libros de texto? ¿Qué compras en el centro comercial (*mall*)? ¿Gastas mucho dinero en ropa?
4. ¿Dónde visitas y charlas con tus amigos/as? ¿Cuándo pasan tiempo juntos/as?
5. ¿Qué tipo de música escuchas? ¿Compras muchos discos compactos? ¿Miras mucho la televisión?
6. ¿Cuándo viajas? ¿Viajas mucho? ¿Con quién? ¿Adónde? ¿Cómo?
7. ¿Qué necesitas hacer esta tarde/noche? ¿Qué deseas hacer este fin de semana?

Paso 2. Comparte con la clase las cuatro cosas más interesantes que aprendiste acerca de tus compañeros/as de clase.

Actividad C. Autodescripción.
Escribe cuatro oraciones originales usando los verbos presentados en esta sección para describirte. Presenta tu autodescripción a la clase.

MODELO: Soy estudiante. Estudio mucho y descanso poco. Miro los deportes en la televisión. Admiro a Michael Jordan. A veces olvido mis llaves...

Actividad D. El hogar ideal.
Antes de ir a clase, prepara una narración de cuarenta palabras para leer o presentar en forma oral a la clase. En la narración, describe a una familia y/o una casa ideal. Explica cómo es ideal, qué hacen los miembros de la familia, qué se hace en la casa, etcétera.

1.4 Hoy comemos en casa con toda la familia. The present tense of regular -*er* and -*ir* verbs

COMER (*TO EAT*)	
yo **como**	nosotros/as **comemos**
tú **comes**	vosotros/as **coméis**
Ud. **come**	Uds. **comen**
él/ella **come**	ellos/ellas **comen**

The following **-er** verbs are regular in the present tense.

aprender (*to learn*)
beber (*to drink*)
comer (*to eat*)
comprender (*to understand*)
correr (*to run*)

deber (*should, ought to*)
depender (de) (*to depend [on]*)
prometer (*to promise*)
temer (*to fear*)
vender (*to sell*)

VIVIR (*TO LIVE*)	
yo **vivo**	nosotros/as **vivimos**
tú **vives**	vosotros/as **vivís**
Ud. **vive**	Uds. **viven**
él/ella **vive**	ellos/ellas **viven**

The following **-ir** verbs are regular in the present tense.

abrir (*to open*)
asistir a (*to attend [a function]*)
confundir (*to confuse*)
cubrir (*to cover*)
describir (*to describe*)
escribir (*to write*)

insistir (*to insist*)
permitir (*to permit, allow*)
recibir (*to receive*)
subir (*to go up*)
sufrir (*to suffer*)
vivir (*to live*)

Actividad A. ¿Cómo vives?

Paso 1. Entrevista a dos compañeros/as de clase. Usa las siguientes preguntas como guía general. Haz tres preguntas originales. Contéstales las preguntas a tus compañeros/as.

1. ¿Dónde vives? ¿Con quién vives? ¿Vives en una casa, en un apartamento o en una residencia estudiantil (*dorm*)?
2. ¿Dónde vive tu familia?
3. ¿Qué comes cuando tienes mucha hambre? ¿Comes con frecuencia en la universidad? ¿Dónde comes durante el día?
4. ¿Dependes de tu familia? ¿Cómo? ¿Depende de ti alguien en tu familia? ¿Quién? ¿Cómo?
5. ¿Dónde corres o caminas? ¿Cuándo? ¿Corres o caminas solo/a o con otra persona?
6. ¿Escribes muchas cartas o mucho correo electrónico? ¿A quién? ¿Recibes muchas cartas o correo electrónico? ¿De quién?
7. ¿Qué debes hacer hoy? ¿Lo vas a hacer? ¿Por qué sí o no?

Paso 2. Comparte con la clase las cuatro cosas más interesantes que aprendiste de tus compañeros/as de clase. Haz algunos contrastes entre tu vida y lo que aprendiste de ellos/as.

MODELO: Yo corro por el parque, pero Melissa corre por la calle.

Actividad B. Por teléfono. Imagínense que Uds. hablan por teléfono. Háganse preguntas sobre lo que están haciendo y sobre lo que los miembros de su familia (hermanos, padres, hijos, etcétera) están haciendo. Practiquen su minidrama para representárselo a la clase.

MODELO: E1: ¿Qué estás haciendo?
          E2: Estoy estudiando para un examen de química. Y tú, ¿qué
              estás haciendo?

Actividad C. La casa ideal. Antes de ir a clase, prepara una narración sobre la casa ideal para leer o presentar en forma oral a la clase. Escribe por lo menos cuarenta palabras. Usa las siguientes ideas para organizar tu narración.

IDEAS PARA CONSIDERAR

- ¿Dónde está la casa? ¿En qué ciudad o estado? ¿En el campo, en las afueras (*suburbs*), en el centro?
- ¿De qué es? ¿de ladrillos? ¿de madera? ¿de estuco?
- ¿Cuántas habitaciones, baños y salas tiene?
- Describe la cocina, los baños, el jardín, etcétera.
- Explica qué aspectos son más importantes para ti.

Nota cultural • *Be eme doble u*

Así se dice *BMW* en español. En los países hispánicos, como en todo el mundo, se admiran el BMW, el Mercedes Benz, el Ferrari, el Rolls-Royce y otros carros de lujo. Los carros que más circulan son el Chevi, el Ford, el Cádilac y el Buick. También se ven carros japoneses como el Toyota y el Mazda y carros franceses como el Peugeot y el Renault. En la Argentina aún es muy popular el Falcon de Ford. Los carros de Cuba son únicos: muchos cubanos tienen que usar una bicicleta rusa o china como transporte, y si tienen carro, normalmente es un carro ruso o un carro americano de antes de 1959 (el año de la Revolución cubana). Muchos diplomáticos y miembros del Partido Comunista manejan carros Mercedes Benz.

Discusión general

Con dos o tres compañeros/as, habla de los siguientes temas. Deben presentarle sus ideas y/o descripciones a la clase.

1. mi carro
2. el carro ideal

¡De viva voz!

Actividad A. Escenas familiares. Trabajen con dos o tres estudiantes para crear una escena dramática relacionada a la familia en casa. Intenten usar verbos y expresiones de este capítulo. Preséntenle la escena a la clase.

> MODELO: E1: Querida, necesitamos otro carro.
> E2: No tenemos dinero para comprar otro carro ahora, mi vida.
> E1: Pero nuestro vecino vende su carro a muy buen precio. . .

Actividad B. Una familia moderna. Inventen otro minidrama basado en la vida de la familia del dibujo. Usen la **Actividad A** como modelo y usen verbos y expresiones de este capítulo en su diálogo. La escena debe incluir por lo menos tres personas (¡o animales!) de la familia en el dibujo. Practiquen su minidrama y luego preséntenselo a la clase.

Actividad C. Una telenovela. Creen otra escena dramática basada en una familia ficticia de una telenovela o de un programa de televisión popular. Incluyan las emociones, los conflictos y los personajes típicos de la telenovela o del programa. Pueden usar los siguientes elementos, si quieren.

los celos (*jealousy*)   el enojo (*anger*)   la joven soñadora (*the dreamy young lady*)

la codicia (*greed*)   el galán romántico (*the romantic young man*)   el papá estricto y difícil (*the difficult & strict father*)

Actividad D. La familia hispana frente a la familia norteamericana. Las siguientes observaciones son muy generales. Trabaja con tres o cuatro estudiantes para hacer una lista de lo que es común en los Estados Unidos y una lista de las ventajas y las desventajas de cada aspecto cultural. Compartan los resultados con la clase.

1. Los abuelos y otros parientes viven con la familia nuclear.
2. Las casas para ancianos (*nursing homes*) no son muy comunes.
3. Las guarderías (*nurseries*) infantiles no son muy comunes.
4. Las familias son grandes.
5. En muchos pueblos, los vecinos son parientes.
6. Los hijos viven en casa hasta casarse.
7. En general, no se da mucha importancia al concepto de *personal privacy*.

Unos estudiantes universitarios charlan después de clase. Van a estudiar en la biblioteca.

La vida universitaria

Metas

En este capítulo vas a...

- conocer mejor a los compañeros/as de clase y sus rutinas en la universidad
- hablar de la vida diaria, especialmente la vida académica y universitaria
- repasar y practicar las siguientes estructuras:
    - ✔ el presente de indicativo de verbos irregulares (2.1, 2.2)
    - ✔ el presente de indicativo de verbos con cambios en el radical (2.3)
    - ✔ los verbos reflexivos (2.4)

Vocabulario vivo: La universidad

La facultad de... (*The School/College of...*)

matemáticas

pedagogía/educación

bellas artes

negocios/comercio

filosofía y letras

ciencias sociales

ciencias naturales

Los lugares de la universidad

la biblioteca library
el edificio building
la librería bookstore
la residencia estudiantil dorm
Palabras semejantes: la cafetería, el gimnasio

Otras facultades

La facultad de...
...enfermería nursing
...ingeniería engineering
...leyes/derecho law
...odontología dentistry
Palabras semejantes:...arquitectura,...medicina

El ámbito (*environment*) académico

matricularse/inscribirse to enroll
las asignaturas classes
la beca scholarship
la conferencia lecture
la especialidad/carrera major
el horario schedule
la lectura reading
la nota/calificación grade
el requisito requirement
la segunda especialidad/carrera minor
la tarea homework
Palabras semejantes: el laboratorio, el semestre, el trimestre

Actividad A. En las clases. Contesta las siguientes preguntas sobre las clases. Compara lo que hacen en diferentes clases.

1. ¿Qué estudian en la clase de biología?
2. ¿Qué leen en la clase de literatura?
3. ¿Qué hacen en la clase de pintura?
4. ¿Qué discuten en la clase de ciencias políticas?

Actividad B. ¿Cuál es tu carrera?

Paso 1. Entrevista a dos compañeros/as de clase. Usa las siguientes preguntas como guía general y haz dos preguntas originales. Contéstales las preguntas a tus compañeros/as.

1. ¿Cuál es tu carrera?
2. ¿Tienes una segunda especialidad? ¿Cuál es?
3. ¿Qué clases tomas este semestre? ¿Cuál es la más difícil? ¿y la más fácil?
4. ¿Qué notas esperas sacar este semestre? ¿Qué tienes que hacer para sacarlas?
5. ¿Trabajas también? ¿Dónde?
6. ¿Dónde preparas la tarea? ¿En qué clase dan mucha tarea? ¿Cuántas horas estudias por día?
7. ¿Descansas entre tus clases? ¿Cómo?

Paso 2. Preséntale a la clase las carreras de tus compañeros/as. ¿Cuál es la carrera más popular de la clase?

Actividad C. Universidades hispánicas. Investiga en el Internet o en una enciclopedia el sistema educativo de una universidad hispánica importante, o tu misma universidad. Prepara un informe para la clase. Trata de encontrar información sobre las siguientes cosas.

TEMAS PARA CONSIDERAR
- la escala de calificaciones (*grades*)
- los horarios de clases
- el año académico
- las facultades
- las especialidades

Actividad D. Mi universidad. Prepara un folleto (*flyer*) sobre tu universidad. Incluye un mapa, detalles sobre los programas, las actividades para los estudiantes y otros aspectos de la vida universitaria. Luego, compara tu folleto con los de tus compañeros/as de clase.

Nota cultural • *La Universidad de Salamanca*

Se fundó la Universidad de Salamanca en 1218. Se educaron varias figuras históricas y famosas en esta universidad, la más antigua de España. Entre ellos cuentan (*are included*) Hernán Cortes y Miguel de Unamuno y fue donde Cristóbal Colón discutió sus proyectos con sus profesores.

En 1987, se empezó la construcción de la ciudad universitaria moderna para acomodar las necesidades y a los estudiantes. Hoy, unos 38.000 estudiantes asisten a las clases de la Universidad de Salamanca donde pueden estudiar desde la genética hasta la filología del latín. Entre sus alumnos cuentan estudiantes de los Estados Unidos y del Canadá.

A través de su departamento de Cursos Internacionales, la universidad ofrece cursos de español (lengua y cultura) en todos los niveles (inicial, intermedio, avanzado, superior y perfeccionamiento) y cursos específicos, como por ejemplo, para la formación de profesores de lengua extranjera.

Mejora tu pronunciación

Cognates (Part I)

EXPLICACION: Cognates (Part I)

There are more than 40,000 Spanish words that resemble English words. Many of these are specialized and technical words, but some are used quite frequently. Cognates can therefore be your friends, but some can be false friends. Handle cognates with care! Some Spanish cognates are identical or nearly identical in spelling to their English equivalents. These look so much like English that your tendency would be to pronounce them as you do the English word.

¡Recuerda!   Remember what you learned in **Capítulo 1** about vowels, the schwa, and syllable length, and be careful to apply the principles studied there.

Práctica

A. Listen to and repeat the following words.

animal	error	idea	modesto	problema
central	especial	importancia	momento	real
comercial	excelente	imposible	natural	social
correcto	exterior	individual	normal	superior
cruel	favor	inferior	notable	*(upper)*
diferencia	favorito	*(lower)*	personal	talento
director	flexible	interior	plan	terrible
doctor	general	liberal	posible	universal
drama	honor	moderno	probable	valor
elemento	hotel			

B. Listen to and repeat the following sentences.

1. El problema es universal. Es un problema personal.
2. Es posible. No, es imposible.
3. El centro comercial es interesante.
4. El director es terrible y cruel.
5. Tiene mucho talento, pero es muy modesto.
6. Es un error terrible.
7. Comprendo la idea general.
8. Es normal para un animal.
9. La diferencia es notable. Ana no tiene honor.
10. Es un drama social. Es mi favorito.
11. Un momento, por favor.
12. Es un hotel excelente y moderno.

Estructuras comunicativas

2.1 ¡Nunca miento! Stem-changing verbs

There are three groups of stem-changing verbs in the present indicative: **e →
ie, o → ue,** and **e → i.** The stem changes when it is stressed, therefore all persons are affected except the first- and second-person plural.

Estructura 1: El cambio de radical *e → ie*

PENSAR (*TO THINK; TO PLAN*)	
p*i*enso	pensamos
p*i*ensas	pensáis
p*i*ensa	p*i*ensan

Raúl **piensa** que ese profesor
es interesante.
Pienso ir a la biblioteca hoy.

*Raúl thinks that professor is
interesting.*
I plan to go to the library today.

The following verbs also have **-e-** to **-ie-** stem changes.

cerrar	empezar	mentir	preferir
(*to close*)	(*to begin*)	(*to lie*)	(*to prefer*)
comenzar	entender	perder	querer (*to*
(*to begin*)	(*to understand*)	(*to lose*)	*want; to love*)

Estructura 2: El cambio de radical *o → ue*

PODER (*TO BE ABLE TO, CAN*)	
p*u*edo	podemos
p*u*edes	podéis
p*u*ede	p*u*eden

Podemos ver otra película de
la Argentina?
El profesor no **puede** leer todas
las composiciones ahora.

*Can we watch another film from
Argentina?*
*The professor can't read all the
compositions now.*

The following verbs also have **-o-** to **-ue-** stem changes.

devolver (*to return [something]*)	**morir** (*to die*)	**soler** (*to tend to [do something]*)
dormir (*to sleep*)	**mostrar** (*to show*)	
encontrar (*to find*)	**recordar** (*to remember*)	**soñar** (*to dream*)
		volver (*to return*)

LENGUA

Perder y echar de menos/extrañar

Perder significa *to lose* o *to miss* (*a train, bus,* etcétera). Para expresar *to miss* (*a person*), se usa **echar de menos** o **extrañar**.

Ramón siempre **pierde** sus libros.	*Ramón always loses his books.*
Cuando **perdemos** el autobús, tenemos que caminar a clase.	*When we miss the bus, we have to walk to class.*
Echo de menos/Extraño a mi familia.	*I miss my family.*

Pensar + infinitivo, *pensar en* y *pensar de*

Para expresar el futuro, es posible usar **pensar** + infinitivo. En inglés significa *to plan* (*to do something*). Para expresar *to think about* (*someone/something*), se usa **pensar en**. La pregunta *What do you think about...?* (para pedir una opinión) se expresa con **pensar de**.

Pensamos estudiar juntos esta noche.	*We plan to study together tonight.*
Pienso en mi abuelito todos los días.	*I think about my grandfather every day.*
¿Qué **piensas de** esta clase?	*What do you think about this class?*

Estructura 3: El cambio de radical *e → i*

PEDIR (*TO ASK FOR, REQUEST*)	
p**i**do	pedimos
p**i**des	pedís
p**i**de	p**i**den

Pido más información sobre el programa en la biblioteca.	*I ask for more information on the program in the library.*
¿**Pedimos** una clase especial sobre esto?	*Should we request a special class about this?*

The following verbs also have **-e-** to **-i-** stem changes.

conseguir* (*to get*)
proseguir* (*to proceed*)

repetir (*to repeat*)
seguir* (*to follow;*
to continue)

servir (*to serve*)

Estructura 4: Verbos con cambios de radical y la forma *yo* irregular

In **Capítulo 1** you reviewed the verb **tener**. Tener follows the e → ie stem-changing pattern, except for the first-person singular form, **tengo**. The following verbs also follow a stem-changing pattern but have an irregular first-person form.

DECIR (E → I) (*TO SAY, TELL*)		VENIR (E → IE) (*TO COME*)	
digo	decimos	**vengo**	venimos
dices	decís	**vienes**	venís
dice	**di**cen	**viene**	**vienen**

El profesor **dice** que el examen es muy difícil.
¡No te **digo** nada!
Mañana **vengo** contigo a esta clase.
¿**Vienes** a mi casa?

The professor says that the exam is very difficult.
I'm not going to tell you anything!
Tomorrow I'll come with you to this class.
Are you coming to my house?

¡Recuerda! You reviewed the use of **tener** in idiomatic expressions in **Capítulo 1**. **Tener** can also mean *to have* and *to possess.*

Tengo una computadora personal.
Tenemos un examen en la clase de historia hoy.

I have a personal computer.
We have an exam in history class today.

---

*These verbs have a spelling change in the first-person singular. The pattern of that spelling change will be reviewed in **Estructuras comunicativas 2.2:3**.

Estructura 5: Otros verbos con cambios de radical

Note the special stem-changing patterns in the following verbs.

jugar (*to play [a sport]*)   **oler** (*to smell*)   **adquirir** (*to acquire*)

(U → UE)		(O → HUE)		(I → IE)	
j**ue**go	jugamos	h**ue**lo	olemos	adqu**ie**ro	adquirimos
j**ue**gas	jugáis	h**ue**les	oléis	adqu**ie**res	adquirís
j**ue**ga	j**ue**gan	h**ue**le	h**ue**len	adqu**ie**re	adqu**ie**ren

Uds. **juegan** al fútbol todos los días.   *You play soccer every day.*
¿**Hueles** eso? Creo que es gas   *Do you smell that? I think it's gas*
  de la estufa.   *from the stove.*
Adquieren nuevas destrezas   *They acquire new skills in that*
  en esa clase.   *class.*

Estructura 6: El cambio de radical en el participio presente

The stem-changing verbs that end in **-ir** will also have a stem change in the present participle.*

i → i
decir → diciendo
mentir → mintiendo
pedir → pidiendo
repetir → repitiendo
seguir → siguiendo
servir → sirviendo

o → u
dormir → durmiendo
morir → muriendo

¡Recuerda!   **Venir** and **ir** have a stem change in the present participle (**viniendo, yendo**); however, they are rarely used.

Verbs with a double-vowel between the stem and ending such as **leer** and **oír** require a **-y-** in the present participle form.

y → i
leer → leyendo   oír → oyendo

---

*The change in the present participle of -ir stem-changing verbs is the same as the one in the third-person preterite. The two stem changes are noted in parentheses in word lists, for example, **pedir** would be listed **pedir (i, i)** and **dormir** would be listed **dormir (ue, u).**

LENGUA

Preguntar y *pedir*

Preguntar significa *to ask (a question)* o *to ask (about someone).* **Pedir** significa *to ask for* o *to request.*

> La profesora nos **pregunta** si entendemos.
>
> El profesor nos **pide** la tarea.

> *The professor asks us if we understand.*
>
> *The professor asks us for the homework.*

ESTRATEGIA COMUNICATIVA • **Preguntas complementarias**

Ya sabes que puedes hacer una pregunta para iniciar una conversación con otra persona. ¡Pero no basta con (*it's not enough*) hacer la pregunta! También es importante escuchar la respuesta y responder de una forma apropiada para elaborar el intercambio (*to elaborate the exchange*). Una manera lógica para continuar la conversación es hacer una pregunta complementaria para conseguir más detalles. Muchas de las actividades de este texto te dan preguntas complementarias, pero puedes elaborar los intercambios con tus propias preguntas también.

—¿Cuántas clases tomas este semestre?
—Tomo cuatro clases.
  (para elaborar)
—¿Cuál es tu clase favorita?/¿Cuál es tu especialidad?/¿Tienes un profesor favorito (una profesora favorita)?

 Actividad A. ¿En qué piensas?

Paso 1. Entrevista a dos compañeros/as de clase. Usa las siguientes preguntas como guía general y usa las preguntas complementarias que corresponden a la respuesta que escuchas. Haz tres preguntas originales. Contéstales las preguntas a tus compañeros/as.

1. ¿En qué piensas ahora? ¿Piensas en tus clases? ¿en tus amigos?
2. ¿Qué piensas hacer esta tarde? ¿Por qué? ¿Con quién? ¿Dónde?
3. ¿Sueles gastar mucho dinero los fines de semana? ¿Cuánto? ¿En qué?
4. ¿Piensas escuchar música esta noche? ¿Prefieres la música clásica o la música rock? ¿Por qué?
5. ¿Qué piensas hacer este fin de semana? ¿Qué sueles hacer los fines de semana? ¿Dónde? ¿Con quién?
6. ¿Piensas salir a comer en un restaurante esta semana? ¿Cuál te gusta más? ¿Qué pides en ese restaurante? ¿Con quién vas?
7. ¿A qué hora vuelves a casa hoy? ¿Qué piensas hacer en casa?

Paso 2. Comparte con la clase las cuatro cosas más interesantes que aprendiste de tus compañeros/as de clase. Compara y contrasta las respuestas.

Actividad B. Nuestros planes para los días festivos (*holidays*)

Paso 1. Hazles las siguientes preguntas a varios/as estudiantes de la clase e indica las respuestas que den. Cuando tus compañeros/as te hagan preguntas, contéstalas con oraciones completas en español.

¿Qué piensas hacer durante los próximos (next) diás festovos?				
	Sí, mucho.	Sí, un poco.	No sé.	No.
¿estudiar?	_____	_____	_____	_____
¿viajar con tu familia?	_____	_____	_____	_____
¿viajar con amigos?	_____	_____	_____	_____
¿trabajar?	_____	_____	_____	_____
¿descansar?	_____	_____	_____	_____
¿...?	_____	_____	_____	_____

¿Qué quieres hacer durante los próximos (next) diás festovos?				
	Sí, mucho.	Sí, un poco.	No sé.	No.
¿montar en bicicleta?	_____	_____	_____	_____
¿pasar tiempo con los amigos/as?	_____	_____	_____	_____
¿ver unas películas?	_____	_____	_____	_____
¿escuchar música?	_____	_____	_____	_____
¿dar una fiesta?	_____	_____	_____	_____
¿jugar a...?	_____	_____	_____	_____
¿...?	_____	_____	_____	_____

Paso 2. Ahora, compara los resultados de tu encuesta (*survey*) con los de tus compañeros/as.

Actividad C. ¿Qué piensan de...?
Piensa en los siguientes temas y prepara unos comentarios sobre lo que piensas de cada uno. Entonces, discute los temas en clase con tus compañeros/as.

¿Qué piensan Uds....

1. ...del presidente del país?
2. ...de los deportes en esta universidad?
3. ...de la diversidad de clases que se ofrece en esta universidad?

Actividad D. **Tengo...**

Descríbele a la clase lo que tú tienes o no tienes. Usa detalles en tu descripción. Puedes hablar de lo que tienes en casa o en la universidad.

MODELO: Tengo cuatro gatos y dos perros. Los gatos viven dentro de la casa, pero los perros viven afuera. Se llaman...

PALABRAS UTILES

apartamento, buenas ideas, calculadora, cama, carro(s), casa, computadora, cuadernos, cuarto, dinero, gato, hermanos, hijos, libro(s), perro, problema(s), ropa, tiempo

Actividad E. **Mi universidad.** Antes de ir a clase, busca información en el Internet sobre una universidad hispánica. Cuando hagas una búsqueda en tu buscador (por ejemplo, Altavista, Infoseek o Yahoo), usa palabras en español (**universidad**). Prepara una presentación sobre esa universidad, comparándola con la tuya. Busca información sobre los siguientes temas.

TEMAS PARA CONSIDERAR
- las clases que se ofrecen
- la(s) ciudad(es) universitaria(s) (*campuses*)
- los recursos (*resources*) para los estudiantes
- las asociaciones con otras instituciones

- los programas de estudio
- las residencias estudiantiles
- la historia de la institución
- los programas para extranjeros (*foreigners*)

2.2 ¡Yo sé la respuesta! The present tense of verbs irregular only in the *yo* form

Estructura 1: *Saber, conocer, dar, hacer, poner, salir, traer, ver*

The following verbs are irregular only in the first-person singular.

SABER (*TO KNOW* [SOMETHING / FACTS BY MENTAL PROCESS]; *TO KNOW* [THAT...])		CONOCER (*TO KNOW* [PEOPLE / PLACES]; *TO BE ACQUAINTED WITH*)	
sé	sabemos	**conozco**	conocemos
sabes	sabéis	conoces	conocéis
sabe	saben	conoce	conocen

Francamente, no **sé** la respuesta.		*Frankly, I don't know the answer.*
Sabes que te quiero.		*You know that I love you.*
No **conozco** a tu novio.		*I don't know your boyfriend.*
¿**Conoces** Chile?		*Do you know (Are you familiar with) Chile?*

¡Recuerda! **Saber** and **conocer** both mean *to know,* but they are not interchangeable. **Saber** is used when talking about knowing information or how to do something. **Conocer** expresses *to know* someone or *to be familiar with* something, some place, or someone.

DAR (*TO GIVE*)		HACER (*TO DO, MAKE SOMETHING*)	
doy	damos	**hago**	hacemos
das	dais	haces	hacéis
da	dan	hace	hacen

Estos muchachos me **dan** mucha guerra.	*These kids give me a lot of problems.*
¿**Hago** la tarea ahora?	*Shall I do my homework now?*

PONER (*TO PUT, PLACE*)		SALIR (*TO LEAVE, GO OUT*)	
pongo	ponemos	**salgo**	salimos
pones	ponéis	sales	salís
pone	ponen	sale	salen

Pongo la mesa en un minuto.	*I'll set the table in a minute.*
¿**Sale** Javier con Claudia este semestre?	*Is Javier going out with (dating) Claudia this semester?*

TRAER (*TO BRING*)		VER (*TO SEE*)	
traigo	traemos	**veo**	vemos
traes	traéis	ves	veis
trae	traen	ve	ven

¿**Traes** a tus amigos a la fiesta?	*Are you bringing your friends to the party?*
Ni **veo** la pintura.	*I don't even see the painting.*

Estructura 2: Los verbos -cer y -cir (después de una vocal)

Verbs with the endings **-cer** and **-cir** preceded by a vowel acquire a **-z-** in the first person, like **conocer.** They are otherwise regular.

OFRECER (*TO OFFER*)		CONDUCIR (*TO DRIVE*)	
ofrezco	ofrecemos	**conduzco**	conducimos
ofreces	ofrecéis	conduces	conducís
ofrece	ofrecen	conduce	conducen

Aquí no **ofrecen** clases de
  arqueología.
No **conduzco** mucho.

Here they don't offer archeology
  classes.
I don't drive much.

The following verbs also acquire a **-z-**.

establecer (*to establish*)   **obedecer** (*to obey*)   **producir** (*to produce*)
introducir (*to introduce*)   **parecer** (*to seem*)   **reconocer**
       (*to recognize*)

merecer (*to deserve*)   **permanecer** (*to remain*)   **reducir** (*to reduce*)
nacer (*to be born*)   **pertenecer** (*to belong*)   **traducir** (*to translate*)

Estructura 3: Los verbos con cambios ortográficos en la primera persona singular

Some verbs have spelling changes in the **yo** form to maintain the pronunciation of the consonant.

-ger and **-gir: g → j**   **-guir: gu → g**   **-cer** and **-cir** (preceded
                                                 by a consonant): **c → z**

PROTEGER (*TO PROTECT*)		SEGUIR (I, I)*		CONVENCER (*TO CONVINCE*)	
protejo	protegemos	**sigo**	seguimos	**convenzo**	convencemos
proteges	protegéis	sigues	seguís	convences	convencéis
protege	protegen	sigue	siguen	convence	convencen

Siempre **protejo** a mis amigos.
Esa teoría no me **convence.**

I always protect my friends.
That theory doesn't convince me.

---

*These verbs also have stem changes.

The following verbs have these spelling changes as well.

conseguir (i, i)*	**elegir (i, i)*** (*to elect*)	**proseguir (i, i)***
corregir (i, i)* (*to correct*)	**exigir** (*to demand*)	**recoger** (*to collect, pick up*)
ejercer (*to practice [a profession]*)	**extinguir** (*to extinguish*)	**vencer** (*to defeat*)

Actividad A. ¡A conocernos!

Paso 1. Entrevista a dos compañeros/as de clase. Usa las siguientes preguntas como guía general y haz tres preguntas originales. Contéstales las preguntas a tus compañeros/as.

1. ¿Qué países conoces?
2. ¿Qué traes a clase todos los días? ¿Por qué?
3. ¿A qué deportes sabes jugar? ¿Cuándo practicas el deporte? ¿Dónde? ¿Con quién?
4. ¿Con qué frecuencia ves televisión durante la semana? ¿Ves algunos programas en español? ¿Cuáles? ¿Pones la televisión cuando estudias?
5. ¿Qué haces los fines de semana? ¿Sales con tus amigos? ¿Haces ejercicios?
6. ¿Qué haces entre las clases? ¿Estudias? ¿Ves a amigos? ¿Dónde?
7. ¿Conduces a la universidad o llegas en autobús, en bicicleta o a pie?

Paso 2. Comparte con la clase las tres cosas más interesantes que aprendiste de tus compañeros/as.

Paso 3. Ahora, con tus compañeros/as, háganle las mismas preguntas al profesor (a la profesora). Usen las formas de **Ud.** y comparen sus respuestas con las de los/las estudiantes.

Actividad B. Una encuesta

Paso 1. Hazles las siguientes preguntas a varios/as estudiantes de clase y marca las respuestas. Cuando tus compañeros/as te hagan preguntas, contesta con oraciones completas en español.

MODELO: E1: ¿Traes la mochila a clase?
　　　　　E2: Sí, siempre traigo la mochila a clase.

----

*These verbs also have stem changes.

¿Traes ____ a clase?	Sí, siempre...	Sí, a veces...	No, casi nunca...	No, nunca...
la mochila	_____	_____	_____	_____
el libro de texto	_____	_____	_____	_____
un cuaderno	_____	_____	_____	_____
un lápiz	_____	_____	_____	_____
un bolígrafo	_____	_____	_____	_____
una calculadora	_____	_____	_____	_____
un refresco	_____	_____	_____	_____

Despues de clase,...

¿recoges tus libros?	_____	_____	_____	_____
¿haces toda la tarea?	_____	_____	_____	_____
¿ves a tus amigos?	_____	_____	_____	_____
¿sales para la biblioteca?	_____	_____	_____	_____
¿haces ejercicio?	_____	_____	_____	_____

Para llegar a la universidad,...

¿conduces?	_____	_____	_____	_____
¿montas en bicicleta?	_____	_____	_____	_____
¿montas en motocicleta?	_____	_____	_____	_____
¿caminas?	_____	_____	_____	_____

Paso 2. Ahora, compara los resultados de tu encuesta con los de tus compañeros/as.

Actividad C. Mi clase de... Antes de ir a clase, prepara una narración sobre una de tus clases este semestre. Escribe por lo menos cuarenta palabras y preséntale en forma oral a la clase tu narración. Usa las siguientes ideas para organizarte.

IDEAS PARA CONSIDERAR
- ¿Qué clase es?
- ¿Cuándo y dónde es la clase?
- ¿Quién es el profesor (la profesora)?
- ¿Qué textos y libros usan?
- ¿Qué hacen los estudiantes en la clase? ¿Escuchan al profesor (a la profesora)? ¿Participan en debates? ¿Ven vídeos?
- ¿Por qué te gusta o no te gusta la clase?

2.3 ¿Qué vamos a hacer? More irregular verbs

Some verbs have irregularities in more than just the first-person singular. You have already reviewed two of these (**estar** and **ser**). Other irregular verbs are listed and grouped below.

Estructura 1: Cambios ortográficos

The following verbs have spelling changes in all persons except the first- and second-person plural.

-uir: i → y   **-iar: i → í**   **-uar: u → ú**

INCLUIR (*TO INCLUDE*)		ENFRIAR(SE) (*TO COOL [OFF]*)		ACENTUAR (*TO ACCENT, STRESS*)	
incluyo	incluimos	**enfrío**	enfriamos	**acentúo**	acentuamos
incluyes	incluís	**enfrías**	enfriáis	**acentúas**	acentuáis
incluye	**incluyen**	**enfría**	**enfrían**	**acentúa**	**acentúan**

Este curso no **incluye** la clase de laboratorio.	This course does not include the lab class.
Esa profesora **acentúa** mal muchas palabras en inglés.	That professor stresses many words in English poorly.

The following verbs follow these patterns as well.

ampliar (*to amplify*)   **contribuir** (*to contribute*)   **graduar(se)**
atribuir (*to attribute*)   **destruir** (*to destroy*)   (*to graduate*)
concluir (*to conclude*)   **distribuir** (*to distribute*)   **guiar** (*to guide*)
confiar (*to confide*)   **efectuar** (*to carry out*)   **influir** (*to influence*)
construir (*to build*)   **excluir** (*to exclude*)   **obstruir** (*to obstruct*)
                                                                       situar (*to place, put*)

Estructura 2: Verbos irregulares

Some verbs have more than one irregular change. Two common irregular verbs are **oír** and **ir.** Note that both of these verbs have an irregular **yo** form, then another change in other persons.

OIR (*TO HEAR*)		IR (*TO GO*)	
oigo	oímos	voy	vamos
oyes	oís	vas	vais
oye	oyen	va	van

¿No **oyes** ese ruido?	*Don't you hear that noise?*
Oigo la voz de mi papá. ¡Ay, ay, ay!	*I hear my dad's voice. Yikes!*
¿Adónde **van** Uds. los sábados?	*Where do you go on Saturdays?*
Vamos al parque con Luis.	*We go to the park with Luis.*

¡Recuerda!   **Dar** and **ir** have similar conjugations in the present indicative.

Siempre me **da** un lápiz cuando **voy** a clase.	*He always gives me a pencil when I go to class.*

LENGUA

ir a (+infinitivo)

La construcción **ir a** (+ infinitivo) también significa *going to (do something),* e indica una acción en el futuro.

¿Qué **vas a hacer?**	*What are you going to do?*
Voy a estudiar.	*I am going to study.*
¿Cuándo **vas a comenzar?**	*When are you going to start?*
Voy a comenzar muy pronto.	*I'm going to begin very soon.*

Actividad A. ¿Qué vas a hacer?

Paso 1. Entrevista a dos compañeros/as de clase. Usa las siguientes preguntas como guía general. Haz tres preguntas originales. Usa preguntas complementarias cuando puedas.

1. ¿Adónde vas después de clase?
2. ¿Qué vas a hacer hoy después de clase?
3. ¿Cuándo vas a la biblioteca, por la mañana o por la tarde?
4. ¿Qué vas a decirle al profesor después de clase?

Paso 2. Trabajen juntos para comparar las respuestas de los/las estudiantes de su grupo.

Actividad B. Este fin de semana. Antes de ir a clase, prepara una narración
sobre tus planes para el fin de semana. Escribe por lo menos cuarenta palabras para leer o presentarle en forma oral a la clase. Inventa los planes, si quieres.

TEMAS PARA CONSIDERAR
- estudiar en la biblioteca
- ir a una fiesta
- hablar con mi familia
- salir a comer

- salir al cine
- dar una fiesta
- jugar a...
- viajar a...

MODELO: Este fin de semana voy a _____.

2.4 ¡Ella se acuesta con las gallinas! Reflexive verbs

Estructura 1: Los verbos reflexivos

LEVANTARSE (*TO RAISE ONESELF; TO GET UP*)	
me levanto	nos levantamos
te levantas	os levantáis
se levanta	se levantan

Mis hijos **se levantan** a las siete, pero yo **me levanto** a las seis.	*My children get up at seven, but I get up at six.*

¡Recuerda! The reflexive pronoun agrees with the subject of the verb.

Yo **me** levanto a las siete.	*I get up at seven.*
Tú **te** acuestas muy tarde.	*You go to bed very late.*
La profesora **se** despierta a las cinco.	*The professor wakes up at five.*
Nosotras **nos** divertimos en clase.	*We have fun in class.*
Uds. **se** sientan juntos en clase.	*You sit together in class.*

Many reflexive verbs can be expressed in English as doing the action to *oneself.* When the same action is done to another, there is no reflexive pronoun in English or in Spanish.

acostar (ue) (*to put [someone] to bed*)	**acostarse** (*to put oneself to bed, go to bed*)
bañar (*to bathe [someone else]*)	**bañarse** (*to bathe oneself, take a bath*)
despertar (ie) (*to awaken [someone else]*)	**despertarse** (*to awaken oneself, to wake up*)
divertir (ie, i) (*to amuse [someone else]*)	**divertirse** (*to amuse oneself, have a good time*)
lavar (*to wash*)	**lavarse** (*to wash oneself; to wash up*)
sentar (ie) (*to seat [as an usher]*)	**sentarse** (*to seat oneself; to sit down*)
vestir (i, i) (*to dress [someone]*)	**vestirse** (*to dress oneself, get dressed*)
Primero **acostamos** a los niños y luego **nos sentamos** un rato.	*First we put the children to bed, then we sit for awhile.*

Some actions are not reflexive in English, but are expressed with reflexive verbs in Spanish.

acordarse (ue) (*to remember*)
alegrarse (*to become happy*)
casarse (*to marry*)
dormirse (ue, u) (*to fall asleep*)
enojarse (*to become angry*)

irse (*to leave, go away*)
preocuparse (*to worry*)
quedarse (*to remain*)
referirse (ie, i) a (*to refer to*)

Pedro **se casa** con Liliana en abril. *Pedro will marry Liliana in April.*

Estructura 2: Los verbos reflexivos y los complementos directos

Up to this point, you have studied reflexive constructions in which the subject and direct object are the same person. The subject of a reflexive verb can also be an indirect object when the action affects a part of the subject's body or their clothing. Review the following examples. Note that the possessive pronoun is not used in this structure, because the reflexive structure expresses the possession.

Me lavo las manos.

I wash my hands. (Lit. I wash myself the hands.)

Me pongo la camisa.

I put on my shirt. (Lit. I put on myself the shirt.)

The subject of the following verbs can also be an indirect object in this structure.

afeitarse (*to shave [one's beard, legs, etc.]*)
cepillarse (*to brush [one's teeth]*)*

maquillarse (*to put makeup on [one's face]*)

peinarse (*to brush [one's hair]*)

ponerse (*to put on [clothing, perfume, etc.]*)

quitarse (*to take off [clothing]*)

Me cepillo los dientes todos los días.
Nos ponemos el sombrero.
El **se quita** el suéter cuando hace calor.

I brush my teeth every day.

We put on our hats.
He takes off his sweater when it's hot.

Estructura 3: La construcción recíproca

When the subject of a reflexive structure is plural (**nosotros/as, vosotros/as, Uds., ellos/as**), the sentence can have two different meanings: the subjects are doing something to *themselves* (reflexive) or they are doing something to *each other* (reciprocal). If the context is not clear, the expressions **el uno al otro** or **los unos a los otros** indicate that the action is reciprocal. The phrase **nosotros/as (vosotros/as, sí) mismos/as** expresses *to ourselves (yourselves, themselves).*

---

*In Spain, the expression **lavarse los dientes** is used for *to brush one's teeth.*

Se peinan el pelo (los unos a los otros).	*They brush each other's hair.*
Ellos **se visten** (a sí mismos).	*They dress themselves.*

Context will usually tell you if the meaning is reciprocal or reflexive. If it does not, the clarifiers should be used.

Actividad A. ¿A qué hora te despiertas?

Paso 1. Hazles las siguientes preguntas a varios/as estudiantes de la clase. Cuando tus compañeros/as te hagan preguntas, contéstalas con oraciones completas en español.

¿A qué hora te despiertas durante la semana?					
¿A las...? cinco	seis	siete	ocho	nueve	diez
_____	_____	_____	_____	_____	_____

¿A qué hora te acuestas durante la semana?			
¿A las...? nueve	diez	once	doce
_____	_____	_____	_____

	Sí, siempre.	Sí, a veces.	No, casi nunca.	No, nunca.
¿Qué haces por la manana?				
¿Te bañas?	_____	_____	_____	_____
¿Te duchas?	_____	_____	_____	_____
¿Te lavas el pelo?	_____	_____	_____	_____
¿Te cepillas los dientes?	_____	_____	_____	_____
¿Te afeitas?	_____	_____	_____	_____
¿Te maquillas?	_____	_____	_____	_____
¿Te vistes?	_____	_____	_____	_____
¿Qué haces por la noche?				
¿Te bañas?	_____	_____	_____	_____
¿Te duchas?	_____	_____	_____	_____
¿Te lavas la cara?	_____	_____	_____	_____
¿Te lavas el pelo?	_____	_____	_____	_____
¿Te cepillas los dientes?	_____	_____	_____	_____
¿Te pones el pijama?	_____	_____	_____	_____

Paso 2. Ahora, compara los resultados de tu encuesta con los de tus compañeros/as.

Los días de la semana

lunes   martes   miércoles   jueves   viernes   sábado   domingo

Para expresar *on (this) Saturday,* o *this Monday,* etcétera, se usa el artículo definido **el.**

El sábado vamos a estudiar en la biblioteca.	*On Saturday, we're going to study in the library.*
El lunes no tenemos clase.	*We don't have class this Monday.*

Para expresar *on Tuesdays, on Fridays,* etcétera, se usa el artículo definido **los.**

Los martes llego tarde a mi casa.	*On Tuesdays I arrive home late.*
Los viernes sacamos la basura.	*On Fridays we take out the garbage.*

Actividad B. Para el Oscar. Creen un breve contexto dramático en que se puedan usar las siguientes expresiones y preséntenle el resultado a la clase. Pronuncien cada expresión con la emoción apropiada.

1. No hacemos nada los sábados. ¡Qué vida!
2. Oigo la voz del profesor.
3. ¡No quiero más problemas ni más discusiones!
4. Nunca te acuerdas de la fecha de mi cumpleaños.

Actividad C. Mi rutina diaria

Paso 1. Antes de ir a clase, prepara una narración sobre tu rutina diaria. Incluye detalles específicos y escribe por lo menos cuarenta palabras para entregar a tu profesor(a).

MODELO: Por la mañana, me despierto a las seis, pero a veces no me levanto hasta las ocho. Luego, me ducho y...

Paso 2. Tu profesor(a) va a leer algunas narraciones que tú y tus compañeros/as de clase entregaron. Escuchen y traten de adivinar de quién es cada rutina.

Nota cultural • El alfabetismo

En muchos países hispánicos, se garantiza la educación por los seis primeros años, pero, en general, los países no garantizan la educación pública gratuita por doce años. Muchas familias hispanas hacen tremendos sacrificios para mandar a sus hijos a las escuelas privadas, las cuales son muy caras. Pero entre las familias que no tienen medios (*means*), el analfabetismo (*illiteracy*) es una condición común. Como en los Estados Unidos y en muchos otros países, el analfabetismo genera (*creates*) varios problemas económicos y sociales que son difíciles de resolver.

LA TASA DE ALFABETISMO (MAYORES [OLDER] DE 15 AÑOS DE EDAD QUE SABEN LEER Y ESCRIBIR)*			
país	general	de los hombres	de las mujeres
la Argentina	96,2%	96,2%	96,2%
Bolivia	83,1%	90,5%	76%
el Canadá	97%	–	–
Chile	95,2%	95,4%	95%
Colombia	91,3%	91,2%	91,4%
Costa Rica	94,8%	94,7%	95%
Cuba	95,7%	96,2%	95,3%
el Ecuador	90,1%	92%	88,2%
El Salvador	71,5%	73,5%	69,8%
España	96%	98%	94%
los Estados Unidos	97%	97%	97%
Guatemala	55,6%	62,5%	48,6%
Honduras	72,7%	72,6%	72,7%
México	89,6%	91,8%	87,4%
Nicaragua	65,7%	64,6%	66,6%
el Panamá	90,8%	91,4%	90,2%
el Paraguay	92,1%	93,5%	90,6%
el Perú	88,7%	94,5%	83%
Puerto Rico	89%	90%	88%
la República Dominicana	82,1%	82%	82,2%
el Uruguay	97,3%	96,9%	97,7%
Venezuela	91,1%	91%	90,3%

*The information in this literacy chart was taken from the **CIA Factbook** listing on the Internet. Most estimates were made in 1995, but some estimates have not been updated since the early 1980's.

Discusión general. Con dos o tres compañeros/as, discutan los siguientes temas. Luego, preséntenle sus ideas y conclusiones a la clase.

1. ¿Qué es el analfabetismo y entre qué sectores de la población es más común? ¿Por qué?
2. ¿Qué tipos de problemas genera el analfabetismo? Den algunos ejemplos específicos.
3. ¿Qué se hace en los Estados Unidos para combatir el analfabetismo? ¿Qué se puede hacer en los países hispánicos? Discutan cosas que puede hacer el gobierno y también cosas que el individuo puede hacer.

¡De viva voz!

 Actividad A. La rutina diaria. Inventa y escribe una narración sobre la rutina diaria de tu profesor(a) de español. Luego, léele tu narración a la clase. Mientras escuchen, tus compañeros/as van a representar físicamente las acciones de tu narración.

> MODELO: Antes de acostar a sus hijos, el profesor Medina los baña. Acuesta a sus hijos a las nueve. Luego, se baña y se sienta en la mesa para corregir papeles. A las diez,...

 Actividad B. Las universidades. En grupos de cuatro o cinco, comparen los siguientes tipos de universidades. Hagan una lista de las ventajas y desventajas de cada tipo. Compartan sus ideas con la clase.

1. las universidades grandes frente a las pequeñas
2. las universidades privadas frente a las públicas

Actividad C. La vida universitaria. Creen y practiquen una escena dramática basada en una de las fotos a continuación o en otra experiencia universitaria. La escena puede ser seria o cómica. Luego, representen la escena para la clase.

Actividad D. Un informe. Escoge un tema controvertido de la universidad o de la región y escribe un informe oral para presentarle a la clase. Puedes buscar el tema en el periódico estudiantil, en las noticias, etcétera. Concluye tu informe con tu punto de vista sobre el problema.

TEMAS PARA CONSIDERAR
- la matrícula (*tuition*) de la universidad
- la legalización de la marihuana
- la violencia en la televisión
- el sobredesarrollo (*overdevelopment*) de suburbios

Actividad E. Mi vida universitaria. Antes de ir a clase, prepara una narración de por lo menos cincuenta palabras sobre tu vida universitaria. Usa temas y estructuras que has repasado hasta ahora. Luego, preséntale la narración a la clase.

MODELO: Vivo en una residencia estudiantil. En general, me levanto a las nueve, pero a veces me levanto a las seis porque tengo que estudiar para un examen importante. Antes de ir a clase, me ducho y me visto...

Lectura de interés 1

Sobre el autor

Angel González, (1925) periodista y aboga-
do, se considera uno de los escritores más
significativos y originales del llamado
«Grupo poético de los años 50» en España.
Su poesía es sencilla, coloquial, directa y
profunda. Es a veces muy personal y a
veces satírica y crítica de la sociedad.
«Muerte en el olvido» apareció en la colección *Aspero mundo* (*Bitter World*) (1956).

Antes de leer

Actividad A. Adivina el tema. El título del poema es «Muerte en el olvido».
Marca los temas e ideas que crees que aparecen en el poema, según el título.
Luego, compara tus respuestas con las de otro/a estudiante.

- ❑ **1.** la muerte
- ❑ **2.** un comentario sobre los sentimientos de un moribundo
- ❑ **3.** una descripción científica del proceso de la muerte
- ❑ **4.** una muerte simbólica en el pasado
- ❑ **5.** el olvido de una persona
- ❑ **6.** la disminución de la memoria de un viejo
- ❑ **7.** un amante que teme que su amada se olvide de él

Actividad B. Vocabulario útil. Empareja las siguientes palabras de la lectura
con la definición correspondiente. Luego, compara tus respuestas con las de
otro/a estudiante.

_____ **1.** limpio	**a.** percibes, piensas
_____ **2.** la mirada	**b.** van a ver
_____ **3.** la ternura	**c.** lo opuesto del recuerdo
_____ **4.** torpe	**d.** las ideas propias de una persona
_____ **5.** el olvido	**e.** la bondad
_____ **6.** imaginas	**f.** voy a estar
_____ **7.** el pensamiento	**g.** el cuerpo
_____ **8.** quedaré	**h.** puro
_____ **9.** verán	**i.** un modo de ver
_____ **10.** la carne	**j.** inhábil

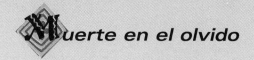 **uerte en el olvido**

Yo sé que existo
porque tú me imaginas.
Soy alto, porque tú me crees
alto, y limpio porque tú me miras
5 con buenos ojos,[a]
con mirada limpia.
Tu pensamiento me hace
inteligente, y en tu sencilla
ternura, yo soy también sencillo
10 y bondadoso.
    Pero si tú me olvidas
quedaré muerto sin que nadie
lo sepa. Verán viva
mi carne, pero será otro hombre
15 —oscuro, torpe, malo—el que la habita...

[a]con... *favorably*

Después de leer

Actividad A. Preguntas de comprensión. Contesta las siguientes preguntas sobre la lectura.

1. Describe la voz poética (el **yo** o el hablante) del poema. ¿Quién es?
2. ¿Cuál es la relación entre la voz poética y el **tú** del poema?
3. ¿Por qué es importante el **tú** para el hablante del poema?
4. ¿Por qué son importantes para el hablante la mirada y el pensamiento del **tú** del poema?
5. ¿Qué sería (*would become*) del hablante sin la mirada y el pensamiento del **tú**?
6. Explica la muerte que el hablante menciona en su poema. ¿Qué tipo de muerte es? ¿Qué la puede causar?

 Actividad B. Discusión general. Contesta y comenta con tus compañeros/as las siguientes preguntas.

1. ¿Cuál es el tema o el mensaje central de este poema?
2. ¿Cómo es el lenguaje del poema?
3. Explica por qué, en tu opinión, el poeta divide el poema en dos partes.
4. ¿De qué depende la existencia del hablante?

5. ¿Qué piensas de esta dependencia? ¿Es positiva o negativa? ¿romántica o absurda? ¿Tienes o has tenido con alguien una relación semejante? Explica.

6. ¿Es normal o común entre novios, esposos o amantes la relación descrita en el poema? Explica.

Sobre la autora

Rosario Castellanos (1925–1974) nació en la Ciudad de México. Además de poemas, escribió novelas, ensayos y obras de teatro. Pasó una gran parte de su vida en Chiapas, donde presenció el sufrimiento de los indígenas. Publicó dos novelas indigenistas: *Balún-Canán* (1957) y *Oficio de tinieblas* (1962). En su poesía, se refiere a menudo a los problemas de la mujer. Murió en 1974 en Israel donde tenía el puesto de embajadora mexicana. «Valium 10» apareció en la colección *Poesía no eres tú*, en 1972.

Antes de leer

Actividad A. Adivina el tema. El título del poema es «Valium 10». Marca los temas e ideas que crees que aparecen en el poema, según el título. Luego, compara tus respuestas con las de otro/a estudiante.

❏ 1. la drogadicción
❏ 2. una crítica del narcotráfico
❏ 3. una descripción científica de los efectos de la drogadicción
❏ 4. el testimonio de una persona que se libró de una adicción
❏ 5. el relato de una mujer que depende del Valium
❏ 6. las estadísticas sobre la magnitud del problema de la adicción entre los adolescentes
❏ 7. los efectos del Valium en la persona adicta y en su familia

Actividad B. Vocabulario útil. Empareja cada una de las siguientes palabras de la lectura con la definición correspondiente. Luego, compara tus respuestas con las de otro/a estudiante.

_____ 1. tragar	a. quitarse el maquillaje
_____ 2. quebrar	b. que no se puede resolver
_____ 3. el frasco	c. cumplir con una obligación
_____ 4. irresoluble	d. los estudiantes matriculados
_____ 5. extraviar	e. escribir, corregir

_____	6. desempeñar	f.	hacer que algo pase de la boca al estómago
_____	7. los inscritos	g.	perder el sentido de orientación
_____	8. redactar	h.	romper
_____	9. cotidiano	i.	una botella pequeña
_____	10. desmaquillarse	j.	diario

Valium 10

A veces (y no trates
de restarle^a importancia
diciendo que no ocurre con frecuencia)
se te quiebra la vara^b con que mides,
5   se te extravía la brújula^c
y ya no entiendes nada.
El día se convierte en una sucesión
de hechos incoherentes, de funciones
que vas desempeñando por inercia y por hábito.
10 Y lo vives. Y dictas el oficio^d
a quienes corresponde. Y das la clase
lo mismo a los alumnos inscritos que al oyente^e.
Y en la noche redactas el texto que la imprenta^f
devorará mañana.
15 Y vigilas (oh, sólo por encima)
la marcha de la casa, la perfecta
coordinación de múltiples programas
—porque el hijo mayor ya viste de etiqueta^g
para ir de chambelán a un baile de quince años^h
20 y el menor quiere ser futbolista y el de en medio
tiene un póster del Chéⁱ junto a su tocadiscos.
Y repasas las cuentas del gasto y reflexionas,
junto a la cocinera, sobre el costo
de la vida y el *ars magna* combinatoria^j
25 del que surge el menú posible y cotidiano.
Y aún tienes voluntad^k para desmaquillarte
y ponerte la crema nutritiva y aún leer
algunas líneas antes de consumir^l la lámpara.
Y ya en la oscuridad, en el umbral^m del sueño,
30 echas de menos lo que se ha perdido:

^aquitarle, disminuirle ^b*measuring stick* ^c*compass* ^ddictas... enseñas ^eun estudiante que asiste a una clase sólo para escuchar, sin estar matriculado ^fdonde publican folletos, libros y revistas ^gde... se refiere a la ropa que se usa para asistir a reuniones o fiestas solemnes ^hchambelán... acompañante de una muchacha a la celebración de una quinceañera, el decimoquinto cumpleaños de otra joven ⁱChé Guevara (1928-1967), revolucionario cubano de origen argentino ^jars... obra maestra ^kdeseo, motivación ^lapagar ^men... *on the threshold*

el diamante de más precio, la carta
de marear[n], el libro
con cien preguntas básicas (y sus correspondientes
respuestas) para un diálogo
35 elemental siquiera con la Esfinge[o].
Y tienes la penosa[p] sensación
de que en el crucigrama se deslizó una errata[q]
que lo hace irresoluble.
Y deletreas[r] el nombre del Caos. Y no puedes
40 dormir si no destapas[s]
el frasco de pastillas y si no tragas una
en la que se condensa,
químicamente pura, la ordenación del mundo.

[n]la... el mapa del mar con los datos útiles para la navegación [o]animal imaginario con cabeza y pecho de mujer y cuerpo y pies de léon, en Egipto [p]dolorosa [q]error [r]dices con sus nombres las letras de una palabra [s]abres

Después de leer

Actividad A. Preguntas de comprensión. Contesta las siguientes preguntas sobre el poema.

1. ¿Qué importancia tienen la vara y la brújula en el poema? ¿Por qué las menciona la poeta?
2. ¿Cómo es la vida de la hablante? Haz una lista ordenada de las actividades que menciona.
3. ¿Cuál es la profesión de la hablante?
4. ¿Qué hace en casa?
5. ¿Cuántos hijos tiene? ¿Cómo son sus hijos?
6. ¿A qué se refieren "el costo de la vida" y "el ars magna combinatoria"? ¿Dónde está la hablante cuando piensa en estas cosas? ¿Cómo se siente?
7. ¿Qué hace antes de acostarse?
8. ¿En qué piensa en la oscuridad?

Actividad B. Discusión general. Contesta y comenta con tus companeros/as las siguientes preguntas.

1. El Valium es un calmante. ¿Quiénes lo usan? ¿Para qué sirve? ¿Cómo se sienten las personas después de usarlo? ¿Es peligroso el Valium?
2. ¿Quc opina la hablante de su propia existencia? ¿de su trabajo? ¿de sus hijos?
3. ¿Cuáles son las imágenes más importantes del poema? ¿Qué significan?
4. ¿Cómo es la estructura del poema? Descríbela en relación con el día y la noche.
5. ¿Te identificas con la hablante o conoces a alguien que sea como la hablante? Explica.
6. «Muerte en el olvido» y «Valium 10» tienen que ver con la experiencia humana. ¿En qué son semejantes? ¿En qué son diferentes?

El fútbol es el deporte más popular en todos los países hispánicos, con la excepción de los países del Caribe, donde muchos prefieren el béisbol

¿Qué deportes te gustan?

Metas

En este capítulo, vas a...

- hablar de los deportes y de los pasatiempos
- hablar de los gustos y disgustos
- repasar y practicar las siguientes estructuras
    - ✔ las palabras interrogativas (3.1)
    - ✔ los pronombres de complementos directos e indirectos (3.2, 3.3)
    - ✔ **gustar** y otros verbos como **gustar** (3.3)
    - ✔ los números y las fechas (3.4)

Vocabulario vivo: Los deportes y los pasatiempos

Los deportes

el básquetbol/el baloncesto
Marta avienta el balón al cesto.

el fútbol
El delantero dispara la pelota a la portería. Pero el portero defiende la portería bien, y el delantero no mete un gol.

el béisbol
Nicolás lanza la pelota al bateador.

la natación (swimming)
Marta nada cuatro kilómetros todos los días.

el boxeo
Los dos boxeadores se están golpeando; usan guantes especiales.

el tenis
Sara devuelve el saque a su adversaria.

el voleibol*
La jugadora tapa la bola sobre la red para bloquear un saque.

Otros deportes y diversiones

acampar to camp
cazar to hunt
correr to run
dar un paseo to take a walk
esquiar (esquío, esquías,...) to ski
hacer ejercicio aeróbico to do aerobics
hacer jogging to jog
levantar pesas to lift weights
montar a caballo to ride horseback
montar en bicicleta to ride a bike
nadar to swim
patinar to skate
pescar to fish
el alpinismo mountain climbing
el boliche bowling
Palabra semejante: el golf

Otros pasatiempos

charlar to chat
coser to sew
dibujar to draw
ir a la playa to go to the beach
ir al cine to go to the movies
leer poesía/una novela to read poetry/a novel
mirar (ver) la tele to watch TV
pasar un día en el campo to spend a day in the country
pintar to paint

el fútbol americano
Muchos estudiantes de las dos universidades asisten a este partido porque hay una fuerte rivalidad histórica entre ellos.

sacar fotos to take pictures
tocar el piano/la guitarra to play the piano/guitar
tomar (echar) una siesta to take a nap
trabajar en el jardín to work in the garden

LENGUA

Términos deportivos

En el habla española, muchas personas abrevian los deportes: **el fútbol → el fút, el béisbol → el béis, el básquetbol → el básquet.**

> Vamos a practicar un poco de **fút.**
> *Let's go practice a little soccer.*

La palabra para *ball* puede variar de región en región y de un deporte a otro, pero en general, **el balón** se refiere a *basquetball*, y **la bola** se usa para *volleyball.* **La pelota,** una palabra general para *ball*, se usa con frecuencia para *soccer ball* y para las más pequeñas: *baseball* y *tennis ball.*

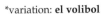

*variation: **el volibol**

Actividad A. **En más detalle**

Paso 1. Escoge tres o cuatro deportes o pasatiempos del **Vocabulario vivo** y para cada uno, haz una lista de palabras relacionadas que podrías usar para describirlo. Si buscas una palabra del inglés al español en un diccionario bilingüe, busca la palabra del español al inglés también para verificar su sentido.

Paso 2. Habla con tu compañero/a de las actividades que escogiste en el **Paso 1**. Explica cuáles te gusta hacer y pregúntale si a él o a ella también le gusta.

Actividad B. **¿Qué deportes practicas?**

Paso 1. Entrevista a dos compañeros/as de clase. Hazles preguntas basadas en los siguientes temas.

> MODELO: deporte favorito →
>
> ¿Cuál es tu deporte favorito? ¿Por qué? ¿Juegas a este deporte o sólo eres espectador(a)? ¿Juegas una posición particular? ¿Tienes un equipo favorito?

1. deporte favorito
2. deportes de equipo de tu universidad
3. equipos profesionales que te gusta ver
4. recreaciones e instalaciones deportivas para los estudiantes de tu universidad
5. pasatiempos favoritos
6. el cine, la televisión y las películas
7. lugares recreativos en el campo en tu región
8. instrumentos musicales
9. las siestas
10. el tiempo con tus amigos

Paso 2. Comparte con la clase las cuatro cosas más interesantes que aprendiste de tus compañeros/as de clase. Mientras escuches la información sobre otros/as estudiantes, recuerda los deportes y pasatiempos que les gustan.

Paso 3. Con tus compañeros/as, háganle preguntas a su profesor(a) sobre los temas del **Paso 1**. Comparen y contrasten sus respuestas con las de los/las estudiantes.

Actividad C. **Un día de descanso.** Imagínate que mañana tienes un día de descanso y que puedes ir a la playa o pasar un día en el campo. Contesta las siguientes preguntas para explicar qué vas a hacer y por qué. Prepara tus ideas para una discusión con la clase.

1. ¿Cómo vas a pasar tu día de descanso, en la playa o en el campo? ¿Por qué?
2. ¿Con quién vas a ir? ¿Qué pueden ver allí? ¿Qué te gusta hacer allí?

3. ¿Qué llevas contigo allí? ¿Cómo vas a llegar?
4. ¿Cuáles son los lugares más populares para ir al campo/a la playa? ¿Cuáles son los problemas que puedes tener allí?

Actividad D. ¿Qué hago? Dramatiza un deporte o un pasatiempo mientras tus compañeros/as de clase traten de adivinar cuál es.

MODELO: E1: (Finges ([*You pretend*]) jugar al golf.) →
E2: Estás jugando al golf.

Actividad E. Los pasatiempos de mi familia. Antes de ir a clase, prepara una narración sobre los pasatiempos favoritos de tu familia. Escribe por lo menos cuarenta palabras para leer o presentarle en forma oral a la clase.

Nota cultural • *La Copa Mundial*

El voleibol y el béisbol son populares en el mundo hispánico y, en México, el fútbol americano está cobrando (*gaining*) cada vez más interés. Sin embargo, el deporte que domina la pasión de los hispanos, y del mundo en general, es el fútbol. El entusiasmo y la emoción por este deporte culminan cada cuatro años en un evento deportivo muy especial: el campeonato por la Copa Mundial de Fútbol. Tiene mayor impacto que el *Super Bowl* de los Estados Unidos, que es de poco interés para muchos hispanos. A continuación, tienes los resultados de algunos campeonatos recientes.

AÑO	NÚMERO	LUGAR	GANADOR
1974	X	Alemania (Occidental)	Alemania (Occidental)
1978	XI	Buenos Aires, Argentina	Argentina
1982	XII	Madrid, España	Italia
1986	XIII	La Ciudad de México	Argentina
1990	XIV	Roma	Alemania (Occidental)
1994	XV	Estados Unidos	Brasil
1998	XVI	Francia	Francia

A. Las Copas Mundiales. Pronuncia en voz alta el año, el número, el lugar y el ganador de cada Copa Mundial.

B. ¿Y Ud., profesor(a)? Pregúntale al profesor (a la profesora) qué sabe de los deportes del mundo hispánico.

$\mathcal{M}$ejora tu pronunciación

Cognates (Part II)

EXPLICACION: **Cognates (Part II)**

The following groups of words are not precisely identical to their English counterparts, but there is enough resemblance that your tendency will still be to pronounce the words or certain syllables as you do the English equivalent. Again, remember your study in the previous chapter on vowels, the schwa, and syllable length, and be careful to apply the principles studied there.

Práctica

A. Listen to and repeat each of the following words.

Paso 1. When pronouncing these words that end in **-al,** avoid the schwa.

accidental	final	original
emocional	informal	superficial

Paso 2. When pronouncing these words that end in **-ble,** avoid the schwa.

aceptable	favorable	noble
evitable	miserable	tolerable

Paso 3. When pronouncing these words that end in **-dad,** note that the final **d** is soft, similar to the *th* in *those.*

actividad	nacionalidad	seguridad
libertad	probabilidad	variedad

Paso 4. When pronouncing these words that end in **-ión,** avoid the English *shun.*

asociación	imaginación	preparación
compasión	obligación	recomendación

Paso 5. When pronouncing these nouns and adjectives that end in **-nte,** avoid the schwa.

accidente	excelente	inteligente
equivalente	independiente	reciente

B. Listen to and repeat each of the following sentences.

1. Me parece un poco artificial.
2. Es un fenómeno cultural.
3. La libertad de palabra es esencial.
4. La reacción no va a ser favorable.
5. No respetan mi opinión.
6. Te lo digo con toda sinceridad.

Estructuras comunicativas

3.1 —¿Por qué lo haces? —Pues, ¡porque sí! Interrogatives, connecting words, and relative pronouns

Estructura 1: Las palabras interrogativas

Remember that the interrogatives or question words in Spanish carry an accent on the stressed syllable, and that all questions are enclosed (¿...?).

¿Cómo?	How?
¿Cuál? ¿Cuáles?	Which? What?
¿Cuándo?	When?
¿Cuánto? ¿Cuánta?	How much?
¿Cuántos? ¿Cuántas?	How many?
¿Dónde?	Where?
¿Adónde? ¿De dónde?	To where? From where?
¿Por qué?	Why?
¿Qué?	What?
¿Quién(es)?	Who?
¿A quién(es)? ¿De quién(es)?	To whom? From whom?

LENGUA

¿Qué? / ¿Cuál?

¿**Qué?** significa *What?* y ¿**Cuál?** normalmente significa *Which?* ¿**Cuál?** se usa en muchos casos antes del verbo **ser,** porque la estructura implica **entre todas las posibilidades, ¿cuál es?** (*of all possibilities, which is it?*). Sin embargo, la traducción al inglés suele ser *What?*

¿**Cuál** es tu nombre?	*What is your name?*
¿**Cuál** es tu (número de) teléfono?	*What is your telephone number?*
¿**Cuál** es tu dirección?	*What is your address?*
¿**Cuál** es la respuesta?	*What is the answer?*
¿**Cuál** es el problema?	*What is the problem?*

Cuando ¿**Qué?** se usa con **ser,** se está pidiendo una definición o una identificación.

¿**Qué** es eso?	*What is that?*
¿**Qué** es un cometa?	*What is a comet?*

ESTRATEGIA COMUNICATIVA • Para hacer preguntas

Hay varias maneras de formar preguntas en español.

(1) Empieza la oración con **¿Es que...?**

¿Es que tenemos que hacer todos los ejercicios?	*Is it (true) that we have to do all the exercises?*

(2) Usa **...es lo que...** después de **¿Qué...** para decir *What is it that...?*

¿Qué **es lo que** tienes que hacer?	*What is it that you have to do?*

(3) Después de una declaración, usa la pregunta **¿no (es cierto)?** o **¿verdad?** para pedir una confirmación de lo que has dicho.

Eres tenista, **¿no?**	*You're a tennis player, aren't you?*
Practicamos a las ocho, **¿no es cierto?**	*We practice at eight, don't we?*
No hay partido mañana, **¿verdad?**	*There's no game tomorrow, right?*

Estructura 2: Pronombres relativos y conjunciones

In Spanish, interrogative words have relative pronoun and/or connector counterparts. These carry no written accent and have a different function and sometimes a different meaning.

como *as, like; since*

¡Ud. juega al fútbol **como** un burro!	*You play soccer like a donkey!*
Como no tenemos un partido hoy, voy a descansar.	*Since we don't have a game today, I'm going to rest.*

cuando *when*

Cuando pierden un partido, salen de la cancha sin hablar.	*When they lose a game, they leave the field without talking.*

donde *where*

Ana está en el gimnasio **donde** practican voleibol.	*Ana is at the gym where they practice volleyball.*

porque *because*

No puedo nadar hoy **porque** estoy enferma.	*I can't swim today because I'm sick.*

Que, cual(es), and **quien(es)** are relative pronouns. **Que** is used more often than the others.

que *who, that, which*

Pienso **que** tienes razón.	*I think (that) you're right.*
El profesor **que** enseña francés es de Guadalupe.	*The professor who teaches French is from Guadalupe.*

quien *whom, who, that* (after prepositions or in phrases set off by commas)

La tenista con **quien** juego es de Venezuela.

The tennis player with whom I play is from Venezuela.

Carlo, **quien** es uno de los mejores jugadores del mundo, practica todos los días.

Carlo, who is one of the best players in the world, practices every day.

La mujer de **quien** te hablé ayer está en la oficina ahora.

The woman that I told you about yesterday is in the office now.

el/la cual; los/las cuales *which, that* (usually after long prepositions or in phrases set off by commas)

Venden esas raquetas en Superesport, al lado del **cual** hay una tienda de baile.

They sell those rackets in Superesport, next to which there is a dance store.

Actividad A. ¿Cuál es...?

Paso 1. Entrevista a dos compañeros/as de clase usando las siguientes preguntas como guía general. Haz dos preguntas originales y usa por lo menos dos preguntas complementarias para cada pregunta. Contéstales las preguntas a tus compañeros/as.

1. ¿Cuál es tu pasatiempo favorito?
2. ¿Cómo te gusta pasar los fines de semana?
3. ¿Con quién prefieres pasar tu tiempo libre?
4. ¿Adónde vas para pasar tiempo con tus amigos?
5. ¿A cuántos deportes sabes jugar? ¿Cuáles son?
6. ¿Cuándo te gusta leer? ¿Qué prefieres leer?

Paso 2. Comparte con la clase las cuatro cosas más interesantes que aprendiste de tus compañeros/as de clase. Luego, con tus compañeros/as, comparen las respuestas de los/las estudiantes de la clase. ¿Cuál es el pasatiempo más común de la clase?

Actividad B. ¿Qué es...?
Contesta las siguientes preguntas. Comparte y compara tus definiciones con las de tus compañeros/as de clase.

1. ¿Qué es un relámpago?
2. ¿Qué es un águila?
3. ¿Qué es la democracia?
4. ¿Qué es un hospital?
5. ¿Qué es un accidente?
6. ¿Qué es una convicción?

Actividad C. ¿Cuál es la pregunta? Prepara por lo menos cinco respuestas a posibles preguntas en las siguientes categorías. Luego, lee tus respuestas a la clase. Tus compañeros/as van a tratar de adivinar la pregunta.

> MODELO: E1: el deporte más popular del mundo
> E2: ¿Qué es el fútbol?

CATEGORÍAS

| los deportes | personas famosas | los pasatiempos populares |
| la música | la geografía del mundo hispánico | nuestra universidad |

Actividad D. Mi pasatiempo o deporte favorito. Antes de ir a clase, prepara una narración sobre un pasatiempo o un deporte que te gusta. Escribe por lo menos cuarenta palabras para leer o presentarle en forma oral a la clase. Trata de usar palabras como **que, cual, donde, quien** o **porque** para conectar tus ideas.

> MODELO: Mi pasatiempo favorito es leer novelas de ciencia ficción porque me gusta imaginar mundos futurísticos. La novela que siempre les recomiendo a mis amigos es...

3.2 —¿Me quieres?—¡Sí, te quiero mucho! Direct object pronouns

The direct object is the direct recipient of the action of a verb. It answers the question *Whom?* or *What?* Consider the English sentence *I have the book.* The book is the direct object of the verb *have;* it tells what you have. If someone asks *Do you have the book?*, you might reply, *Yes, I have it.* The word *it* is a direct object pronoun, a substitute for the noun *book.*

DIRECT OBJECT PRONOUNS			
me	*me*	**nos**	*us*
te	*you (fam.)*	**os**	*you (fam.)*
lo/la	*you (form.)*	**los/las**	*you (form.)*
lo/la	*him, her*	**los/las**	*them*

Direct object pronouns are placed before a conjugated verb. The pronouns may also be placed after and attached to an infinitive or a present participle.* When the pronoun is attached to a present participle, a written accent is required over the next-to-the last syllable of the participle.

—¿**Me** quieres?	*Do you love me?*
—Sí, **te** quiero con toda mi alma.	*Yes, I love you with all my soul.*
Voy a ver el partido. ¿Quieres ver**lo** conmigo?	*I'm going to watch the game. Do you want to watch it with me?*
Mis amigos no están aquí todavía. Estoy llamándo**los** ahora.	*My friends aren't here yet. I'm calling them now.*

LENGUA 〜〜〜〜〜〜〜〜〜〜〜〜〜〜〜〜〜〜〜

La duplicacion

El empleo de los pronombres de complemento directo en las terceras personas **(lo, la, los, las)** supone que el referente debe ser conocido por los interloctures o por el contexto. En algunos dialectos se usa la duplicación del objeto directo, sobre todo cuando es definido y animado. Esta duplicación también sirve para aclarar el referente. Resulta que se oyen ejemplos como los siguientes.

La llamo **a Susana** todos los días.	*I call Susana every day.*
Los invito **a Juana y Julio** a la fiesta.	*I will invite Juana and Julio to the party.*

***ESTRATEGIA COMUNICATIVA** • Elaboracion y detalle*

Cuando alguien pregunta por Fulano* (¿Conoces a Fulano?) y respondes **Sí, lo conozco**, probablemente añades más detalles sobre tu relación con él. Por ejemplo, **Sí, lo conozco. Trabaja en la biblioteca y nos vemos todos los días.** Practica este proceso de elaboración en la **Actividad A.**

---

*Object pronouns are placed after and attached to positive direct commands, and before negative direct commands. Tráe**me** el balón. No **me** traigas la pelota. *Bring me the basketball. Don't bring me the baseball.* The rules of placement with direct commands will be reviewed and practiced in **Capítulo 9.**

---

*Fulano/a is a word used as a general name, similar to the use of *so-and-so* and *John Doe* or *Jane Doe*. **Fulano's** full name is **Juan Fulano de Tal y Cual.**

Actividad A. ¿Lo ves?

Paso 1. Entrevista a dos compañeros/as, usando las siguientes sugerencias. En tus respuestas, contesta con el complemento directo. Elabora tus respuestas con más detalles.

1. los objetos en la sala de clase

MODELO: E1: ¿Ves la pizarra?
E2: Sí, la veo. Está allí, en la pared. Es verde.

PALABRAS UTILES

el escritorio, las luces, el mapa, la mochila de..., la pizarra, la puerta, los pupitres, el reloj, la tiza, las ventanas

2. los amigos

MODELO: E1: ¿Conoces a Jacob?
E2: Sí, lo conozco. Es muy amigo mío. Estudiamos juntos.

3. los deportes

MODELO: E1: ¿Practicas el tenis?
E2: No, no lo practico. No lo entiendo. No me interesa.

PALABRAS ÚTILES

el baloncesto, el béisbol, el hockey, el fútbol, el fútbol americano, el tenis, el voleibol

4. los héroes

MODELO: E1: ¿Admiras/Respetas a Dennis Rodman?
E2: No, lo desprecio. Es muy egoísta.

Paso 2. Ahora, con tus compañeros/as, háganle las mismas preguntas a su profesor(a), usando la forma de **Ud.**

Actividad B. Lo hacemos.
Escoge cuatro objetos o grupos de objetos en la sala de clase. Narra una serie de acciones. En cada oración, nombra uno/a de tus compañeros/as; él/ella debe representar la acción de tu oración.

MODELO: un lápiz, una pluma, dos textos, dos mochilas →
Mark toma el lápiz. Lo pone en su mochila. Lo saca de su mochila. Amy toma las mochilas. Las lleva a la pizarra. Las abre. Las deja en el piso, etcétera.

Actividad C. Mi amigo/a.
Antes de ir a clase, prepara una narración sobre un amigo o una amiga importante. Escribe por lo menos cuarenta palabras para leer o presentarle en forma oral a la clase.

MODELO: Mi amigo se llama Jorge. Lo veo todos los días porque es mi compañero de cuarto. Lo admiro mucho porque... El me acompaña a...

3.3 ¡Me fascinan los ojos de Consuelo! Indirect object pronouns; *gustar* constructions

Estructura 1: Los pronombres de complemento indirecto

The indirect object answers the question *To/For whom?* or *To/For what?* In the sentence *I hit the baseball*, the subject has acted upon the object (baseball), which is the direct recipient of the action (hitting). In the sentence *I hit the baseball to José Canseco*, the ball is still the direct recipient of the action (hitting). José Canseco is the indirect recipient or indirect object of the action. When the objects are established in a conversation or passage, we use indirect and direct object pronouns to express them.

I hit the baseball to José Canseco. → *I hit it to him.*

INDIRECT OBJECT PRONOUNS			
me	to me	**nos**	to us
te	to you	**os**	to you
le (se)	to you	**les (se)**	to you
le (se)	to him, her	**les (se)**	to them

In Spanish, the indirect object pronoun is almost always expressed even if the indirect object itself is expressed as well. Indirect object pronouns follow the same rules of placement as the direct object pronouns: before a conjugated verb, or after and attached to an infinitive or present participle.

¿**Me** traes el guante?
No quiero dar**te** mi guante.
El árbitro está leyéndo**les** la
  regla a los entrenadores.

Will you bring me the glove?
I don't want to give you my glove.
The umpire is reading the rule to
  the coaches.

¡Recuerda! In expressions of communication (**hablar, decir, pedir, preguntar,** etc.), the indirect object pronoun is usually needed.

Nuestro profesor **nos** habla en
  español.
Les leo (a Uds.) los ejemplos.

Our professor speaks to us in
  Spanish.
I will read the examples to you.

The prepositional object pronouns can be used for emphasis and/or clarity.

PREPOSITIONAL PRONOUNS	
a mí	a nosotros/as
a ti	a vosotros/as
a Ud.	a Uds.
a él/ella	a ellos/as

LENGUA

El significado del complemento indirecto

El complemento indirecto puede tener varios significados (*meanings*): *to..., for...* y *from....*

Les damos otra pelota a ellos.	*We'll give another ball to them.* *(We'll give them another ball.)*
Te abro la puerta.	*I'll open the door for you.*
Le compramos el carro a Juan.	*We buy the car from John.*
Le compramos el carro para mamá.	*We buy the car for mom.*
¿**Nos** haces el favor?	*Will you do the favor for us?* *(Will you do us this favor?)*
¿**Me** consigues una camiseta *Nike*?	*Can you get a Nike T-shirt for me?*

Estructura 2: Pronombres de complemento directo e indirecto juntos

When both the indirect and direct object pronouns are used, the indirect object pronoun always precedes the direct object pronoun. The two pronouns may not be split: they will both appear in order (indirect then direct) either before the conjugated verb, or after an infinitive or present participle.

—¿Tienes la pelota? ¿**Me la** puedes dar?	*Do you have the ball? Can you give it to me?*
—Sí, la tengo, pero no voy a dár**tela.**	*Yes, I have it, but I'm not going to give it to you.*
—Ay, ¡por favor! **Te la** devuelvo en cinco minutos.	*Oh, please! I'll return it to you in five minutes.*

When both the indirect and direct object pronouns are third person, the indirect object pronoun will become **se.** Sometimes a prepositional phrase (**a él, a ella, a Ud., a ellos/as, a Uds.**) will be needed for clarity.

—¿A quién **le** mandas el paquete? ¿a María o a Adolfo?	*To whom are you sending the package? to María or to Adolfo?*
—**Se lo** mando **a María.**	*I'm sending it to María.*
—¿**Les** debemos dar el bate?	*Should we give them the bat?*
—Sí, Uds. deben dár**selo a ellos.**	*Yes, you should give it to them.*

Estructura 3: *Gustar* y los pronombres de complemento indirecto

The indirect object pronoun is used with the verb **gustar** (*to be pleasing*), which is used to express *to like something* in Spanish. The construction is different from the English. Instead of saying *I like something,* in Spanish you say *Something is pleasing to me.* The indirect object pronoun is used to express *to whom* the activity or object(s) is pleasing.

Me gusta el fútbol.	*I like soccer.* (literally: *Soccer is pleasing to me.*)

In this construction, the activity or the object that is liked is the subject of the verb **gustar.** Therefore **gustar** most often appears in the third-person singular and plural. Use the singular **gusta** to express liking a single object. Note that the prepositional phrases (**a mí, a ti, a él,** etc.) can be used for emphasis and clarity.

¿**Te gusta** el café?	*Do you like coffee?*
Le gusta el yógur a Ud.	*You like the yogurt.*
Le gusta la falda a ella.	*She likes the skirt.*
Nos gusta el regalo.	*We like the gift.*
Les gusta el tenis a Uds.	*You like tennis.*
A ellos les gusta la teoría.	*They like the theory.*

¡**Recuerda!**   Remember that **gustar** is generally not used to express *to like someone.* When used with a specific person, the expression has physical and romantic implications. The expression **caerle bien/mal** is most often used to express *to like/dislike someone.*

Me gusta esta clase. El profesor **me cae** muy bien.	*I like this class. I like the professor a lot.*
Ese muchacho **me cae mal.**	*I don't like that guy.*

When more than one thing is liked, use the plural **gustan.**

Me gustan los dulces.	*I like the candy (sweets).*
Te gustan las telenovelas.	*You like soap operas.*
Le gustan las rebajas a ella.	*She likes sales.*
Nos gustan los zapatos.	*We like shoes.*
A vosotros **os gustan** los idiomas.	*You like languages.*
Les gustan los mariscos a ellas.	*They like seafood.*

To express *to like to do something,* use the singular **gusta,** and use the infinitive of the activity liked. The singular **gusta** is used even when, expressing to like to do more than one thing.

A mí **me gusta leer,** pero a ti no **te gusta.**	*I like reading/I like to read but you you don't like it. (literally: Reading is pleasing to me but it is not pleasing to you.)*
¿Os gusta esquiar?	*Do you like to ski?*
A mis hermanos **les gusta nadar y tomar** el sol.	*My brothers (and sisters) like to swim and sunbathe.*

LENGUA

A + el complemento preposicional

Se puede colocar la frase preposicional (**a** + el complemento preposicional) antes o después de la expresión verbal.

—¿Le gusta **a Uds.** este deporte?	*Do you like this sport?*
—**A mí** no me gusta pero le gusta mucho **a ella.**	*I don't like it, but she likes it a lot.*

Estructura 4: Otros verbos como *gustar*

The use of the following verbs is similar to that of **gustar.**

encantar	*to enchant; to love (something)*	**interesar**	*to interest*
fascinar	*to fascinate*	**molestar**	*to bother*
importar	*to matter*	**parecer**	*to seem*

Me encanta la poesía de Bécquer.	*I love Bécquer's poetry.*
Le fascinan a Ud. los ojos de Consuelo.	*Consuelo's eyes fascinate you.*
—¿**Te interesa** la idea?	*Are you interested in the idea? (Does the idea interest you?)*
—Sí, **me parece** buena.	*Yes, it seems like a good one to me.*

Actividad A. Interacción

Paso 1. Entrevista a dos compañeros/as de clase usando las siguientes preguntas como guía general. Usa preguntas complementarias y haz tres preguntas originales. Contéstales las preguntas a tus compañeros/as.

1. ¿Por qué te gusta o no te gusta esta clase? ¿Te cae bien el profesor (la profesora)?
2. ¿Con quién hablas por teléfono todos los días? ¿Qué le cuentas? ¿Le cuentas tus problemas? ¿Por cuánto tiempo sueles hablarle?
3. ¿Quién te invita a salir a menudo (*often*)? ¿Adónde te invita a salir?
4. ¿Qué deportes o pasatiempos te interesan? ¿Los practicas o prefieres verlos en la televisión o en un partido? Y tus hijos o hermanos, ¿los practican también?
5. ¿Qué te importan más en la vida, los estudios y el trabajo o los amigos y la familia?
6. ¿Qué aspectos de la vida universitaria te molestan?
7. ¿Qué personas famosas te fascinan? ¿En qué programas o contextos las ves? ¿Las quieres conocer?

Paso 2. Ahora, con tus compañeros/as, háganle las mismas preguntas al profesor (a la profesora), usando la forma de **Ud.** Comparen los intereses de su profesor(a) con los de los/las estudiantes de la clase.

Actividad B. Los gustos y encantos

Paso 1. Hazles las siguientes preguntas a varios/as estudiantes de la clase e indica sus respuestas. Contéstales las preguntas a tus compañeros/as según las opciones de la tabla.

MODELO: ¿el fútbol? →
E1: ¿Te gusta el fútbol?
E2: Sí, me fascina. Es muy divertido.

	¿Te encanta?	¿Te fascina?	¿Te gusta?	¿No te gusta?	¿Te molesta?
¿el fútbol?	____	____	____	____	____
¿el tenis?	____	____	____	____	____
¿el béisbol?	____	____	____	____	____
¿el baloncesto?	____	____	____	____	____
¿el fútbol americano?	____	____	____	____	____
¿el voleibol?	____	____	____	____	____

Paso 2. Ahora, compara y contrasta los resultados de tu encuesta con los de tus compañeros/as.

Actividad C. La universidad

Paso 1. Antes de ir a clase, prepara una narración sobre algunas cosas de la universidad o de los deportes que te gustan, interesan, fascinan, etcétera. Escribe por lo menos cuarenta palabras para leer o presentarle en forma oral a la clase.

MODELO: En esta universidad, me fascina hablar con los estudiantes extranjeros. A mi amiga y a mí nos gusta ir al centro estudiantil para hablar con...

Paso 2. Trabaja con tus compañeros/as para comparar y contrastar los intereses de los/las estudiantes de la clase. ¿Hay grandes contrastes? ¿Hay divisiones o grupos obvios (hombres/mujeres, etcétera)?

3.4 ¡Un millón de dólares! Numbers and dates

Estructura 1: Los números

Some numbers between zero and twenty-nine have special forms and combinations. The most common way to write numbers 16 through 19 and 21 through 29 is to combine the three words into one.

diez y seis → dieciséis   veinte y ocho → veintiocho

Remember to include the written accent over 16, 21 (when shortened), 22, 23, and 26.

0-9: cero, uno/a (un), dos, tres, cuatro, cinco, seis, siete, ocho, nueve
10-19: diez, once, doce, trece, catorce, quince, dieciséis, diecisiete, dieciocho, diecinueve
20-29: veinte, veintiuno/a (veintiún), veintidós, veintitrés, veinticuatro, veinticinco, veintiséis, veintisiete, veintiocho, veintinueve

Hay **veintidós** equipos, pero sólo **doce** equipos participan en el torneo.	*There are twenty-two teams, but only twelve are participating in the tournament.*

¡Recuerda!   Remember that **uno** agrees in gender with the noun it modifies. When used directly before a masculine noun, the **-o** is dropped from **uno** and **veintiuno.**

Necesito **un** guante nuevo, **una** camiseta nueva y **tres** pelotas nuevas.	*I need one new glove, one new T-shirt, and three new balls.*
Vamos a asistir a **veintiún** partidos este semestre.	*We're going to attend twenty-one ballgames this semester.*

Do not combine the numbers from thirty through ninety-nine. **Uno** will still agree in gender with the noun modified in these combinations.

30: treinta, treinta y uno/a (treinta y un), treinta y dos, treinta y tres...

40: cuarenta, cuarenta y uno/a (cuarenta y un)...	70: setenta...
50: cincuenta...	80: ochenta...
60: sesenta...	90: noventa...

Hay **cincuenta y una** sillas, pero sólo hay **cuarenta y un** pupitres.	*There are fifty-one chairs, but there are only forty-one student desks.*

Use **cien** for 100 when counting, directly before nouns, and before numbers greater than 100. To express numbers between 100 and 200, use **ciento.** Do not say or write **y** between **ciento** and the next number. Multiples of 100 are written as one word, and there are three irregular forms (500, 700, 900). The endings of these will agree in gender with the noun modified.

100: cien, ciento uno/a (ciento un), ciento dos, ciento tres,
... ciento veintitrés, ... ciento sesenta y ocho, ... ciento noventa y nueve

200: doscientos/as, doscientos/ as uno/a (doscientos un)...	1.000: mil, mil uno/a (mil un), mil dos... mil doscientos/as tres...
300: trescientos/as...	2.000: dos mil...
400: cuatrocientos/as...	3.000: tres mil...
500: quinientos/as...	100.000: cien mil...
600: seiscientos/as...	200.000: doscientos mil...
700: setecientos/as...	1.000.000: un millón (de + *noun*)...
800: ochocientos/as...	2.000.000: dos millones (de + *noun*)...
900: novecientos/as	1.000.000.000: un millar de (mil) millones (de + *noun*)...

¡Recuerda! In Spanish, a comma is used to express the decimal point, and a period is used to separate the numbers.

English	Spanish	English	Spanish
1,503.75	1.503,75	25,049.33	25.049,33

Los numeros ordinales

Los números ordinales se anteponen (*go before*) al sustantivo. La mayoría de los hispanohablantes sólo usa los diez primeros números ordinales y prefiere los números cardinales para los números de once en adelante. **Primero** y **tercero** pierden la **o** final antes de sustantivos masculinos singulares, y se convierten en **primer** y **tercer**. Todos los números ordinales concuerdan en género y número con el sustantivo modificado.

primero/a (primer)	los primeros meses	*the first months*
	el primer presidente	*the first president*
segundo/a	la segunda vez	*the second time*
tercero/a (tercer)	el tercer partido	*the third game*
	las terceras secciones	*the third sections*
cuarto/a	el cuarto equipo	*the fourth team*
quinto/a	la quinta novela	*the fifth novel*
sexto/a	el sexto estudiante	*the sixth student*
séptimo/a	el séptimo día	*the seventh day*
octavo/a	la octava parte	*the eighth part*
noveno/a	la novena semana	*the ninth week*
décimo/a	el décimo examen	*the tenth exam*

Estructura 2: La hora

Remember that for telling time, only **ser,** not **estar,** is used. The following questions can be used to ask for the time.

¿Qué hora es?/¿Qué horas son?	*What time is it?*
¿Qué hora(s) tienes/tiene Ud.?	*What time do you have?*

When telling time, use the correct form of **ser,** the feminine definite article, and the number of the hour: **es la** (*one o'clock*), **son las** (*two* through *twelve o'clock*).

Es la una.   **Son las** dos.   **Son las** ocho.

In English, *It's nine fifteen* or *It's five after eight*, expresses how many minutes after an hour it is: *It's fifteen minutes after nine* and *It's five minutes after eight*. In Spanish, the minutes after an hour are expressed with **y.**

Son las dos **y** cinco.   Son las cuatro **y** veinte.   Son las nueve **y** diez.

When it's more than half past an hour, for example, *eight forty or nine fifty-five,* most Spanish speakers express how many minutes before the next hour it is. This can be done in two ways: with the word **menos** (the hour *minus* the minutes) and with **para** (how many minutes *until* an hour).

Son las nueve **menos** veinte. /   Son las diez **menos** cinco. /
Son veinte **para** las nueve.   Son cinco **para** las diez.

To express fifteen minutes after or before an hour, the number **quince** or the expression **cuarto** (*quarter*) can be used. For thirty minutes, use **treinta** for before and after an hour. To express *half past* an hour, you can also use **y media.**

Son las cinco y **quince.**/   Son las seis y **treinta.**/   Es la una menos **quince.**/
Son las cinco y **cuarto.**   Son las seis y **media.**   Es la una menos **cuarto.**

To indicate what part of the day it is when telling time, use the expressions **de la mañana, de la tarde,** and **de la noche.**

Son las siete y media   Son las once menos cinco   Es la una
de la tarde.   **de la mañana.**   **de la tarde.**

To express *midnight* or *noon,* you can use the number **doce** and the part of the day to clarify (**de la noche, de la mañana**), or you can use the expressions **medianoche** and **mediodía.** The singular form of **ser** (**es**) is used with these expressions.

Es **mediodía.**	*It's noon.*
Es **medianoche.**	*It's midnight.*

To express *at what time* something takes place, use the prepositional phrase **a la(s) (+ hora).** To ask *at what time,* use **¿A qué hora...?**

—**¿A qué hora** es el partido?	*(At) What time is the game?*
—El partido es **a las seis** de la tarde.	*The game is at six in the afternoon.*

Estructura 3: La fecha

Numbers are also used to express dates. To ask what the date is, or to ask what the date of a certain event is, use the following questions.

¿Cuál es la fecha (de hoy)?	*What is the date today?*
¿Qué fecha es hoy?	
¿Cuál es la fecha de tu cumpleaños?	*What is (the date of) your birthday?*

Los meses del año

enero	abril	julio	octubre
febrero	mayo	agosto	noviembre
marzo	junio	septiembre	diciembre

In Spanish, the date is given in the following order. The preposition *on* is not expressed when telling dates in Spanish.

el + (day number) + **de** + (month) + **de** + (year number)
el veinticinco de enero de 1999   *January 25, 1999*

Hoy es **el veintidós de febrero de dos mil uno.**	*Today is February 22, 2001.*
El examen es **el once de septiembre de dos mil dos.**	*The exam is on September 11, 2002.*
Mi cumpleaños es **el catorce de mayo.**	*My birthday is (on) May 14.*
Celebran **el cinco de mayo** con un desfile.	*They celebrate May 5 (the fifth of May) with a parade.*

The ordinal number **primero** can be used to express the first day of the month. Cardinal numbers are used for all other days.

El partido es el **primero** de marzo.	*The game is on the first of March.*

The year is never abbreviated or expressed in tens as in English. For example, 1999 in English is often expressed as *ninety-nine* or *nineteen ninety-nine*. In Spanish, however, it is **mil novecientos noventa y nueve** (*one thousand nine-hundred ninety-nine*).

Hoy es el veinte de agosto de **mil novecientos noventa y ocho.**

Today is August 20, 1998.

Me gradúo en **dos mil cinco.**

I (will) graduate in 2005.

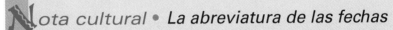

Nota cultural • *La abreviatura de las fechas*

Las fechas en español se abrevian según el orden internacional. Este sistema es muy diferente del que se usa en los Estados Unidos y el Canadá. En muchos países hispánicos, prefieren usar los números romanos para nombrar el mes.

(día) / (mes) / (año)	(month) / (day) / (year)
el dos de diciembre de 1976	December 2, 1976 12-2-76
2/12/76 (2/XII/76)	
el veintitrés de agosto de 1993	
23/8/93 (23/VIII/93)	August 23, 1993 8-23-93

Actividad A. ¿Qué hora es?

Da la hora en español.

MODELO:

Son las cuatro menos cuarto de la mañana.

1.

2.

3.

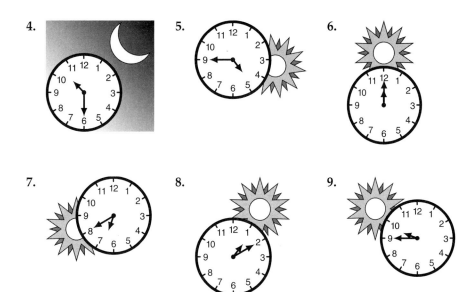

Nota cultural • Los números imprecisos

Para expresar números imprecisos puedes usar las siguientes expresiones.

(número) **y pico**
(número) **y tantos**
unos/as (número)

Hay **veinte y pico** estudiantes en nuestro equipo.	*There are some twenty students on our team.*
Tengo **treinta y tantos** años.	*I'm thirty-something (years old).*
Necesitamos **unas diez** pelotas nuevas.	*We need about ten new balls.*

Actividad B. ¿Cuántos? Hazles las siguientes preguntas a varios/as estudiantes de la clase e indica sus respuestas. Contesta las preguntas de tus compañeros/as con oraciones completas en español. Para contestar con números aproximados, usa las expresiones de **Nota cultural: Los números imprecisos:...y pico,...y tantos, unos/as...**

MODELO: estudiantes →
    E1: ¿Cuántos estudiantes hay en tu clase favorita?
    E2: No sé. Hay unos veinte estudiantes.
    E1: (*marca **entre veinte y treinta***)

¿Cuántos/as _____ hay en tu clase favorita?	Menos de 10	Entre 10 y 20	Entre 20 y 30	Más de 30
¿estudiantes?	_____	_____	_____	_____
¿pupitres?	_____	_____	_____	_____
¿pizarras?	_____	_____	_____	_____
¿ventanas?	_____	_____	_____	_____

¿Cuántos/as _____ hay en tu universidad?				
¿equipos deportivos?	_____	_____	_____	_____
¿instalaciones deportivas?	_____	_____	_____	_____
¿piscinas?	_____	_____	_____	_____
¿gimnasios?	_____	_____	_____	_____

	Menos de 1000	Entre 1000 y 2000	Entre 2000 y 5000	Más de 10.000
¿estudiantes?	_____	_____	_____	_____
¿profesores/as?	_____	_____	_____	_____

Actividad C. Las fechas

Paso 1. Di los siguientes años en español.

1. 711	4. 1492	7. 1615	10. 1810	13. 1898	16. 1939
2. 1066	5. 1588	8. 1616	11. 1812	14. 1910	17. 1941
3. 1305	6. 1605	9. 1776	12. 1833	15. 1936	18. 1945

Paso 2. Escoge dos de las fechas del **Paso 1** y explícale a la clase por qué son importantes.

Paso 3. Apunta por lo menos cinco fechas que son significantes para ti. Luego, comparte con tu compañero/a las fechas y explícale por qué son importantes.

VOCABULARIO UTIL

aniversario (de bodas)	*(wedding) anniversary*
cumpleaños	*birthday*
murió	*he/she died*
nací	*I was born*
nació	*he/she was born*

¡De viva voz!

Actividad A. Entrevista. Crea una serie de preguntas para un puesto en una compañía ficticia. Entrevista a dos compañeros/as de clase para saber si están capacitados/as (*qualified*) o no para ese puesto. Presenta el resultado al resto de la clase. Usa las siguientes ideas para organizar tu entrevista.

INFORMACION IMPORTANTE

nombre
fecha de nacimiento
educación y entrenamiento
    (*training*)
experiencia

destrezas (*skills*)
transporte (al trabajo)
horario de trabajo
sueldo/salario

PUESTOS POSIBLES

bibliotecario/a (*librarian*)
dependiente/a (*clerk*)
ingeniero/a civil (eléctrico/a,
    etcétera)
profesor(a) de...

programador(a) de...
recepcionista
secretario/a
técnico

Actividad B. Los deportes. Escoge un deporte que sabes jugar o que conoces bien. Demuéstrale a la clase cómo se juega, explicándole tus movimientos a la clase.

MODELO: Me gusta jugar al tenis. Para jugar, se usa una raqueta y una pelota. Se juega en una cancha en que hay una red. El juego consiste en...

Actividad C. Mi familia hispana. Imagínense que uno/a de Uds. va a vivir con una familia hispana durante un semestre o un año y los otros (las otras dos o tres son miembros de la familia. Creen y representen una escena entre el/la estudiante y la familia.

Actividad D. Nuestro deporte/pasatiempo favorito. Habla con otros/as estudiantes de la clase que practican tu deporte o pasatiempo favorito. Trabajen juntos para hacer una lista de los elementos de su deporte o pasatiempo que son divertidos, saludables o, en general, buenos. Comparen su lista con las de otros grupos de la clase.

2000 a.C. 1100 a.C 219 a.C. 40 d.C. 711 d.C. 1099 d.C. 1312 d.C. 1469 d.C. 1492 d.C. 1512 d.C. 1545 d.C. 1588 d.C. 1605 d.C. 1615 d.C. 1616 d.C. 1808 d.C. 1810 d.C. 1898 d.C. 1910 d.C. 1933 d.C. 1936 d.C. 1939 d.C. 1959 d.C. 1961 d.C. 1975 d.C. 1990 d.C.

La historia

Metas:

En este capítulo vas a...

- conocer algo del pasado de tus compañeros/as
- hablar de la historia mundial e hispánica
- repasar y practicar las siguientes estructuras
    - ✔ los verbos regulares del pretérito (4.1, 4.2)
    - ✔ los verbos con cambios en el radical en el pretérito (4.3)
    - ✔ los verbos irregulares del pretérito (4.4)

Vocabulario vivo: El pasado personal y la historia mundial

Los adverbios y expresiones temporales

Catrina enseña ciencias naturales en la escuela de su ciudad. Es una madre y maestra muy ocupada. Hoy es el treinta de enero.

enero						
lunes	**martes**	**miércoles**	**jueves**	**viernes**	**sábado**	**domingo**
			1	2	3	4 cenar con mis padres
5	6	7 práctica de baloncesto de Anita	8	9 práctica de baloncesto de Anita	10 ir al cine con los hijos	11
12	13	14 práctica de baloncesto de Anita	15	16 práctica de baloncesto de Anita; cenar con los vecinos	17	18 almorzar con mis padres
19	20	21 práctica de baloncesto de Anita	22 segundo cumpleaños de Jaime	23 práctica de baloncesto de Anita	24 hacer fiesta de cumpleaños para Jaime	25
26 primer partido de baloncesto de Anita	27	28 llevar a la clase al Parque Geológico	29 preparar el examen de geología; salir a cenar con Pedro	30　dar el examen de geología; práctica de baloncesto de Anita	31	

Ayer Catrina escribió el examen de geología.

Esta mañana dio el examen a sus estudiantes.

Anteayer llevó a su clase al Parque Geológico. **Hace dos días que** llevó a su clase al Parque Geológico.

La semana pasada (El jueves pasado) fue el segundo cumpleaños de su hijo Jaime. Hizo una fiesta para Jaime **el fin de semana pasado (el sábado pasado)**.

Anoche cenó con su esposo Pedro.

Este mes cenó con los vecinos **una vez. Hace dos semanas que** cenó con sus vecinos.

Comió con sus padres **dos veces.**

Su hija Anita practicó baloncesto con su equipo **siete veces.**

El primer partido de baloncesto de Anita fue **este lunes (el lunes pasado).**

Hace cuatro días que tuvo su primer partido de baloncesto.

Hace casi tres semanas que fue al cine con sus hijos. **Este mes** fue al cine **una vez.**

LENGUA

Hacer y *ago*

La expresión **Hace (+ tiempo) + que + (pretérito)** se expresa en inglés con la palabra *ago*.

Hace dos días que perdieron el partido.	*They lost the game two days ago.*
Hace unos veinticinco años que murió Franco.	*Franco died some twenty-five years ago.*

Esta y otras expresiones temporales con **hacer** se presentan en más detalle en el **Capítulo 5.**

Para narrar acontecimientos históricos

anunciar to announce
casarse to get married
comenzar (ie) to begin
conquistar/reconquistar to conquer
cruzar to cross
declarar to declare
derrotar to defeat
descubrir to discover
destruir (y) to destroy
dominar to dominate
establecer (zc) to establish
expulsar to expel
firmar to sign

fundar to found, establish
gobernar (ie) to govern
independizarse to become independent
iniciar to initiate
inventar to invent
llegar to arrive
morir (ue, u) to die
nacer (zc) to be born
ordenar to order
perder (ie) to lose
publicar to publish
reinar to reign
terminar to finish
triunfar to triumph
unificar to unify

El presente histórico

Los acontecimientos históricos con frecuencia se narran en el presente de indicativo o en el dicho presente histórico. Los verbos a menudo aparecen al principio de la oración, y las fechas o los adverbios establecen la idea del pasado.

Firman el tratado en 1779.
Muere Miguel de Cervantes en 1616.

*They sign the treaty in 1779.
Miguel de Cervantes dies in 1616.*

Actividad A. Fechas importantes

Paso 1. Trabajando juntos, emparejen cada fecha con el momento histórico descrito. Busquen información en el Internet o en una enciclopedia sobre los momentos o las figuras que no conozcan. Comenten la importancia de cada momento histórico descrito y emparejen el dibujo con el momento correspondiente.

2000 a.C. a 1500 d.C.   219 a.C.   711 a 1492 d.C.   1099 d.C.   1325 d.C.

1. Los moros ocupan la Península Ibérica desde _____, un período marcado por avances en las ciencias y las matemáticas.

2. Aníbal, que con su padre entró en batalla a los nueve años, derrota a los celtíberos en la batalla de Sagunto en _219_.
3. La continuidad de la cultura maya, una civilización que se estableció en Yucatán, en otras partes del sur de México y en el norte de Guatemala, dura desde _____.
4. Los aztecas fundan Tenochtitlán, su ciudad capital, en _1325_, unos doscientos años antes de la llegada de Hernán Cortés.
5. El Cid, el héroe nacional de España, famoso por sus habilidades políticas y militares, muere en _____.

Paso 2. Ahora, comenten los siguientes acontecientos usando la información de la línea temporal. Usen el presente de indicativo histórico. Busquen información adicional sobre cada uno en el Internet o en una enciclopedia.

MODELO: Los Reyes Católicos, Fernando e Isabel, se casan en 1469, juntan los reinos de...

1469 matrimonio de Fernando e Isabel, los Reyes Católicos

1492 expulsión de los moros y los judíos de España; llegada de Cristóbal Colón al Nuevo Mundo

1512 descubrimiento del Océano Pacífico por Núñez de Balboa

1535 fundación de la ciudad de Buenos Aires, capital de la Argentina

1545 comienzo de la Contrarreforma Católica

1588 derrota de la Armada Invencible por los ingleses

Paso 3. Ahora, trabajen juntos para crear una línea temporal. Primero, emparejen cada fecha con el acontecimiento correspondiente. Luego, indíquenlo en una línea temporal semejante a la línea del **Paso 2.** Comparen su línea con las de los otros grupos de la clase.

_____ **1.** 1810   **a.** España pierde las últimas colonias de su gran imperio mundial en una guerra con los Estados Unidos.

_____ **2.** 1898   **b.** Termina la Guerra Civil española.

_____ **3.** 1910   **c.** Comienzan los movimientos por la independencia de la Argentina y México.

_____ **4.** 1933   **d.** Roosevelt promulga la política del Buen Vecino.

_____ **5.** 1936   **e.** John F. Kennedy anuncia el Plan de Alianza para el Progreso.

_____ **6.** 1939   **f.** Muere el Generalísimo Francisco Franco, dictador de España.

_____ **7.** 1959   **g.** El presidente norteamericano George Bush ordena la invasión de Panamá.

_____ **8.** 1961   **h.** Comienza la Guerra Civil española.

_____ **9.** 1975   **i.** Triunfa la Revolución cubana cuyo líder es Fidel Castro.

_____ **10.** 1990   **j.** Comienza la Revolución mexicana.

LENGUA

Antes y después de Cristo

Las abreviaciones _BC_ y _AD_ en inglés se refieren a los períodos antes de Cristo (_BC_) y después de Cristo (_AD_). En español se usan las abreviaciones **a.C.** (antes de Cristo) y **d.C.** (después de Cristo).

Llegan los fenicios a la Península Ibérica en 1100 **a.C.**	_The Phoenicians arrive on the Iberian Peninsula in 1100 BC._
El emperador Máximo Magno conquista España en 383 **d.C.**	_The Emperor Maximus Magnus conquers Spain in 383 AD._

Actividad B. La historia hispánica. Pregúntale a tu profesor(a) qué períodos, figuras o grupos históricos le interesan y por qué. Puedes referirte a la información de la lista.

> MODELO: ¿Cuál es su período histórico favorito? ¿Por qué?

> la Edad Media, la Reconquista, el Renacimiento, la Revolución mexicana, la Guerra Civil española, la Revolución cubana, Moctezuma los Reyes Católicos, Balboa, Pancho Villa, Evita Perón, Oscar Arias, los celtíberos, los mayas, los moros, los inca, los aztecas, los taíno

Actividad C. ¿Quién soy? Escoge a un personaje histórico y represéntalo. Otros/as estudiantes te harán preguntas **sí/no** para adivinar quién eres.

> MODELO: E1: ¿Eres una figura del siglo XX?
> E2: No, no soy del siglo XX.

Actividad D. Narración. Antes de ir a clase, prepara una narración sobre un acontecimiento o un personaje histórico hispánico. Puedes usar ideas de las listas de **Actividades A** y **B**. Escribe por lo menos cuarenta palabras para leer o presentarle en forma oral a la clase. Usa el presente histórico para describir el pasado, y las ideas a continuación para organizar tu narración.

IDEAS PARA CONSIDERAR
- el momento/personaje
- la(s) fecha(s) importante(s)
- su importancia

Nota cultural • *Evita Perón*

María Eva Duarte de Perón, cuya vida fue popularizada por Madonna en la película *Evita,* nació en Buenos Aires en 1919 y murió en la misma ciudad en 1952. Se casó en 1945 con Juan Domingo Perón, quien llegó a ocupar la presidencia de la Argentina al año siguiente. Con su matrimonio y la posición de su esposo, ascendió de actriz a la posición de primera dama de la república. Fue activa colaboradora de Perón, y sigue siendo una figura controvertida. Para algunos, fue una mujer manipuladora y ambiciosa; según otros, fue una santa, defensora de la gente del pueblo, de los pobres, a quienes ayudaba por medio de programas sociales. Diga lo que se diga, Evita inspiró a una nación durante su vida y la gente de la Argentina la honró después de su muerte. Millones de personas desfilaron al lado de su ataúd (*casket*), dejando miles de ramos de flores. Pocas mujeres en la historia han inspirado tal lealtad y pasión.

Mejora tu pronunciación

Cognates (Part III); Amigos falsos

EXPLICACION: Cognates (Part III)
These final groups of words, although not identical to their English counterparts, resemble them enough so that your tendency might be to pronounce the words or certain syllables as you do the English equivalent. Again, remember to apply the principles you studied in the previous chapters on vowels, *schwa*, and syllable length.

Práctica

A. Listen to and repeat the following words that end in **-ía** (all are feminine).

biología	garantía	geología	(p) sicología
energía	geografía	filosofía	sociología

B. Listen to and repeat the following words that end in **-ista**. This ending does not change for gender.

artista	comunista	novelista	pianista
capitalista	idealista	oportunista	turista

C. Listen to and repeat the following words that end in **-ico.** These adjectives will change for gender agreement.

artístico	dramático	fantástico	idéntico	patriótico	romántico
auténtico	económico	geográfico	irónico	práctico	sarcástico
científico	eléctrico	histórico	lógico	público	trágico

D. Listen to and repeat the following words that end in **-ivo.** These adjectives will change for gender agreement.

activo   constructivo   destructivo   instructivo   productivo   selectivo

E. Listen to and repeat the following words that end in **-oso.** These adjectives will change for gender agreement.

ambicioso	delicioso	famoso	generoso	precioso	victorioso
curioso	fabuloso	furioso	misterioso	religioso	

EXPLICACION: **Amigos falsos**

While cognates are a useful tool when learning and practicing Spanish, false cognates, **amigos falsos,** can be deceptive. Review the meaning of the following **amigos falsos** and the correct Spanish equivalent for the English word, as you listen to and repeat the Spanish words.

Práctica

A. Listen to and repeat each false cognate in the left hand column and the correct Spanish word for the English **amigo falso** in the right hand column.

1. **actual** (*present, current*)	**verdadero, real** (*actual*)
2. **atender** (*to attend to*)	**asistir** (*to attend [school, church]*)
3. **bravo** (*ferocious*)	**valiente** (*brave*)
4. **conferencia** (*lecture*)	**congreso** (*conference*)
5. **embarazada** (*pregnant*)	**avergonzada** (*embarrassed*)
6. **cheque** (*bank check*)	**cuenta** (*restaurant check*)
7. **éxito** (*success*)	**salida** (*exit*)
8. **groserías** (*gross words, phrases*)	**comestibles** (*groceries, foodstuffs*)
9. **largo** (*long*)	**grande** (*large*)
10. **lectura** (*reading*)	**conferencia** (*lecture*)
11. **lujurioso** (*lecherous*)	**de lujo** (*luxury*)
12. **parientes** (*relatives*)	**padres** (*parents*)
13. **sano** (*healthy*)	**cuerdo** (*sane*)
14. **suceso** (*event*)	**éxito** (*success*)

B. Now listen to and repeat each of the following sentences, paying special attention to the use and pronunciation of the cognates, as well as to the false cognates. Can you identify the sentences with false cognates?

1. El toro es bravo.
2. Voy a tener éxito en la vida.
3. Los turistas comieron sus comestibles y dijeron groserías.
4. Los capitalistas son oportunistas.
5. Los comunistas son idealistas.
6. El artista es misterioso.
7. Busco un hotel de lujo.
8. Me sentí muy avergonzado.
9. No todos mis parientes son cuerdos.
10. Mi novio es ambicioso, generoso, fabuloso y sarcástico.

Estructuras comunicativas

4.1 Regresaste tarde anoche. ¿Por qué? Regular -ar verbs in the preterite tense

Estructura 1: Los usos del pretérito

The preterite or simple past tense in English is used for describing past actions or states and for describing actions in a sequence.

past actions:	*John walked down the street.*
actions in a sequence:	*This morning, I woke up, took a shower, dressed, and went to work.*

In Spanish, the preterite emphasizes a completed action, expresses a change in the condition or state of someone or something, and often refers to a specific beginning and/or ending of an action. The preterite may express a single completed action, actions completed within a specific time frame or a limited number of times, or a series of completed actions.

Empezaron a las **seis en punto.**	*They began at 6:00 sharp.*
Practicaron la canción sólo **una vez.**	*They practiced the song only once.*
Se enfermó después de clase.	*He became ill after class.*
Se quedó en el hospital por tres semanas.	*He stayed in the hospital for three weeks.*

Estructura 2: Las formas regulares de los verbos -ar

-AR ENDINGS		HABLAR	
-é	-amos	hablé	hablamos
-aste	-asteis	hablaste	hablasteis
-ó	-aron	habló	hablaron

Regresaste muy tarde anoche. ¿Por qué?	*You returned very late last night. Why?*
Atahuallpa **peleó** con su hermano Manco.	*Atahuallpa fought with his brother Manco.*
Pizarro **mató** al líder inca.	*Pizarro killed the Incan leader.*

Estructura 3: Verbos -ar con cambios ortográficos

Some **-ar** verbs have spelling changes in the first-person singular of the preterite to maintain the pronunciation of the last consonant of the root or of the **u** before the ending.* Four types of verbs require spelling changes in the first-person singular, but remain regular in all other persons: **-car, -gar, -zar,** and **-guar** verbs.

-CAR (QU)		GAR (GU)		-ZAR (C)		-GUAR (GU)	
buscar (*to look for*)		**pagar** (*to pay for*)		**comenzar (ie)** (*to begin*)		**averiguar** (*to verify*)	
busqué	buscamos	pagué	pagamos	comencé	comenzamos	averigüé	averiguamos
buscaste	buscasteis	pagaste	pagasteis	comenzaste	comenzasteis	averiguaste	averiguasteis
buscó	buscaron	pagó	pagaron	comenzó	comenzaron	averiguó	averiguaron

The **-qué** ending maintains a hard [k] sound, and the **-güé** maintains the hard [g]. The **z** is not necessary for a soft **c** sound before **e** or **i**, therefore **c** is used in the **yo** form of **-zar** verbs in the preterite. The **ü** is necessary between **g** and **e** to indicate that the **u** should be pronounced.

Busqué tu dirección en el directorio.	*I looked for your address in the directory.*
Ayer **jugué** con mi perro y con los niños.	*Yesterday I played with my dog and with the kids.*
Comencé a estudiar a las nueve de la noche.	*I began to study at 9 P.M.*
Averigüé las fechas de la Reconquista anoche.	*I verified the dates of the Reconquest last night.*

The following verbs also follow these patterns.

alcanzar (*to reach*)
almorzar (ue) (*to eat lunch*)
apaciguar (*to calm down, soothe*)
atacar (*to attack*)
cazar (*to hunt*)
empezar (ie) (*to begin*)
entregar (*to surrender, deliver*)
indicar (*to indicate*)
jugar (ue) (*to play, a sport*)
juzgar (*to judge*)

lanzar (*to launch, to throw*)
llegar (*to arrive*)
negar (ie) (*to deny*)
pescar (*to fish*)
publicar (*to publish*)
rechazar (*to reject*)
rogar (ue) (*to beg*)
sacar (*to take out*)
tocar (*to touch, to knock, to play an instrument*)
unificar (*to unify, join*)

*These changes are also used in the imperative forms and the present subjunctive.

*These changes are also used in the imperative forms and the present subjunctive.

Actividad A. **El fin de semana pasado**

Paso 1. Entrevista a dos compañeros/as sobre el fin de semana pasado, usando las siguientes preguntas como guía general. Usa preguntas complementarias para saber más detalles. Haz dos preguntas originales. Contesta las preguntas de tus compañeros/as.

1. ¿Dónde pasaste el fin de semana pasado?
2. ¿Qué comidas preparaste?
3. ¿Escuchaste música durante el fin de semana? ¿Qué escuchaste? ¿la radio? ¿discos compactos? ¿la televisión?
4. ¿A qué hora te acostaste el viernes? Y el sábado, ¿a qué hora te levantaste? ¿Por qué?
5. ¿A qué hora desayunaste el domingo y el sábado? ¿Desayunaste en casa? ¿Preparaste el desayuno? ¿Tomaste café?
6. ¿Qué compraste durante el fin de semana? ¿Buscaste algo especial?
7. ¿Por cuánto tiempo estudiaste? ¿Qué estudiaste? ¿Dónde? ¿Con quién?
8. ¿Jugaste a algún deporte? ¿Cuál? ¿Con quién?

Paso 2. Trabaja con tus compañeros/as para contrastar y comparar sus fines de semana. ¿Fue típico el fin de semana pasado? ¿Hacen las mismas cosas los fines de semana?

Paso 3. Hazle las mismas preguntas a tu profesor(a), usando la forma de **Ud.**

Actividad B. Una encuesta

Paso 1. Entrevista a tus compañeros de clase para completar la siguiente encuesta.

> MODELO: ¿levantarse esta mañana? →
> E1: ¿A qué hora te levantaste esta mañana?
> E2: Me levanté a las seis y media.
> E1: (*indica* **entre las seis y siete**)

¿levantarse esta manana? (entre las...)

_____ cinco y seis   _____ seis y siete   _____ siete y ocho   _____ ocho y nueve   _____ nueve y diez   _____ ¿...?

¿bañarse/ducharse? (por la...)

_____ mañana antes de las diez   _____ mañana después de las diez   _____ tarde   _____ noche   _____ ¿...?

¿llegar a clase hoy? (entre las...)

_____ siete y ocho   _____ ocho y nueve   _____ nueve y diez   _____ diez y once   _____ once y doce   _____ ¿...?

¿estudiar ayer? (por...)

_____ una hora   _____ dos horas   _____ tres horas   _____ cinco horas   _____ seis horas   _____ ¿...?

¿acostarse anoche? (entre las...)

_____ ocho y nueve   _____ nueve y diez   _____ diez y once   _____ once y doce   _____ doce y una   _____ ¿...?

Paso 2. Ahora, compara y contrasta los resultados de tu encuesta con los de tus compañeros/as. ¿Hay patrones (*patterns*) en la rutina de los/las estudiantes?

> MODELO: E1: Cuatro estudiantes se levantaron entre las ocho y nueve, pero sólo un estudiante se levantó después de las diez.

Actividad C. Ayer. Antes de ir a clase, prepara una narración sobre tus actividades ayer. Escribe por lo menos cuarenta palabras para leer o presentarle en forma oral a la clase.

> MODELO: Ayer llegué a clase tarde porque me levanté tarde. Después de clase, estudié en la biblioteca para el examen de matemáticas. No almorcé pero tomé mucho café antes del examen...

4.2 Ayer conocí a una muchacha muy linda. Regular -er and -ir verbs in the preterite tense

Estructura 1: Las formas regulares de los verbos -er e -ir

-Er and **-ir** verbs use the same endings in the preterite.

-ER/-IR ENDINGS		COMER		VIVIR	
-í	-imos	comí	comimos	viví	vivimos
-iste	-isteis	comiste	comisteis	viviste	vivisteis
-ió	-ieron	comió	comieron	vivió	vivieron

¿Ya **vendiste** tu libro de historia?	*Did you already sell your history book?*
Carlos **salió** sin decir nada.	*Carlos left without saying anything.*
Nosotros **aprendimos** algunas leyendas mayas.	*We learned some Mayan legends.*
Los mayas **desaparecieron** entre los siglos XIV y XV.	*The Maya disappeared between the 14th and 15th centuries.*

The preterite of **ver** is regular but has no written accents on the first- and third-person singular forms.

VER	
vi	vimos
viste	visteis
vio	vieron

Vi la película con Andrés.	*I saw the movie with Andrés.*
Aníbal **vio** España por primera vez con su padre.	*Hannibal saw Spain for the first time with his father.*

Estructura 2: Los verbos *-er/-ir* con cambios ortográficos

Some **-er** and **-ir** verbs have spelling changes in the preterite. These include verbs that have a vowel before the ending (vowel + **-er/-ir**). The **i** changes to **y** in both third-person singular and plural. Note the use of the written accent.

LEER		OIR		INCLUIR	
leí	leímos	oí	oímos	incluí	incluimos
leíste	leísteis	oíste	oísteis	incluiste	incluisteis
leyó	leyeron	oyó	oyeron	incluyó	incluyeron

Yo **leí** el libro entero pero Eli sólo **leyó** la primera parte.
¿**Oíste**? El profesor **incluyó** un ensayo en el examen.

I read all of the book, but Eli only read the first part.
Did you hear? The professor included an essay on the exam.

The following verbs have these same spelling changes.

caer (*to fall*)
concluir (*to conclude*)
contribuir (*to contribute*)
creer (*to believe*)
destruir (*to destroy*)

distribuir (*to distribute*)
influir (*to influence*)
instruir (*to instruct*)
huir (*to flee*)
sustituir (*to substitute*)

Actividad A. El sábado pasado. Entrevista a dos compañeros/as de clase sobre el sábado pasado, usando las siguientes preguntas como guía general. Usa preguntas complementarias y haz tres preguntas originales.

1. ¿Comiste bien el sábado? ¿Qué comiste? ¿Dónde?
2. ¿Saliste el sábado? ¿Adónde?
3. ¿Viste alguna película buena? ¿Cuál?
4. ¿Qué leíste el sábado pasado? ¿un libro de texto? ¿una novela? ¿el periódico?
5. ¿Escribiste mucho el sábado pasado? ¿Qué? ¿una composición? ¿una carta?

Actividad B. La última vez que salí...

Paso 1. Entrevista a tus compañeros/as de clase para completar la siguiente encuesta.

> MODELO: E1: La última vez que saliste, ¿viste una película?
> E2: Sí, vi una película.
> E1: ¿Viste una película romántica?
> E2: No, vi una película de horror.

La última vez que...

saliste,...

¿ver una película?	¿asistir a un concierto?	¿bailar en un club?	¿cenar?	¿...?
———	———	———	———	———

viste una película,...

¿ver una película romántica?	¿...de aventuras?	¿...de horror?	¿...cómica?	¿...?
———	———	———	———	———

saliste a un restaurante,...

¿comer comida mexicana?	¿...italiana?	¿...china?	¿...francesa?	¿...?
———	———	———	———	———

leíste,...

¿leer el periódico?	¿...un libro de texto?	¿...una revista?	¿...una novela?	¿...?
———	———	———	———	———

Paso 2. Ahora, compara y contrasta los resultados de tu encuesta con los de tus compañeros/as de clase. ¿Tienen más o menos los mismos resultados? ¿Hay algunas tendencias entre los/las estudiantes?

Actividad C. Primero, me caí...

Paso 1. Escribe cinco oraciones originales que describen una serie de acciones que se pueden dramatizar. Usa verbos de la lista a continuación en tus oraciones.

beber, caer, comer, desaparecer, destruir, distribuir, escribir, leer, oír, recibir, salir, sustituir, ver

> MODELO: Primero, me caí cerca de la puerta. Me levanté y salí...

Paso 2. Lee tu serie de acciones en voz alta mientras tu compañero/a trata de dramatizarla.

4.3 ¡Ese muchacho mintió! Stem-changing -ir verbs in the preterite

The **-ar** and **-er** verbs with stem changes in the present tense have no stem changes in the preterite, but the **-ir** group does have stem changes in the third-person singular and plural forms. These changes are the same as those that occur in the present participle form. There are two types of preterite stem changes: **e → i** and **o → ue.** The verbs can be categorized into three groups based on their present tense and preterite stem changes: **e → ie/i, e → i/i,** and **o → ue/u.**

DIVERTIRSE (IE/I)		PEDIR (I/I)		DORMIR (UE/U)	
me divertí	nos divertimos	pedí	pedimos	dormí	dormimos
te divertiste	os divertisteis	pediste	pedisteis	dormiste	dormisteis
se divirtió	se divirtieron	pidió	pidieron	durmió	durmieron

Los estudiantes se **divirtieron** en el restaurante con su profesor.

The students had fun at the restaurant with their professor.

Todos **pidieron** un plato interesante.

Everyone ordered an interesting dish.

El profesor llegó tarde a casa y sólo **durmió** tres horas esa noche.

The professor arrived home late and only slept three hours that night.

The following verbs also have preterite stem changes.

conseguir (i/i) (*to obtain*)

morir (ue/u) (*to die*)

seguir (i/i) (*to follow, continue*)

despedir(se) (i/i) (*to fire; to say goodbye*)

preferir (ie/i) (*to prefer*)

sentir (ie/i) (*to feel*)

elegir (i/i) (*to elect*)

reír (i/i) (*to laugh*)

sonreír (i/i) (*to smile*)

medir (i/i) (*to measure*)

repetir (i/i) (*to repeat*)

vestir(se) (i/i) (*to [get] dressed*)

The written accents for the verbs **reír** and **sonreír** are different in the preterite.

REIR		SONREIR	
reí	reímos	sonreí	sonreímos
reíste	reísteis	sonreíste	sonreísteis
rio	rieron	sonrió	sonrieron

Nosotros **reímos** cuando la profesora **repitió** la broma.

We laughed when the professor repeated the joke.

Actividad A. **En el restaurante**

Paso 1. Habla con dos compañeros/as de clase sobre la última vez que comieron en un restaurante. Usa la siguiente lista para guiar su conversación.

MODELO: ¿cómo: vestirse? →
        E1: ¿Cómo se vistieron tú y tu amiga?
        E2: Nos vestimos muy bien. Es un restaurante elegante.

1. ¿con quién?/salir al restaurante
2. ¿dónde?/comer
3. ¿cómo?/vestirse
4. ¿conseguir/buena mesa?
5. ¿mesero/a/repetir/las especialidades de la casa?
6. ¿preferir/algo del menú o una especialidad?
7. ¿pedir/postre?

Paso 2. Comparte con la clase algunos detalles interesantes de tu conversación con tus compañeros/as.

Paso 3. Hazle las mismas preguntas a tu profesor(a) y compara su última experiencia en un restaurante con las de los/las estudiantes de la clase.

Actividad B. **Entre amigos.** Muchas cosas—buenas y malas—pasan entre amigos/as. Relátale a tu compañero/a dos incidentes que ocurrieron entre tú y un amigo o una amiga. Utiliza las siguientes palabras, si puedes.

conseguir, despedirse, divertirse, mentir, morir, pedir, reír, sentir, sonreír

MODELO: Una vez, mi mejor amiga me mintió. Descubrí la mentira cuando hablé con...

Actividad C. **¡Cómo nos divertimos!** Escribe una narración sobre un incidente muy divertido o muy cómico que pasaste con tu familia o con un amigo o una amiga. Escribe por lo menos cuarenta palabras para presentarle a la clase. Trata de usar verbos de la lista en el pretérito.

beber, caer, comer, conseguir, desaparecer, despedir(se), destruir, distribuir, divertirse, dormir, elegir, escribir, leer, medir, mentir, morir, oír, pedir, preferir, recibir, reír, repetir, salir, seguir, sentir, sonreír, sustituir, ver, vestir(se)

4.4 Le di una llamada pero no quiso salir commigo. Irregular verbs in the preterite tense; Special meanings in the preterite

Estructura 1: Los verbos *dar, ir* y *ser*

Dar, ir, and **ser** are irregular in the preterite. **Dar** uses the **-er/-ir** endings. **Ir** and **ser** have the same conjugation in the preterite. The meaning (*to go* versus *to be*) is established by the context. There are no written accents on these three verbs.

DAR		IR/SER	
di	dimos	fui	fuimos
diste	disteis	fuiste	fuisteis
dio	dieron	fue	fueron

Elena **dio** una fiesta anoche.	*Elena threw a party last night.*
¡**Fue** una fiesta muy divertida!	*It was a fun party!*
Todos nuestros amigos **fueron** a la fiesta.	*All of our friends went to the party.*

Estructura 2: Otros verbos irregulares

Many commonly used verbs in the preterite are irregular and use a special set of endings. This group of verbs includes **-ar, -er,** and **-ir** verbs, all of which have irregular changes in the stem as well. Note that there are no written accents on this set of endings.

ENDINGS		ESTAR		PODER (UE)		VENIR (IE)	
-e	-imos	estuve	estuv**imos**	pude	pud**imos**	vine	vin**imos**
-iste	-isteis	estuv**iste**	estuv**isteis**	pud**iste**	pud**isteis**	vin**iste**	vin**isteis**
-o	-ieron	estuv**o**	estuv**ieron**	pud**o**	pud**ieron**	vin**o**	vin**ieron**

¿**Estuviste** en casa anoche?	*Were you at home last night?*
No **pudieron** encontrar la bicicleta.	*They weren't able to find the bike.*
Mi hijo **vino** conmigo a clase hoy.	*My son came with me to class today.*

Other verbs that have the **-uv-** stem like **estar** include **andar** and **tener.**

ANDAR (*TO WALK, TO WANDER*): ANDUV-		TENER: TUV-	
anduve	anduvimos	tuve	tuvimos
anduviste	anduvisteis	tuviste	tuvisteis
anduvo	anduvieron	tuvo	tuvieron

Anduvieron perdidos por dos meses.

Tuvimos que terminar el examen en media hora.

They wandered around lost for two months.

We had to complete the exam in a half hour.

The following verbs, like **estar** and **poder,** have a **u** in their irregular stem. Some include a consonant change as well.

CABER (*TO FIT*): CUP-		PONER: PUS-		SABER: SUP-	
cupe	cupimos	puse	pusimos	supe	supimos
cupiste	cupisteis	pusiste	pusisteis	supiste	supisteis
cupo	cupieron	puso	pusieron	supo	supieron

Treinta y dos estudiantes **cupieron** en ese pequeño carro.

Pusieron todo el oro en grandes cajas.

El cura nunca **supo** la verdad.

Thirty-two students fit in that small car.

They put all of the gold in large boxes.

The priest never knew (found out/learned) the truth.

The verb **haber** also has a **u** in the preterite; therefore to express *there was/were* in the preterite, use **hubo.**

Hubo una revolución muy grande en ese país.

There was a very big revolution in that country.

Like **venir,** the verbs **hacer** and **querer** have an **i** in their irregular stems. Note that in the third-person singular of **hacer,** the **c** changes to **z** to maintain the soft **c** sound.

HACER: HIC-		QUERER: QUIS-	
hice	hicimos	quise	quisimos
hiciste	hicisteis	quisiste	quisisteis
hizo	hicieron	quiso	quisieron

Hice la llamada pero la policía no **hizo** nada.		*I made the call, but the police didn't do anything.*	
Colón **quiso** llegar a la India.		*Columbus wanted to (tried to) reach India.*	

Several irregular preterites have a **j** in the irregular stem. These include **decir, traer,** and all of the **-ucir** verbs. These verbs drop the **i** from the third-person plural ending **-ieron.**

DECIR: DIJ-		TRAER: TRAJ-		PRODUCIR: PRODUJ-	
dije	dijimos	traje	trajimos	produje	produjimos
dijiste	dijisteis	trajiste	trajisteis	produjiste	produjisteis
dijo	dijeron	trajo	trajeron	produjo	produjeron

María **dijo** que **trajiste** la información sobre ese período.	*María said you brought the information about that period.*
Produjeron muchos tejidos en este pueblo.	*They produced many woven goods in this village.*

Other **-ucir** verbs include **conducir** (*to drive*), **introducir** (*to introduce*), **reducir** (*to reduce*), and **traducir** (*to translate*).

Estructura 3: Cambios léxicos en el pretérito

Some verbs can have changes in meaning or implication when used in the preterite. Remember that the preterite can express finality as well as the beginning of an action or state. The verbs **saber** and **conocer** in the preterite often refer to the beginning of knowing (finding out, meeting), and **tener** in the preterite can express the beginning of possession (receiving).

Supe la hora del examen ayer.	*I found out the time of the exam yesterday.*
Supimos muchos detalles interesantes.	*We learned many interesting details.*
Conocimos a su madre durante los días festivos.	*We met his mother during the holidays.*
Sólo **tuvimos** una carta de Lorenzo.	*We only received one letter from Lorenzo.*

Because the preterite expresses completed actions, with the verbs **poder** and **querer** it can also imply that the effort was made. The negative construction with these verbs also has special implications.

Juan **pudo** encontrar las llaves pero **no pudo** abrir la puerta.	*Juan managed to (could and did) find the keys, but he failed to (tried and wasn't able to) open the door.*
Nuestro profesor **quiso** explicar el concepto, pero algunos estudiantes **no quisieron** escuchar.	*The professor tried to (wanted to and did) explain the concept, but some students refused to (didn't want to and didn't) listen.*

Actividad A. El semestre pasado

Paso 1. Entrevista a dos compañeros/as de clase sobre el semestre pasado, usando las siguientes preguntas como guía general. Usa preguntas complementarias y haz una pregunta original.

1. ¿Dónde estuviste el semestre pasado?
2. ¿Qué cursos hiciste? ¿Cómo saliste (*How did you do?*) en tus clases?
3. ¿Con qué profesores/as hablaste mucho el semestre pasado?
4. ¿Qué novelas leíste el semestre pasado?
5. ¿Conociste a alguna persona famosa el semestre pasado? ¿A quién? ¿Dónde?
6. ¿Viste a tu familia mucho durante el semestre? ¿Cuándo? ¿Dónde?
7. ¿Fuiste a alguna conferencia o función universitaria? ¿Cuál? ¿Dónde?

Paso 2. Ahora, compara y constrasta las respuestas de tus compañeros/as con las de otros/as estudiantes de la clase. Intenten averiguar los siguientes datos.

1. ¿Cuántos estudiantes estudiaron en esta universidad el semestre pasado?
2. ¿Cuántos estudiantes tomaron matemáticas? ¿biología? ¿historia? ¿...?
3. ¿Cuántos estudiantes vivieron con sus familias durante el semestre?
4. ¿Cuántos estudiantes conocieron a su novio/a o esposo/a el semestre pasado?
5. ¿Cuántos estudiantes trabajaron el semestre pasado?

Actividad B. Pasa la palabra

Paso 1. Trabaja con cuatro o cinco estudiantes para jugar *Pasa la palabra*. Individualmente escriban dos oraciones en el pretérito. Incluyan un adverbio de la siguiente **Estrategia comunicativa** con sus oraciones.

Paso 2. Cada uno/a de Uds. se alterna para susurrar (*whisper*) sus oraciones al oído de otro/a estudiante. Este/a estudiante trata de susurrarle las mismas oraciones al próximo (a la próxima) estudiante, etcétera, hasta pasar la palabra por el grupo entero. El último (La última) estudiante dice las oraciones en voz alta mientras el/la estudiante original averigua si sus palabras fueron pasadas correctamente.

Actividad C. Cómo llegué a clase. Antes de ir a clase, prepara una narración sobre cómo llegaste a clase el lunes pasado. Escribe por lo menos cuarenta palabras para leer o presentarle en forma oral a la clase. Usa el pretérito y adverbios en tu narración.

MODELO: El lunes pasado me vestí rápidamente. Leí mi lección con
cuidado. Le di un besito a mi esposo y le dije «Adios».
Conduje a la universidad sin dificultades, pero al llegar a clase...

Nota cultural • ¿Quién descubrió a quién?

En 1992, en varias partes del mundo se celebró el quingentésimo aniversario del «descubrimiento» de América. Más de 500 años después de aquel extraordinario encuentro cultural y racial, todavía hay grandes debates acerca de sus efectos positivos y negativos. Algunos piensan que la oración: «Colón descubrió América» es falsa, puesto que los indígenas llegaron antes. Así, se originó la pregunta: «¿Quién descubrió a quién?» ¡Qué piensas tú?

¡ **D**e viva voz!

Actividad A. Un misterio. Imagínate que uno/a de Uds. es detective y el otro (la otra) es dueño/a de una casa donde la policía encontró el cadáver de un hombre y mucho dinero. El/La detective interroga al dueño (a la dueña) para tratar de resolver el misterio. ¡El dueño (La dueña) debe contestar con cuidado! Representen su conversación para la clase. Pueden usar las siguientes preguntas para organizar su conversación.

MODELO: E1: Volviste a casa, y ¿qué viste?
　　　　　E2: No vi nada al principio. Entré. Fui a la cocina, y cuando puse la luz...

IDEAS PARA CONSIDERAR
- la hora de vuelta a casa
- sus emociones
- lo que vio
- lo que oyó
- la hora de la llamada a la policía?
- el motivo de su salida de la casa

Actividad B. Entrevista histórica

Paso 1. Escoge a un personaje histórico que quieras representar. Busca en el Internet o en una enciclopedia algunos detalles sobre lo que hizo.

Paso 2. Ahora, haz el papel del personaje histórico que escogiste y contesta las preguntas que tus compañeros/as de clase te hagan sobre tu vida.

MODELO: E1: Soy Cristóbal Colón.
　　　　　E2: ¿Qué figuras importantes conociste?
　　　　　E1: Conocí a los Reyes Católicos. La reina Isabel me dio ayuda para hacer mi excursión.

Actividad C. Un día fuera de quicio (*An off day*). Hay días en que todo te sale mal o, por lo menos, diferente. Antes de ir a clase, prepara una narración sobre uno de esos días. Escribe por lo menos cincuenta palabras para leer o presentar en forma oral a la clase. Puedes incluir detalles sobre tu hogar, tu vida universitaria, los deportes, etcétera.

MODELO: En general, me levanto a las seis, pero ese día, no oí la alarma y cuando me desperté ya eran las nueve—media hora antes del gran examen de geología. Salí tan rápidamente que no me di cuenta hasta llegar a clase de mi ropa. ¡Llegué a clase en pijama!

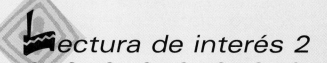

Lectura de interés 2

Sobre la lectura

Este artículo, escrito por Gisela Gazzani, apareció en una revista para viajeros publicada en Buenos Aires, Argentina. El artículo se dirige a los que viajan por Hispanoamérica y que tengan interés en la cultura o la historia de los lugares que visitan. El tema del artículo es de interés universal: el chocolate.

Antes de leer

Actividad A. Adivina el tema. Basándote en el título del artículo —«Chocolate: La tentación americana»— indica los temas y las ideas que crees que la lectura va a comentar.

❏ **1.** la historia del chocolate
❏ **2.** la venta (*sales*) del chocolate en los Estados Unidos
❏ **3.** las diferentes compañías que producen el chocolate en los Estados Unidos
❏ **4.** los métodos contemporáneos de producción del chocolate
❏ **5.** el sabor del chocolate
❏ **6.** los usos del chocolate
❏ **7.** una receta en que se usa el chocolate

Actividad B. Vocabulario útil. Empareja cada una de las siguientes palabras y expresiones de la lectura con la definición correspondiente. Compara tus respuestas con las de otro/a estudiante.

_____ **1.** endulzar
_____ **2.** desembarcar
_____ **3.** adquirir
_____ **4.** antaño
_____ **5.** a diferencia de
_____ **6.** secar
_____ **7.** acelerar
_____ **8.** macadamia
_____ **9.** áspero
_____ **10.** arribar
_____ **11.** sabor
_____ **12.** paladar

a. gusto
b. llegar
c. quitar el agua
d. una nuez muy conocida
e. no refinado
f. hacer más dulce
g. del pasado
h. área superior dentro de la boca
i. en contraste con
j. obtener, conseguir
k. bajarse de un barco o avión al llegar a un lugar
l. estimular, hacer que vaya más rápido

El chocolate es, desde sus orígenes, uno de los pocos grandes placeres del hombre que no reconoce fronteras de espacio y tiempo. Tampoco admite ser catalogado como un agradable sabor al paladar, porque es mucho más, es delicia de los cinco sentidos, además de poseer la mágica
5　virtud de endulzar la vida.

　　Cuando Cristóbal Colón desembarcó por primera vez en América, el cacao jugaba un papel[a] fundamental en la economía de los aztecas, que cobraban[b] en sus granos[c] el tributo de los pueblos vencidos. Asimismo[d] lo utilizaban para hacer una bebida caliente y espumosa[e], el chocolatl,
10　que recién en su cuarto y último viaje el descubridor aceptó probar. Pero cegado[f] por el ansia de encontrar la ruta a las Indias, no le dio mayor importancia e incluso se sabe que no le agradó. Fue veintidós años más tarde, en 1528, que los encantos del chocolate llegaron a la corte española de la mano de Hernán Cortés.

15　　La deliciosa bebida se propagó rápidamente por el Viejo Mundo y despertó, como todo lo que provenía de tierras americanas, muchas controversias, especialmente en la Iglesia Apostólica Romana. El Vaticano alegaba que el chocolate interrumpía el ayuno[g], pero no pasó mucho tiempo antes de que sucumbiera también ante la fascinante bebida.

20　　A partir del siglo XVII se impuso en Holanda e Italia, donde aparecieron los primeros ciocolatieri y fue Suiza, curiosamente, la última

[a]jugaba... *fulfilled a role* [b]recolectaban [c]*beans* [d]También [e]*foamy* [f]*blinded* [g]espacio de tiempo en que los religiosos se abstienen de comer

región en conocer el chocolate. Resulta difícil de creer considerando que actualmente de allí proviene el mejor chocolate del mundo.

Visionarios y emprendedores[h] por naturaleza, los suizos sabían ínti-
25 mamente que podían mejorar el sabor del chocolate. Fue así como, luego de adquirir el «*know how*» de los pioneros españoles e italianos y los úl-timos avances tecnológicos de la época, se abocaron[i] a la exquisita tarea.

Si bien varios son los fundadores del tradicional chocolate suizo, Rodolphe Lindt fue el que más sabiamente combinó los ingredientes. En
30 1879, por primera vez en la historia, añadió a la receta[j] manteca de cacao[k] convirtiéndose en el único creador de la delicada y particular sensación que produce el chocolate al derretirse[l] en la boca.

Su ímpetu, dedicación e imaginación le permitieron arribar a otros descubrimientos del chocolate que conocemos hoy día.
35 El áspero chocolate que resultaba de la receta original no terminaba de[m] convencer el paladar de Rodolphe Lindt y creó un revolucionario sistema que se convirtió en el paso fundamental en la producción del chocolate. Una vez tostada, molida[n] y derretida la pulpa de cacao, se re-fina y homogeneiza durante cuarenta y ocho horas hasta obtener un
40 chocolate fundido[o] suave y agradable al gusto, tal como Rodolphe Lindt lo había soñado. Más reciente y no menos importante fue la invención del inmejorable sistema para rellenar el chocolate con licor.

Pero eso no es todo; día a día, los esfuerzos y las exigencias[p] son ma-yores. Pocos saben que para recrear la misma receta de antaño la com-
45 pañía depende de la cosecha[q] de cacao de pequeñas familias tradicionales. Ellas son las únicas que conservan el antiguo método de secado[r] y fermentación de la pulpa de cacao bajo el sol, a diferencia de las productoras masivas que la secan en hornos[s] para acelerar el trabajo. O que los expertos recorren el planeta entero en busca de los mejores
50 productos, como las nueces de macadamia, considerada «la reina de las nueces», con la única premisa de lograr[t] el más refinado y distinguido sabor.

[h]*entrepreneurs* [i]*se... they set themselves to the task (put their mouths to it)* [j]*recipe* [k]*cocoa butter* [l]*melting* [m]no... no tenía éxito en [n]hecho polvo [o]combinado, mezclado [p]requisitos [q]*harvest* [r]quitar el agua o la humedad [s]*ovens* [t]conseguir, obtener

Después de leer

Actividad A. Preguntas de comprensión. Contesta las siguientes preguntas sobre la lectura.

1. ¿En qué consiste la atracción universal del chocolate? ¿Cómo es?
2. ¿Dónde se originó el chocolate?
3. ¿Cómo reaccionó Colón al probarlo?
4. ¿Qué hizo Hernán Cortés con el chocolate?
5. ¿Cuál fue la reacción inicial de la Iglesia Católica? ¿y después?
6. ¿Qué otros países se interesaron en la producción del chocolate?
7. ¿Cómo mejoró el chocolate Rodolphe Lindt?
8. ¿Cuál es la contribución de las pequeñas familias tradicionales que cosechan cacao?

Actividad B. Tú y el chocolate. En grupos, contesten las siguientes preguntas sobre la lectura.

1. ¿Te gusta el chocolate? ¿Por qué?
2. ¿Qué otros dulces te gustan?
3. ¿En qué diversas formas comemos (o tomamos) el chocolate?
4. ¿Con qué platos o comidas comes o bebes chocolate? ¿Con qué otras comidas se combina?
5. ¿Qué otras comidas o bebidas son populares universalmente?
6. ¿Es bueno para la salud el chocolate o es malo? ¿De qué forma? ¿Por qué?
7. ¿Cómo puedes describir la sensación que produce el chocolate al derretirse en la boca?
8. ¿Cuándo comes o tomas chocolate? ¿En qué ocasiones especiales?

En Bolivia, los indígenas que viven en el altiplano se visten bien. Muchas familias aún usan medicinas naturales para proteger su salud.

La salud

Metas:

En este capítulo vas a...

- hablar del pasado usando el imperfecto y el pretérito
- hablar del clima, las estaciones y la ropa
- hablar de la salud, las enfermedades y la medicina
- repasar y practicar las siguientes estructuras
    - ✔ los verbos regulares e irregulares del imperfecto (5.1)
    - ✔ el uso del pretérito y del imperfecto (5.2)
    - ✔ el verbo hacer en expresiones temporales (5.3)
    - ✔ las expresiones para hablar del clima (5.4)

Vocabulario vivo: **El cuerpo humano, las enfermedades y los remedios**

El cuerpo humano

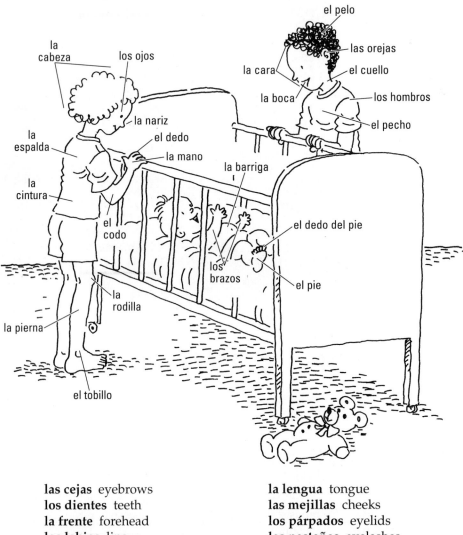

la cabeza
los ojos
el pelo
las orejas
la cara
el cuello
la boca
los hombros
la nariz
el pecho
la espalda
el dedo
la mano
la barriga
la cintura
el codo
el dedo del pie
los brazos
el pie
la rodilla
la pierna
el tobillo

las cejas eyebrows		**la lengua** tongue	
los dientes teeth		**las mejillas** cheeks	
la frente forehead		**los párpados** eyelids	
los labios lips		**las pestañas** eyelashes	

Tomasito nació anoche en el hospital. Sus hermanos estaban muy contentos cuando su padre les dijo que podían ver a su hermanito esta mañana. Tomasito nació sano y sin complicaciones.

Otras partes y los órganos internos

el abdomen abdomen
las arterias arteries
el cerebro brain
el corazón heart
el estómago stomach   *riñon — kidney*
la garganta throat
el hígado liver
los huesos bones
los músculos muscles
los nervios nerves
el oído inner ear
los pulmones lungs
la sangre blood
las venas veins

Enfermedades y síntomas

estornudar to sneeze
fracturarse to break, fracture
quebrarse (ie) to break
torcer (ue) (z) to twist
toser to cough
el catarro/el resfriado cold
el dolor pain, ache
la erupción rash
la fiebre fever
la gripe flu
la tos cough
Estoy congestionado/a (constipado/a). I have a stuffy nose/cold.

Me duele(n)____. My ____ hurt(s).
Me siento mal. I feel bad.
Tengo dolor de cabeza. I have a headache.
Palabras semejantes: las alergias, la diarrea, vomitar

Medicinas y tratamientos

tomar el pulso to take the pulse
tomar la temperatura to take the temperature
el calmante tranquilizer
la escayola cast
el jarabe cough syrup
las muletas crutches
la pastilla/píldora pill
la pomada ointment
la receta prescription
Palabras semejantes: la aspirina, los antibióticos

Más vocabulario médico

el consultorio doctor's office; exam room
el/la enfermero/a nurse
la farmacia pharmacy
el/la médico/a (medical) doctor
la sala de espera waiting room
el seguro médico health insurance
(No) Es grave. It's (not) serious.
Palabras semejantes: la clínica, el/la dentista, el/la doctor(a), el hospital

---

Nota cultural • *La medicina en el mundo hispánico*

En el mundo hispánico, muchas universidades tienen una facultad de medicina. Se doctoran médicos excelentes, bien preparados, pero éstos se enfrentan con problemas muy diferentes de los que encuentran los médicos en los Estados Unidos. Por ejemplo, casi todos los gobiernos hispánicos tienen un sistema socialista de medicina. Además, la tecnología médica no está al nivel de la de este país. En cuanto a los farmacéuticos, éstos por lo general tienen más autoridad para recetar ciertas medicinas, como por ejemplo los antibióticos.

En las zonas rurales, mucha gente aún depende de remedios naturales; usan medicinas, hierbas y otras sustancias que son productos del desierto o de la selva.

Actividad A. ¡A sus órdenes! El profesor (La profesora) le va a dar una serie de órdenes a la clase. Sigue las órdenes.

> MODELO: P: Tóquense la cabeza.
>   LA CLASE: (*Se toca la cabeza.*)

Actividad B. En casa. Con otro/a estudiante, crea una escena en casa entre dos familiares (esposos, madre e hijo, etcétera) en que uno/a se queja de (*complains about*) su salud o de un dolor. Traten de usar expresiones de **Vocabulario vivo**. Representen la escena a la clase.

> MODELO: E1: ¡Ay, mamá! Me duele el estómago. No puedo ir a la escuela.
>   E2: ¿De verdad? Pues aquí tengo una medicina perfecta...

Mejora tu pronunciación

Aspiration

EXPLICACION: Aspiration

In English, *k, p,* and *t* are aspirated or pronounced with a puff of air when they occur at the beginning of a syllable. Pronounce the following words, placing your hand in front of your mouth to feel the puff of air as you pronounce them.

> kitchen   puppy   Tom

In Spanish, **k, p,** and **t** are softer, with almost no aspiration. Use the following activities to practice pronouncing these Spanish sounds with no aspiration.

Práctica

A. Listen to and repeat each of the following words, taking care not to create a puff of air.

    1. la papaya   **2.** total   **3.** la cama   **4.** la cuna

B. Listen to and repeat the following sentences, pronouncing the letters **k, p,** and **t** with no puff of air.

    1. ¿Qué cosas quieres y qué cosas no quieres?
    2. Es el peor prisionero posible.
    3. Tuve una bala en la barriga.
    4. Pelemos las peras primero y los duraznos después.
    5. Corté el queso con un cuchillo caliente.
    6. Pesqué un pescado pesado.
    7. Perdí un pavo en la paja.
    8. ¿Dónde está el triste torero que tose?

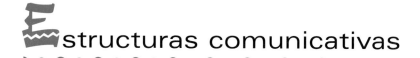

Estructuras comunicativas

5.1 La muchacha lloraba y gritaba. The imperfect tense

Estructura 1: Las formas del imperfecto

To express a past action in progress or an ongoing, habitual, or repeated action in the past, the terms *was doing, used to* and *would* are often used in English. In Spanish the imperfect is used. The imperfect is also used to describe mental, emotional, and physical states in the past. All **-ar** verbs are regular in the imperfect.

-AR		HABLAR		DAR	
-aba	-ábamos	hablaba	hablábamos	daba	dábamos
-abas	-abais	hablabas	hablabais	dabas	dabais
-aba	-aban	hablaba	hablaban	daba	daban

Abuelita siempre nos **hablaba** de las medicinas naturales.
Granny always talked to us about natural medicines. [habitual]

Nuestros padres nos **daban** los jarabes especiales.
Our parents used to give us special cough syrups. [repeated]

La muchacha **lloraba** y **gritaba.**
The girl was crying and screaming. [ongoing]

Mi hijo **estaba** enfermo.
My son was sick. [state]

The **-er** and **-ir** verbs have the same endings in the imperfect.

-ER/-IR		COMER		VIVIR	
-ía	-íamos	comía	comíamos	vivía	vivíamos
-ías	-íais	comías	comíais	vivías	vivíais
-ía	-ían	comía	comían	vivía	vivían

Mi padre siempre **comía** un poco de queso cuando llegaba a casa.

My father always ate a little cheese when he arrived home. [habitual]

Todos mis parientes **vivían** en el mismo pueblo.

All of my relatives lived in the same town. [ongoing]

Yo **escribía** poemas cuando **tenía** cinco años.

I used to write poems when I was five. [habitual ongoing]

Yo **leía** el periódico mientras mi esposa **dormía.**

I was reading the paper while my wife was sleeping. [ongoing]

There are only three irregular verbs in the imperfect: **ir, ser,** and **ver.**

IR		SER		VER	
iba	íbamos	era	éramos	veía	veíamos
ibas	ibais	eras	erais	veías	veíais
iba	iban	era	eran	veía	veían

Mis padres **iban** juntos al parque todas las noches.

My parents would go together to the park every night. [repeated]

Eran las siete de la noche.

It was seven at night. [time]

Nunca **veíamos** la televisión antes de hacer la tarea.

We never watched television before doing homework. [habitual]

When the imperfect of **ir** is followed by **a + infinitive,** it expresses what someone *was going to do,* often impyling changed or disrupted plans.

El doctor **iba a examinar** a su paciente, pero el paciente ya no estaba en el consultorio.

The doctor was going to examine his patient, but the patient was no longer in the exam room.

Estructura 2: Los usos del imperfecto

As previously suggested, the imperfect expresses habitual or repeated actions in the past. In English, these are sometimes expressed with the phrases *used to* or *would.*

La enfermera nos **tomaba** la temperatura antes de la consulta.

The nurse would take our temperature before the doctor's visit.

Mi tía nos **contaba** cuentos fantásticos de pociones mágicas.

My aunt used to tell us fantasy stories about magical potions.

Papá **llegaba** del trabajo a las cinco y cuarto.

Dad would arrive from work at 5:15.

The imperfect expresses the middle of an action, something that was in progress.

A las diez, Pedro **estudiaba** en la biblioteca.	*At ten, Pedro was (in the middle of) studying at the library.*
Cuando pasé, la mujer **esperaba** el autobús.	*When I passed by, the woman was (in the process of) waiting for the bus.*
Los niños **jugaban** en el parque cuando llamaste.	*The children were playing in the park when you called. (the ongoing process, not when they started or stopped playing)*

Emotions, states of mind, and health conditions are often expressed in the imperfect unless particular emphasis is being given to the beginning or ending.

Luis **estaba** enfermo ayer.	*Luis was sick yesterday. (He may still be sick today. That information is not expressed.)*
Teresa **estaba** muy contenta con su casa.	*Teresa was very happy with her house. (The beginning and ending of her happiness is not expressed.)*
Los niños no **pensaban** mucho en el peligro del juego.	*The children didn't think much about the danger of the game.*

The imperfect is also used to describe or to establish background information. This often includes location of people and things, weather, time, age of people, physical conditions of the surroundings and people, as well as activities that are in progress when the main action takes place. Sometimes this is referred to as setting up the scene. By contrast, the main action(s) would be expressed in the preterite. Review the use of preterite and imperfect in the following passage.

Recuerdo que yo **tenía** once años. **Eran** las cinco de la tarde. El cuarto **estaba** muy oscuro. Mamá **escuchaba** la radio en la cocina y papá **dormía** una siesta en la sala. Mamá **pensaba** que yo **dormía** también, pero yo **estaba** despierto. **Quería** salir a jugar con Antonio. **Me levanté** muy despacio y **caminé** hacia la puerta. Sin hacer ruido, **traté** de abrir la puerta. «¡Julio!», **gritó** mamá. «¿Adónde vas?»	*I remember that I was eleven years old. (age) It was five in the afternoon. (time) The room was dark. (setting scene) Mom was listening to the radio in the kitchen, and dad was taking a nap in the living room. (ongoing actions, middle) Mom thought I was taking a nap too, but I was awake. I wanted to play with Antonio. (ongoing thought processes and conditions) I got up very slowly and walked toward the door. Without making a noise, I tried to open the door. "Julio!" mom shouted. "Where are you going?" (series of completed actions)*

Adverbs that imply an unspecified number of occurrences, repetition, and habit are generally used with the imperfect.

Mi abuelo se enfermaba **todos los** inviernos.	My grandfather would get sick every winter.
Nosotros **normalmente** visitábamos al dentista dos veces por año.	We normally visited the dentist twice a year.
Mi tía abuela **nunca** confiaba en los médicos.	My great-aunt never trusted doctors.

ESTRATEGIA COMUNICATIVA • We used to play...

El imperfecto corresponde a las estructuras *was + -ing* o *used to...* o *would...* del inglés, por ejemplo, **Hablaba:** *I was speaking* o *I used to speak* o *I would speak*. Estas estructuras pueden ayudarte a determinar si debes usar el imperfecto o no para expresar una idea en el pasado.

Our children used to play in that park every Saturday.
(imperfecto—**jugaban**)
She would tell the nurse about her aches and pains. (imperfecto—**contaba**)
The doctor was talking to us when the X-rays came back.
(imperfecto—**hablaba**)

LENGUA

El imperfecto de progresivo

En español, el imperfecto de progresivo no se usa mucho en el lenguaje escrito, pero sí es común en el lenguaje hablado. Esta construcción enfatiza el momento en que una acción ocurría. Como el presente de progresivo, el imperfecto también se forma con **estar** y el participio presente.

Tú **estabas hablando** con la profesora antes de clase.	You were talking to the professor before class.
Todavía **estábamos celebrando** a las dos de la madrugada.	We were still celebrating at two in the morning.
Uds. **estaban ayudando** al hombre.	You were helping the man.
Ya todos **estaban comiendo** cuando llegué.	Everyone was already eating when I arrived.

Actividad A. De joven. Entrevista a dos compañeros/as de clase sobre algunas cosas que hacían o no hacían a los diez años. Usa las siguientes ideas para formar y hacer preguntas. Apunta las respuestas de tus compañeros/as. Usa preguntas complementarias (**¿con quién?, ¿dónde?, ¿por qué?,** etcétera). Luego, presenta la información de la entrevista a la clase.

MODELO: E1: ¿De qué hablabas con tus amigos cuando tenías diez años?
E2: Hablábamos de los deportes.

IDEAS PARA CONSIDERAR
- ¿de qué / hablar / con sus amigos/as?
- ¿qué / importar entonces?
- ¿qué / programas / ver?
- ¿qué / deportes / jugar?
- ¿qué / gustar hacer?

- ¿a quién / llamar mucho?
- ¿qué / música / escuchar?
- ¿qué / instrumentos / tocar?
- ¿qué / tipo de ropa / llevar? ¿zapatos?
- ¿adónde / ir / con amigos?

Actividad B. En el consultorio. En grupos de dos o tres, hablen de la última vez que Uds. esperaban a su médico/a. ¿Qué pasaba en la sala de espera? ¿Hablaban los pacientes? ¿Jugaban los niños? Luego, traten de representar una de las escenas.

Actividad C. ¿Quién? Usa la información de la tabla para hacerles preguntas a tus compañeros/as de clase. Cuando un compañero (una compañera) conteste afirmativamente, escribe su nombre en el espacio correspondiente. Trata de completar la tabla sin repetir los nombres de tus compañeros/as.

MODELO: E1: Cuando estabas en la escuela secundaria, ¿escuchabas música rock?
E2: No, no me gustaba la música rock.
E1: ¿Escuchabas música pop?
E2: Sí, escuchaba música pop.

Cuando estabas en la escuela secundaria,...				
¿Ibas a la escuela...? ¿en carro?	¿en bicicleta?	¿en moto?	¿a pie?	¿...?
———	———	———	———	———
¿Jugabas al...? ¿tenis?	¿baloncesto?	¿fútbol americano?	¿voleibol?	¿...?
———	———	———	———	———
¿Tocabas...? ¿el piano?	¿el violín?	¿la flauta?	¿la guitarra?	¿...?
———	———	———	———	———

¿Escuchabas...?

¿música rock?	¿música clásica?	¿pop?	¿country?	¿...?
_____	_____	_____	_____	_____

¿Te gustaba la música de...?

¿Ricky Martin?	¿Madonna?	¿Elton John?	¿Carlos Santana?	¿...?
_____	_____	_____	_____	_____

¿En la tele veías...?

¿las noticias?	¿las telenovelas?	¿los programas de detectives?	¿los concursos (*game shows*)?	¿...?
_____	_____	_____	_____	_____

ESTRATEGIA COMUNICATIVA • Los adverbios con el imperfecto

Los siguientes adverbios se usan a menudo con el imperfecto.

a menudo	*often*
a veces	*sometimes*
casi siempre	*almost always*
con frecuencia	*frequently*
de vez en cuando	*from time to time*
frecuentemente	*frequently*
muchas veces	*many times*
siempre	*always*
todos los días (... los sábados; ... los fines de semana; ... los años)	*every day (. . . Saturday; . . . weekend; . . . year)*
todas las tardes (... las mañanas; ... las noches)	*every afternoon (. . . morning; . . . night)*

Actividad D. Tu historia personal

Paso 1. Trata de imaginar algunos detalles del pasado de un compañero (una compañera). ¿Qué hacía con sus amigos? ¿A qué jugaba? ¿Qué estudiaba?, etcétera. Escribe por lo menos cuarenta palabras sobre lo que imaginas de su pasado. Trata de elaborar tus ideas con adverbios.

Paso 2. Ahora cuéntense las historias que se inventaron. ¿En qué aspectos tenían razón? ¿En cuáles se equivocaron?

Paso 3. Describe lo que imaginas del pasado de tu profesor(a). Tu profesor(a) responderá a tus ideas.

MODELO: E1: Trabajaba Ud. en un circo, ¿no?
P: No, nunca trabajaba en un circo.

Actividad E. Cuando yo tenía diez años... Antes de ir a clase, apunta información sobre algunas cosas que pasaban cuando tenías diez años. Organiza la información para leer o presentarle en forma oral a la clase.

MODELO: Cuando yo tenía diez años, Ronald Reagan era presidente de los Estados Unidos. Una cantante muy popular era...

5.2 Caminaba a mi carro cuando me caí y me rompí la pierna. Contrasting the imperfect and the preterite

Estructura 1: Un repaso

In English, the difference between a preterite and an imperfect action is conveyed through adverbs, structure (simple past versus past progressive), or context. Compare the following sets of sentences in English.

Jack was speaking to the class at 7 P.M.	Jack spoke to the class at 7 P.M.
She was taking a shower.	She took a shower.
I was climbing up the ladder.	I climbed up the ladder.
He was dying on Sunday.	He died on Sunday.

In each case, the first sentence focuses on the middle or progress of the action, not on its completion. Jack probably finished his speech; she has probably completed her shower; I eventually reached the top of the ladder; and he may have already died. Nevertheless, these sentences emphasize the actions in progress, not their beginning or end. In Spanish, they would be expressed with the imperfect.

The second sentence in each case focuses on the beginning (Jack began speaking at 7), the end (he "finished dying" on Sunday), or the completion (she finished her shower and I made it to the top of the ladder) of an action. The preterite is used to express these ideas in Spanish.

How the past is described depends largely on the intended meaning in both English and Spanish. There are often language clues that can help English speakers understand when to use the preterite or the imperfect.

IMPERFECT VERSUS PRETERITE WITH ACTION VERBS IN SUMMARY

IMPERFECT	PRETERITE
middle of action	beginning or ending of action
Carlos no estaba porque tenía gripe.	**Hablamos con el médico a las ocho. Nos dio buenos consejos.**
Carlos wasn't there because he had the flu. (no reference to when he recovered)	*We spoke (began speaking) to the doctor at eight. He gave us good advice.*
action in progress	completed action
Reinaldo iba al dentista a las diez.	**Ana fue al dentista ayer.**
Reinaldo was going to the dentist at ten. (We don't know from this if he actually went, but he was on his way or was supposed to go.)	*Ana went to the dentist yesterday. (She kept her appointment.)*
repeated actions	single, complete occurrences
La médica trabajaba en el otro consultorio los miércoles.	**La médica fue al hospital temprano hoy.**
The doctor worked at the other office on Wednesdays. (repeated action on Wednesdays)	*The doctor went to the hospital early today. (reference to a single today)*
sequence of habits or repeated actions	sequence of completed actions
El bebé se despertaba a las siete y lloraba por dos horas.	**Mamá se levantó, fue a la cocina y preparó el desayuno.**
The baby used to wake up at seven and cry for two hours.	*Mom got up, went to the kitchen, and prepared breakfast.*

Estructura 2: El lugar, la hora, la fecha, las edades y el clima

Location, time, dates, ages, and weather are often the background information that set the scene for an action or series of actions. Therefore, in most cases, these are expressed in the imperfect. The exceptions would be to note the beginning or end of the condition, a specific time frame. Time is always expressed in the imperfect except to express *at what time* something began or ended. Dates are also expressed in the imperfect except to note when something *took place*. Unless it is the featured "action" or focus of the description, the imperfect is used to describe weather.

Imperfect	**Preterite**
Yo **estaba** en casa anoche.	Yo **estuve** en casa entre las ocho y nueve.
I was home last night. (no reference to the beginning or ending)	*I was at home between eight and nine. (a specific time frame)*

Eran las siete y media.

It was seven thirty.

Era el veinticinco de enero.
It was January 25.
Nosotros **teníamos** dieciséis años.
We were sixteen years old.
Ayer **llovía** cuando salí.
Yesterday it was raining when I left.

Mi cita con el médico **fue** a las ocho.
My appointment with the doctor was (and took place) at eight.
La fiesta **fue** el ocho de agosto.
The party took place on August 8.
Luis **cumplió** doce años.
Luis turned twelve years old.
Ayer **llovió** todo el día.
Yesterday it rained all day.

Estructura 3: Las condiciones físicas, mentales y emocionales

Physical, mental, and emotional conditions are normally expressed in the imperfect—they are ongoing—unless emphasis or focus is placed on a change in condition or on a specific time frame when it occurred.

Imperfect
Mis hijos **estaban** enfermos.

My children were sick. (no reference to time frame)

Estábamos muy nerviosos. **Teníamos** miedo de los tornados.
We were very nervous. We were afraid of tornadoes. (ongoing emotion and fear)

Preterite
Mis hijos **estuvieron** enfermos por tres días. Se **enfermaron** el miércoles.
My children were sick for three days. They became sick on Wednesday. (emphasis on the time frame; condition changed on Wednesday; estuvieron implies they're no longer sick)

Estuve nerviosa cuando **oí** el tornado.

I became nervous when I heard the tornado. (change in emotion)

Estructura 4: El pretérito y el imperfecto juntos

The preterite and imperfect are often used together in a sentence or paragraph. Each tense conveys a different message. When referring to two actions in which one interrupts the other, the action that is ongoing and interrupted is expressed in the imperfect; the action that interrupts is expressed in the preterite.

| Estudiaba español cuando **llamaste**. | *I was studying Spanish when you called.* |
| **Buscábamos** la receta cuando Tina **entró**. | *We were looking for the prescription when Tina entered.* |

If a sentence refers to an action in progress—not a habit, repetition, or condition—it sounds incomplete. The preterite completes the thought.

| La enfermera le **tomaba** la temperatura al niño. | *The nurse was taking the boy's temperature.* |

After this thought, a listener would wonder, "And then? What happened?"

| ... y **vio** que tenía una erupción en el cuello. | *... and she saw that he had a rash on his neck.* |

As previously noted, when describing or narrating an event, the imperfect establishes the surroundings, other ongoing actions, location, time, and date. Therefore, there may be a series of thoughts in the imperfect. The actions of the event would be in the preterite.

Actividad A. Cuando te levantaste...

Paso 1. Hazles preguntas a varios/as estudiantes de la clase para completar la tabla a continuación.

MODELO: E1: Cuando te levantaste esta mañana, ¿qué hora era?
E2: Eran las cinco y media.
E1: (indica **entre las cinco y seis**) Y, ¿estabas en tu cama?

Cuando te levantaste esta manana,...				
¿la hora? ¿entre las...?				
¿...cinco y seis?	¿...seis y siete?	¿...siete y ocho?	¿...ocho y nueve?	¿...?
_____	_____	_____	_____	_____
¿el lugar?				
¿en tu cama?	¿en el sofá?	¿en el suelo?	¿en casa de un amigo (una amiga)?	¿...?
_____	_____	_____	_____	_____
¿sentirte?				
¿bien?	¿mal?	¿cansado/a?	¿enfermo/a?	¿....?
_____	_____	_____	_____	_____
¿tener?				
¿hambre?	¿sed?	¿frío?	¿calor?	¿...?
_____	_____	_____	_____	_____

Paso 2. Compara los resultados de tu encuesta con los de otros/as estudiantes de la clase. Trata de hacer generalizaciones sobre la clase.

> MODELO: Los estudiantes de esta clase se levantaron muy temprano y muchos tenían frío.

Actividad B. La tradición oral. Trabaja con cuatro o cinco estudiantes para narrar oralmente una historia. Pueden narrar una leyenda o un cuento que conozcan o pueden inventar una historia. Deben alternarse para narrar dos o tres oraciones cada uno/a.

> MODELO: E1: Erase una vez (*Once upon a time*) una niña que vivía con su familia en el campo.
>
> E2: Era muy bonita y tenía diez años.
>
> E3: Un día su madre le dijo que su abuelita estaba enferma...

Actividad C. Las noticias. Imagínate que eres reportero/a de la radio. Antes de ir a clase, prepara un reportaje sobre algún acontecimiento corriente o inventado. Escribe por lo menos cuarenta palabras para leer o presentarle en forma oral a la clase.

> MODELO: Ayer en la capital, el presidente se reunió con la embajadora de Chile. La embajadora llegó tarde a la Casa Blanca. Hacía frío y llovía mucho. Además, como eran las cuatro de la tarde y había mucho tráfico en esa zona de la capital...

IDEAS PARA CONSIDERAR
- el lugar, el día y la hora
- los participantes
- las edades y breves descripciones de los participantes
- lo que ocurría
- lo que pasó

5.3 Hacía mucho tiempo que lo conocíamos. *Hacer* in time expressions

Hacer is used in special constructions to express duration in the past. In English, two of these are expressed with the auxilary verb *to have* and *been* (+ *ing*) and one with the adverb *ago*.

To express how long something *has been going on,* use the present tense of **hacer** (the amount of time), and the present tense of the verb that expresses the action that has been going on. The two clauses are joined by **que** when the time is expressed first. In all of these expressions, the third-person singular of **hacer** is used.

Hace (time) que (present tense).	(Present tense) hace (time).	
Hace un año que vivimos en este pueblo.	Vivimos en este pueblo hace un año.	*We have lived in this town for a year.*
Hace tres días que Julio tose.	Julio tose hace tres días.	*Julio has been coughing for three days.*

To express how long it has been since something has *not* happened, place **no** before the verb.

Hace una semana que no estornudas.	*You haven't sneezed (been sneezing) in a week.*

To express how long something *had been going on* in relation to another point in the past, the same construction will be used, but **hacer** and the other verb are in the imperfect.

Hacía cuatro horas que dormía.	*He had been sleeping for three hours.*
Esperaban al médico hacía quince minutos.	*They had been waiting for the doctor for fifteen minutes.*
Hacía un mes que no tomaba su medicina.	*She hadn't taken (been taking) her medicine for a month.*

Finally, a similar construction is also used to express how long *ago* something happened. Use the present tense of **hacer** and the preterite of the verb that took place.

Hace ocho días que fui al hospital.	*I went to the hospital eight days ago.*
Me dieron otro tratamiento hace un año.	*They gave me another treatment a year ago.*

To ask *how long* in all three constructions, use **¿Cuánto tiempo hace que... ?** You can specify periods of duration as well, e.g., **¿Cuántos años hace que... ?** or **¿Cuántas horas hace que... ?**

¿Cuánto tiempo hace que lees ese artículo?	*How long have you been reading that article?*
¿Cuántos días hacía que tenían fiebre?	*How many days had they been running a fever?*
¿Cuántas semanas hace que te dieron esa medicina?	*How many weeks ago did they give you that medicine?*

Actividad A. ¿Cuánto tiempo hace... ?

Paso 1. Entrevista a dos compañeros/as para saber algunos de sus pasatiempos y actividades. Luego, pregúntales cuánto tiempo hace que hacen o saben hacer cada uno. Anota las respuestas de tus compañeros/as y contéstales sus preguntas.

MODELO: E1: ¿Juegas a algún deporte?
E2: Sí, juego al tenis y al fútbol.
E1: ¿Cuánto tiempo hace que juegas al tenis?
E2: Hace diez años que sé jugar al tenis.

IDEAS PARA CONSIDERAR

- andar en bicicleta
- correr
- deportes
- escribir (poesía, cartas, ...)
- esquiar (en el agua, en la nieve)
- leer (novelas, poesía, ...)
- montar a caballo
- pasear (por el parque)
- pintar
- ver películas

Paso 2. Creen una tabla en la pizarra para anotar las actividades de sus compañeros y cuánto tiempo hace que las hacen.

Actividad B. Grave

Paso 1. Piensa en la última vez que estabas muy grave. Anota qué tenías, cuándo fuiste al médico y qué tratamientos recibiste.

Paso 2. Escribe algunas preguntas que le puedas hacer a tu compañero/a sobre la última vez que él/ella estaba muy grave. Trata de incluir tres o cuatro preguntas con expresiones con **hacer.**

Paso 3. Entrevístense usando las ideas y preguntas que anotaron en los **Pasos 1 y 2.** Traten de elaborar sus respuestas y hacer preguntas complementarias.

MODELO: E1: ¿Cuánto tiempo hacía que estabas enfermo cuando fuiste al médico?

E2: Estaba enfermo hacía tres días, pero sólo hacía un día que tenía fiebre...

Actividad C. Por la salud.
Hay muchas cosas que debemos hacer para proteger nuestra salud. Comenten las cosas que hacen por su salud y pregúntense cuánto tiempo hace que hicieron cada una. Pueden usar las ideas a continuación, si quieren.

MODELO: E1: ¿Cuánto tiempo hace que tuviste una revisión médica?
E2: Tuve una revisión médica hace ocho meses.

IDEAS PARA CONSIDERAR

- el examen médico — *physical (exam)*
- la inyección contra la gripe — *flu shot*
- la revisión médica / dental — *medical / dental checkup*
- la vacuna — *vaccination*

5.4 ¿Qué tiempo hacía ayer? Weather and the seasons

Las estaciones

Remember that the seasons in the Northern and Southern hemispheres are inverted.

In tropical areas (much of Spanish America), where the four seasons are not experienced, **el invierno** may just refer to bad, cool, or rainy weather. In some of these areas, the seasons are distinguished by the amount of rain, therefore there may be **la estación lluviosa** and **la estación seca.**

El tiempo

In Spanish, **hacer** is used in many weather expressions—the weather is *making* certain phenomena. The **hacer** weather expressions are generally for the weather you might feel: hot, cold, cool, windy, sunny. General statements about the weather are also expressed with **hacer**—*It's nice out. The weather's bad today.* As you review the expressions, note that **hacer** is in the third-person singular and that **mucho** is used to express *very.*

¿Qué tiempo **hace?**	*What's the weather like?*
Hace buen tiempo.	*It's nice out.*
Hace mal tiempo.	*It's bad weather.*
Hace mucho calor.	*It's very hot.*
Hace fresco.	*It's cool.*
Hace frío.	*It's cold.*
Hace sol.	*It's sunny.*
Hace mucho viento.	*It's very windy.*

Precipitation is expressed with special verbs. Conjugate these in the third-person singular only.

granizar	*to hail*
llover (ue)	*to rain*
nevar (ie)	*to snow*
Llueve mucho en esta parte de Chile.	*It rains a lot in this part of Chile.*
Está lloviendo un poco ahora.	*It's raining a little now.*
¿**Nieva** mucho aquí?	*Does it snow much here?*
Está nevando afuera.	*It's snowing outside.*

To express the way the sky looks, use **estar.** Humidity can also be expressed with **estar.** Use the third-person singular of **estar.**

Está despejado.	*It's clear.*
Está húmedo.	*It's humid.*
Está nublado.	*It's cloudy.*
Está oscuro.	*It's dark.*

Hay is used to talk about weather phenomena you see, such as fog and snow. Storms, presence of precipitation, and other weather phenomena are also expressed with **hay.**

Hay humedad.	*It's humid.*
Hay huracán.	*There's a hurricane.*
Hay inundación.	*There's a flood,*
Hay llovizna.	*It's drizzling./There is a drizzle.*
Hay lluvia.	*There is rain.*
Hay mucha niebla.	*It's very foggy.*
Hay neblina.	*It's misty./There is mist.*
Hay nieve.	*It's snowy.*
Hay relámpagos.	*There's lightning.*
Hay tormenta.	*There's a storm./It's stormy.*
Hay trueno.	*There's thunder.*

Remember when describing weather in the past to use the imperfect unless the focus is a change in weather conditions, or the weather itself.

Estaba oscuro y **había** llovizna.	*It was dark and drizzling.*
Granizó mucho esta mañana.	*It hailed a lot this morning.*

Actividad A. La ropa. Hablen de la ropa que usan durante las diferentes estaciones de su región. Incluyan información sobre el clima de cada estación.

MODELO: E1: ¿Qué te gusta llevar en el verano?

E2: Llevo camisetas y pantalones cortos todo el verano porque hace calor.

LENGUA

¿Cómo está el clima?

Para referirse al clima o al tiempo, en general se pregunta: **¿Qué tiempo hace?** Pero hay algunas variaciones.

¿Cómo está el clima?	*What's the weather like?*
¿Cómo está el tiempo?	*What's the weather like?*
Está caliente / calientito.	*It's hot / a little hot.*
Está fresco / fresquito / fresquecito.	*It's cool / a little cool / chilly.*

Actividad B. **Poema**

Paso 1. Escribe un poema sobre algún aspecto del clima o de las estaciones. Usa la siguiente «fórmula» para formar tu poema. Alternativa: Si quieres, puedes escribir un párrafo descriptivo en vez de un poema.

MODELO:	TÍTULO:	**La tormenta**
	DOS SUSTANTIVOS:	Lluvia, viento
	TRES ADJETIVOS:	Oscuro, gris, brillante
	TRES PARTICIPIOS PRESENTES:	Gritando, corriendo, insistiendo
	DOS EMOCIONES:	Nervioso, triste
	EL TEMA (TÍTULO):	La tormenta

Paso 2. Lee tu poema o párrafo a la clase. Trata de dramatizar los ruidos y las emociones.

Nota cultural • *El Niño*

El Niño, un fenómeno meteorológico que se presenta en intervalos de dos a siete años, se refiere a las corrientes oceánicas en las costas del Océano Pacífico de la América del Sur. La aparición de estas aguas cálidas fue identificada por los pescadores peruanos, quienes le dieron el nombre de El Niño, porque se observaba a finales de diciembre, cerca de la Navidad.

Los cambios en los patrones normales de circulación del océano y la atmósfera producen alteraciones climáticas en las regiones continentales cercanas al Océano Pacífico ecuatorial. La costa norte del Perú, por ejemplo, que normalmente es árida, se torna lluviosa. En cambio, la zona australiana se debate (*struggles*) en sequía (*drought*). También se presentan alteraciones climáticas en diversas partes del mundo con consecuencias muy graves para las actividades productivas, especialmente en los sectores pesquero y agrícola.

A. Discusión general. Trabajen en grupos para comentar las siguientes preguntas. discutir sus repuestas.

1. ¿Cómo es el clima en la región donde Uds. viven?
2. ¿De qué manera ha afectado al tiempo el fenómeno de El Niño?
3. ¿De dónde se origina el nombre de El Niño?

B. Navega el Internet. Investiga el clima de una región hispánica para presentar en clase. Usa el Internet y otras fuentes de información.

¡De viva voz!

Actividad A. **Me interrumpió**

Paso 1. Escribe los nombres de cinco personas famosas en cinco hojas de papel. En otras cinco, escribe oraciones de acción en el imperfecto, por ejemplo, **Yo jugaba al básquetbol.**

Paso 2. Trabaja con uno/a o dos compañeros/as. Organicen sus papeles en dos grupos (nombres y acciones). Túrnense para escoger un papel de cada grupo y formar y dramatizar una oración en la que la persona famosa interrumpe la acción descrita.

> MODELO: (*escoges*) Yo jugaba al básquetbol. Michael Jordan
>
> (*dices y dramatizas*) Yo jugaba al básquetbol cuando Michael Jordan llegó al gimnasio.

Actividad B. **Definiciones y explicaciones médicas.** Alternen para hacerse y contestar preguntas sobre las siguientes condiciones y tratamientos médicos.

> MODELO: E1: ¿Cuáles son los síntomas de un catarro?
>
> E2: Los síntomas de un catarro son la tos, tener la nariz congestionada, ...
>
> E1: ¿Qué tomas cuando tienes un dolor de cabeza?

1. un catarro
2. un dolor de cabeza
3. una fiebre
4. un dolor de estómago

Actividad C. **Los síntomas.** Imagínate que eres médico/a y que tienes un caso muy difícil. Comparte con la clase los síntomas y los problemas que sufre tu paciente para que la clase recomiende algunos tratamientos y medicinas. Los problemas de tu paciente pueden ser serios o cómicos.

> MODELO: Hace una semana que mi paciente se enfermó con un dolor de estómago. No podía comer ni beber nada...

CAPITULO 6

La comida del mundo hispánico es tan variada como lo es su geografía. En la Argentina donde comen más carne de res por persona que en cualquier otro país del mundo, las parrilladas son muy populares.

¿Qué te apetece?

Metas

En este capítulo vas a...

- hablar de las comidas y bebidas que prefieres
- comparar tus preferencias con las de tus compañeros/as de clase
- repasar y practicar las siguientes estructuras
    - ✔ **por, para** y otras preposiciones (6.1)
    - ✔ verbos que requieren preposiciones (6.2)
    - ✔ los pronombres preposicionales (6.2)
    - ✔ el participio pasado, el presente perfecto, el pasado perfecto y **acabar de** (6.3)
    - ✔ la voz pasiva y los usos de **se** (6.4)

Vocabulario vivo: La comida y las bebidas

Las carnes, el pescado y los mariscos

el cangrejo crab
el pavo turkey
el puerco pork
la salchicha sausage
el tocino bacon

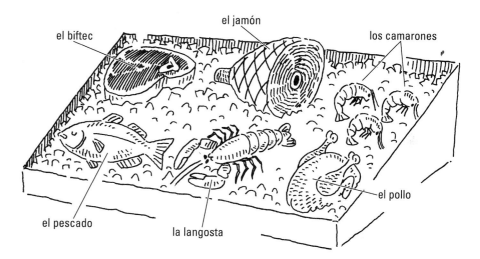

el biftec · el jamón · los camarones · el pescado · la langosta · el pollo

Algunos productos de la granja

los huevos eggs
la leche milk
la mantequilla butter
el queso cheese
Palabras semejantes: la margarina, el yogur

Los panes y los cereales

el arroz rice
los fideos noodles for soup
el pan bread
las tallarinas noodles; pasta
Palabras semejantes: el cereal, la tortilla

Los postres

los bizcochos cookies
el helado ice cream
la tarta cake
la torta pie

Los condimentos, etcétera

el azúcar sugar
la jalea jelly
la mostaza mustard
la pimienta pepper
Palabras semejantes: el catsup, la salsa

Las legumbres y las frutas

el ajo garlic
la cebolla onion
las cerezas cherries
los duraznos peaches
los frijoles kidney-black beans

las judías verdes green beans
las naranjas oranges
las piñas pineapples
Palabras semejantes: la banana, el limón, el tomate

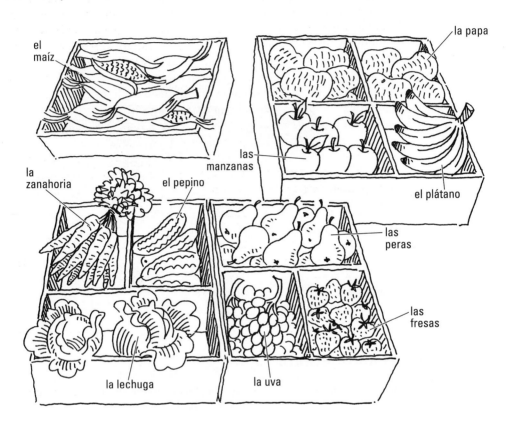

el maíz

la papa

las manzanas

el plátano

la zanahoria

el pepino

las peras

las fresas

la lechuga

la uva

Las preparaciones

asado/a roast
estofado/a stewed
frito/a fried

a la parrilla grilled
al horno baked, roast

Las bebidas

el agua (f.) **(mineral)** (mineral) water
la cerveza beer
el jugo (de fruta) (fruit) juice
el refresco soft drink
el vino wine

LENGUA

La comida

El léxico culinario del mundo hispánico es tan variado como su geografía. Cada país tiene comidas y platos regionales, y en muchos casos, con nombres regionales. En España, por ejemplo, a la *banana* se le dice **plátano**. En las Américas, un **plátano** generalmente se refiere a *plantain*, una fruta relacionada, pero diferente. Para hablar de *banana*, se dice **banana** o, en partes de Centroamérica, **el banano**. En el Caribe y en otras partes de Centroamérica, usan aun otra palabra: **el guineo.**

Las comidas preparadas pueden causar mayor confusión. Por ejemplo, en México, una **torta** es un tipo de **sándwich,** pero en España es un *cake*. Para los mexicanos, **el pastel** es *cake*. Pero en Puerto Rico, los pasteles son un tipo de **tamales,** y en otros países **pastel** se refiere a *pie*. Cuando un español pide *pie,* pide una **tarta,** pero en otros países **la tarta** no es *pie* sino *cake*. En un país hispánico, a veces es mejor señalar la comida que se desea, y decir: «¡Quiero eso!» La lista a continuación da un ejemplo de otras variaciones léxicas que se refieren a la comida.

el biftec	el bistec	el bisté	
el durazno	el melocotón		
la jalea	la mermelada		
el sándwich	el bocadillo	el emparedado	la torta
la tarta	la torta	el pastel	
el bizcocho	la galleta		
la salchicha	el chorizo		

Actividad A. En el restaurante

Paso 1. Escribe un menú. Puedes incluir bebidas, aperitivos (*appetizers*), ensaladas, sopas y platos.

Paso 2. Trabaja con dos o tres compañeros/as para crear escenas en un restaurante. Deben alternarse para representar los papeles de clientes y mesero/a. El mesero (La mesera) de turno les presenta su menú del **Paso 1** a los/las clientes. Los/Las clientes le hacen preguntas sobre la comida del menú y le piden algo de tomar y comer. Traten de incluir algún problema: un cliente no satisfecho, un mesero arrogante, etcétera.

Actividad B. Tus platos favoritos

Paso 1. Describe uno o dos de tus platos favoritos. ¿Hay algún plato popular entre los/las estudiantes de tu clase?

Paso 2. Hazle preguntas a tu profesor(a) sobre platos hispánicos que conoce.

Actividad C. ¿Qué es? Trabaja con tus compañeros/as para formar dos equipos de dos o tres estudiantes. Cada equipo alterna para darle el nombre de una comida o bebida a un miembro del otro grupo. Ese/a estudiante trata de describir la comida o bebida sin nombrarla para que los otros miembros de su grupo adivinen qué es.

> MODELO: GRUPO 1 A E2: el durazno
>
> E1 A GRUPO 2: Es una fruta. Es muy dulce. Hay muchos en el estado de Georgia...
>
> E2 DEL GRUPO 2: ¡Es un durazno!

Actividad D. Mi dieta diaria

Paso 1. Antes de ir a clase, prepara una narración sobre la comida que consumes durante un día típico. Escribe por lo menos cuarenta palabras para leer o presentarle en forma oral a la clase.

Paso 2. Escojan a un(a) estudiante para apuntar la información que presenten mientras lean sus narraciones sobre la dieta diaria. Luego, trabajen juntos para formar una tabla sobre la dieta de los/las estudiantes de la clase. Pueden usar las siguientes preguntas para organizar su tabla.

IDEAS PARA CONSIDERAR
- ¿Qué comen para el desayuno? ¿el almuerzo? ¿la cena?
- ¿Comen mucho entre comidas?
- ¿Dónde toman las comidas?

Nota cultural • ¿De dónde es esa tortilla?

Para la mayoría de los estadounidenses y canadienses, la tortilla es de México. La comemos con nuestros platos mexicanos y mexicoamericanos favoritos: los tacos, las enchiladas, los burritos, las fajitas, etcétera. Pero si pides una tortilla en España, ¡te traen huevos! La tortilla española es un *omelette* a la española. Es un plato popular y delicioso de huevos con patatas y cebolla.

A veces los estadounidenses y canadienses piensan que la comida mexicana es típica de todo el mundo hispánico, pero la verdad es que la comida hispánica varía mucho de país en país. Es más, la comida mexicana que se come en los Estados Unidos no es típica de todo México. Los platos que conocemos son principalmente del norte de México, y muchos platos, por ejemplo, las fajitas, son creaciones mexicoamericanas (*Tex-Mex* y *Cali-Mex*). Además, la comida auténtica de México no tiene tanto queso y se hace con diferentes carnes: cabra (*goat*), res (*beef*), puerco, pollo, etcétera.

¿Qué comen en otros países hispánicos? Pues, en la Argentina, la carne de res es muy importante, y se dice que la comen tres o cuatro veces al día. Las parrilladas, reuniones en la que cocinan la carne al aire libre, son muy populares. En los países caribeños, se comen los frijoles negros con arroz. A veces se comen con picadillo, que es un plato de carne molida con tomate y pimientos. En los países andinos, se come mucho el maíz o choclo. Lo usan en las sopas (locro) y en el sancocho, un plato popular. Algunos platos típicos de España son la paella (Valencia) y el gazpacho (Madrid).

[handwritten: tomates / sopas]

Mejora tu pronunciación

The Spanish *r*

[handwritten: pariada - bbq]

EXPLICACION: The Spanish *r*

A mark of a good Spanish accent is the correct pronunciation of the **r.** The English *r* is described as retroflex; that is, the tongue curls up and back slightly to produce the *r* sound. Say the following words out loud.

river   roar   tar   trip   room

The Spanish **r,** by contrast, is a tongue-tap sound. This tap effect is somewhat similar to the first *t* in *pot o' tea.* Compare the sounds in the following phrases.

pot o' tea   **para ti**

Final *r*'s can be pronounced in several ways, depending on the country or speaker. Most Spanish speakers pronounce it as a near tongue-tap sound, letting air escape over the tongue.

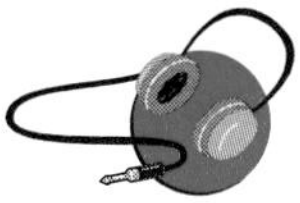

Práctica

A. Listen to and repeat the following sets of words.

FOLLOWING A CONSONANT	BETWEEN VOWELS	FINAL UTTERANCE
1. drama	mira	el mar
2. frotar	faro	favor
3. preparo	para	pintor
4. crisis	señora	señor

B. Listen to and repeat the following expressions.

1. Para ti...   **3.** Tres trabajos...   **5.** Por vosotros...

2. Por ti...   **4.** Para nosotros...   **6.** Varios faros...

C. Listen to and repeat the following sentences.

1. Preparo el almuerzo.
2. Me dará cuatro cuadros.
3. Laura me mira.
4. Aprendí a esquiar.
6. Trataba de hablar.
7. Patricio y Pedro pidieron más práctica con los verbos.
8. Mario y María se enamoraron, se casaron y se fueron.

Estructuras comunicativas

6.1 Jorge fue por la pizza. *Por, para,* and other prepositions

Estructura 1: *Por* y *para*

Choosing between **por** and **para** is most difficult for English speakers when the English equivalent is *for*. Keep in mind that **para** seems to look "ahead" in time and space. Sometimes substituting other expressions for *for* in English can help, e.g., **por** can mean *because of, by (someone), during, through, around,* and *per* while **para** can mean *in order to, by (time/date),* and *toward.* Compare and review the different uses of these two prepositions.

POR		PARA	
	MOTIVE VS. GOAL		
reason (*for, due to, because of, on behalf of*)		**purpose, intent (*in order to*), use**	
No llegó a tiempo **por** el accidente.	*She didn't arrive on time due to (because of) the accident.*	Fuimos al hospital **para** ayudarlo.	*We went to the hospital (in order) to help him.*
Lo hicieron **por** su madre.	*They did it for (on behalf of) their mother.*	Estudié mucho **para** el examen.	*I studied a lot for the exam.*
Mandé **por** los niños.	*I sent for the children.*	Es una canción **para** niños.	*It's a song for children.*
agent (*by*), object (*on behalf of*)		**recipient**	
La carta fue escrita **por** Alberto.	*The letter was written by Alberto.*	La carta es **para** ti.	*The letter is for you.*
Trabajo **por** mi madre.	*I work for (on behalf of) my mom. (I support her.)*	Ellos trabajan **para** mí.	*They work for me. (I'm their boss.)*

TIME			
duration (*for, during, in*)		**deadline** (*for, by*)	
Estudié el español **por** cuatro horas.	*I studied Spanish for four hours.*	Termínelo **para** el lunes.	*Finish it for (by) Monday.*
Estudio **por** la mañana.	*I study in (during) the morning.*	Complete esta lectura **para** mañana.	*Complete this reading by tomorrow.*
SPACE			
through, by, around		**destination** (*for; toward*)	
Pasamos **por** el Parque Central.	*We passed through Central Park.*	Partimos **para** San José el viernes.	*We leave for San José on Friday.*
Nos gusta caminar **por** aquí.	*We like to walk around here.*	¿Vas **para** la biblioteca ahora?	*Are you going toward the library now?*
EXCHANGES, COMPARISONS, OPINIONS			
exchange, *per*		**comparisons and opinions**	
Te doy cincuenta dólares **por** la bicicleta.	*I'll give you fifty dollars for the bike.*	**Para** un joven de diez años, sabes negociar.	*For a ten-year old, you know how to deal.*
Sólo gano diez dólares **por** hora.	*I only make ten dollars per hour.*	**Para** mí, diez dólares no son suficientes.	*For me (In my opinion), ten dollars is not enough.*
Gracias **por** todo.	*Thanks for everything.*		

Not all uses of **por** and **para** fit into the categories. **Para** + infinitive can mean *about to.*

Estamos **para** salir.	*We're about to leave.*
La cena está **para** empezar.	*Dinner is about to begin.*

Por is used to express *by means of.*

Viajamos **por** avión.	*We travel by airplane.*
Puedes llegar al restaurante **por** esta calle.	*You can get to the restaurant by (via) this street.*

The following expressions are some of the idiomatic phrases with **por.**

por avión	*air mail*	**por fin**	*finally, at last*
por ejemplo	*for example*	**por lo general**	*generally*
por eso	*therefore, for that reason*	**por lo menos**	*at least*
		por si acaso	*just in case*
por favor	*please*		

Estructura 2: Otras preposiciones simples

Like **por** and **para,** all prepositions should be learned and understood in context. There are no one-on-one relationships between English prepositions and Spanish prepositions. For example, **en** can sometimes mean *in,* but in other contexts the English equivalent is *at.* In general, **en** refers to location of something or someone *in, on,* or *at* a place.

Las bebidas están **en** la mesa.	*The drinks are on the table.*
Los meseros están **en** la cocina.	*The waiters are in the kitchen.*
El dueño está **en** casa.	*The owner is at home.*

The preposition **de** can mean *of (made of), belonging to,* or *from.*

El tiene corazón **de** piedra.	*He has a heart of stone.*
Estas bicicletas son **de** Ana.	*These bikes are Ana's (belong to Ana).*
Sus padres son **de** México.	*Her parents are from Mexico.*

De is used in several idiomatic expressions.

estar de acuerdo	*to agree*
estar de buen (mal) humor	*to be in a good (bad) mood*
de hoy (aquí) en adelante	*from today (here) on (out)*
¡No estoy de acuerdo contigo!	*I don't agree with you!*
¿Qué tienes? **Estás de mal humor** hoy.	*What's wrong with you? You're in a bad mood today.*
¡De hoy en adelante no tenemos nada que hablar!	*From today on, we don't have anything to say!*

The preposition **con** means *with* and **sin** means *without.*

Prefiero tomarlo **con** leche.	*I prefer to drink it with milk.*
Quiero comer **sin** pensar en las calorías.	*I want to eat without thinking about the calories.*

The preposition **a** is used in expressions of time to mean *at,* but when *at* refers to location *(at home),* use **en. A** is also used to express motion or movement *to* or *toward.*

A las dos, vamos **al** restaurante.	*At two, we're going to the restaurant.*
Regresa **a** Salamanca en junio.	*She's returning to Salamanca in June.*

Estructura 3: Más preposiciones

The following are some of the important simple and compound prepositions.

a pesar de	*despite*	**excepto**	*except*
acerca de	*about*	**hacia**	*toward*
antes de	*before*	**hasta**	*until*
desde	*since*	**mediante/**	*by means of*
después de	*after*	**por medio de**	
durante	*during*	**según**	*according to*
		sobre	*about; on*

The prepositions of location are often used with **estar**.

al lado de	*next to*	**detrás de**	*behind*
alrededor de	*around*	**en medio de**	*in the middle of*
bajo	*under*	**encima de**	*on top of*
cerca de	*near*	**entre**	*between,*
debajo de	*underneath*		*among*
delante de	*in front of*	**fuera de**	*outside*
dentro de	*inside*	**lejos de**	*far from*
		sobre	*on*

Actividad A. ¿Quién o qué es? Describe dónde está una persona o una cosa en la clase. Tus compañeros/as tratan de adivinar a quién o a qué te refieres.

MODELO: E1: Esta persona está cerca del profesor, y entre Juan y José.
E2: Es María.

Actividad B. Por lo general... Entrevista a dos compañeros/as para saber algo de sus dietas. Usa las siguientes preguntas como guía general y apunta las respuestas que te den. Haz dos preguntas originales y algunas preguntas complementarias. Cuando contestes las preguntas de tus compañeros/as, elabora tus respuestas para dar más detalles.

1. Por lo general, ¿comes para vivir o vives para comer?
2. Cuando estás de mal humor, ¿qué te gusta comer o beber para sentirte mejor?
3. En tu casa, apartamento o residencia, ¿quién va al supermercado por la comida?
4. Por lo general, ¿preparas tus comidas en casa o sales para comer?
5. Por lo general, ¿cuánto dinero pagas por una comida buena en tu restaurante favorito?
6. ¿Cuántas veces por semana cocinas? ¿sales a un restaurante?

Actividad C. Las comidas y bebidas

Paso 1. Hazles preguntas a tus compañeros/as de clase para completar la tabla a continuación. No escribas el nombre de un(a) estudiante más de una vez, y apunta una comida o bebida para cada categoría.

¿Qué comes o bebes...?	Comida/bebida	Nombre
¿...antes de ir a clase?	_____	_____
¿...en la cafetería?	_____	_____
¿...por la mañana?	_____	_____
¿...por la tarde?	_____	_____
¿...después de hacer ejercicio?	_____	_____
¿...mientras estudias?	_____	_____
¿...enfrente del televisor?	_____	_____
¿...durante una fiesta?	_____	_____
¿...con tus amigos?	_____	_____
¿...para dormir?	_____	_____

Paso 2. Ahora, compara los resultados de tu encuesta con los de otros/as estudiantes. Trabajen juntos/as para crear una tabla general basada en todos los resultados.

MODELO: ANTES DE IR A CLASE →
3 café, 2 refresco, 1 cereal y leche

6.2 ¡Comienzas a irritarme! Verbs requiring a preposition and prepositional pronouns

Estructura 1: Verbos con preposiciones

Many verbs are followed by prepositions in Spanish. In some cases, the English counterpart uses a different preposition or is not followed by a preposition. When learning these verbs, learn them as expressions, with the corresponding prepositions.

VERBS WITH *A*

Remember that verbs of motion (**ir, salir, regresar, manejar, caminar,** etc.) are followed by **a** to indicate movement to or toward. Other verbs that are followed by **a** include:

acercarse a	*to approach*	**comenzar (ie) a**	*to begin to*	**jugar (ue) a**	*to play (a game)*
aprender a	*to learn to*	**empezar (ie) a**	*to begin to*	**parecerse (zc) a**	*to resemble*
asistir a	*to attend*	**enseñar a**	*to teach to*	**volver (ue) a***	*to (do something)*
ayudar a	*to help to*			**(+ infinitive)**	*again*

Van a una clase para **aprender a** cocinar.

They're going to a class to learn to cook.

VERBS WITH *DE*

acordarse (ue) de	*to remember*	**hablar de**	*to talk about*
cambiar de	*to change*	**olvidarse de**	*to forget about*
despedirse (i, i) de	*to say good-bye to*	**pensar (ie) de****	*to think about (opinion, evaluation)*
disfrutarse de	*to enjoy*	**preocuparse de*****	*to take care (of something); to see*
dudar de	*to doubt*		*that something (is done)*
enamorarse de	*to fall in love with*	**reírse (i, i) de**	*to laugh at (about)*
fiarse de	*to trust*	**salir de**	*to leave (a place)*
gozar de	*to enjoy*	**servir (i, i) de**	*to serve as*
		tratar de****	*to try to*

Me quiero **cambiar de** ropa antes de la cena.

I want to change clothes before dinner.

Linda **sirvió de** representante durante el debate.

Linda served as a representative during the debate.

No **me fío de** la comida de ese restaurante.

I don't trust that restaurant's food.

***Volver** means *to return* when used without a + infinitive: **Vuelve a las ocho** (*She'll return at 8:00*).
****Pensar** can also be followed by **en:** *to think of/about (someone).* When followed by **que, pensar** expresses an opinion. **Pensar que** is often used to answer questions with **pensar de.**
*****Preocuparse** can also be followed by **por:** *to worry about.*
******Tratar** used without a preposition means *to treat:* **Nos tratan muy bien aquí** (*They treat us very well here*).

confiar en (confío)	*to trust*	**fijarse en**	*to notice*
consistir en	*to consist of*	**influir (y) en**	*to influence*
entrar en	*to enter*	**pensar (ie) en**	*to think of/about (someone)*

La cultura mexicana **influye** mucho **en** la comida de esta región.
The Mexican culture influences the food of this region a lot.

Pienso en mis hijos todos los días.
I think about my children every day.

VERBS WITH **CON**

casarse con	*to marry*	**cumplir con**	*to carry out*
contar (ue) con*	*to count on*	**soñar (ue) con**	*to dream of*

¿Puedes **cumplir con** todo esto?
Can you carry out all of this?

Soñé con mi amiga Anita anoche.
I dreamed about my friend Anita last night.

VERBS WITH **POR**

decidirse por	*to decide on*	**preguntar por**	*to inquire/ask about (someone)*
felicitar por	*to congratulate on*	**preocuparse por**	*to worry about*
inquietarse por	*to worry about*		

Mi abuela **se preocupa por** sus nietos.
My grandmother worries about her grandchildren.

LENGUA ～～～～～～～～～～～～～～～～～～～～～～～～～～

Verbos sin preposiciones

Algunos verbos que requieren preposiciones en inglés no llevan preposición en español. La excepción es el uso de la **a** personal cuando el complemento directo es una persona.

buscar	*to look for*	**esperar**	*to hope for*	**pagar**	*to pay for*
escuchar	*to listen to*	**mirar**	*to look at*	**pedir (i, i)**	*to ask for*

Estructura 2: Pronombres preposicionales

With the exception of the first- and second-person singular, the prepositional pronouns are the same as the subject pronouns.

mí	nosotros/as
ti	vosotros/as
Ud., él, ella	Uds., ellos, ellas

*****Contar** without a preposition means *to recount* or *to tell (a story)*.

—¿Es esta carta para **mí?**	*Is this letter for me?*
—No, no tengo nada para **Ud.**	*No, I don't have anything for you.*
Vivimos muy lejos de **ti.**	*We live far away from you.*

Mí and **ti** have special forms with the preposition **con: contigo** and **conmigo.**
The other prepositions are regular after **con.**

conmigo	con nosotros/as
contigo	con vosotros/as
con Ud., él/ella	con Uds., ellos/ellas

Prepositional pronouns are used after all prepositions except **entre, hasta,**
excepto, and **según.** These four prepositions are followed by subject pronouns.

Entre **tú y yo,** Laura tiene grandes	*Between you and me, Laura has*
problemas con sus clases.	*big problems with her classes.*
Según **tú,** Laura siempre tiene	*According to you, Laura always*
problemas.	*has problems.*

Actividad A. **Entre amigos y familia**

Paso 1. Completa cada una de las siguientes oraciones sobre tus relaciones
con tus amigos y tu familia.

1. Siempre puedo contar con...
2. El año pasado mi amigo/a y yo aprendimos a...
3. Este año mis amigos/as (mi familia) y yo empezamos a...
4. Nunca me acuerdo de...
5. Siempre me preocupo por...
6. Pienso mucho en...
7. Me enamoré de...
8. Mis amigos/as (mi familia) y yo tratamos de...

Paso 2. Usa tus oraciones del **Paso 1** para conversar con tu compañero/a
sobres tus relaciones personales. Elaboren sobre cada oración y
háganse preguntas complementarias para ofrecer más detalles.

MODELO: E1: Siempre puedo contar con mi hermana, Christy. Es muy
responsable y me ayuda con todo. ¿Puedes contar con tu
hermano o hermana?

E2: Yo no puedo contar con mis hermanos. Somos muy
diferentes. Pero cuento con mi amigo Mike. Mike es muy
divertido y generoso.

Actividad B. **Opiniones**

Paso 1. Haz una lista de tres o cuatro problemas que te preocupen. Pueden ser problemas nacionales o internacionales, sociales, económicos o de tu universidad o ciudad.

MODELOS: la guerra entre...
la construcción de otro rascacielos encima del parque de la calle...
el aumento de la matrícula de la universidad...

Paso 2. Compartan sus listas de problemas y comenten sus opiniones y sus ideas para algunas soluciones. Pueden usar las siguientes preguntas para guiar su conversación.

IDEAS PARA CONSIDERAR
* ¿Qué piensas de... ?
* ¿Qué debemos tratar de hacer para... ?
* ¿De qué te preocupas... ?
* ¿Qué esperas conseguir (*achieve*) si... ?

Paso 3. Ahora, habla con tu profesor(a) sobre los problemas que comentaron. ¿Tiene las mismas opiniones que Uds.?

Con los productos **Chef Merito**, Usted no tiene que saber cocinar. Con recetas en cada frasco, **Chef Merito** le ayuda a preparar cualquier platillo. **Chef Merito** tiene un Sazonador para cada ocasión y la mejor *auténtica Salsa Picante*. Todos los productos **Chef Merito** tienen sellos protectores y fechas de expiración para garantizar el buen sabor y calidad. Recuerde...con **Chef Merito** en la sartén, cualquiera cocina bien.

Pídalo en su tienda favorita o llame al **800-MERITO-1** o visítenos en www.chefmerito.com.

Actividad C. **Los condimentos**

Paso 1. Lee el anuncio sobre los productos de Chef Merito. Luego, haz una lista de los condimentos y de los productos que te gusta usar con la comida. ¿Hay una marca (*brand*) de la que te fías mucho? ¿Por qué?

Paso 2. Habla con tus compañeros/as de los productos de Chef Merito. ¿Les interesa probarlos? ¿Para que se usa cada uno? Hablen también de la lista que hicieron en el **Paso 1**. Explíquense para qué usan cada condimento y/o producto y por qué les gusta.

6.3 Hemos comido el pollo asado. The past participle and the perfect tenses

Estructura 1: El participio pasado

The past participle in Spanish is formed by adding **-ado** to **-ar** verbs and **-ido** to **-er** and **-ir** verbs.

-AR: -ADO	-ER: -IDO	-IR: -IDO
hablar: hablado	comer: comido	vivir: vivido
estudiar: estudiado	correr: corrido	pedir: pedido

Verbs with stems that end in **a, e,** or **o** carry an accent in the past participle form.

caer	**caído**	oír	**oído**
creer	**creído**	traer	**traído**
leer	**leído**		

The following verbs have irregular past participles.

abrir	abierto	morir	muerto
cubrir	cubierto	poner	puesto
decir	dicho	resolver	resuelto
describir	descrito	romper	roto
devolver	devuelto	ver	visto
escribir	escrito	volver	vuelto
hacer	hecho		

The past participle has several uses.

- with **estar** to express a condition or state resulting from a previous action
- as an adjective that modifies a noun
- with **haber** to form the perfect tenses
- with **ser** to form the passive voice

When the past participle is used as an adjective with **estar** or with a noun, it agrees in gender and in number with the noun it modifies.

¡El dictador está **muerto**!	*The dictator is dead!*
Los tamales **preparados** por mi abuela son los mejores.	*The tamales prepared by my grandmother are the best.*
En boca **cerrada** no entran moscas.	*Flies don't enter closed mouths.*

Estructura 2: El presente perfecto de indicativo

The present perfect tense is formed by combining the auxilary verb **haber** with a past participle. For the perfect tenses, **haber** is conjugated in all persons and the past participle is invariable (**-ado** or **-ido** endings only). The present tense of **haber** is used for the present perfect indicative. The uses and meaning of this tense are very similar in English and Spanish.

he visto	**hemos** esperado
has tenido	**habéis** confiado
ha llamado	**han** pedido

Me he enamorado de ti.	*I have fallen in love with you.*
Nosotros **hemos servido** de intérpretes en el banquete.	*We have served as interpreters at the banquet.*
¿**Habéis estado** en Valencia?	*You have been in Valencia?*
Han comido mucha paella, ¿no?	*You have eaten a lot of paella, right?*
Mi esposo **ha preparado** la cena.	*My husband has prepared dinner.*

ESTRATEGIA COMUNICATIVA • *Adverbios con el presente perfecto*

Como en inglés, algunos adverbios se usan con frecuencia con el presente perfecto, por ejemplo, **ya** (*already*), **apenas** (*barely*) y otros adverbios temporales.

Ya he comido, gracias.	*I have already eaten, thank you.*
Apenas hemos empezado.	*We have barely begun.*
Habéis vendido el carro **recientemente**.	*You have sold the car recently.*
Uds. **ya** me lo han prometido.	*You have already promised it to me.*

Todavía no (*not yet; still not*), **jamás** y **nunca** se usan con oraciones negativas.

Todavía no he estudiado.	*I still have not studied.*
No, **no** hemos entrado **todavía.**	*No, we have not entered yet.*
¿No has bailado **jamás?**	*You have never danced?*
Ella **nunca** ha sufrido mucho.	*She has never suffered much.*

Nota cultural • *Proverbios y modismos*

Los siguientes modismos, refranes y expresiones se expresan con el participio pasado.

¡Ay, estoy **hecho** una sopa!	*Yikes! I'm soaking wet.*
Dicho y **hecho.**	*No sooner said than done.*
Nuestro amor ya estaba **escrito.**	*Our love was destined to be (already written).*
Es tan pobre que no tiene ni donde caerse **muerto.**	*He is so poor that he doesn't even have a place to fall over dead.*
Muerto el perro, se acabó la rabia.	*When the dog is dead, the threat of rabies is over.*
Hecho, derecho, de pelo en pecho.	*(You've grown up) Tall, straight, with hair on your chest.*

Estructura 3: El pasado perfecto

To form the past perfect, the imperfect of **haber*** is used.

había	hablado	**habíamos**	escuchado
habías	llegado	**habíais**	leído
había	oído	**habían**	decidido

---

*Remember that **había** (the past of **hay**) means *there was* or *there were*. When used in this context, the form is invariable.

Había muchas personas en la fiesta.	*There were many people at the party.*
Había comida de todo el mundo.	*There was food from around the world.*

This tense, like the present perfect, is very similar to the past perfect in English. It expresses what you *had* or *had not done* prior to another point in the past. The adverbs used with the present perfect are also commonly used with the past perfect to help locate the points in the past.

Había comido antes de tu llegada.	*I had eaten before your arrival.*
Ya me **había vestido.**	*I had already dressed.*
Apenas **habíamos llegado.**	*We had just arrived.*
Ella ya se **había dormido.**	*She had already fallen asleep.*
Todavía no lo **había conseguido.**	*He had not gotten it yet.*
¿No lo **habías verificado** todavía?	*Had you not yet verified it?*
Ellos todavía no se **habían ido.**	*They had not left yet.*

Estructura 4: *Acabar de*

Two idiomatic constructions in Spanish translate as the English present perfect. To express *to have just done something* in Spanish, use **acabar de** (+ infinitive).

Acabo de almorzar.	*I have just eaten lunch.*
Acabas de lavar los platos.	*You have just washed the plates.*

Likewise, *had just done something* is expressed with the imperfect of **acabar de.**

Yo **acababa de** firmar la carta.	*I had just signed the letter.*
Acabábamos de pedir la cena.	*We had just ordered dinner.*

Actividad A. ¿Qué has hecho?

Paso 1. Haz una lista de dos columnas. En la primera columna, apunta las cosas que ya has hecho hoy. En la segunda, apunta las cosas que todavía no has hecho hoy.

Paso 2. Comparen lo que ya han hecho y lo que todavía no han hecho. Pregúntense por qué y elaboren sus comentarios. ¿Van a hacer lo que todavía no han hecho?

Paso 3. Pregúntenle a su profesor(a) qué ha hecho ya y que no ha hecho todavía hoy. Crean una tabla en la pizarra para comparar lo que todos/as han hecho y no han hecho hoy.

Actividad B. Por la mañana

Paso 1. Hablen de las personas en la foto para decidir qué han hecho ya. Comenten también qué no han hecho todavía. Comparen su situación con sus rutinas en la mañana. ¿Son semejantes?

MODELO: El muchacho ya se ha vestido, pero todavía no ha...

Paso 2. Basándose en la situación de la foto del **Paso 1,** hablen de lo que habían hecho ya ayer a una hora específica de la mañana (a las seis, a las siete, etcétera). ¿Qué no habían hecho?

MODELO: Ayer a las seis, ya me había levantado, pero todavía no me había duchado.

Actividad C. Este semestre.
Con dos o tres compañeros/as, hablen de las cosas que han hecho este semestre para las clases, para el trabajo y como recreo. Usen las siguientes ideas para guiar su conversación.

MODELO: He sacado varias fotos para el proyecto de la clase de antropología.

IDEAS PARA CONSIDERAR
- proyectos para las clases
- en el trabajo
- con los amigos
- con la familia
- los fines de semana
- los días festivos (*holidays*)

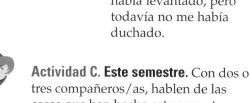

Actividad D. Las comidas.
Antes de ir a clase, prepara una narración sobre algunos platos hispánicos o extranjeros que has probado. Incluye información sobre las circunstancias y tu reacción al plato. Comenta también qué platos todavía no has probado que te interesa probar. Escribe por lo menos cuarenta palabras para leer o presentarle en forma oral a la clase.

MODELO: Yo he probado un plato cubano que se llama ropa vieja. Es un plato de arroz, frijoles y carne y ¡es delicioso! Yo lo probé en casa de mi amiga puertorriqueña, Mildred...

6.4 Esta receta fue inventada en el siglo once. The passive voice and the uses of *se*

Estructura 1: La voz pasiva

In the passive voice in English, the emphasis in the sentence shifts from the agent or *doer* of the action to the object of the action. The object from the active sentence becomes the subject in the the passive voice. This construction is made with the verb *to be* and the past participle. The passive voice is often used in relating historical events.

> The Moors invaded Spain in 711. (active)
> Spain was invaded by the Moors in 711. (passive)

The passive voice is also useful when you do not need or prefer not to state the active agent.

> The cook prepares the flan with a special caramel topping. (active)
> The flan is prepared (by the cook) with a special caramel topping.
>   (passive)

In Spanish the true passive voice is formed with **ser,** the past participle, and, if the agent is stated, the preposition **por.** The past participle will agree with the object that receives the action. As in English, the passive sentence often begins with the direct object of the active sentence.

> direct object + **ser** + past participle + (**por** + active subject)
> direct object + *to be* + past participle + (*by* + active subject)

España **fue invadida por** los moros en 711.	*Spain was invaded by the Moors in 711.*
El flan **es preparado** con una capa especial de caramelo.	*The flan is prepared with a special caramel topping.*
Esas novelas **fueron analizadas por** varios estudiantes.	*Those novels were analyzed by several students.*

Do not confuse the passive construction with the use of **estar** and the past participle. Constructions with **estar** express states or conditions resulting from a previous action.

El flan **está preparado.**	*The flan is ready (prepared).*
Las composiciones **están escritas.**	*The compositions are written (complete).*

Estructura 2: La voz pasiva con *se*

The true passive voice, which is used primarily in written Spanish, has alternative constructions that are more characteristic of spoken Spanish. One of these is the passive **se**. This construction can be used if the *doer* is not stated. For example, we can state the sentence, *The flan is prepared with a special caramel topping,* without mentioning *by the cook.* In such cases, the passive **se** can be used, and in conversational Spanish, it is often preferred. In this construction, (**se** + verb + direct object), the verb is third-person plural if the object is plural.

Se prepara el flan con un cubierto de caramelo especial.	*The flan is prepared with a special caramel topping.*
Se sirvieron los mariscos de segundo plato.	*The shellfish were served as the second course.*

LENGUA

El pronombre *se*

En español, **se** tiene varios usos. Ya repasaste y practicaste algunos en capítulos anteriores: el reflexivo de la tercera persona (2.4) y el pronombre de complemento indirecto de la tercera persona cuando el pronombre de complemento directo es también tercera persona (3.3).

Mis hermanos nunca **se** bañan por la mañana.	*My brothers never take a bath in the morning.*
¡Si Uds. **se** quejan una vez más de la comida, no les doy de comer!	*If you complain one more time about the food, I won't give you anything to eat!*
Rico quiere más torta, pero ya **se** la di a Susana.	*Rico wants more cake, but I already gave it to Susan.*
Mamá tiene la receta pero no **se** la quiere dar a su hermana.	*Mom has the recipe, but she doesn't want to give it to her sister.*

Estructura 3: La *se* impersonal

The impersonal **se** is similar to the passive **se** in Spanish. The impersonal constructions are used when a specific agent is not expressed. In English, we use *one, they, you,* and *we* to express impersonal agents. In Spanish, the **se** is used before a verb in the third-person singular (the verb is never plural as in the passive **se** construction).

Se come bien en la Argentina.	*One eats (They eat/You eat) well in Argentina.*
Se oye inglés y español en esa tienda.	*You hear (One hears) English and Spanish in that store.*

Other ways of expressing impersonal agents in Spanish are the use of the third-person plural form of the verb with no subject pronoun, as well as the use of **uno** with a third-person singular verb.

Dicen que ese restaurante es el mejor de la ciudad.

They say that that restaurant is the best in the city.

En España, **cenan** a las diez de la noche.

In Spain, they eat at ten at night.

Uno nunca sabe.

You never know (One never knows).

Uno se debe lavar las manos antes de comer.

One (You) should wash his hands before eating.

LENGUA

Se para expresar eventos inesperados

Se también se usa en una construcción con el pronombre de complemento indirecto. Esta construcción implica participación en un evento sorpresivo o inesperado. En esta construcción, un pronombre de complemento indirecto sigue a **se**. Este pronombre se refiere a la persona que hizo la acción o a una persona muy afectada por la acción. Compara las siguientes oraciones.

Olvidé la sal./**Se me** olvidó la sal.   *I forgot the salt.*

Si el objeto directo es plural, usa el plural del verbo.

Se me **olvidaron** las cebollas.   *I forgot the onions.*

Como la primera persona singular (**yo**) fue quien olvidó, en la construcción con **se**, el complemento indirecto es **me**.

Esta construcción es muy común con los siguientes verbos.

caer	escapar	olvidar	romper	perder

Se me perdieron los zapatos.   *I lost my shoes.*
Se le rompió el vaso.   *He broke the glass.*
Se me cayeron las monedas.   *I dropped the coins.*
Se me escapó lo que Ud. dijo.   *I missed what you just said.*
Se le ha olvidado decirte algo.   *He forgot to tell you something.*

A veces el complemento indirecto **se** refiere a personas muy afectadas por la acción. En estos casos, hay una construcción especial, en inglés también. Compara estas oraciones.

Mamá murió.   *Mom died.*
Se nos murió mamá.   *Mom died on us.*

escapar	morir	ocurrir	romper

Se le escaparon los perros.   *The dogs escaped on him.*
Se nos rompió la mesa.   *The table broke on us.*
Se me ocurre una buena idea.   *A good idea occurs to me.*

Actividad A. Unos comentarios históricos. Escoge uno de los siguientes hechos históricos u otro momento histórico importante que te interese. Busca más información sobre el hecho en el Internet o en una enciclopedia. Convierte la oración original a la voz pasiva, y añade dos o tres oraciones más sobre el hecho.

MODELO: Aníbal derrotó a los celtíberos en la batalla de Sagunto. →

Los celtíberos fueron derrotados por Aníbal en la batalla de Sagunto en 219 a.C.

La península y otras regiones europeas fueron invadidas por los ejércitos de Aníbal...

MOMENTOS HISTÓRICOS

- El apóstol Santiago predicó el evangelio en España.
- Los moros invadieron la Península Ibérica.
- Los aztecas fundaron su cuidad capital, Tenochtitlán.
- Cristóbal Colón descubrió el Nuevo Mundo.
- Los Reyes Católicos expulsaron a los moros de España.
- Vasco Núñez de Balboa descubrió el Océano Pacífico.
- Martín Lutero inició la Reforma protestante.
- Fundaron la ciudad de Buenos Aires.
- Los ingleses derrotaron a la Armada Invencible.
- Cervantes publicó el primer tomo de su novela, *El ingenioso hidalgo Don Quijote de la Mancha.*
- Napoleón Bonaparte invadió la Península Ibérica.
- Roosevelt promulgó la política del Buen Vecino.
- John Kennedy anunció el Plan de Alianza para el Progreso.
- El presidente norteamericano George Bush ordenó la invasión de Panamá.

Actividad B. En la universidad. Con dos o tres compañeros/as comenten las reglas y las costumbres de la universidad. Usen las construcciones pasivas e impersonales en sus oraciones. ¿Están de acuerdo con las reglas? ¿Les gustan las costumbres? ¿Se necesitan más reglas?

MODELO: E1: En nuestra universidad no se permite fumar en los edificios de clase, pero se puede comer y beber en las clases.

E2: Necesitan prohibir la comida y la bebida en la clase.

IDEAS PARA CONSIDERAR

- ¿A qué hora se abren y se cierran los edificios, la bibliotecta, etcétera?
- ¿Qué se prohíbe en los edificios, en la ciudad universitaria en general, en las residencias estudiantiles, etcétera?
- ¿Se bebe o se come en clase? ¿Se dan muchos exámenes?

Actividad C. Las costumbres

Paso 1. Piensa en un lugar o un grupo de gente y escribe cuatro o cinco declaraciones con **se** impersonal para describir qué se hace y qué no se hace sin mencionar el lugar o el grupo de gente correspondiente.

MODELO: Se habla español. No se habla inglés. Se escriben composiciones. Se hacen comparaciones culturales.

Paso 2. Ahora, léele a la clase tu serie de declaraciones del **Paso 1** para que adivine el lugar o el grupo de gente correspondiente.

MODELO: E1: Se habla español. No se habla inglés. Se escriben composiciones. Se hacen comparaciones culturales.
E2: La clase de español.

Actividad D. Una preparación

Paso 1. Escribe la preparación de un plato o de una bebida sencilla que conozcas sin mencionar qué es. Trata de usar el **se** pasivo.

MODELO: Se ponen dos cucharadas de agua, el jugo de un limón y dos tazas de agua mineral en un vaso. Se mezcla todo muy bien. Se echan tres o cuatro cubitos de hielo.

VOCABULARIO UTIL

batir	*to beat*	pelar	*to peel*
calentar (ie)	*to heat*	picar	*to chop; to slice*
cortar	*to cut*	la cucharada	*tablespoon*
freír (i, i)	*to fry*	la cucharadita	*teaspoon*
hervir (ie, i)	*to boil*	la pizca	*pinch*
mezclar	*to mix*	la taza	*cup*

Paso 2. Ahora lee tu descripción a la clase para que adivinen qué es.

Nota cultural • *Estoy satisfecho/a*

Todo invitado debe halagar (*compliment, flatter*) a la persona que ha preparado la comida. Hay varios comentarios posibles.

> **Señora, Ud. tiene la buena cuchara.**
> **La carne / La comida está muy rica / sabrosa.**
> **Estoy satisfecho/a.**
> **«Barriga llena, corazón contento.»** (Refrán)

El mejor comentario, sin embargo, es siempre un plato limpio. Si se deja algo sin comer, se corre el riesgo de ofender al cocinero (a la cocinera). Y si piensan que uno no ha comido bastante, puede que le den una segunda o tercera porción sin que se la hayas pedido.

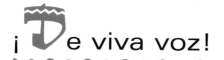

¡De viva voz!

Actividad A. **En el mercado**

Paso 1. Dibuja frutas, legumbres u otra comida que se vende en un mercado. Escribe claramente el precio de cada una.

Paso 2. Los/Las estudiantes son vendedores en un mercado al aire libre. Todos deben presentar y tratar de vender sus productos mientras dos a cuatro estudiantes van de compras en el mercado. Deben alternar papeles de vendedores y clientes.

Actividad B. **Una guía cultural**

Imagínate que un amigo (una amiga) de otro país viene a estudiar a tu universidad. Las costumbres de su país son muy diferentes. Tu amigo/a necesita una guía cultural y práctica. Escribe una serie de reglas o costumbres que tu amigo/a debe aprender. Luego, comparte y compara tu guía cultural con las de tus compañeros/as. ¿Pueden combinarlas para crear una guía útil?

IDEAS PARA CONSIDERAR
- en un restaurante
- en la biblioteca
- en clase
- en una casa que se visita
- en una cena de una casa que se visita

> MODELO: En una cena en una casa que se visita, uno limpia el plato y halaga a la cocinera.

Actividad C. **¿Qué es?** Trabaja con un compañero (una compañera). Túrnense para describir dónde está algo sin nombrarlo, mientras el otro (la otra) trata de adivinar lo que es. Pueden describir cosas en la sala de clase, cosas que ven por la ventana u otros lugares de la universidad que los dos conozcan.

> MODELO: E1: Está al lado de la puerta y debajo del reloj.
> E2: la mesa

Lectura de interés 3

Sobre la autora

Angela McEwan-Alvarado (1938–) nació en Los Angeles, pero ha vivido en México y en Nicaragua. Obtuvo su licenciatura en Mary Hardin-Baylor College, Belton, Texas. Comenzó sus estudios para la maestría en la Universidad de Texas, Austin, y los terminó en la Universidad de California, Irvine. Ha trabajado como editora, traductora e intérprete. «Naranjas» describe la experiencia de un sector social casi olvidado: el mundo del trabajador agrícola mexicano. Se narra desde el punto de vista de un adulto que recuerda la pobreza de su niñez.

Antes de leer

Actividad A. El tema. El título del cuento es «Naranjas». Indica los temas e ideas que crees que el cuento incluye, según el título. Luego, compara tus respuestas con las de otro/a estudiante.

- ❏ **1.** el cultivo de las naranjas
- ❏ **2.** una persona cuyo trabajo se relaciona con las naranjas
- ❏ **3.** descripción científica de una naranja
- ❏ **4.** la elaboración de bebidas que son a base de naranjas
- ☑ **5.** una familia en que el padre cosecha naranjas

Actividad B. Vocabulario útil. Empareja cada palabra con la definición correspondiente. Compara tus respuestas con las de otro/a estudiante.

_h_ **1.** descalzo	**a.** paseaban, caminaban
_j_ **2.** colocados *they placed*	**b.** me prepare
_f_ **3.** lograron *they achieved*	**c.** muy temprano en la mañana
_d_ **4.** antaño	**d.** en años pasados
___ **5.** zumo *juice*	**e.** donde se hace o fabrica algo
_c_ **6.** en la madrugada	**f.** pudieron
_i_ **7.** pasaje	**g.** el «ir y venir»
___ **8.** me alisté *enlisted*	**h.** sin zapatos
___ **9.** estirándome *stres*	**i.** boleto
_a_ **10.** el vaivén *swaying*	**j.** puestos
_e_ **11.** la fábrica *factory*	**k.** extendiéndome
___ **12.** daban vueltas	**l.** jugo
	returns	

Actividad C. Palabras semejantes. Empareja cada una de las siguientes palabras de la lectura con la expresión correspondiente en inglés. Compara tus respuestas con las de otro/a estudiante.

_d_	**1.** dorados	**a.**	to inflate
_g_	**2.** diseños	**b.**	trembling
_j_	**3.** flores	**c.**	with the head lowered
_l_	**4.** empacar/empacadora	**d.**	golden
_i_	**5.** remendada	**e.**	to obtain
_k_	**6.** escaso	**f.**	to trace
_b_	**7.** temblorosas	**g.**	designs
_f_	**8.** trazar	**h.**	something new
_a_	**9.** inflar	**i.**	mended, patched
_l_	**10.** cabizbajo	**j.**	flowers
_e_	**11.** conseguir	**k.**	scarce
_c_	**12.** novedad	**l.**	packing

Naranjas

Desde que me acuerdo, las cajas de naranjas eran parte de mi vida. Mi papá trabajaba cosechando naranjas y mi mamá tenía un empleo en la empacadora, donde esos globos dorados rodaban[a] sobre bandas para ser colocados en cajas de madera. En casa, esas mismas cajas burdas[b] nos servían de cómoda, bancos y hasta lavamanos, sosteniendo una palangana y un cántaro de esmalte descascarado[c]. Una caja con cortina se usaba para guardar las ollas.

Cada caja tenía su etiqueta[d] con dibujos distintos. Esas etiquetas eran casi los únicos adornos que había en la habitación pequeña que nos servía de sala, dormitorio y cocina. Me gustaba trazar con el dedo los diseños coloridos —tantos diseños—, me acuerdo que varios eran de flores —azahares, por supuesto— y amapolas y orquídeas, pero también había un gato negro y una carabela. El único inconveniente eran las astillas[e]. De vez en cuando se me metía una en la mano. Pero como dicen, «A caballo regalado, no se le miran los dientes».

Mis papás llegaron de México a California siguiendo su propio sueño de El Dorado. Pero lo único dorado que encontramos eran las naranjas colgadas entre abanicos de hojas temblorosas en hectáreas[f] de árboles verdes y perfumados. Ganábamos apenas lo suficiente para ajustar, y cuando yo nací el dinero era más escaso aún, pero lograron seguir comiendo y yo pude ir a la escuela. Iba descalzo[g], con una camisa remendada y un pantalón recortado de uno viejo de mi papá. El sol había acentuado el color de mi piel y los otros muchachos se reían de mí.

[a]rolled [b]rough, coarse [c]palangana... a basin and a broken paint jug [d]label [e]splinters [f]2.47 acres [g]sin zapatos

Quería dejar de asistir, pero mi mamá me decía —Estudia, hijo, para que
consigas un buen empleo, y no tengas que trabajar tan duro como tus
papás—. Por eso, iba todos los días a luchar con el sueño y el aburrimiento mientras la maestra seguía su zumbido monótono.

En los veranos acompañaba a mi papá a trabajar en los naranjales.
Eso me parecía más interesante que ir a la escuela. Ganaba quince centavos por cada caja que llenaba. Iba con una enorme bolsa de lona col-
gada de una banda ancha para tener las manos libres, y subía por una
escalera angosta y tan alta que podía imaginarme pájaro. Todos
usábamos sombreros de paja de ala ancha para protegernos del sol, y
llevábanos un pañuelo para limpiar el sudor que salía como rocío[h] sala-
do en la frente. Al cortar las naranjas se llenaba el aire del olor punzante
del zumo[i], porque había que cortarlas justo a la fruta sin dejar tallo[j]. Una
vez nos tomaron una foto al lado de las naranjas recogidas. Eso fue un
gran evento para mí. Me puse al lado de mi papá, inflándome los pulmones y echando los hombros para atrás, con la esperanza de aparecer
tan recio como él, y di una sonrisa tiesa a la cámara. Al regresar del trabajo, mi papá solía sentarme sobre sus hombros, y así caminaba a la casa
riéndose y cantando.

Mi mamá era delicada. Llegaba a casa de la empacadora, cansada y
pálida, a preparar las tortillas y recalentar los frijoles; y todas las noches,
recogiéndose en un abrigo de fe, rezaba el rosario ante un cuadro de la
Virgen de Zapopán.

Yo tenía ocho años cuando nació mi hermana Ermenegilda. Pero ella
sólo vivió año y medio. Dicen que se enfermó por una leche mala que le
dieron cuando le quitaron el pecho[k]. Yo no sé, pero me acuerdo que es-
tuvo enferma un día nada más, y al día siguiente se murió.

Nuestras vidas hubieran seguido de la misma forma de siempre, pero
vino un golpe inesperado. El dueño de la compañía vendió parte de los
terrenos para un reparto de casas, y por eso pensaba despedir a varios
empleados. Todas las familias que habíamos vivido de las naranjas
sufríamos, pero no había remedio. Mi mamá rezaba más y se puso más
pálida, y mi papá dejó de cantar. Caminaba cabizbajo y no me subía a los
hombros.

—Ay, si fuera carpintero podría conseguir trabajo en la construcción
de esas casas —decía. Al fin se decidió ir a Los Angeles donde tenía un
primo, para ver si conseguía trabajo. Mi mamá sabía coser y tal vez ella
podría trabajar en una fábrica. Como no había dinero para comprarle un
pasaje en el tren, mi papá decidió meterse a escondidas[l] en el tren de la
madrugada. Una vez en Los Angeles, seguramente conseguiría un empleo bien pagado. Entonces nos mandaría el pasaje para trasladarnos.

[h]*morning dew* [i]*olor... sharp odor of the juice* [j]*stem* [k]*le... they stopped nursing her* [l]*a... in secret*

65 La mañana que se fue hubo mucha neblina. Nos dijo que no fuéramos a despedirle al tren para no atraer la atención. Metió un pedazo de pan en la camisa y se puso una gorra. Después de besarnos a mi mamá y a mí, se fue caminando rápidamente y desapareció en la neblina.

Mi mamá y yo nos quedamos sentados juntos en la oscuridad, tem-
70 blando de frío y de los nervios, y tensos por el esfuerzo de escuchar el primer silbido del tren. Cuando al fin oímos que el tren salía, mi mamá dijo: —Bueno, ya se fue. Que vaya con Dios—.

No pudimos volver a dormir. Por primera vez me alisté temprano para ir a la escuela.

75 Como a las diez de la mañana me llamaron para que fuera a mi casa. Estaba agredecido por la oportunidad de salir de la clase, pero tenía una sensación rara en el estómago y me bañaba un sudor helado mientras corría. Cuando llegué jadeante[m] estaban varias vecinas en la casa y mi mamá lloraba sin cesar.

80 —Se mató, se mató —gritaba entre sollozos[n]. Me arrimé a ella mien-tras el cuarto y las caras de la gente daban vueltas alrededor de mí. Ella me agarró como un náufrago[o] a una madera, pero siguió llorando.

Allí estaba el cuerpo quebrado de mi papá. Tenía la cara morada y coágulos de sangre en el pelo. No podía creer que ese hombre tan fuerte
85 y alegre estuviera muerto. Por cuenta había tratado de cruzar de un vagón[p] a otro por los techos y a causa de la neblina no pudo ver bien el paraje[q]. O tal vez por la humedad se deslizó[r]. La cosa es que se cayó poco después de haberse subido. Un vecino que iba al trabajo lo encontró al lado de la vía, ya muerto.

90 Los que habían trabajado con él en los naranjales hicieron una colecta, y con los pocos centavos que podían dar reunieron lo suficiente para pagarnos el pasaje en el tren. Después del entierro, mi mamá em-pacó en dos bultos los escasos bienes que teníamos y fuimos a Los Án-geles. Fue un cambio decisivo en nuestras vidas, más aún, porque
95 íbamos solos, sin mi papá. Mientras el tren ganaba velocidad, soplé un adiós final a los naranjos.

El primo de mi papá nos ayudó y mi mamá consiguió trabajo cosiendo en una fábrica de overoles[s]. Yo empecé a vender periódicos después de la escuela. Hubiera dejado de ir del todo a la escuela para poder trabajar más horas, pero mi mamá insistió en que terminara la se-
100 cundaria.

Eso pasó hace muchos años. Los naranjales de mi niñez han desa-parecido. En el lugar donde alzaban[t] sus ramas perfumadas hay casas, calles, tiendas y el constante vaivén de la ciudad. Mi mamá se jubiló[u] con

---

[m]panting [n]sobs [o]shipwrecked person [p]coche de tren [q]lugar [r]se... he slipped [s]versión fonética de una palabra en inglés [t]levantaban [u]se... se retiró

una pensión pequeña, y yo trabajo en una oficina del estado. Ya tengo
105 familia y gano lo suficiente para mantenerla. Tenemos muebles en vez
de cajas, y mi mamá tiene una mecedora^v donde sentarse a descansar. Ya
ni existen aquellas cajas de madera, y las etiquetas que las adornaban se
coleccionan ahora como una novedad.

Pero cuando veo las pirámides de naranjas en el mercado hay veces
110 que veo esas cajas de antaño y detrás de ellas está mi papá, sudado y
sonriendo, estirándome los brazos para subirme atrás a sus hombros.

^vsilla especial para mecerse

Después de leer

Actividad A. Preguntas de comprensión. Contesta las siguientes preguntas
sobre la lectura.

1. ¿Quién es el narrador? ¿Cómo era de niño?
2. ¿De dónde eran sus padres? ¿Por qué habían venido a los Estados
   Unidos?
3. Describe la vida que tenía el narrador. ¿Dónde trabajaban sus papás?
   ¿Qué pensaba de la escuela el narrador? ¿Y sus padres? ¿Qué hacía el
   narrador en los veranos? ¿Cómo eran sus relaciones con su papá?
4. ¿Cómo era su casa? Describe los muebles.
5. ¿Quién era Ermenegilda? ¿Qué le pasó?
6. ¿Qué evento inició los cambios en la vida de su familia? ¿Qué decidió
   hacer su papá? ¿Qué le sucedió después?
7. ¿Por qué se mudaron a Los Angeles? ¿Cómo cambió su vida allí?
8. ¿Cómo es la vida del narrador ahora? ¿En qué piensa cuando ve naranjas en el mercado?

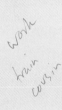

Actividad B. Discusión general. Comenta con tus compañeros/as las
siguientes preguntas, y contéstalas.

1. ¿Qué punto de vista usa la autora? ¿Por qué es importante?
2. ¿Qué detalles descriptivos te llamaron la atención? ¿Por qué?
3. ¿Qué se puede hacer para resolver el problema de la pobreza?
4. ¿Cuál es tu actitud hacia los inmigrantes legales? ¿y hacia los inmigrantes ilegales?
5. ¿Cómo es la estructura del cuento?
6. ¿Cuál es el tema o el mensaje central del cuento?
7. Explica las siguientes expresiones.
   - A caballo regalado, no se le miran los dientes.
   - Siguen su propio sueño de El Dorado.
8. ¿Qué aprendiste del cuento? ¿Te gustó? ¿Por qué?

Monteverde es uno de varios parques establecidos en Costa Rica para proteger los bosques lluviosos (*rain forests*) y los animales de la región. Los esfuerzos para proteger el medio ambiente en Costa Rica son recientes pero agresivos. Hoy en día cuarenta y siete parques nacionales comprenden más del 27 por ciento del territorio de Costa Rica. En 1950, el 72 por ciento del territorio de Costa Rica era bosque tropical, pero en 1985 ese porcentaje había bajado al 26 por ciento.

El medio ambiente

Metas:

En este capítulo vas a...

- describir objetos y a las personas
- hablar del medio ambiente
- repasar y practicar las siguientes estructuras
  - ✔ los adjetivos (7.1, 7.3)
  - ✔ los demostrativos (7.2)
  - ✔ las comparaciones y los superlativos (7.4)

Vocabulario vivo: El ambiente natural

De Africa e India

el camello (la camella)

la jirafa*

el mono (la mona)

el león (la leona)

el hipopótamo*

el guepardo*

la cebra* zebra
la culebra/la sierpe/la serpiente/la víbora snake
el rinoceronte* rhinoceros
Palabras semejantes: el cocodrilo, el/la elefante/a, el/la gorila, el/la tigresa

De las Américas

el águila* (f.) eagle
el búho* owl
el caimán alligator

el/la conejo/a rabbit
el/la lagarto/a lizard
el/la lobo/a wolf
el/la oso/a bear
el papagayo* parrot
la rana arbórea* tree frog
la rata* rat
el ratón* mouse
Palabras semejantes: el jaguar**, el puma

---

*Some animals do not have contrasting male/female forms. To indicate one or the other, use
hembra (el guepardo hembra) and macho (la jirafa macho).
**The plural of jaguar is irregular: jaguars.

Del mar

Repaso: el cangrejo, los camarones

Animales domesticados

el caballo horse
la cabra goat
el/la cerdo/a, el/la cochino/a pig, sow
la gallina chicken
el gallo rooster
el/la gato/a cat
la oveja sheep
el/la pato/a duck
el/la perro/a dog
el toro bull
la vaca cow
Repaso: el/la pavo/a

Los insectos

la cucaracha cockroach
la hormiga ant
la mosca fly
Palabra semejante: el mosquito

Problemas y amenazas medioambientales

contaminar to pollute
dañar, hacer daño to damage, harm
el agua (f.) contaminada polluted water
la contaminación del agua (del aire) water (air) pollution
el contaminante pollutant
el desarollo development
el desperdicio waste
las especies en peligro de extinción endangered species
los gases de combustión de los automóviles (de las fábricas) car (factory) exhaust fumes
la pesca y la caza inmoderadas unregulated fishing and hunting
Palabras semejantes: el cáncer, la deforestación, el fertilizante, el insecticida, el pesticida

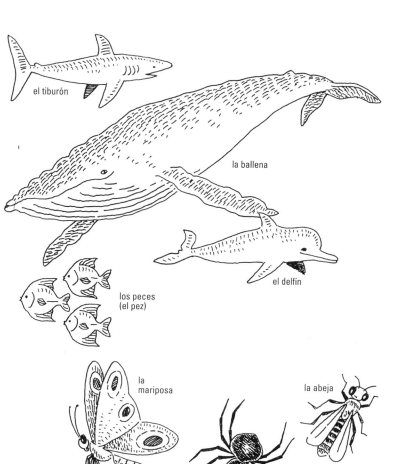

el tiburón

la ballena

el delfín

los peces (el pez)

la mariposa

la abeja

la araña

Soluciones

depurar el agua to purify water
reciclar to recycle
las leyes ecológicas environmental(ly friendly) laws
los programas de reciclaje recycling programs
la protección de los recursos naturales natural resource protection
la siembra de árboles tree planting

Chistes

—¿Qué animal anda con una pata (*animal leg, foot,* or *paw* or *female duck*)?
—El pato.
—¿Cuál es el animal más perezoso del mundo?
—El pez.
—¿El pez?
—Sí, ¿qué hace el pez?
—Nada.

Nota cultural • *La selva (jungle)*

La preservación del medio ambiente es una grave preocupación en Latinoamérica, donde se encuentra la mayoría de las selvas tropicales (aproximadamente el 56 por ciento de las selvas de todo el mundo). Las siguientes estadísticas muestran la pérdida anual de terrenos selváticos.

Costa Rica	3.9%	Perú	0.4%
El Salvador	3.2%	Venezuela	0.4%
Brasil	0.4%		

Los gobiernos de todos estos países están llevando a cabo medidas para proteger las selvas, una fuente importante de oxígeno.

Actividad A. Los animales. Describe un animal sin nombrarlo para que la clase adivine qué es. Puedes imitar movimientos y sonidos que el animal hace.

IDEAS PARA CONSIDERAR
- el tamaño (*size*) del animal
- su personalidad (tranquilo, feroz, peligroso, etcétera)
- su dieta
- su ambiente natural

Actividad B. Los parques ecológicos. Busca en el Internet una reserva o un parque ecológico o biológico: la función y el servicio del parque, los programas para turistas, estudiantes y voluntarios que deseen ayudar o contribuir algo, los animales y/o las plantas que se protegen en el parque. Prepara una breve presentación sobre el parque para la clase. Hay varios parques y reservas en Centroamérica, especialmente en Costa Rica, y en los Andes.

Actividad C. Un micromedio ambiente. Piensa en los animales y el paisaje de tu región o de una región que conoces. Descríbelos en un párrafo breve de por lo menos cuarenta palabras para leer o presentarle en forma oral a la clase.

Mejora tu pronunciación

The Spanish [r̄] or *rr* sound

EXPLICACION: **The Spanish [r–] or rr sound**
The trilled **rr** or [r̄] has no English equivalent and is perhaps the most challenging sound for English speakers to make. It can be achieved with practice: the tongue is placed in the same position made for the single **r** sound, which is like the *tt* sound in the English words *latter* and *batter*. To produce the Spanish **rr,** make the English *r* sound and at the same time force air across the tongue so that it vibrates in strong, multiple tongue taps on the ridge just above the upper front teeth. This sound occurs in three instances: 1) always with double **-rr-**, 2) with the single **r** at the beginning of a word, and 3) with the single **r** when it follows **n, s,** or **l.**

Práctica

A. Listen to and repeat each word, concentrating on the [r̄] sound. If you are having problems producing this sound, exaggerate it as you practice these words.

1. el carro
2. la sierra
3. la tierra
4. el jarro
5. la rosa
6. el rocío
7. el río
8. los románticos
9. Enrique
10. Israel
11. alrededor
12. la guerra

B. Listen to and repeat each phrase, concentrating on the [r̄] sound. Exaggerate the [r̄] in these phrases.

1. una reacción rara
2. una rana ruidosa
3. La revista da risa.
4. el ruido de la rueda
5. un rancho rústico
6. un ramo de rosas
7. ¡Arre, burro!
8. Roma en ruinas
9. un burro en el barro
10. un ruso romántico

C. Listen to and repeat each sentence, concentrating on the [r̄] sound.

1. El ruso romántico recibió una recepción rara.
2. Ramón corrió con un jarro por toda la sierra.
3. Un burro en el barro vale más que un carro en el río.
4. Roberta recibió un ramo de rosas de Raimundo, el ranchero.
5. Enrique raptó a Rosa y corrieron rápidamente sobre la tierra a su carro.

Ere con ere

En la escuela, muchos niños hispanos aprenden esta rima (*rhyme*) para
practicar el sonido **rr**. Esta es una de varias versiones del poema.
Ere con ere, **cigarro**.
Ere con ere, **barril**.
Rápido corren los carros cargados de hierro del ferrocarril.

Estructuras comunicativas

7.1 Ambos animales están en peligro. Adjectives that usually precede the noun

Estructura 1: Los adjetivos determinativos

In Spanish, adjectives agree in gender and number with the noun they modify.
There are two types of adjectives: determinative (those which qualify) and
descriptive (those which describe). In Spanish, a determinative adjective generally precedes the noun, and a descriptive adjective follows the noun.

DETERMINATIVE ADJECTIVE	NOUN	DESCRIPTIVE ADJECTIVE
ambos (*both*)	casos	legales
cada (*each*)	soldado	valiente
demasiado (*too much*)	tiempo	libre

The determinative adjectives include definite and indefinite articles, numbers,
and adjectives of amount and position. Possessive and demonstrative adjectives are also in the group, and will be presented later in the chapter.

Tengo **diez** uvas, necesito **dos** más.
Estudió **las** costumbres de **muchos**
monos.
En **otro** parque, establecieron **un**
programa ecoturístico.

I have ten grapes; I need two more.
She studied the behavior of many
monkeys.
In another park, they established
an ecotourism program.

La primera solución tenía **demasiadas** complicaciones.	*The first solution had too many complications.*
El próximo presidente apoyó **varios** programas medioambientales.	*The next president supported various environmental programs.*

Estructura 2: Los adjetivos descriptivos que preceden el sustantivo

When some descriptive adjectives precede the noun, there is a change in meaning. Many other descriptive adjectives may precede or follow the noun, but when they precede the noun, the meaning is usually figurative, not literal.

un **gran** hombre	*a great man*	un hombre **grande**	*a large man*
un **nuevo** carro	*a new car (new to me)*	un carro **nuevo**	*a (brand) new car*
un **pobre** hombre	*a poor man (spiritually)*	un hombre **pobre**	*a poor man (financially)*
mi **antigua** casa	*my old (former) house*	una casa **antigua**	*an old house (antique, ancient)*
la **única** cosa	*the only thing*	un hombre **único**	*a unique man*
mi **propia** casa	*my own home*	la casa **propia**	*the house itself (proper)*

The adjectives **bueno** and **malo** may precede or follow with very little difference in meaning.

LENGUA

Formas abreviadas

Recuerda que algunos adjetivos omiten la **-o** cuando preceden un sustantivo masculino singular.

bueno: Nos ayudó un **buen** samaritano.	*A good Samaritan helped us.*
malo: Un **mal** hombre envenenó el pozo.	*A bad man poisoned the well.*
primero: Curaron el **primer** tigre sin complicaciones.	*They cured the first tiger without complications.*
tercero: El **tercer** tigre murió.	*The third tiger died.*
uno: Vimos **un** elefante a lo lejos.	*We saw an elephant in the distance.*

Grande se abrevia cuando precede cualquier sustantivo singular.

Es un **gran** momento.	*It's a great moment.*
Visitamos una **gran** reserva.	*We visited a great reserve.*

Estructura 3: Los adjetivos posesivos

There are two possessive adjective forms in Spanish, long and short. The most commonly used adjectives are the short adjectives.

SINGULAR	PLURAL
mi(s) *my*	**nuestro/a(s)** *our*
tu(s) *your*	**vuestro/a(s)** *your*
su(s) *your*	**su(s)** *your*
su(s) *his, her, its*	**su(s)** *their*

Possessive adjectives agree with the noun possessed, not with the owner. All of the short possessive adjectives agree in number, and the first- and second-persons plural (**nuestro, vuestro**) also agree in gender, with the noun possessed. The short forms precede the noun.

Tus ideas siempre son interesantes.	*Your ideas are always interesting.*
Sus perras salen del jardín y destruyen **mis** flores.	*His dogs get out of the yard and destroy my flowers.*
Nuestro vecino no tiene animales.	*Our neighbor doesn't have animals.*
Su hijo es ecologista en Costa Rica.	*Their son is an ecologist in Costa Rica.*

The long forms of the possessive adjectives are used after the noun or after the verb **ser**. These forms agree in gender and number with the possession. After a noun, the English equivalent would be the prepositional phrase with *of* and the English possessive pronoun (*of mine, of yours, of his,* etc.).

SINGULAR	PLURAL
mío/a(s) *mine*	**nuestro/a(s)** *ours*
tuyo/a(s) *yours*	**vuestro/a(s)** *yours*
suyo/a(s) *yours*	**suyo/a(s)** *yours*
suyo/a(s) *his, hers, its*	**suyo/a(s)** *theirs*

—¿De quién es este libro?	*Whose book is this?*
—Es **mío.**	*It's mine.*
Esas perras **nuestras** siempre salen del jardín.	*Those dogs of ours always get out of the yard.*
La ropa es **tuya.**	*The clothing is yours.*
¡Esos pantalones **suyos** son feos!	*Those pants of hers are ugly!*
Los cuadernos son **suyos.**	*The notebooks are his.*

Los pronombres posesivos

Los pronombres posesivos también indican posesión sin nombrar el objeto poseído. El pronombre posesivo tiene las mismas formas que el adjetivo posesivo largo, pero se expresan con el artículo definido correspondiente.

Tu idea es interesante, pero **la mía** es más práctica.	*Your idea is interesting, but mine is more practical.*
Los programas de ese estado son más efectivos que **los nuestros**.	*The programs from that state are more effective than ours.*

ESTRATEGIA COMUNICATIVA • *La posesión*

Otra construcción para expresar posesión es con la preposición **de**. Se usa esta construcción con pronombres preposicionales para aclarar o enfatizar.

Los monos son míos, no son **de ella**.	*The monkeys are mine, not hers.*
La gata **de Ud.** está muy enferma.	*Your cat is very sick.*

Cuando se usa el apóstrofe en inglés, es necesario usar la frase preposicional en español.

Es el libro **de Juan**.	*It is Juan's book.*
Los amigos **de Ana** participaron.	*Ana's friends participated.*

Si ya se estableció en la conversación o en el pasaje el objeto o la persona poseída, se puede omitir.

—¿De quién es el libro?	*Whose book is it?*
—Es **de Juan**.	*It's John's.*
Mis amigos no vinieron, pero **los de Ana** participaron en la campaña.	*My friends didn't come, but Ana's participated in the campaign.*

Actividad A. Algunos temas que nos interesan. Habla con dos compañeros/as de los siguientes temas. Haz dos o tres preguntas sobre cada tema. Cuando contestes las preguntas de tus compañeros/as, elabora tus respuestas para dar más detalles.

MODELO: E1: En nuestra universidad, usan demasiado papel para las clases, los anuncios y en el laboratorio.

E2: Podemos iniciar un programa de reciclaje en la universidad...

1. algunos animales que te interesan y por qué
2. excesos en tu comunidad, estado o país y soluciones posibles
3. tu primera o última experiencia en un bosque, parque nacional, etcétera

Actividad B. ¡Es mío!

Paso 1. Trae varias cosas pequeñas que te pertenecen, o dibuja cosas que son tuyas en hojas de papel. Pueden ser cosas imaginarias como un elefante. Entrégale tus cosas a tu profesor(a) sin mostrárselas a la clase. El profesor (La profesora) va a poner todas las posesiones de los/las estudiantes de la clase en unas mesas o en el centro de la clase.

Paso 2. Acompaña a tu compañero/a a las mesas o al centro de la clase para buscar sus cosas. Señala algo y pregúntale a tu compañero/a si es suyo. Si es suyo, lo pueden recoger. Cuando tu compañero/a te haga la misma pregunta, contéstale. Sigan buscando hasta recoger todas sus posesiones.

MODELO: E1: ¿Es tu camisa?
E2: Sí, es mía, gracias. / No, no es mía.

Actividad C. Un problema/plan ecológico. Antes de ir a clase, prepara una narración sobre algún problema o plan ecológico que te interese. Escribe por lo menos cuarenta palabras para leer o presentarle en forma oral a la clase. Trata de usar las siguientes expresiones en tu narración.

IDEAS PARA CONSIDERAR
- Cada persona debe...
- En nuestra comunidad/estado/país, hay demasiado...
- Una buena solución es....
- Nuestra primera preocupación debe ser...

7.2 Estos animales no tienen ese problema. Demonstrative adjectives and pronouns

Estructura 1: Los adjetivos demostrativos

Demonstrative adjectives also precede the nouns they modify. In Spanish, there are three sets of demonstratives: 1) forms of **este** for things the speaker is touching or feels a part of, 2) forms of **ese** for things farther away or the speaker is not touching or does not feel a part and 3) forms of **aquel** for things farther in relation to **ese**. Demonstrative adjectives agree in gender and number with the nouns they modify.

SINGULAR		PLURAL	
este/esta	*this*	estos/estas	*these*
ese/esa	*that*	esos/esas	*those*
aquel/aquella	*that*	aquellos/aquellas	*those*

Esta serpiente vive en el desierto.	*This snake lives in the desert.*
Esa dieta del ganado puede hacer daño al medio ambiente.	*That diet of the cattle can harm the environment.*
En **aquellos** días, cazaban sin pensar en las consecuencias.	*In those days, they hunted without considering the consequences.*

The distinction **ese/aquel** is often relative, not necessarily literal.

Ese carro es mío y **aquel** carro es de mi hijo, Julio.	*That car is mine, and that car (over there) is my son Julio's.*

The first car is closer (**ese**) to the speaker than the second car indicated (**aquel**), but the second car may not be very far away.

Estructura 2: Los pronombres demostrativos

For Spanish demonstrative pronouns, an accent is required* on the stressed syllable. When used as pronouns, the noun to which the demonstrative refers is not stated.

SINGULAR		PLURAL	
éste / ésta	*this one*	éstos / éstas	*these*
ése / ésa	*that one*	ésos / ésas	*those*
aquél / aquélla	*that one*	aquéllos / aquéllas	*those*

El caracol púrpura era importante. Los indígenas usaban **ése** para darles color a sus tejidos.	*The purple snail was important. The indigenous people used that one to color their woven goods.*
Estos guepardos viven en territorio protegido, pero **aquéllos** no.	*These cheetahs live in protected territory, but those don't.*

---

*In modern use, the accent is sometimes not used.

Estructura 3: Los demostrativos neutros y otras formas neutras

The Spanish neuter refers to a general subject, a group of ideas, or an unspecified thing that has no gender. The demonstrative neuter forms have no accent.

esto *this*   **eso** *that*   **aquello** *that*

Esto es importante.
¿Qué es **eso**?
No quiero recordar **aquello**.

This is important.
What is that?
I don't want to remember that.

Other neuter constructions are formed with **lo**. The expression **lo que** means *that which* or the noninterrogative *what*.

No entiendo **lo que** me dices.

I don't understand what you are telling me.

Lo que queremos es establecer una zona protegida.

What we want is to establish a protected zone.

When **lo** is used with an adjective, it means *the (adjective) thing*.

Lo bueno es que tienen una reserva.
Lo malo es que no observan las regulaciones de caza.
Lo importante es trabajar juntos.

The good thing is that they have a reserve.
The bad thing is that they don't observe the hunting regulations.
The important thing is to work together.

¿Quieres saber **lo que** pienso yo?
A mí me da **lo mismo**.
La excursión al volcán es **lo más interesante** del viaje.

Do you want to know what I think?
It's all the same (thing) to me.
The tour to the volcano is the most interesting thing (part) of the trip.

Actividad A. Lo bueno es...

Paso 1. Trabaja con un compañero (una compañera) para hacer una lista de cuestiones y asuntos (*issues*) en tu universidad o comunidad. Para cada uno, completa las siguientes oraciones.

- Lo que nos preocupa es...
- Lo malo es...
- Lo bueno es...
- Lo importante es...
- Lo interesante es...

- Lo urgente es...
- Lo peor/mejor es...
- Lo absurdo es...
- Lo trágico es...
- Lo injusto es...

Paso 2. Ahora, preséntenle uno o dos de los asuntos y las oraciones correspondientes a la clase. La clase debe comentar o elaborar sus ideas.

Actividad B. Lo que me importa. Escribe una narración sobre lo que te importa. Puedes incluir tus ideas personales, sociales o globales. Explica por qué piensas que esas cosas son importantes y buenas. Escribe por lo menos cuarenta palabras para leer o presentarle en forma oral a la clase.

MODELO: Lo más importante para mí es la familia. Lo bueno de tener una familia fuerte es...

7.3 Es un país rico en recursos naturales. Adjectives that usually follow the noun

Most adjectives in Spanish follow the noun they modify. These are descriptive adjectives and they agree in gender and number with the noun. There are different kinds of descriptive adjectives. Some adjectives listed here you should know, others appear with their English equivalents. Some sets are listed in opposite pairs.

LAS PERSONAS

alto/a	**bajo/a**
delgado/a, flaco/a	**gordo/a**
fuerte	**débil**
lindo/a, bonito/a, guapo/a, bello/a, hermoso/a	**feo/a**
mayor	**joven**
rico/a	**pobre**

LAS COSAS

ancho/a	**angosto/a**	**lento/a**	**rápido/a**
caliente	**frío/a**	**limpio/a**	**sucio/a**
caro/a	**barato/a**	**lleno/a**	**vacío/a**
diferente, distinto/a	**semejante, similar**	**nuevo/a**	**viejo/a**
		pesado/a	**ligero/a**
dulce	**amargo/a, agrio/a**	**sabroso/a, rico/a**	**asqueroso/a**
duro/a	**blando/a, suave**		
grande	**pequeño/a**	**útil**	**inútil**
largo/a	**corto/a**		

LOS COLORES

—¿De qué color(es) es?
—Es...

... amarillo/a
... anaranjado/a / de color naranja
... azul
... blanco/a
... de color de oro/dorado/a
... de color de plata/plateado/a
... gris

... morado/a
... negro/a
... pardo/a/de color café
... rojo/a
... rosado/a/de color de rosa
... verde

OTROS COLORES PARA EL CUTIS Y EL PELO

castaño/a (*chestnut brown*)
moreno/a (*dark; tanned*)
pelirrojo/a (*red hair*)

rubio/a (*blonde*)
trigueño/a (*fair [hair], olive [complexion]*)

LENGUA

Pequeño/a, poco/a, poco

Pequeño/a es un adjetivo descriptivo que expresa tamaño. **Poco** expresa cantidad y puede ser adjetivo o adverbio. Cuando modifica un sustantivo, **poco/a** es un adjetivo determinativo y precede al sustantivo.

Nuestra casa era **pequeña**.	*Our house was small.*
Tenía **pocos** pero buenos amigos.	*He had few but good friends.*
Habla muy **poco**.	*She talks very little.*

ALGUNAS NACIONALIDADES

alemán/alemana	francés/francesa	norteamericano/a/
australiano/a	inglés/inglesa	estadounidense
brasileño/a	israelí	portugués/
canadiense	italiano/a	portuguesa
chino/a	japonés/japonesa	ruso/a
egipcio/a		

NACIONALIDADES DE LOS PAISES HISPANICOS

argentino/a	cubano/a	hondureño/a	peruano/a
boliviano/a	dominicano/a	mexicano/a	puertor-
riqueño/a			
chileno/a	ecuatoriano/a	nicaragüense	salvadoreño/a
colombiano/a	español(a)	panameño/a	uruguayo/a
costarricense	guatemalteco/a	paraguayo/a	venezolano/a

agradable	desagradable	humilde	orgulloso/a
alegre, feliz, contento/a	triste	inteligente	tonto/a
		interesante	aburrido/a
amable, simpático/a	antipático/a	listo/a	torpe, tonto/a
		paciente	impaciente
bueno/a	malo/a	profundo/a	superficial
chistoso/a	trágico/a, serio/a	respetuoso/a	irrespetuoso/a
		sencillo/a	complicado/a, complejo/a
excelente	inferior		
fácil	difícil	seguro/a	inseguro/a
famoso/a, popular	desconocido/a	trabajador(a)	perezoso/a
		valiente	cobarde
generoso/a	tacaño/a	verdadero/a	falso/a

LENGUA

¿Ser o estar?

Muchos de los adjetivos emotivos y de personalidad pueden expresarse con **estar** o con **ser.** Recuerda que cuando éstos se usan con **ser,** se describe una característica de la personalidad. Con **estar,** estos adjetivos describen una condición.

Elena **es feliz.**	*Elena is a happy person.*
Elena **está feliz.**	*Elena is (feels) happy.*

A veces, el sentido de la palabra puede cambiar según el verbo con que se usa.

	SER	ESTAR
aburrido/a	*boring*	*bored*
bueno/a	*good*	*good; healthy; tasty*
listo/a	*smart*	*ready, prepared*
malo/a	*evil*	*sick; bad*
orgulloso/a	*arrogant*	*proud*
verde	*green*	*not ripe*

Su padre **es orgulloso.**	*Her dad is arrogant.*
El padre **está orgulloso** de sus hijos.	*The father is proud of his children.*

Actividad A. Mi microambiente. Entrevista a dos compañeros/as para saber algo de su mundo. Hazles tres o cuatro preguntas sobre cada uno de los siguientes aspectos de su vida. Trata de usar algunos adjetivos repasados en esta sección.

DESCRIPCION DE...
- su casa, apartamento o habitación
- un miembro de su familia
- un buen amigo (una buena amiga)

Actividad B. Veo, veo. Alterna con tus compañeros/as de clase para pensar en una cosa o persona de la clase. Después de preguntar ¿Qué ves? (Una cosa./Una persona.), tus compañeros/as te harán preguntas **sí/no** para tratar de saber qué o quién es.

MODELO: E1: Veo, veo.
E2: ¿Que ves?
E1: Una cosa.
E3: ¿Es rojo?
E1: No, no es rojo...

Actividad C. El mundo de los animales

Paso 1. Trabaja con dos compañeros/as para hablar de los animales. Escojan dos o tres animales que les interesen. Pueden ser de una región o de un grupo. Luego, hagan una lista de características. Busquen la información y las imágenes que necesiten en el Internet o en la biblioteca.

MODELO: animales: leones, tigres, guepardos, pumas, jaguars
comparaciones: grande, rápido, feroz, etcétera

Paso 2. Preséntenle sus animales a la clase usando las imágenes que tengan y haciéndoles preguntas a la clase sobre lo que sepan de ellos.

MODELO: Los guepardos se encuentran en el Oriente Medio (*Middle East*) y es una especie en peligro de extinción. ¿Qué más saben Uds. del guepardo?...

7.4 Costa Rica tiene más especies de pájaros que cualquier otro país. Comparisons and superlatives

Estructura 1: Comparaciones de igualdad

To make equal comparisons of adjectives or adverbs, use **tan... como** (*as...as*).

La leona es **tan** feroz **como** el león.	*The lioness is as ferocious as the lion.*
Las chicas corrieron **tan** rápido **como** Pedro.	*The girls ran as fast as Pedro.*

To express *as much as* as an adverb, use **tanto como**.

Javier habla **tanto como** un árbol.

Javier talks as much as a tree.

Los otros animales no duermen **tanto como** los osos.

The other animals don't sleep as much as the bears.

To make equal comparisons of nouns, use **tanto/a... como** (*as much . . . as*) and **tantos/as... como** (*as many . . . as*). **Tanto** agrees in gender and number with the noun compared.

Este río tiene **tanta** contaminación **como** el otro.

This river has as much pollution as the other one.

Murieron **tantos** peces este año **como** el año pasado.

As many fish died this year as last year.

Esta casa tiene **tantas** habitaciones **como** la otra.

This house has as many bedrooms as the other one.

Estructura 2: Comparaciones de desigualdad

Más... que and **menos... que** are used to compare most adjectives, adverbs, and nouns. When comparing adjectives, remember that the adjective will agree with the first noun of the sentence.

La jirafa es **más** alta **que** el elefante.

The giraffe is taller than the elephant.

Ese bosque queda **más** lejos **que** la reserva.

That forest is farther away than the reserve.

Los leones trabajan **menos que** las leonas.

The lions do less work than the lionesses.

To express *more than* or *less than* as an adverb, use **más que** and **menos que**.

Los pájaros comen **más que** los lagartos.

Birds eat more than lizards.

Visitamos este parque **menos que** el año pasado.

We visited this park less than last year.

LENGUA

Refranes

Las siguientes expresiones comparativas son divertidas. ¿Qué significan?

El profesor es más pobre que una rata.
Mi tío abuelo es más viejo que la rueda.
Mi tía abuela es más vieja que Matusalén.
Mi hermano es más feo que un pie.

Some comparative forms have special forms with special meanings. **Más bueno** and **más malo** often have moral implications, while **mejor** and **peor** refer to quality. To express age, **más joven/viejo** and **menor/mayor** are equally correct. **Menor** and **mayor** also express importance and size. **Más grande** and **más pequeño** express physical size.

bueno/a, bien	**mejor**	*better*
malo/a, mal	**peor**	*worse*
joven, pequeno/a	**menor**	*younger, smaller*
viejo/a, grande	**mayor**	*older, bigger*

Mi programa es **mejor que** el tuyo.	*My program is better than yours.*
Los pesticidas químicos son **peores que** los orgánicos.	*Chemical pesticides are worse than organic ones.*
Nuestra madre es **menor que** nuestro padre.	*Our mother is younger than our father.*

Estructura 3: Los superlativos

The superlative expresses the most or least of a group. Use the following construction to express the superlative. In English and in Spanish, the group, person, or thing to which the subject is compared is often implied.

definite article (+ noun) **+ más/menos +** adjective **+ (de** + group)

Este parque es **el más popular de** todos (los parques).	*This park is the most popular of all (parks).*
México, D.F., es **la ciudad más contaminada de** México.	*Mexico City is the most polluted city in Mexico.*
Esa solución es **la menos problemática**.	*That solution is the least problematic.*
Ese país tiene **los más abundantes** recursos naturales.	*That country has the most abundant natural resources.*

Superlatives can also be expressed with the special forms.

Sus enchiladas son **las mejores**.	*Her enchiladas are the best.*
Es **el peor** día del año.	*It's the worst day of the year.*
La pobreza es **el mayor** problema de la ciudad.	*Poverty is the most important problem in the city.*

The negative words can also be used to express a superlative idea. Note that in English, the corresponding indefinite words are used.

Roberto trabajó **más que nadie**.	*Robert worked more than anyone.*
Más que nada necesitan los nuevos datos.	*More than anything, they need the new data.*
Te necesito **más que nunca**.	*I need you more than ever.*

Actividad A. **Compárate**

Paso 1. Escribe diez oraciones en las que te comparas a ti mismo/a con otras personas. Puedes hacer comparaciones físicas o emocionales o comparaciones de posesiones o de la personalidad. Trata de variar el tipo de comparación (de igualdad, de desigualdad, etcétera).

MODELO: Soy mayor que mi hermano, pero mi hermano es tan alto como yo. Tengo más clases que mi compañero. Mi compañero es menos trabajador que yo.

Paso 2. Ahora, habla con tu compañero/a de sus comparaciones. Háganse preguntas sobre sus comparaciones para saber más detalles.

MODELO: E1: Soy mayor que mi hermano, pero mi hermano es tan alto como yo.

E2: ¿Cuántos años tiene tu hermano?/¿Es muy atlético tu hermano?

Actividad B. **Los mejores y los peores**

Paso 1. Haz una lista de los mejores y los peores en cada categoría en tu opinión.

EN LA UNIVERSIDAD
- la materia más difícil
- la clase más interesante/aburrida
- el/la mejor profesor(a)
- el peor edificio

EN LA TELEVISION
- el mejor programa
- el peor canal
- el actor (la actriz) más interesante (guapo/a, talentoso/a, rico/a)
- el concurso (*game show*) más interesante/divertido

EN EL MUNDO DEL ESPECTACULO
- los mejores cantantes
- la peor emisora de radio (*radio station*)
- las mejores películas del año
- las películas más tontas del año

Paso 2. Ahora, compara y contrasta tu lista con la de dos compañeros/as. Explíquense sus opiniones. Elaboren sus listas con otras comparaciones y declaraciones.

Actividad C. Un lugar especial

Paso 1. Busca información en el Internet sobre un lugar especial o importante del mundo hispánico. Apunta información sobre la geografía y el medio ambiente de la región y sobre los animales que viven allí. Trata de comparar la información con otros lugares que conoces.

Paso 2. Ahora escribe un informe basado en esta información para presentarle a la clase. Escribe por lo menos cuarenta palabras.

> MODELO: Salto Angel es el salto (*waterfall*) más alto del mundo. Es dieciséis veces más alto que las cataratas de Niágara. Se encuentra en Venezuela en una región muy escondida...

Actividad D. Es el más interesante. Escribe una narración sobre un animal o un tema medioambiental que te interese. Compáralo con otros animales o temas y escribe por lo menos cuarenta palabras para leer o presentarle en forma oral a la clase.

Nota cultural • *Un lugar mágico*

Sales de la carretera, apenas das dos pasos y entras en un mundo mágico, que no se parece a nada que has conocido antes. Oyes que cae una tremenda lluvia, pero las gotas no te llegan porque el follaje es espesísimo (*very thick*). Bajo el techo de árboles y hojas, todo está mojado, todo es verde, todo brilla.

Tratas de evitar con los pies un ejército de enormes hormigas rojas que corre en fila, todas con una misión urgente. De vez en cuando oyes sonidos raros de pájaros y de otros animales desconocidos. Sorprendes a un papagayo de muchos colores brillantes que se escapa volando, asustado, expresando su furia por haber sido despertado.

Entre mil hojas percibes la moción frenética de alas (*wings*) de mariposas exóticas. Algunas alas son rojas como la lava del volcán que has visto en la mañana. Otras son completamente transparentes como si hubieran salido de un cuento de hadas.

Pasas por una cortina verde y descubres un arroyo cristalino con cataratas. Cruzas el arroyo con dificultad y alcanzas la orilla (*shore*) opuesta con la satisfacción de un pionero. Al lado de la senda donde caminas, ves algo chiquito, delgado y verde. Es una víbora que duerme en una hoja grande. El guía te informa que si ésta te mordiera, morirías dentro de veinte segundos. Te muestra además una lista de otros animales peligrosos que quizás estén cerca.

Eres ecoturista. Estás de visita en un impresionante mundo natural que exploras con un guía, un mundo cuya magia es imposible de captar por completo, ni con las imágenes de una cámara o de un artista ni con las palabras de un escritor.

ESTRATEGIA COMUNICATIVA • El pasado

Ya practicaste el concepto de descripciones de lo que hacías (*what you used to do*—el imperfecto) en contraste con una acción o una serie de acciones (*what happened*—el pretérito). Las descripciones—cómo eran las cosas, la personalidad, características físicas, etcétera—también se expresan con el imperfecto. En muchos casos, se usa el verbo **ser** en estas descripciones, pero otros verbos también pueden ser descriptivos.

Nuestra casa era grande.	*Our house was big.*
Nuestra casa estaba en un barrio pequeño.	*Our house was in a small neighborhood.*
Yo era pequeño.	*I was little.*
Mi hermano tenía dos años.	*My brother was two years old.*
Mi papá tenía canas.	*My dad had gray hair.*

¡De viva voz!

Actividad A. **Nuestro medio ambiente**

Paso 1. Trabaja con un grupo de cinco estudiantes para hacer una lista de problemas medioambientales de tu región. Escojan dos problemas y discutan las posibles soluciones. Organicen sus ideas para presentárselas a la clase.

IDEAS PARA CONSIDERAR
- la contaminación del aire/agua
- la contaminación industrial
- la destrucción de los bosques
- la extinción de ciertos animales

- el desperdicio de recursos naturales
- el cuidado y respeto entre los vecinos, en los barrios y en los lugares públicos
- el papel del gobierno
- el papel del ciudadano
- el papel de las compañías nacionales e internacionales

Paso 2. Preséntenle a la clase los problemas y las soluciones posibles que discutieron en el **Paso 1**. La clase debe hacerles preguntas e indicar si sus soluciones tienen alguna desventaja o dificultad. Defiendan su punto de vista. Cuando otros grupos presenten sus ideas, háganles preguntas e indiquen las desventajas de sus planes.

Actividad B. Un país hispánico. Escoge un país hispánico y busca informacíon en el Internet sobre las diversas regiones, biosistemas, etcétera del país. Por ejemplo, el Ecuador tiene tres regiones muy distintas, con biosistemas, clima y geografía diversos. Prepara un breve informe sobre tu país para la clase. Dibuja un mapa, si puedes, para ilustrar las regiones.

Actividad C. Mis animales. Antes de ir a clase, prepara una narración sobre los animales que tenías o los animales que te gustaba ver, por ejemplo, en un parque zoológico. Puedes incluir descripciones, anécdotas y explicaciones (por qué te gustaba). Escribe por lo menos cincuenta palabras para leer o presentarle en forma oral a la clase. Alternativamente, puedes describir los animales que **no** te gustaban o de los que tenías miedo.

El mundo hispánico ofrece una gran variedad de actividades para los turistas.

De vacaciones

Metas:

En este capítulo vas a...

- hablar de las vacaciones
- hablar de las actividades durante las vacaciones
- repasar y practicar las siguientes estructuras
    - ✔ el futuro (8.1, 8.2)
    - ✔ las palabras negativas e indefinidas (8.3)
    - ✔ el condicional (8.4)

Vocabulario vivo: De vacaciones

En la agencia de viajes y las preparaciones

la agencia de viajes travel agency
el/la agente de viajes travel agent

los boletos (de ida y vuelta) (round-trip) tickets
hacer las maletas to pack one's suitcases
hacer una reservación to make a reservation
hacer un viaje to take a trip
viajar to travel

El transporte

el avión
El aeropuerto
el vapor
el crucero
el barco
El puerto
el camión
La estación de trenes
el tren
el vagón de pasajeros
En la carretera
el coche**
la motocicleta
La estación de buses
el autobús*
METRO
El metro
la taquilla

---

*The word for bus can vary from country to country. The most general is **el autobús**, but **el camión** is used in some countries. In Puerto Rico, the bus is called **la guagua**.
In many Latin American countries, **el coche means *cart* and **el carro** means *car*.

abordar / desembarcar to board, disembark
aterrizar (c) to land
conducir (zc) to drive
despegar (gu) to take off
manejar to drive
salir / partir to leave, depart
tomar el tren to take the train
volar (ue) to fly
el asiento (de pasillo / de ventanilla)
(aisle / window) seat

el asistente de vuelo steward
la azafata stewardess
el / la pasajero / a passenger
la primera clase first class
la segunda clase second class
el vuelo flight
Palabras semejantes: el autobús, la cámara
Repaso: sacar fotos

Los destinos y las actividades

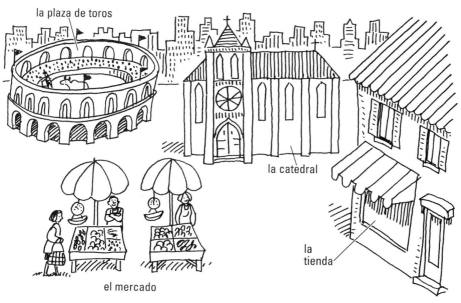

la plaza de toros

la catedral

la tienda

el mercado

acampar to camp
bucear to scuba dive
escalar to climb
gastar to spend
ir de compras to shop
tomar el sol to sunbathe
el bosque forest
el lago lake

las montañas mountains
la playa beach
los recuerdos souvenirs
el río river
la selva jungle
Palabras semejantes: la excursión, el hotel, el
museo, el restaurante, el teatro, visitar
Repaso: esquiar, nadar

Nota cultural • El Ministerio de Turismo

El turismo es un negocio importante en muchos países hispánicos.

En México, hay una gran variedad de atracciones: playas pristinas, ruinas aztecas y mayas, el ambiente y la artesanía de pueblos indígenas, la Ciudad de México y más. El Ministerio de Turismo mexicano es muy poderoso. Si suficientes turistas se quejan de los servicios de una tienda, hotel o taxista, este ministerio puede cerrar el negocio.

España depende del turismo europeo. Miles de franceses, alemanes, ingleses y otros europeos llegan a España para hacer sus vacaciones en la Costa del Sol y la Costa Brava. Allí hay playas hermosas donde el turista puede nadar y descansar bajo el sol mediterráneo. Los turistas también frecuentan las islas de Mallorca, Menorca e Ibiza.

El turismo en Costa Rica es ahora un factor económico aun más significativo que la producción del banano. Los turistas norteamericanos y europeos visitan este país centroamericano para conocer sus selvas y para hacer el descenso de rápidos en piragua (*whitewater rafting*).

El negocio turístico de Guatemala se enfoca bastante en Tikal, las ruinas mayas. También son populares los tejidos (*woven goods*) guatemaltecos. La industria del turismo ha ayudado la economía débil de Guatemala.

Las islas caribeñas atraen a turistas de todas partes. En Puerto Rico, el turismo siempre ha sido un elemento importante de la economía de la llamada «isla del encanto». Es muy popular para los norteamericanos, porque hay muy pocas complicaciones para visitar el país. No hace falta pasaporte o visa para entrar en Puerto Rico.

Aun Cuba hace una campaña para atraer a los turistas a sus playas. Castro inició la construcción de varios hoteles de cinco estrellas para importar más dólares.

Navega el Internet Escoge un destino turístico (playa, montaña, ciudad, bosque, etcétera), y una actividad para visitar en el Internet. Apunta información sobre el lugar, las actividades, el clima, los precios, etcétera. Luego prepara un breve informe para presentarle a la clase. Si puedes, usa las imágenes del Internet para mostrarles el lugar que encontraste.

Actividad A. De vacaciones

Paso 1. Para cada lugar a continuación, haz una lista de actividades y de países en los que crees que puedas encontrar estos lugares. (La última columna es para el **Paso 3**.)

DESTINOS	ACTIVIDADES	PAIS	ESTUDIANTE
la playa	_____	_____	_____
el río	_____	_____	_____
el lago	_____	_____	_____
las montañas	_____	_____	_____
el bosque templado	_____	_____	_____
el bosque lluvioso	_____	_____	_____
la selva tropical	_____	_____	_____

Paso 2. Ahora, habla con dos compañeros/as sobre las listas que hicieron en el **Paso 1**. ¿Apuntaron las mismas actividades y los mismos países? Comenten qué lugares y actividades son sus preferidos y por qué.

Paso 3. Habla con los otros estudiantes de la clase para saber quién ha hecho un viaje a cada lugar del **Paso 1**.

Actividad B. Mi viaje favorito

Paso 1. Habla con dos compañeros/as de los viajes favoritos que has hecho. Usa las siguientes ideas para guiar tu conversación. Haz preguntas complementarias y elabora tus respuestas para dar más detalles.

MODELO: E1: ¿Cuál fue tu viaje favorito?

E2: Fue mi viaje a las montañas. Fui con mi familia a Colorado para esquiar...

IDEAS PARA CONSIDERAR
- ¿qué país/estado?
- ¿qué tipo de lugar?
- ¿con quién?
- ¿qué transporte?
- ¿qué actividades?
- ¿cuántos días?

Paso 2. Hazle preguntas a tu profesor(a) sobre su viaje favorito. ¿Es su viaje semejante a los viajes tuyos y de tus compañeros/as?

Actividad C. **Un plan de viaje**

Paso 1. Escoge una actividad que te guste, por ejemplo, caminar, windsurf, acampar, esquiar, etcétera. Luego, busca en el Internet varios destinos de vacaciones en el mundo hispánico donde puedes hacer esa actividad. Organiza información sobre varios lugares y planes de viaje. Incluye y contrasta los costos del viaje.

Paso 2. Preséntales tus planes de viaje a dos o tres compañeros/as y contéstales sus preguntas. Tus compañeros/as deben escoger uno de tus planes y explicar por qué (es más económico/divertido/ etcétera).

Actividad D. **Mi último viaje.** Antes de ir a clase, prepara una narración sobre el último viaje que hiciste. Incluye la siguiente información y escribe por lo menos cuarenta palabras para leer o presentarle en forma oral a la clase.

IDEAS PARA CONSIDERAR

- ¿cuándo?
- ¿con quién?
- ¿adónde?
- ¿cómo? (el transporte)
- ¿por cuántos días?
- ¿qué acomodaciones?
- ¿qué actividades?
- ¿qué comida?

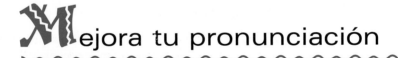

Mejora tu pronunciación

Assimilation of /n/

EXPLICACION: Assimilation of /n/

Assimilation refers to a phonological phenomenon by which the pronunciation of a given sound is influenced by features of a neighboring sound. That is, a sound may change slightly to assimilate or adapt to surrounding sounds. When regressive assimilation occurs, the second sound in a sequence influences the pronunciation of the first. A clear example of this in Spanish—and one that you should be aware of in order to improve your pronunciation—is the assimilation of /n/ to sounds that follow it. Following are two contexts in which this phenomenon occurs.

1. When followed by /m/, /b/, or /p/ (all of which are bilabial sounds, since they are pronounced with both lips in contact), the /n/ is pronounced like an [m], thus also becoming bilabial.
2. When followed by /f/ (a labiodental sound pronounced by touching the bottom lip the upper teeth), the /n/ also takes on labiodental characteristics.

Práctica

A. Listen to and repeat the following words. Note the assimilation of the /n/ to [m].

1. un poquito	**7.** un burro	**13.** un bobo
2. un payaso	**8.** un muchacho	**14.** un barrio
3. tan poco	**9.** con burros	**15.** con bananas
4. con pisos	**10.** con pesos	**16.** con muchos
5. sin prisa	**11.** sin barba	**17.** sin pesos
6. son malos	**12.** son bajitos	**18.** son bebés

B. Listen to and repeat the following words. Note the assimilation of /n/.

1. enfermo	**5.** en Francia
2. en Finlandia	**6.** enfrentar
3. confiar	**7.** con furor
4. énfasis	**8.** con frecuencia

Nota cultural • *Háblame en cristiano*

Cuando alguien no te habla claramente en español, puedes decirle: «Pues no te entiendo. Háblame en cristiano.»
Esta expresión tiene su origen en la Reconquista, pero todavía se usa hoy en el mundo hispánico.

La España cristiana se componía de varios reinos donde se hablaban variantes del latín. Para los españoles, el árabe era una lengua pagana, un barboteo (*babbling*). Durante la Reconquista, la guerra religiosa contra los musulmanes dio paso al concepto de la unidad nacional, religiosa y lingüística. Esta unidad llegó a su máxima expresión durante el reinado de Fernando e Isabel, los Reyes Católicos (1474-1516). Así, a través de los siglos, aunque en broma, sobrevive este modismo que equipara (*compares*) al español con la fe cristiana.

Estructuras comunicativas

8.1 Tarde o temprano volverás. The future tense

The future can be expressed in several ways in Spanish: with the present tense, with the construction **ir + a +** infinitive, and with the future tense.

Mañana, **tenemos** un examen.	*Tomorrow, we'll have an exam.*
Vamos a estudiar en la biblioteca a las seis.	*We're going to study in the library at six.*
Te **veré** entonces a las seis.	*I'll see you then at six.*

ESTRATEGIA COMUNICATIVA • Adverbios útiles

Varios adverbios y expresiones adverbiales se usan con el futuro.

esta noche	*tonight*
mañana (por la mañana)	*tomorrow (morning)*
pasado mañana	*day after tomorrow*
este fin de semana	*this weekend*
la semana que viene/entra la próxima semana }	*next week*
el año que viene/entra el próximo año }	*next year*
Esta noche comeremos en el hotel.	*Tonight we'll eat at the hotel.*
El año que viene viajaré a Suramérica.	*Next year I'll travel to South America.*

Estructura 1: Los verbos regulares del futuro

The future tense in Spanish is formed with the same set of endings for the **-ar**, **-er**, and **-ir** verbs. These endings are attached to the infinitive of the verb (do not drop the infinitive ending).

		HABLAR		COMER		VIVIR	
-é	-emos	hablaré	hablar**emos**	comeré	comer**emos**	viviré	vivir**emos**
-ás	-éis	hablarás	hablar**éis**	comerás	comer**éis**	vivirás	vivir**éis**
-á	-rán	hablará	hablar**án**	comerá	comer**án**	vivirá	vivir**án**

Esta noche, **comeremos** con la familia Sánchez.	*Tonight, we'll eat with the Sánchez family.*
Tarde o temprano **volverás**.	*Sooner or later you'll return.*
El año que viene, mis padres **irán** a Costa Rica de vacaciones.	*Next year, my parents will go to Costa Rica on vacation.*

Estructura 2: Los verbos irregulares del futuro

There are a few verbs that are irregular in the future. Some common ones are presented here.

DECIR		HABER*		HACER	
diré	diremos	habré	habremos	haré	haremos
dirás	diréis	habrás	habréis	harás	haréis
dirá	dirán	habrá	habrán	hará	harán
PODER		**QUERER**		**SABER**	
podré	podremos	querré	querremos	sabré	sabremos
podrás	podréis	querrás	querréis	sabrás	sabréis
podrá	podrán	querrá	querrán	sabrá	sabrán

Mañana **querrán** ver las cuevas.	*Tomorrow they will want to see the caves.*
¿Qué **harás** en Puerto Vallarta?	*What will you do in Puerto Vallarta.*
Habrá muchas personas en las playas.	*There will be a lot of people at the beaches.*

In the following verbs, the vowel of the infinitive ending becomes **d** (**e**→ **d, i** → **d**).

PONER		SALIR		TENER		VENIR	
pondré	pondremos	saldré	saldremos	tendré	tendremos	vendré	vendremos
pondrás	pondréis	saldrás	saldréis	tendrás	tendréis	vendrás	vendréis
pondrá	pondrán	saldrá	saldrán	tendrá	tendrán	vendrá	vendrán

---

*To express *there will be,* the third-person singular form, **habrá,** is used. This and the other forms of **haber** are used in the future perfect (8.2).

Juana **vendrá** unos días después.	*Juana will come a few days later.*
¿Cuántas horas **tendremos** que esperar en el aeropuerto?	*How many hours will we have to wait at the airport?*
Pondré tus maletas en el carro en seguida.	*I'll put your suitcases in the car in a minute.*
Saldremos el martes, si Dios quiere.	*We'll leave on Tuesday, God willing.*

Actividad A. Esta noche

Paso 1. Entrevista a dos compañeros/as de clase para saber qué harán esta noche. Usa las siguientes ideas como guía general. Haz preguntas complementarias y elabora tus respuestas a las preguntas de tus compañeros/as para dar más detalles.

MODELO: E1: ¿Qué estudiarás esta noche?
E2: Estudiaré biología porque hay examen mañana.

IDEAS PARA CONSIDERAR
- los amigos
- la tarea
- la tele
- la tienda
- acostarse
- cenar
- estudiar
- salir

Paso 2. Hazle preguntas a tu profesor(a) para saber qué hará esta noche también. Compara sus planes con los de tus compañeros/as.

Actividad B. Después de graduarme...

Antes de ir a clase, prepara una narración sobre tus planes después de la graduación. Usa las siguientes ideas para organizar tu narración. Escribe por lo menos cuarenta palabras para leer o presentarle en forma oral a la clase.

MODELO: Después de graduarme, buscaré un puesto de...

IDEAS PARA CONSIDERAR
- el trabajo
- el lugar (ciudad, estado, país)
- familia (matrimonio, hijos, etcétera)
- viajes/vacaciones

8.2 ¿Quién habrá llamado? The future perfect and probability with the future

Estructura 1: El perfecto del futuro

The future forms of **haber** with the past participle make up the future perfect tense. The future perfect is used occasionally in English or Spanish to express what will have happened by a certain point in the future.

habré hablado	**habremos** viajado
habrás dicho	**habréis** comido
habrá ido	**habrán** vuelto

En tres años, me **habré graduado** en la universidad.
Para el año 2030, **habrán hecho** varios viajes a los planetas.
Habremos vuelto de vacaciones para el domingo por la noche.

In three years, I will have graduated from the university.
By 2030, they will have made several trips to the planets.
We will have returned from vacation by Sunday night.

Estructura 2: La probabilidad

The future tense and the future perfect can be used to express probability or *I wonder...* in Spanish. The future tense expresses probability in the present. The future perfect expresses probability about actions that have already taken place. Note that *I wonder* is expressed in Spanish as a question.

—¿Qué hora **será**?
—**Serán** las dos.

I wonder what time it is.
It is probably two o'clock.

—¿Cuántos años **tendrá** él?
—El **tendrá** cuarenta años.

I wonder how old he is.
He is probably forty.

—¿Adónde **habrán ido** de vacaciones?
—**Habrán viajado** a la costa.

I wonder where they went on vacation.
They probably traveled to the coast.

—¿Quién **habrá escrito** esto?
—Lo **habrá escrito** el profesor.

I wonder who wrote this.
The professor probably wrote it.

Actividad A. 2020

Paso 1. ¿Cómo será el año 2020? Describan qué habrán hecho Uds. para ese año, qué habrá cambiado política y tecnológicamente, etcétera.

MODELO: E1: Para el año 2020, yo me habré graduado y habré encontrado un buen trabajo.

E2: Yo también me habré casado. NASA habrá establecido una colonia en...

Paso 2. Pregúntale a tu profesor(a) qué habrá hecho para el año 2020.

Actividad B. Anoche

Paso 1. Trata de imaginar qué hicieron tres o cuatro compañeros/as de clase anoche. Apunta lo que crees que hicieron, comieron, a qué hora se durmieron, etcétera.

Paso 2. Preséntale tus ideas sobre una de las personas a la clase. Usa el perfecto del futuro. La clase responde si está de acuerdo o no. Luego, la persona que describes dice si tienes razón.

MODELO: Ann habrá cenado en casa con su esposo. Habrán comido sopa y ensalada. Ann habrá visto un poco de televisión y se habrá dormido a las diez.

Actividad C. Un futuro famoso

Paso 1. Antes de ir a clase, prepara una narración sobre un futuro probable de una persona famosa que te interese. Escribe por lo menos cuarenta palabras sin nombrar la persona.

> MODELO: En dos o tres años, probablemente será multimillonaria. Hará otras canciones para Disney, pero tendrá mucho éxito en la música pop y la música latina. Tendrá un novio muy famoso...

Paso 2. Ahora, lee o preséntale en forma oral a la clase tu narración. Después de escuchar, la clase tratará de adivinar quién es.

> MODELO: CLASE: Será Christina Aguilera.
> E1: ¡Sí!

8.3 No lo sabe nadie. Indefinite and negative words

There are indefinite and negative words for several parts of speech. For each indefinite word, there is a corresponding (contrasting) negative word.

algo	*something*	**nada**	*nothing*
alguien	*someone, somebody*	**nadie**	*no one, nobody*
siempre	*always*	**nunca, jamás**	*never, never ever*
también	*also*	**tampoco**	*neither*
alguno/a(s)	*any (some)*	**ninguno/a**	*none*
(o)...o...	*either . . . or . . .*	**(ni)... ni...**	*neither . . . nor . . .*

The indefinite and negative words are often used in contrast.

—¿**Alguien** necesita este asiento?	*Does someone need this seat?*
—No, **nadie** lo necesita.	*No, no one needs it.*
¡**Nunca** llegas a tiempo! ¡**Siempre** llegas tarde!	*You never arrive on time! You always arrive late!*
—¿Viste a **algunos** de los pasajeros en la sala de espera?	*Did you see any of the passengers in the waiting room?*
—No, **no** vi a **ninguno** (de los pasajeros).	*No, I didn't see any (of the passengers).*

Unlike English, the indefinite words are not used in negative sentences in Spanish. Remember to use only negative words in negative sentences in Spanish. If there is a **no** in the sentence, the **no** will precede the verb, and other negative words can follow it. If there is no **no**, the first negative word must precede the verb.

—**Nadie** me dijo **nada**.	*No one told me anything.*
—**No** me dijeron **nada** a mí **tampoco**.	*They didn't tell me anything either.*

Actividad A. ¿Quién es?/¿Qué es? Escoge a una persona famosa o una cosa. Descríbela en términos generales. Los otros (Las otras) estudiantes tratarán de adivinar quién o qué es.

MODELOS: E1: Es alguien que canta en inglés y en español.
E2: ¿Es de alguna isla del Caribe?
E1: Sí, es de Puerto Rico.
E2: Es Marc Anthony.

Actividad B. Un viaje

Paso 1. Entrevista a dos compañeros/as de clase para saber algo de alguna excursión (*tour, short trip*) que hicieron. Usa las siguientes preguntas como guía general y hazles preguntas complementarias. Cuando contestes las preguntas de tus compañeros/as, elabora tus respuestas para dar más detalles.

1. ¿Fuiste con alguien de tu familia?
2. ¿Fuiste a algún lugar popular?
3. ¿Viste a alguien interesante durante la excursión? ¿Conociste a alguien fascinante?
4. ¿Hiciste algo divertido?
5. ¿Comiste algo por primera vez?
6. ¿Volverás allí algún día?

Paso 2. Comparte con la clase algunas cosas interesantes que aprendiste de tus compañeros/as y compara las excursiones de tus compañeros/as con las de otros/as estudiantes de la clase.

Actividad C. Nadie sabe...

Paso 1. Haz una lista de cinco cosas que crees que nadie en la clase sabe hacer. Luego, entrevista a dos o tres estudiantes de la clase para ver si saben hacer las cosas de tu lista. Apunta sus respuestas.

MODELO: E1: ¿Sabes esquiar en la nieve?
E2: No, no sé esquiar en la nieve.

Paso 2. Preséntale a la clase los resultados de tu encuesta.

Actividad D. ¡Nunca! Antes de ir a clase, prepara una narración de un(a) joven que está enojado/a con sus padres porque nunca le permiten hacer lo que quiere durante las vacaciones. Trata de imaginar las cosas que querrá hacer y escribe la narración en forma de diario personal. Escribe por lo menos cuarenta palabras para leer o presentarle en forma oral a la clase.

MODELO: ¡No me gustan nada estas vacaciones! Mis padres no me dejan hacer nada. ¡Y no hay nadie aquí de mi edad!...

8.4 Te diría que sí pero no puedo. The conditional tense

The conditional tense is formed by adding endings to the infinitive. Like future endings, conditional endings are always the same.

		HABLAR		COMER		VIVIR	
-ía	-íamos	hablaría	hablaríamos	comería	comeríamos	viviría	viviríamos
-ías	-íais	hablarías	hablaríais	comerías	comeríais	vivirías	viviríais
-ía	-ían	hablaría	hablarían	comería	comerían	viviría	vivirían

The conditional has the same irregular verbs as the future.

DECIR		HABER		HACER	
diría	diríamos	habría	habríamos	haría	haríamos
dirías	diríais	habrías	habríais	harías	haríais
diría	dirían	habría	habrían	haría	harían

PODER		QUERER		SABER	
podría	podríamos	querría	querríamos	sabría	sabríamos
podrías	podríais	querrías	querríais	sabrías	sabríais
podría	podrían	querría	querrían	sabría	sabrían

PONER		SALIR		TENER		VENIR	
pondría	pondríamos	saldría	saldríamos	tendría	tendríamos	vendría	vendríamos
pondrías	pondríais	saldrías	saldríais	tendrías	tendríais	vendrías	vendríais
pondría	pondrían	saldría	saldrían	tendría	tendrían	vendría	vendrían

The conditional tense describes an action that is/was supposed to take place after another point in the past (a future point from a past point).

Mis padres prometieron que me **darían** el dinero para el viaje.	*My parents promised that they would give me the money for the trip.*
Yo sabía que él **vendría**.	*I knew that he would come.*

The conditional is also used in hypothetical and polite expressions.

—¿**Viajarías** a la selva?	*Would you travel to the jungle?*
—Sí, lo **haría**.	*Yes, I would do it.*

The conditional, like future, expresses probability. With the conditional, the probability refers to the past.

—¿Qué hora **sería**?	*I wonder what time it was.*
—**Serían** las dos.	*It was probably two o'clock.*

LENGUA

La probabilidad en el pasado

Las alternativas para la probabilidad con el condicional y con el futuro son semejantes.

deber de (en el imperfecto)

El **debía de** tener unos treinta años.	*He was probably about thirty years old.*
El viaje **debía de** costar menos el año pasado.	*The trip probably cost less last year.*

probablemente

Probablemente eran las dos.	*It was probably two o'clock.*
Probablemente cancelaron el vuelo.	*They probably cancelled the flight.*

preguntarse

Los estudiantes **se preguntaban** si el profesor vendría o no.	*The students wondered whether or not the professor was coming.*

Actividad A. ¿Qué harías? ¿Qué harías en las situaciones o con las oportunidades a continuación?

> MODELO: Ganas cien mil dólares. →
> ¡Compraría un carro nuevo!

SITUACIONES Y OPORTUNIDADES
- Ganas cien mil dólares.
- Tienes mucho tiempo libre.
- Hablas con el presidente / con Sadam Hussein. ¿con ... ?
- Pierdes todo el dinero y tu casa.
- Te mudas muy lejos de toda tu familia.

Actividad B. ¡Nunca!

Paso 1. Haz una lista de cinco cosas absurdas que nunca harías y dos o tres cosas normales.

> MODELO: comer treinta huevos
> comprar una casa en la luna
> viajar a Miami

Paso 2. Ahora, dile a tu compañero/a que haga cada una de las cosas de tu lista. Tu compañero/a debe responder si lo haría o no.

> MODELO: E1: Come treinta huevos.
> E2: Yo nunca comería treinta huevos.
> E1: Viaja a Miami.
> E2: Yo viajaría a Miami este verano.

Actividad C. ¡Estarías triste!

Paso 1. Haz una lista de varios momentos o eventos importantes, difíciles y/o inesperados (*unexpected*) que te han pasado a ti o a una persona que conoces.

> MODELO: Viajé a Centroamérica con mi clase de la escuela secundaria...

Paso 2. Ahora, habla con dos compañeros/as de los momentos y eventos que Uds. describieron en el **Paso 1**. Reaccionen a cada uno con un comentario sobre cómo su compañero/a se sentiría (*probably felt*) o qué habrá hecho (*probably did*) en ese momento y durante ese evento.

> MODELO: E1: Viajé a Centroamérica con mi clase de la escuela secundaria.
> E2: Te divertirías mucho.

¡De viva voz!

Actividad A. El transporte

Paso 1. Haz una lista de diferentes modos de transporte. Para cada uno, apunta las ventajas y desventajas.

Paso 2. Ahora, habla con dos compañeros/as de clase de las ventajas y desventajas de viajar por avión, por tren, por autobús, etcétera. Nombren algunos lugares que les gustaría visitar y decidan qué modo de transporte sería mejor para ese viaje.

Actividad B. Mis vacaciones ideales.
Trabaja con dos compañeros/as para escoger y describir unas vacaciones que les gustaría tomar. Traten de representar cada actividad dramáticamente.

MODELO: Me gustaría ir a Puerto Rico. Tomaría un avión a San Juan, la capital. Me quedaría en un hotel en la playa. Nadaría en el mar Caribe. Visitaría El Yunque, un Parque Nacional...

Actividad C. El turismo en el mundo hispánico.
Trabaja con tres o cuatro estudiantes para comentar las siguientes observaciones. Estas declaraciones son generales y algo controvertidas. Indiquen si están de acuerdo o no. Hagan una lista para comparar las ventajas y desventajas. Apunten también quién apoya o rechaza cada idea y por qué.

En el mundo hispánico...

1. El turismo es bueno para la economía local y nacional.
2. Muchos países dependen del turismo.
3. Los recuerdos, las tarjetas postales, etcétera, reflejan la verdadera cultura de un país.
4. Las zonas turísticas reflejan la verdadera cultura de un país.
5. En una ciudad turística, el turista puede conocer bien la comida y la cultura del país.

Actividad D. Las vacaciones ideales.
Antes de ir a clase, prepara una narración sobre las vacaciones ideales para ti. Explica qué te gustaría y qué no te gustaría, y luego explica cómo serán. Escribe por lo menos cincuenta palabras para leer o presentarle en forma oral a la clase.

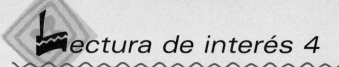

Lectura de interés 4

Sobre la lectura

Este artículo, escrito por Celeste Rodas de Juárez, se publicó en una revista que se distribuye en los vuelos de las aerolíneas hispanoamericanas para la diversión de sus pasajeros. El artículo se dirige a los interesados en el desarrollo de la tecnología y en el Internet.

Antes de leer

Actividad A. Adivina el tema. El título del artículo es «Internet y América Latina». Indica los temas e ideas que crees que el artículo incluye, según el título. Luego, compara tus respuestas con las de otro/a estudiante.

❑ **1.** el estado de la tecnología en la América Latina
❑ **2.** el Internet en general
❑ **3.** los diferentes servicios disponibles en el Internet
❑ **4.** estadísticas sobre el uso de las computadoras en la América Latina
❑ **5.** el testimonio de una persona que navega el Internet
❑ **6.** el efecto económico del Internet en la América Latina
❑ **7.** el impacto cultural del Internet
❑ **8.** los problemas con la expansión del Internet en la América Latina

Actividad B. Vocabulario útil. Empareja cada una de las siguientes palabras de la lectura con la definición correspondiente. Compara tus respuestas con las de otra persona.

_____	**1.** la cifra	**a.**	cabalmente, perfectamente
_____	**2.** fidedigna	**b.**	desde luego, claro
_____	**3.** superar	**c.**	retos, dificultades
_____	**4.** asegurar	**d.**	proveer, dar
_____	**5.** involucrarse	**e.**	afirmar
_____	**6.** empresas	**f.**	maneras
_____	**7.** concuerda	**g.**	el número
_____	**8.** vías	**h.**	vencer
_____	**9.** desafíos	**i.**	participar activamente
_____	**10.** proporcionar	**j.**	compañías
_____	**11.** por supuesto	**k.**	está de acuerdo
_____	**12.** a cabalidad	**l.**	verdadera, cierta

Internet y América Latina

¿Sabía Ud. que Microsoft Estados Unidos maneja cada día un millón y medio de mensajes? De éstos, más de la mitad ingresan[a] directamente a través de Internet. Lo que es más interesante todavía: unos 40 millones de usuarios[b] están conectados a Internet en todo el mundo y se espera
5 que para el año 2000 la cifra ascenderá a 200 millones. Como ya habrá notado, la revolución causada por este sistema de comunicaciones ha cambiado la forma de hacer negocios en el mundo, pero ¿se ha preguntado si América Latina está preparada para el cambio?

Según Mauricio Santillán, director regional de *Microsoft Latin Amer-*
10 *ica,* el fenómeno está estimulando a un número cada vez mayor de latinos a involucrarse en este proceso: «Es un paradigma que nunca se había visto: utilizar información fidedigna instantáneamente. Por eso la competividad está impulsando a que más empresas pidan esa información en tiempo virtual».

15 Aun las empresas más pequeñas se sienten atraídas por el poder que ejerce en el comercio: a través de Internet cada día podrían llegar a más clientes, tener acceso a más información o vender más productos que nunca antes.

Pero para tener acceso a Internet no bastan las buenas intenciones
20 y deseos de expansión de grandes y pequeños negocios: se necesita invertir tiempo y dinero, recursos humanos y electrónicos. Es aquí en donde la gran mayoría de negocios latinos está encontrando los primeros obstáculos.

Principales obstáculos

25 «Si bien[c] es cierto que las empresas se están dando cuenta de las ventajas que tienen a través del Internet en cuanto a las facilidades de distribución y de llegar al mercado, también es cierto que en América Latina todavía hay algunos obstáculos que superar», declaró Fernando de la Rasilla Siri, representante del Software del Plata, durante una con-
30 vención de Microsoft para América Latina, realizada en Miami.

Según de la Rasilla, el éxito en Estados Unidos ha sido más rápido porque desde hace mucho tiempo este país ha estado completamente

[a]llegan [b]personas lo que usan [c]Si... *Indeed*

computarizado. «En nuestros países primero tenemos que enfrentar un cambio de cultura. No estamos acostumbrados a que todo el mundo tenga una computadora. Lo que nos falta en América Latina es un cambio de cultura, orientada más sólidamente a la tecnología», dice.

Esta tecnología, dicho sea de paso[d], no es nada barata: «Los precios de las computadoras en América Latina siguen siendo el principal obstáculo para que nuestros países se involucren en Internet», asegura Juan Alduncín, Gerente de Mercado de la revista *PC Latin America*. Según él, a pesar de que Brasil, Chile, Argentina y México están penetrando muy bien este campo, las empresas pequeñas y los países más pobres se enfrentan a serios obstáculos, entre ellos, las pocas facilidades de financiamiento y la escasez o mal funcionamiento de líneas telefónicas.

Nelson Peñalver, Gerente de Operaciones para América Latina de Softbank, empresa que tiene más de diez compañías en Internet y fuertes inversiones[e] en Yahoo, no sólo concuerda con la opinión de Alduncín, sino que también cree que por los próximos años, el éxito de Internet será a nivel interno: «Los países con mayores recursos económicos podrán tener sus propias redes[f] locales, mientras que los más pequeños se verán en la necesidad de abocarse[g] a ellos».

Peñalver opina que habría dos vías para acelerar una expansión internacional de Internet: «Una sería vender accesorios para la televisión, así la mayoría de personas tendrían acceso tan fácilmente como cambiar de canal. La otra manera sería que más empresas ofrecieran estaciones de Internet muy económicas. Acer está lanzando[h] unas por menos de $500.000 y vamos a ver qué impacto tiene esto en el mercado».

¿Cuánta seguridad ofrece?

Según Karl Nagel, consultor de tecnología radicado en California, Internet enfrenta grandes desafíos no sólo en América Latina, sino también en Estados Unidos: «Pocos negocios han comprendido a cabalidad cómo funciona, y también algunos desconfían que la información que se maneja a través de ella se mantenga completamente confidencial».

Ese es precisamente uno de los principales problemas que están teniendo las tarjetas de crédito para poder actualizar sus sistemas de autorización y transferirlos a Internet. «Las principales compañías de tarjetas de crédito estamos trabajando en conjunto[i] para encontrar claves de seguridad[j] que nos permitan ofrecerles a nuestros clientes un servicio confidencial libre de riesgos[k]. Esto, sin embargo, no se ve como una realidad por lo menos hasta dentro de un año», afirmó un alto ejecutivo.

---

[d]dicho... *it should be noted* [e]*investments* [f]*networks* [g]*tie in, link* [h]ofreciendo [i]en... juntos [j]claves... *security codes* [k]*risks*

El manejo de transacciones financieras y datos confidenciales sigue siendo un gran reto porque las empresas no se pueden exponer a un acto de piratería en la red. Mientras este riesgo no quede completamente aclarado en Estados Unidos y en el mundo, Internet no será un arma de confianza para que ejecutivos y empresas realicen negociaciones.

Sus ventajas

Independientemente de los retos, Internet se perfila[l] como uno de los bastiones de las comunicaciones. Importantes empresas han fundado gran parte de su potencial en este fenómeno. Fernando Romo, de Acer Computers para América Latina, asegura que su empresa ha extendido su potencial de mercado gracias a Internet. Entre los beneficios que le ha proporcionado están: correo electrónico a nivel mundial, mejor servicio a clientes, delineamiento de mercado, nuevos productos y servicios.

Acer actualmente cuenta con plantas de asemblaje en México, Chile, Argentina, Brasil y Miami, y considera que con el apogeo[m] de Internet, su producción seguirá aumentando significativamente.

«Internet traerá nuevas formas de vender a nuestro continente», dice Alduncín, de *PC Latin America*, «las compañías tendrán una manera más rápida y efectiva de anunciarse, mientras abordan de una manera más personal y directa a sus clientes».

Todo puede ofertarse y comprarse a través de la red, desde un automóvil, hasta el juguete predilecto de sus hijos. Se ofrecen bienes y servicios de una manera sencilla y, a la vez, llamativa:[n] el cliente puede recibir un tour por los distintos tipos de suites que ofrece un hotel o mantenerse en contacto con su institución financiera. Hace unos años el sistema de cajeros automáticos revolucionó al mundo bancario, hoy el sistema de banca en línea promete crear una revolución mayor.

Cambios como estos hacen que incluso países más pequeños estén interesados en explorar los beneficios y vencer los obstáculos que puedan tener para involucrarse en la más alta tecnología. De allí el éxito de la última Reunión de Microsoft para América Latina, en la que hasta los países más pequeños mostraron interés en las conferencias sobre Internet. «En la Dirección General de Rentas Internas de Guatemala ya estamos involucrados en Internet. Queremos mantenernos al día en el mundo de la computación», declaró entonces Manuel Haroldo Barahona, subjefe del Departamento de Informática de esa institución.

Es que debido a su prometedor poder de alcance[o], Internet se ha constituido en la puerta para hacer negocios en el siglo XXI. Esta será la primera vía de acceso al mundo. Sólo las empresas que comprendan la

[l]se... *stands out* [m]*height, growth, expansion* [n]*showy, noticeable* [o]*reach, influence*

110 importancia de este nuevo sistema y se arriesguen a superar sus grandes desafíos, se mantendrán al paso del progreso. La regla[p] se aplica a América Latina y, por supuesto, al mundo.

[p]*rule*

*D*espués de leer

Actividad A. Preguntas de comprensión. Contesta las siguientes preguntas sobre la lectura.

1. ¿Cuántos mensajes maneja diariamente Microsoft Estados Unidos?
2. ¿Cómo crecerá el número de usuarios?
3. ¿Qué cambios implica el Internet?
4. ¿Cuáles son los efectos positivos de estos cambios?
5. ¿Cuáles son los obstáculos para los negocios latinos?
6. ¿Qué países avanzarán con el Internet? ¿Por qué?
7. ¿Cuáles son las dos maneras de promover la expansión internacional del Internet?
8. ¿Cuáles son los desafíos que enfrenta el Internet?
9. ¿Cuáles son las principales ventajas?
10. ¿Cómo se puede resumir su impacto económico?

Actividad B. Discusión general. Comenta con tus compañeros/as las siguientes preguntas, y contéstalas.

1. ¿Cuánto usas el Internet? ¿Para qué lo usas?
2. ¿Cómo ha cambiado el Internet la vida estudiantil de tu universidad?
3. ¿Tienes una computadora personal? ¿Qué marca es?
4. ¿Cuál ha sido el impacto del Internet en los Estados Unidos?
5. ¿Cuáles son sus ventajas? ¿Y sus desventajas?
6. ¿Qué sitios visitas con más frecuencia?
7. ¿Cómo usas el Internet en tus estudios?
8. En tu opinión, ¿cómo es el futuro del Internet? ¿Qué problemas potenciales presentará?

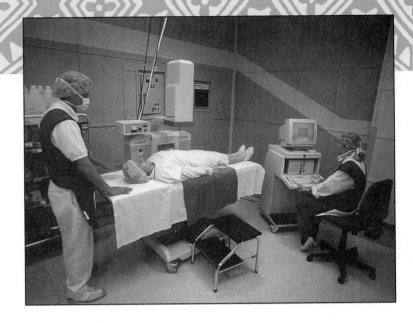

Muchas industrias de los
países hispanohablantes
dependen de avances
tecnológicos.

Los negocios y la tecnología

Metas

En este capítulo vas a...
- hablar de los negocios y el trabajo
- hablar de la tecnología
- dar y responder a mandatos
- repasar y practicar
    - ✔ los mandatos formales e informales (9.1, 9.2)
    - ✔ los mandatos de nosotros (9.3)
    - ✔ los mandatos con pronombres (9.4)

Vocabulario vivo: Los negocios y la tecnología

En el banco

ahorrar to save
cobrar intereses to charge interest
devengar interés to earn interest
pedir prestado to borrow
prestar to loan
sacar, retirar to withdraw

el/la banquero/a banker
la cuenta de ahorros savings account
la cuenta corriente checking account
el préstamo loan
Palabras semejantes: el cheque, el/la cliente/a, depositar

En la oficina

escribir a computadora* to key-in; to type (on a computer)
escribir a máquina to type (on a typewriter)
el archivo file
el ascenso promotion
la copiadora photocopier
el correo electrónico** e-mail
el disco compacto CD
el escáner scanner
el sueldo/el salario salary
Palabras semejantes: el fax, el/la programador(a), programar, el/la recepcionista, el/la secretario/a

En la tienda

vender con ganancia to sell with a profit
el anuncio comercial ad
la compra purchase
el/la dueño/a the owner
la ganga bargain
el/la gerente manager
el/la jefe/a the boss
el recibo receipt
el/la vendedor (a) sales clerk
en venta on sale

Los oficios y el trabajo

el/la carnicero/a	butcher	**cortar**	to cut	**el cuchillo**	knife
el/la carpintero/a	carpenter	**construir (y)**	to build	**la madera**	wood
el/la cocinero/a	chef	**cocinar**	to cook		
el/la comerciante***	businessman/ woman	**vender productos**	to sell products		
el/la obrero/a	worker, laborer	**trabajar**	to work		
el/la panadero/a	baker	**cocer (ue)(z) al horno**	to bake		
el/la pescador(a)	fisherman	**pescar**	to fish		
el/la plomero/a	plumber			**las cañerías**	plumbing, pipes
el/la sastre/a****	tailor	**coser**	to sew		

Palabras semejantes: el/la chofer, el mecánico,***** el motor, reparar
Repaso: conducir (zc), manejar, el pescado

---

*In Spain, the word **el ordenador** is used for computer.
In Spain, **emilio is a popular word for *e-mail*.
***Another expression for *businessman* and *businesswoman* is **el hombre (la mujer) de negocios**.
******La costurera** can be used for *seamstress*. **El costurero,** however, means *sewing box*.
*****A female mechanic is referred to as **la mujer mecánico**.

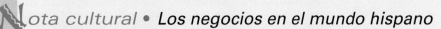

Nota cultural • Los negocios en el mundo hispano

En el mundo hispánico los negocios son muy semejantes a los que tenemos en los Estados Unidos y en el Canadá. Sobre todo en las ciudades grandes se encuentran bancos impresionantes, supermercados, fábricas, almacenes, restaurantes, plazas y altos edificios de oficinas. Junto con estos negocios grandes se encuentran negocios pequeños y más humildes. Los hombres y las mujeres de ciertas profesiones se establecen en su casa, en una pequeña tienda o en la calle. Los más pobres a veces tienen el «negocio» de vender recuerdos a los turistas. En muchos casos, estos comerciantes son niños o niñas que venden recuerdos, comida o chicles en las calles.

A. Los negocios Contesta las siguientes preguntas y discute tus repuestas con la clase.

1. ¿Cuáles son algunos de los negocios grandes en los Estados Unidos y en el Canadá? ¿Cómo son? ¿Cómo los anuncian?
2. ¿Cuáles son algunos de los negocios limitados a tu ciudad o región? ¿Cómo son?

 B. S.A. En los países hispánicos, **S.A.** es la abreviatura para **sociedad anónima** y es como escribir *Inc.* en inglés. Busca dos negocios hispánicos en el Internet o en la biblioteca. Busca información sobre el nombre, la ciudad y/o el país, los servicios y/o productos, y los puestos. Una manera de encontrar estos negocios en el Internet es hacer una búsqueda de las letras **S.A.** en sitios en español.

Actividad A. Definiciones

Paso 1. Escoge cinco palabras o expresiones del vocabulario y escribe una definición o descripción en español.

MODELO: el/la programador(a) →
Es una persona que escribe programas para las computadoras.

 Paso 2. Trabaja con tres o cuatro compañeros/as y altérnense para leer sus definiciones para que los/las demás adivinen qué o quién es.

MODELO: E1: Es una persona que escribe programas para las computadoras.
E2: Es un programador.

Actividad B. Un día típico. Trabaja con dos estudiantes para crear y presentarle a la clase una escena en un banco, en una tienda o en una oficina. Pueden representar un intercambio típico entre clientes y empleados o pueden representar un intercambio problemático en el que los clientes y los empleados tratan de resolver un conflicto.

Actividad C. Negocios hispánicos

Paso 1. Preséntale a la clase información sobre uno de los negocios hispánicos que estudiaste para la actividad de la **Nota cultural, B. S.A.** Compara y contrasta el negocio que presentas con otros negocios presentados y con negocios de los Estados Unidos y el Canadá.

Paso 2. Hazle preguntas a tu profesor(a) sobre algunos aspectos de negocios hispánicos que conozca.

IDEAS PARA CONSIDERAR
- las compañías más grandes y fuertes
- las uniones de obreros y de profesionales
- los salarios y los beneficios que se ofrecen a los empleados

Actividad D. Una carrera para mí. Antes de ir a clase, prepara una narración sobre la carrera que quieres seguir. Usa las siguientes ideas para organizar tu narración. Escribe por lo menos cuarenta palabras para leer o presentarle en forma oral a la clase.

IDEAS PARA CONSIDERAR
- los estudios necesarios
- los puestos y las compañías posibles
- el salario
- un día típico en esa profesión

Mejora tu pronunciación

Avoiding the glottal stop

EXPLICACION: Avoiding the Glottal Stop

The glottal stop occurs when the glottis (the area between the vocal chords and the back of the mouth) closes momentarily, stopping airflow. Pronounce the following sentence emphatically (perhaps angrily), one word at a time: "I am an American." Notice that each time you pronounce a new word, the glottis closes and quickly reopens.

In English, the glottal stop is frequent, especially when the speaker attempts to pronounce unfamiliar words with great care. The result in Spanish is a harsh and choppy, even angry pronunciation. Pronounce: **El es un estudiante excelente**. Did you notice any glottal stops as you spoke? Now say it again slowly, but as if it were written like this: **E-le-su-nestudian-teexcelente**.

Práctica. Listen to and repeat each of the following sentences. Try to avoid glottal stops as you repeat.

1. Esteban es un estudiante excelente.
2. Ricardo Montalbán es un buen actor.
3. Evita, ¿es Ud. argentina?
4. Miguel y Carmen están en casa hoy.
5. Me gusta charlar en español con mis amigos hispanos.
6. Tienes que saber que tu japonés es excepcional.
7. ¡Ud. sí puede aprender a tocar la guitarra!
8. Uds. deben leer *Don Quijote de la Mancha*.
9. Sor Juana Inés de la Cruz escribió poemas excelentes.
10. Las estrellas salen y brillan en la noche.

Estructuras comunicativas

9.1 Vengan a la reunión. Formal commands

In English, we immediately sense a shift in grammatical mood when the subject is omitted from a sentence; we know we have been given a command (the imperative mood). Examples include: Close the door. Open your book. Empty the trash. So far you have reviewed and practiced the indicative mood. In this chapter you will study the imperative mood.

Estructura 1: Los mandatos formales singulares: *Ud.*

The **Ud.** command (affirmative or negative) is formed by taking the first-person, present tense of the verb and dropping the **-o**. For **-ar** verbs, add -**e**; for **-er** and **-ir** verbs, add -**a**. The pronoun **Ud.** is not necessary, but when included in the command, **Ud.** generally follows the verb.

REGULAR PRESENT TENSE VERBS		
hablar (hablo) → hable	comer (como) → coma	vivir (vivo) → viva

STEM-CHANGING PRESENT TENSE VERBS		
e → ie	**o → ue**	**e → i**
pensar (pienso) → piense	volver (vuelvo) → vuelva	repetir (repito) → repita

IRREGULAR PRESENT TENSE VERBS

-zc-

conocer (conozco) → conozca	traducir (traduzco) → traduzca

-g-

hacer (hago) → haga	oír (oigo) → oiga	poner (pongo) → ponga
salir (salgo) → salga	traer (traigo) → traiga	tener (tengo) → tenga

(keep the ending vowel)
ver (veo) → vea

SPELLING CHANGES IN PRESENT TENSE

-uar → -úe	**-iar → -íe**	**-uir → -ya**
acentuar (acentúo) → acentúe	enfriar (enfrío) → enfríe	incluir (incluyo) → incluya
-cer → -za	**-ger/-gir → -ja**	**-guir → -ga**
convencer (convenzo) → convenza	proteger (protejo) → proteja	seguir (sigo) → siga
-eír → -ía		
reír (río) → ría*	sonreír (sonrío) → sonría*	

Venga a la reunión.	*Come to the meeting.*
Busque otro puesto.	*Find another job.*
No **vuelva** tarde a la oficina.	*Don't return late to the office.*
Siga los consejos del gerente.	*Follow the advice of the manager.*

Some verbs have spelling changes to retain the correct sound of the last letter of the stem. These are the same spelling changes you learned for the preterite tense.

-gar → -gue	-car → -que	-zar → -ce	-guar → -güe
llegar → llegue	tocar → toque	empezar → empiece	averiguar → averigüe

No **llegue** tarde para el trabajo.	*Don't arrive late for work.*
Comience a tiempo.	*Begin on time.*
No **saque** más dinero.	*Don't take out more money.*
Averigüe la hora de la reunión.	*Verify the time of the meeting.*

---

*Reír and **sonreír** are e → i stem-changing verbs that require an accent on the stem: **río, ríes, ríe, reímos, reís, ríen**.

Verbs that do not end in **-o** for the present-tense **yo** form have irregular command forms.

dar (doy) → **dé**	ir (voy) → **vaya**	ser (soy) → **sea**
estar (estoy) → **esté**	saber (sé) → **sepa**	

Dé* una fiesta de despedida mañana.   *Give a going away party tomorrow.*
No **vaya** sin los documentos.   *Don't go without the documents.*
Esté aquí para las cuatro.   *Be here by four o'clock.*
No **sea** tan pésimo. **Sea** feliz.   *Don't be such a pain. Be happy.*

LENGUA

Los mandatos y anuncios comerciales

Los siguientes mandatos son de anuncios comerciales en revistas y en la televisión. ¿Qué significan? ¿Por qué crees que se usan mandatos formales en muchos anuncios?

> **Pida** aquí Diet Pepsi.
> **Llame** en su propio idioma con AT&T.
> **Piense** en su corazón, sus pulmones, su estómago, sus ojos, su laringe, su boca, su imagen y en los que están a su lado. No **fume**.

Estructura 2: Los mandatos formales plurales: *Uds.*

Uds. commands address more than one person and have the same patterns as the **Ud.** commands, with an **-n** to indicate the plural **Uds.**

Lean los artículos.   *Read the articles.*
No **cuenten** con esa compañía.   *Don't count on that company.*
No **escojan** ésos.   *Don't choose those.*
Apaguen sus computadoras.   *Turn off your computers.*
Sepan los verbos regulares.   *Learn the regular verbs.*

---

*__Dé__ carries an accent to distinguish it from the preposition **de.**

Actividad A. Simón dice... Alterna con tus compañeros/as de clase para ser Simón en el juego «Simón dice». Los otros (Las otras) estudiantes deben obedecer tus mandatos cuando dices «Simón dice» antes del mandato. Si no dices «Simón dice», no deben hacer nada.

MODELO: E1: Simón dice: «Abran los libros».
           ESTUDIANTES: (Abren sus libros.)
                             E1: Cierren los libros.
           ESTUDIANTES: (No hacen nada.)

Actividad B. Consejos

Paso 1. Apunta en español tres problemas que tienes. Puedes inventar problemas si quieres.

> MODELO: Nunca termino mi tarea. Mis relaciones con mis profesores son malas...

Paso 2. Alterna con tus compañeros/as para representar una entrevista con un consejero (una consejera) profesional. Cuéntense sus problemas para que el otro (la otra) responda con consejos. Si quieren, pueden buscar opiniones alternativas.

> MODELO: Organice mejor su tiempo. No deje de comunicarse con sus profesores durante el semestre...

Actividad C. ¿Dónde estoy?

Escribe cinco mandatos que se escucharían en un lugar específico (tienda, restaurante, oficina, clase, etcétera). Luego, preséntale los mandatos a la clase para que traten de adivinar dónde estás.

> MODELO: E1: Arregle esas camisas. Atienda a esa clienta. Busque otros zapatos para este señor...
> E2: Estás en una tienda de ropa.

Actividad D. El nuevo jefe (La nueva jefa).

Imagínate que la clase es una oficina de trabajo y que tú eres el nuevo jefe (la nueva jefa). Escribe cinco mandatos para tus nuevos empleados. Dales los mandatos a tus compañeros/as para que ellos/as los representen físicamente.

> MODELO: Pete, organice estos archivos. Nancy y Carl, limpien sus escritorios.

Actividad E. Un anuncio.

Antes de ir a clase, crea un anuncio de radio para un producto o un servicio. Usa mandatos formales en el anuncio. Escribe un anuncio de por lo menos cuarenta palabras y preséntaselo a la clase.

> MODELO: Vengan a Mercotel hoy. ¡Busque su equipo electrónico aquí!...

9.2 Cuenta conmigo. Informal commands

Estructura 1: Los mandatos afirmativos informales singulares: *tú*

In Spanish, **tú** commands are used with anyone you address as **tú**, including pre-teen children, animals, good friends, and persons your age or younger. Most **tú** commands are formed with the third-person singular form.

hablaron

-AR	-ER	-IR
hablar → habla	comer → come	vivir → vive

Cierra la ventana.　　　　　*Close the windows.*
Cuenta el dinero.　　　　　*Count the money.*
Escoge el mejor servicio.　　*Choose the best service.*

The following verbs have irregular **tú** command forms.

decir → di	hacer → haz	ir → ve	poner → pon
Di la verdad.	¡Hazlo por mí!	Ve a tu oficina.	Pon los papeles en la mesa.
salir → sal	ser → sé	tener → ten	venir → ven
Sal ahora.	Sé bueno.	¡Ten piedad de mí!	Ven a la reunión.

Estructura 2: Los mandatos negativos informales singulares: *tú*

The negative **tú** commands require a different form. For the negative **tú** commands, add an **-s** to the **Ud.** singular commands.

-AR	-ER	-IR
hablar → no hables	comer → no comas	vivir → no vivas
jugar → no juegues	volver → no vuelvas	repetir → no repitas
estar → no estés	ser → no seas	ir → no vayas

No repitas esto.　　　　　　*Don't repeat this.*
No vayas sin los papeles.　　*Don't go without the papers.*
No hagas ya más.　　　　　　*Don't do anything else.*

Estructura 3: Los mandatos afirmativos informales plurales: *vosotros/as*

To form the affirmative **vosotros/as** commands, drop the **-r** from the infinitive and add **-d**. There are no irregular forms for this construction.

-AR	-ER	-IR
hablar → hablad	comer → comed	vivir → vivid
jugar → jugad	tener → tened	dormir → dormid
estar → estad	saber → sabed	ir → id

Escribid las cartas en la
  computadora.

Write the letters on the computer.

Almorzad a la una hoy.

Have lunch at one today.

Mandad vuestras quejas al jefe.

Send your complaints to the boss.

Salid para casa a las seis.

Leave for home at six.

Estructura 4: Los mandatos negativos informales plurales: *vosotros/as*

The negative **vosotros/as** commands use a different form. For most verbs, the negative **vosotros/as** command will be similar to the **Ud.** command.* For **-ar**, add an accent to the **-e** and then add **-is**. For **-er** and **-ir**, add an accent to the **-a**, then **-is**. The exceptions are the stem-changing verbs.

-AR → -EIS	-ER → -AIS	-IR → AIS
hablar: hable → no habléis	comer: coma → no comáis	vivir: viva → no viváis
estar: esté → no estéis	conocer: conozca → no conozcáis	decir: diga → no digáis
sacar: saque → no saquéis	tener: tenga → no tengáis	venir: venga → no vengáis
dar: dé → no deis**	ser: sea → no seáis	ir: vaya → no vayáis

For stem-changing verbs, the **vosotros/as** commands vary slightly in form from the **Uds.** commands. For **-ar** and **-er** stem-changing verbs that do not have an irregular **yo** form, the stem will revert back to the original vowel, as it does for the present indicative **vosotros/as** form. For **-ar** verbs use the **-éis** ending; for **-er** use **-áis**.

-AR	-ER
pensar → penséis	volver → volváis
contar → contéis	perder → perdáis

---

*The **Ud.** command: drop **-o** for the present indicative **yo** form and add **-e** for **-ar** and **-a** for **-er** and **-ir** verbs. **Drop the accent for **deis**.

The spelling changes for verbs that end in **-gar** and **-zar** still apply with stem-changing verbs.

-GAR → -GU–	-ZAR → -C-
jugar → juguéis	almorzar → almorcéis

The **-ir** stem-changing verbs require the same spelling changes used in the third-person preterite form. There are two possible stems in the preterite. (The **-ir** ending for **vosotros/as** commands is still **-áis**.)

E → I	O → U
divertir (divirtió) → divirtáis	dormir (durmió) → durmáis
pedir (pidió) → pidáis	morir (murió) → muráis

No pidáis la sopa allí.	*Don't order the soup there.*
No almorcéis en vuestros escritorios.	*Don't have lunch at your desks.*
No juguéis solitario.	*Don't play solitaire.*
No repitáis esta información.	*Don't repeat this information.*

Actividad A. Situaciones

Paso 1. Escribe mandatos informales para las siguientes personas. Para cada persona escribe por lo menos cinco mandatos.

PERSONAS
- un nuevo (una nueva) estudiante de español
- un miembro de tu familia
- tu compañero/a de cuarto o esposo/a y los quehaceres
- tu mejor amigo/a

Paso 2. Ahora, representen las situaciones del **Paso 1** con un compañero (una compañera). Incluyan reacciones a los mandatos de la próxima *Estategia comunicativa*.

MODELO: E1: Escribe estas cartas en la computadora.
          E2: ¡Cómo no!
          E1: Y haz treinta copias de cada carta.
          E2: ¡Allá tú con eso porque después de escribir las cartas, me voy a almorzar!

Actividad B. Para llegar a mi casa. Imagínense que vuelven de una reunión y que sólo uno/a de ustedes tiene coche para volver a casa. Alternen para darse direcciones a sus casas.

MODELO: Ve a la carretera 10. Toma la salida 23. Dobla a la izquierda aquí. Pasa el supermercado X. Sigue derecho...

Actividad C. ¿Quién eres? Tu profesor(a) va a darte un papel (*roll*) que hacer, por ejemplo, hermano/a mayor, padre/madre, jefe/a en una fábrica, instructor(a) de una clase infantil, gerente de un banco, etcétera. Dales mandatos a tus compañeros/as de clase según tu posición. Puedes darles mandatos individualmente (**tú**) o al grupo (**vosotros/as**). Ellos van a adivinar qué eres.

MODELO: E1: Sacad vuestros lápices y cerrad vuestros libros. No habléis durante el examen. Contestad las preguntas en español...
      E2: Eres profesor(a) de español.

Actividad D. **Una carta de consejo**

Paso 1. Imagínate que tu hijo/a acaba de graduarse en la universidad y va a empezar su primer trabajo. Escríbele una carta de consejos para el nuevo puesto. Escribe por lo menos cuarenta palabras.

MODELO: Establece una rutina. No salgas hasta muy tarde durante la semana. Compra un despertador bueno.

Paso 2. Ahora, lee tu carta a la clase y luego compara tus consejos con los de los otros (las otras) estudiantes.

9.3 Escuchemos sus ideas. *Nosotros/as* commands

Nosotros/as commands are equivalent to the *Let's* construction in English. In Spanish, they are formed by adding **-mos** to the **Ud.** command form, except for stem-changing verbs. **-Ar** and **-er** stem-changing verbs revert back to the original stem vowel; **-ir** stem-changing verbs use the preterite stem change. Most affirmative and negative **nosotros/as** commands have the same form.

-AR	-ER	-IR
hablar (hable) → hablemos	comer (coma) → comamos	vivir (viva) → vivamos
pagar (pague) → paguemos	conocer (conozca) → conozcamos	decir (diga) → digamos
jugar (juegue) → juguemos	perder (pierda) → perdamos	pedir (pida) → pidamos
dar (dé) → demos	saber (sepa) → sepamos	incluir (incluya) → incluyamos

Escuchemos el cassette.	*Let's listen to the cassette.*
No **almorcemos** ahora.	*Let's not eat lunch now.*
Hablemos con la jefa.	*Let's speak to the boss.*
No **volvamos** esta tarde.	*Let's not return this afternoon.*

You can also express affirmative *let's* with **vamos a** + infinitive.

Vamos a calcular todo esto.	*Let's calculate all this.*
Vamos a cerrar las puertas.	*Let's close the doors.*

Actividad A. ¿Qué hacemos?

Paso 1. Escribe por lo menos cinco situaciones comunes en las que un grupo de personas tiene que decidir juntos qué hacer.

> MODELO: El coche no funciona.
> Tenemos un examen difícil mañana.

Paso 2. Ahora, comparte tus situaciones con dos o tres compañeros/as e inventen soluciones. Deben turnarse para hacer sugerencias.

> MODELO: E1: El coche no funciona. →
> E2: Llamemos al mecánico.
> E3: Caminemos a clase.
> E1: Tenemos un examen difícil mañana. →
> E2: Estudiemos en la biblioteca.
> E2: Descansemos bien esta noche.

Actividad B. Nuestros planes

Paso 1. Piensa en una actividad que puedes hacer con tus amigos/as, tu familia o tus compañeros/as de clase o del trabajo. Escribe cinco mandatos de **nosotros/as** para planear la actividad.

> MODELO: Hablemos con un agente de viajes. Compremos boletos de ida y vuelta...

Paso 2. Preséntale tus mandatos a la clase para que tus compañeros/as adivinen qué deseas hacer y con quién.

> MODELO: E1: Hablemos con un agente de viajes. Compremos boletos de ida y vuelta...
> E2: Quieres hacer un viaje con amigos.

Actividad C. Para animarnos.

Imagínate que eres gerente en una compañía y que tienes que dar una presentación a tus empleados. La meta (*goal*) de tu discurso es entusiasmar a tus empleados a trabajar más para competir mejor con otras compañías. Escribe por lo menos cuarenta palabras para leer o presentarle en forma oral a la clase. Usa mandatos de **nosotros/as** en tu presentación.

> MODELO: Este año tenemos que ser más competitivos. Trabajemos juntos para ser más fuertes. Lleguemos al trabajo todos los días a las ocho...

Repaso de los mandatos regulares

TU AFIRMATIVO
(el presente indicativo de **Ud.**)
Habla.   Escribe.   Insiste.

TU NEGATIVO
(el mandato formal singular con **-s**)
No hables.   No escribas.   No insistas.

VOSOTROS/AS AFIRMATIVO
(sustituye **-d** por la **-r** del infinitivo)
Hablad.   Escribid.   Insistid.

VOSOTROS/AS NEGATIVO
(el mandato formal singular con acento e **-is**)
No habléis.   No escribáis.   No insistáis.

UD. AFIRMATIVO
(basados en la forma **yo** del presente del indicativo, sistituye **-e [-ar]** o **-a [-er/-ir]** por la **-o**)
Hable.   Escriba.   Insista.

UD. NEGATIVO

No hable.   No escriba.   No insista.

UDS. AFIRMATIVO
(el mandato formal singular con **-n**)
Hablen.   Escriban.   Insistan.

UDS. NEGATIVO
(el mandato formal singular con **-n**)
No hablen.   No escriban.   No insistan.

NOSOTROS/AS AFIRMATIVO
(el mandato formal singular con **-mos**)
Hablemos. Escribamos. Insistamos.
(**vamos a** + infinitivo)
Vamos a hablar. Vamos a escribir. Vamos a insistir.

NOSOTROS/AS NEGATIVO
(el mandato formal singular con **-mos**)
No hablemos. No escribamos. No insistamos.

9.4 Llámame a las diez. Commands with pronouns

Estructura 1: Mandatos afirmativos con pronombres

Pronouns are attached to the end of affirmative commands. In most cases, an accent is required on the stem to maintain proper stress. Review the following affirmative commands.

TU

El postre es delicioso. **Cómelo**.	*Dessert is delicious. Eat it.*
¡Tienes mucha tarea! **¡Hazla ahora!**	*You have a lot of homework! Do it now!*
Escríbeme pronto.	*Write me soon.*

UD./UDS.

Háblenos en español.	*Talk to us in Spanish.*
¡Los niños están sucios! **Báñelos**.	*The kids are dirty! Bathe them!*
¡Es una regla! **¡Obedézcanla!**	*It's a rule! Obey it!*
Estas oraciones están escritas en inglés. **Tradúzcanlas**, por favor.	*These sentences are written in English. Translate them please.*

NOSOTROS/AS

Aquí tengo el artículo. **Leámoslo**.	*Here I have the article. Let's read it.*
Es nuestro aniversario. **¡Celebrémoslo!**	*It's our anniversary. Let's celebrate it.*
Me gusta esta casa. **Comprémosla**.	*I like this house. Let's buy it.*

VOSOTROS/AS

Debéis entregar los resultados mañana. **Terminadlos** hoy.	*You should turn in the results tomorrow. Finish them today.*
El cliente no entiende bien todo. **Explicadle** un poco más.	*The client doesn't understand everything well. Explain a little more to him.*

When using double object pronouns, the indirect object pronoun is placed before the direct object pronoun. If both direct and indirect object pronouns are third person, the indirect **le** or **les** will change to **se**.

TU

Aquí está la cartera de José. **Dásela**.	*Here is Jose's wallet. Give it to him.*
Necesito tu número de teléfono. **Dímelo**.	*I need your phone number. Tell it to me.*

UD./UDS.

Necesito sus cheques. **Dénmelos**, por favor.	*I need your checks. Give them to me, please.*
Necesitamos más comida. **Tráiganosla,** por favor.	*We need more food. Bring it to us, please.*

NOSOTROS/AS

(Drop the final **–s** of the verb before the indirect object pronoun **se**.)

Debemos decirle qué pasó. **Digámoselo** mañana.	*We should tell him what happened. Let's tell him tomorrow.*
Al secretario le encantan esos chocolates. **Comprémoselos**.	*The secretary loves those chocolates. Let's buy them for him.*

VOSOTROS/AS

La jefa busca vuestros informes. **Traédselos** pronto.	*The boss is looking for your reports. Take them to her right away.*
Me interesan vuestras opiniones. **Dádmelas**.	*I'm interested in your opinions. Give them to me.*

Reflexive pronouns are also placed after the direct command.

TU

Cásate conmigo.	*Marry me.*
Lávate las manos.	*Wash your hands.*
Despiértate.	*Wake up.*

> **Siéntese** aquí, por favor.   *Sit here, please.*
> **Póngase** los zapatos.   *Put on your shoes.*
> **Vístanse** ahora mismo.   *Get dressed right now.*

NOSOTROS/AS
(Drop the final **–s** before **nos**. The **nosotros/as** command for **irse** is irregular.)

> **Sentémonos** aquí.   *Let's sit here.*
> **Acostémonos**. Es tarde.   *Let's go to bed. It's late.*
> **Vámonos.**   *Let's go.*

VOSOTROS/AS
(Drop the final **-d** before **os,** except for **irse**. An accent is required for **-ir** verbs.)

> Hay una demora. **Sentaos** y esperad aquí.   *There's a delay. Sit down and wait here.*
> Es tarde. **Levantaos** y **vestíos** rápido.   *It's late. Get up and get dressed quickly.*
> **Callaos** e **idos** de aquí.   *Shut up and go away from here.*

Estructura 2: Mandatos negativos con pronombres

With all negative commands, object and reflexive pronouns precede the verb and follow the **No**. There are no special spelling issues.

> Ese libro es aburrido. **No me lo pidas**.   *That book is boring. Don't order it for me.*
> Necesito hablar contigo. **No te vayas**.   *I need to speak with you. Don't go away.*
> No queremos oír más. **No nos diga** nada.   *We don't want to hear more. Don't tell us anything.*
> Tenemos suficiente papel. **No nos traigan** más.   *We have enough paper. Don't bring us more.*
> Estos ejercicios son peligrosos. **No los hagamos**.   *These exercises are dangerous. Let's not do them.*
> Hace calor. **No nos pongamos** los suéteres.   *It's hot. Let's not put on our sweaters.*
> Hay un problema con ese programa. **No lo uséis** hoy.   *There's a problem with that program. Don't use it today.*

Actividad A. Situaciones. Trabaja con dos o tres compañeros/as y alternen para darse mandatos en varias situaciones. Pueden usar las situaciones a continuación o inventar sus propias situaciones.

> MODELO: ¡Los niños necesitan acostarse! Báñalos y ponles los piyamas. Acuéstalos y léeles un libro...

SITUACIONES POSIBLES
- **en casa:** la casa (la cocina, una habitación, etcétera) está sucia y desordenada; necesitan preparar una comida; los niños necesitan prepararse para salir o para acostarse, etcétera
- **en clase:** los estudiantes necesitan completar algo (un informe, una composición, un examen, etcétera)
- **en la oficina:** hay un proyecto muy importante
- **en la tienda:** hay una gran liquidación (*sale*) mañana o ahora
- **en el banco:** hay un ladrón en el banco con una pistola

Actividad B. Una escena. Con otro/a estudiante, crea un breve contexto dramático para los siguientes encuentros. Inventen un problema o un conflicto que las dos personas discutan o traten de resolver. Preséntenle la escena a la clase.

> MODELO: E1: ¡¿Doscientos dólares?! Pero, yo le di trescientos dólares para depositar. ¡Cuéntelos otra vez!
> E2: No puedo, señora. El dinero está en mi caja. Piénselo bien. Ud. sólo me dio doscientos dólares.
> E1: ¡Imposible! Llame al gerente...

SITUACIONES POSIBLES
- un cajero (una cajera) y un(a) cliente en el banco
- dos clientes en una tienda
- un jefe (una jefa) y un empleado (una empleada) difícil
- dos dependientes en una tienda

Actividad C. Para los nuevos empleados. Imagínate que necesitas escribir el manual de instrucciones para los nuevos empleados de una oficina, un banco o una tienda. Escribe instrucciones para usar algunas cosas específicas (una computadora, una fotocopiadora, la caja, etcétera). Usa mandatos formales singulares en las instrucciones. Escribe por lo menos treinta palabras para leer o presentarle en forma oral a la clase.

> MODELO: Las computadoras de esta oficina están conectadas al Internet todo el tiempo. No las apague nunca. Para activarlas, haga «clic» con el ratón y...

Nota cultural • *Las tiendas*

En el mundo hispánico, el supermercado y el almacén son un fenómeno reciente característico de las ciudades más grandes e industrializadas. La tienda especializada es aún muy común y popular. Aunque le parezca ineficiente a una persona de los Estados Unidos o del Canadá, muchos hispanos prefieren hacer sus compras en varias tiendas. Para comprar pan, van a la panadería, para comprar carne, a la carnicería, para comprar zapatos, a la zapatería, etcétera.

Estas tiendas son más que un negocio, son una experiencia social semejante a la «*corner store*» del pasado. En estas tiendas, se encuentran los amigos, se escuchan y se cuentan problemas y se oyen chismes (*gossip*), noticias y chistes. Se puede pensar que estas tiendas son muestras del atraso económico del área, pero la costumbre hispánica de la tienda pequeña satisface ciertas necesidades al ser más personal, humana e íntima.

¡De viva voz!

Actividad A. Un anuncio de televisión. Trabaja con dos o tres compañeros/as para crear un anuncio de televisión en el que solicitan clientes para un lugar de negocios. El anuncio puede ser para una tienda o supermercado, un producto o un servicio, etcétera. Trata de usar algunos mandatos directos en el anuncio. Presenten el anuncio «en vivo» para la clase.

Actividad B. Debate. Organicen un debate sobre algún aspecto de los negocios o la tecnología. La mitad de la clase defiende un punto de vista y la otra mitad defiende un punto de vista contrario. Pueden debatir los siguientes temas o escoger otro tema que les interese.

TEMAS POSIBLES
- trabajar para una compañía grande nacional o trabajar para una compañía pequeña regional
- ser empleado o ser dueño de su propio negocio
- usar la tecnología para producir artesanías y tejidos o usar métodos tradicionales para producirlos
- las reglas de vestirse en la oficina de una compañía grande: formal o informal

Actividad C. Consigue ese empleo

Paso 1. Lee el siguiente artículo y haz tus preparaciones para una entrevista. Apunta la información que le darías a un entrevistador (una entrevistadora) y trata de tomar en cuenta los consejos del artículo.

Paso 2. Trabaja con un compañero (una compañera) para dramatizar entrevistas. Altérnense los papeles de entrevistador(a) y entrevistado/a. Durante la entrevista, traten de seguir los consejos del artículo del **Paso 1**.

Consigue ese empleo

Si tienes confianza en ti misma, muestras determinación y tomas las riendas de la situación durante la entrevista, conseguirás ese trabajo que tanto anhelas.

Conoce la compañía. Investiga cuidadosamente la organización. Ve a la biblioteca, busca su página en el Web, lee su reporte anual, su historia y sus planes futuros. Esta tarea te permitirá entender cómo la posición que solicitas encaja dentro de las necesidades de la compañía.

Tu resumé. Memorizar los detalles de tu resumé no es lo más importante. Es más efectivo explicar cuáles son tus destrezas y capacidades y cómo éstas beneficiarán a la compañía. Menciona cómo tus experiencias anteriores se relacionan con el trabajo que solicitas.

Prepara tus preguntas. Generalmente la entrevistadora deja unos 10 o 15 minutos para que hagas preguntas. Indaga sobre el funcionamiento de la oficina, si trabajan en equipo, etcétera. Durante la primera entrevista no debes preguntar sobre el salario, las vacaciones ni otros beneficios.

Mensaje corporal. Demuestra seguridad con tu modo de andar. Mantén una buena postura, sonríe al saludar, haz contacto visual. No cruces los brazos ni las piernas, no bosteces ni tamborilees con los dedos.

Seguridad en ti misma. Practica caminar con la cabeza en alto portando una cálida sonrisa. Nadie desea reclutar a una empleada tímida o infeliz.

Tu apariencia. Vístete y actúa apropiadamente. Evita colores escandalosos, faldas demasiado cortas y accesorios llamativos. No mastiques chicle ni fumes y, sobre todo, no llegues tarde.

Contacto visual. Es importante mirar a los ojos al entrevistador al hablarle. Si se te dificulta, trata de mirarle un hombro o la frente.

Presta atención. Escucha bien las preguntas. Es natural que estés nerviosa, pero si ves esta experiencia como una conversación entre dos iguales, podrás relajarte.

Sé breve. Mantén tus respuestas enfocadas y concisas. No hables demasiado, o correrás el peligro de dar información de más o aburrir al entrevistador.

La despedida. Antes de que la entrevista llegue a su fin, déjale saber que estás interesada en el trabajo y pregunta cuál es el próximo paso: ¿una llamada telefónica, otra entrevista, una prueba? Despídete con un firme apretón de manos —ni muy fuerte ni muy delicado. Después, pase lo que pase con el trabajo, envía una nota de agradecimiento a la entrevistadora.

(*Latina*, Sept. '99, Vol. 4, No. 3 p. 59)

Actividad D. Negocios cibernéticos. Hoy en día se puede comprar muchas cosas en el Internet. Escoge un tipo de negocio y busca compañías hispánicas que tengan páginas Web en el Internet. Prepara un breve informe en español sobre dos compañías. Usa la siguiente información para organizar tu informe. Escribe por lo menos cincuenta palabras para leer o presentarle en forma oral a la clase. Puedes incluir imágenes y gráficos en tu presentación, si quieres.

IDEAS PARA CONSIDERAR
- el nombre de la compañía
- el país (los países)
- los productos/servicios
- tipo de puestos

Para muchos hispanos católicos, los santos (*saints*) son importantes a niveles personales y profesionales. Muchos celebran no sólo su cumpleaños, sino también su día de santo (el día designado al santo o a la santa del mismo nombre). Además, muchos santos son protectores de personas de ciertas profesiones o actividades. San Francisco de Asís, por ejemplo, es el santo de los ecologistas.

Lo espiritual

Metas

En este capítulo vas a...

- hablar de temas religiosos y espirituales
- hablar de la religión como aspecto cultural
- repasar y practicar
    - ✔ el presente de subjuntivo (10.1, 10.2, 10.3)
    - ✔ el presente prefecto de subjuntivo (10.4)

Vocabulario vivo: El mundo religioso

Las religiones

el budismo Buddhism
el cristianismo Christianity
el hinduismo Hinduism
el islam Islam
el judaísmo Judaism
el taoísmo Taoism

Los religiosos

el chamán shaman
el cura priest
el imán imam
la monja nun
el monje monk
el Papa Pope
el profeta/la profetisa prophet/prophetess

el rabino rabbi
el sacerdote/la sacerdotisa priest/priestess
agnóstico/a agnostic
ateo/a atheist
bautista Baptist
católico/a Catholic
evangélico/a evangelical
metodista Methodist
pagano/a pagan
pentecostal Pentecostal
presbiteriano/a Presbyterian
protestante protestant
sefardí (pl. sefardíes) Sephardic
Palabra semejante: el pastor

Otros términos religiosos

cantar to sing; to chant
corear to chant
meditar to meditate
orar to pray
rezar to pray
el Corán Koran
el crucifijo crucifix
la cruz cross
el culto worship service
el Domingo de Pascua Easter Sunday
la iglesia church
el Jánuca Hanukkah

la mezquita mosque
la misa mass
la Navidad Christmas
la oración prayer
la Pascua Judía Passover
el pecado sin
la peregrinación pilgrimage
el Ramadán Ramadan
la Santa/Sagrada Biblia Holy Bible
la Semana Santa Holy Week
la sinagoga synagogue
Palabras semejantes: el altar, la meditación, el templo

LENGUA ～～～～～～～～～～～～～～～～～～～～～～～～～～～～～～～～

Expresiones religiosas

Las expresiones religiosas son frecuentes y a veces automáticas en el habla diaria en los países hispánicos. Las siguientes expresiones se usan en referencia al futuro.

con el favor de Dios	*with God's favor*
Dios mediante	*God willing*
ojalá	*Allah/God grant*
si Dios quiere	*if God wills (it)*

Para pedir protección o bendición, se oyen las expresiones a continuación.

Que Dios lo acompañe/guarde.	*May God go with/accompany you.*
(Que) Dios lo bendiga.	*May God bless you.*
Vaya con Dios.	*Go with God.*

Se puede expresar enojo, sorpresa o molestia con las siguientes expresiones.

¡Bendito (Alabado) sea Dios!	*Blessed (Praised) be God!*
¡Dios me libre!	*God spare me!*
¡Dios mío!	*My God!*
¡Por Dios!	*By God!*
¡Santo Dios!	*Holy God!*
¡Válgame Dios!	*God help me!*

Actividad A. Definiciones. Trabaja con otro/a estudiante para escribir definiciones de cinco palabras. Incluyan detalles y ejemplos en sus definiciones. Luego, sin identificar las palabras, lean sus definiciones a la clase para ver si pueden adivinar qué palabras son.

Actividad B. Las religiones del mundo

Paso 1. Busca información en el Internet o en la biblioteca sobre dos de los siguientes temas. Apunta información que puedas presentar y comentar con tus compañeros/as.

TEMAS POSIBLES
* los santos católicos (días festivos, santos patrones, etcétera)
* la santería
* los símbolos religiosos
* las figuras religiosas importantes de una religión
* el calendario de un grupo religioso

Paso 2. Habla con dos o tres compañeros/as de los temas del **Paso 1**. Presenten la información que encontraron y expresen sus puntos de vista.

Actividad C. En mi familia. Antes de ir a clase, prepara una narración sobre la historia de la religión en tu familia. ¿Cuál es la religión de tus padres y de tus abuelos? ¿Observa tu familia alguna tradición religiosa? Escribe por lo menos cuarenta palabras para leer o presentarle en forma oral a la clase.

Nota cultural • *El catolicismo en el mundo hispánico*

Hoy en día, se notan cambios religiosos en muchas partes del mundo hispánico debido a la teología de la liberación, el movimiento carismático y el rápido crecimiento de las iglesias evangélicas. Además, hay áreas con significativas poblaciones musulmanas y judías. Sin embargo, en el mundo hispanohablante, un 82 por ciento de la población es católico, y la Iglesia Católica Romana ha tenido grandes impactos en la cultura hispánica.

Una notable muestra de esta influencia son los nombres. Para una persona de los Estados Unidos o del Canadá, **Me llamo Jesús María González** suena a *My name is Jesus Mary Smith*, pero muchos hombres hispanos llevan el nombre de la Virgen María y del niño Jesús. La combinación de nombres de la sagrada familia son populares para hombres (Jesús Maríá y José María) y para mujeres (María Jesús, María Josefina y María Jesusita). Nombres y términos bíblicos y los nombres de los santos también se usan mucho.

continued

Los siguientes nombres para mujeres se asocian con la religión. Algunos tienen nombres correspondientes en inglés. ¿Sabes qué significan?

Alma, Asunción, Caridad, Concepción, Consuelo, Dolores, Esperanza, Gloria, Paz, Remedios, Rosario, Socorro, Trinidad

Mejora tu pronunciación

y, ll, d, and t

EXPLICACION: *y* and *ll*

The **y** and **ll,** theoretically pronounced the same in Spanish, sound like the English *y* in *yo-yo*, but with more tension. There are some variations on the pronunciation of these letters. In Spain, you may hear the **ll** pronounced like the English *ly,* and in parts of Latin America, especially Argentina, the **y** and **ll** can have a stronger English *j* sound or the sound of the *z* in *azure*. **Yo** can sound like *Joe* with a crisp *o* and **ya** like *Ja* with a sharp *a*.

EXPLICACION: *d* and *t*

Although **d** and **t** in Spanish sound very similar to the English *d* and *t*, the placement of the tongue is different. In Spanish, these consonants are dental, which means they are produced by placing the tongue behind the upper front teeth, not on the ridge above the teeth as in English. The **t** sound is invariable, but the **d** varies depending on its relative position to other sounds. In an initial breath group or after an **r, l,** or a nasal consonant, the **d** will be hard.

Daniel **d**ice ar**d**uamente que el sacer**d**ote in**d**icó este lugar.

The **d** softens to a *th* sound, (as in the English word **the**) between vowels and at the end of a word.

A**d**emás, nos que**d**amos con reunirnos en ese e**d**ificio **d**e la universi**d**a**d**.

Práctica

A. Listen to and repeat the following expressions with **y** and **ll**. Try to hear whether they are pronounced with the soft *y* or the harder *j*.

1. ¿Quién, yo?
2. ¡Ya! ¡Ya lo creo!
3. ¿Tienes la llave?
4. ¿Llueve ya? ¿Ya no llueve?
5. ¿Quién llegó? ¿Llegó Yago?
6. No llores, mi hijita. Soy yo.
7. Es una historia llena de amor.
8. No llores, Yolanda.

B. Now listen to and repeat the following sentences with **t** and **d**. Also note the difference between the hard **d** and the soft **d**.

1. Metí la pata.
2. Partimos a las siete.
3. Tenemos trece tacos.
4. ¿Dónde estás, Diego?

5. Véndele un doble.
6. Aldo es rebelde.
7. Te doy un dardo (*dart*).
8. Me desperté y desayuné.

Nota cultural • *El trabalenguas*

A veces los trabalenguas (*tongue-twisters*) son divertidos para practicar los sonidos. Antes de pronunciar el trabalenguas a continuación, practica las siguientes frases en voz alta. Dilas tres veces, rápido, sin pausar.

Un tigre. Dos tigres. Tres tigres.

Ahora trata de decir este trabalenguas rápido, sin pausar.

Tres tristes tigres tragaban trigo en tres tristes trastos (*kitchen utensils*). En tres tristes trastos tres tristes tigres tragaban trigo.

Estructuras comunicativas

10.1 ¡Ojalá que me llames pronto! Formation and introduction to the present subjunctive mood

Estructura 1: *Ojalá (que)** y el presente de subjuntivo

Ojalá que is an idiomatic expression that originated from the Arabic phrase **Insh'allah** (*may Allah grant that . . .*); it is expressed in English as *I hope that . . .* **Ojalá (que)** is always followed by the subjunctive mood.

In previous chapters you have reviewed and practiced tenses in the indicative and the imperative moods. In this chapter, you will review the subjunctive mood. Can you identify the present subjunctive in the following sentences?

---

* The use of **que** after Ojalá is optional.

Ojalá (que) llueva mañana.	*I hope that it rains tomorrow.*
Ojalá (que) el profesor venga pronto.	*I hope that the professor will come soon.*
Ojalá (que) mis llaves estén en mi cuarto.	*I hope that my keys are in my room.*
Ojalá (que) no sea demasiado tarde.	*I hope that it is not too late.*

The verbs **llueva, venga, estén,** and **sea** are in the present subjunctive. The forms look familiar because many of the command forms that you have studied are similar to the subjunctive. The subjunctive is generally required in sentences that have two clauses: a main clause and a subordinate clause. The above sentences show us how the subjunctive describes hoped-for and not-yet-verified realities.

To form the subjunctive for most verbs, drop the **-o** from the first-person singular indicative (**yo**) and attach the subjunctive ending. For **-ar** verbs, the endings contain **-e-**. The **-er** and **-ir** endings contain **-a-**.

-AR		-ER		-IR	
-e	-emos	-a	-amos	-a	-amos
-es	-éis	-as	-áis	-as	-áis
-e	-en	-a	-an	-a	-an
que hable*	que hablemos	que coma	que comamos	que viva	que vivamos
que hables	que habléis	que comas	que comáis	que vivas	que viváis
que hable	que hablen	que coma	que coman	que viva	que vivan

| Ojalá que **abran** la iglesia a tiempo. | *I hope that they open the church on time.* |
| Ojalá que **escuchen** bien los niños. | *I hope the children listen well.* |

For verbs with spelling changes and irregular first persons, drop the **-o** from the present indicative **yo** form and add the corresponding endings. You learned many of these patterns with the formal direct commands.

---

*The **que** is included in the charts to remind you that the subjunctive is normally used in subordinate clauses.

conocer (conozco): que... conozca, conozcas, conozca, conozcamos, conozcáis, conozcan
continuar (continúo): que... continúe, continúes, continúe, continuemos, continuéis, continúen
decir (digo): que... diga, digas, diga, digamos, digáis, digan
incluir (incluyo): que... incluya, incluyas, incluya, incluyamos, incluyáis, incluyan
seguir (sigo): que... siga, sigas, siga, sigamos, sigáis, sigan
venir (vengo): que... venga, vengas, venga, vengamos, vengáis, vengan

Ojalá que **tengamos** suerte hoy.   *I hope we're lucky today.*
Ojalá que **establezcan** paz entre   *I hope they establish peace between*
    las dos naciones.   *the two nations.*

Verbs ending in **-gar, -car, -zar,** and **-guar** have the same spelling changes as the **yo** form in the preterite.

llegar (-gar → -gu- → llegué): que... llegue, llegues, llegue, lleguemos, lleguéis, lleguen
sacar (-car → -qu- → saque): que... saque, saques, saque, saquemos, saquéis, saquen
rezar (-zar → -c- → rece): que... rece, reces, rece, recemos, recéis, recen
averiguar (-guar → -gü- → averigüe): que... averigüe, averigües, averigüe, averigüemos, averigüéis, averigüen

Ojalá que **saquen** fotos del Papa.   *I hope they take some pictures of*
    the Pope.

Ojalá que el ministro **pague** a   *I hope the minister pays his*
    sus asistentes.   *assistants.*

The present subjunctive has stem-changing patterns similar to the present indicative. For **-ar** and **-er** verbs, the patterns are the same.

E → IE		O → UE	
pensar		almorzar	
que p**ie**nse	que pensemos	que alm**ue**rce	que almorcemos
que p**ie**nses	que penséis	que alm**ue**rces	que almorcéis
que p**ie**nse	que p**ie**nsen	que alm**ue**rce	que alm**ue**rcen

Ojalá que no **se sienten** juntos.　　*I hope they don't sit together.*
Ojalá que **vuelvas** temprano.　　*I hope you return early.*

The **-ir** stem-changing verbs have two stem changes: 1) the "L" or boot pattern from the present tense, and 2) a stem-change in the **nosotros/as** and **vosotros/as** forms. The second stem change is based on the stem change in the preterite.*

E → IE, I		E → I, I		O → UE, U	
sentir		pedir		dormir	
que s**ie**nta	que s**i**ntamos	que p**i**da	que p**i**damos	que d**ue**rma	que d**u**rmamos
que s**ie**ntas	que s**i**ntáis	que p**i**das	que p**i**dáis	que d**ue**rmas	que d**u**rmáis
que s**ie**nta	que s**ie**ntan	que p**i**da	que p**i**dan	que d**ue**rma	que d**ue**rman

Ojalá que nuestros hijos **se**　　*I hope our children have fun in*
diviertan en esa clase.　　*that class.*
Ojalá que no **repitamos** ese error.　　*I hope we don't repeat that mistake.*

As with the formal commands, verbs that do not end in **-o** for the first-person present indicative are irregular.

dar (doy): que... dé, des, dé, demos, déis, den

estar (estoy): que... esté, estés, esté, estemos, estéis, estén

haber** (he): que... haya, hayas, haya, hayamos, hayáis, hayan

ir (voy): que... vaya, vayas, vaya, vayamos, vayáis, vayan

saber (sé): que... sepa, sepas, sepa, sepamos, sepáis, sepan

ser (soy): que... sea, seas, sea, seamos, seáis, sean

Ojalá que todo **vaya** bien.　　*I hope everything goes well.*
Ojalá que el rabino **sepa** la hora　　*I hope the rabbi knows the time of*
de la reunión.　　*the meeting.*

---

*Remember that verbs with two stem changes are often listed with the changes in parentheses: **sentir (ie, i), pedir (i, i), dormir (ue, u)**.
The conjugated forms of **haber will be used in the present perfect subjuntive. The subjunctive of the expression **hay** (*there is/are*) is **haya**.

Estructura 2: Mandatos indirectos

The subjunctive is used in indirect commands that are introduced by **que**. In English, these are often introduced by *let, I hope that,* and *may.* In all cases, there is an implied expression of hope or desire that someone else do something or that something happen.

Que Jorge **vaya** con Inés a la iglesia.	*Let Jorge go with Inés to church.*
Que venga Luisito conmigo.	*Let Luisito come with me.*
Que pase el señor Ortiz.	*Let Mr. Ortiz come in.*
Que descanses.	*I hope that you rest.*
Que les **vaya** bien a Uds.	*May things go well for you.*

Estructura 3: *Tal vez y quizá(s)*

The subjunctive is also often used after the words **tal vez** and **quizá(s)**.* Both expressions express possibility but uncertainty (*maybe, perhaps*), therefore they require the subjunctive mood unless the speaker wishes to show certainty.

Tal vez esté enfermo.	*Perhaps he is sick.*
Tal vez salgamos temprano.	*Perhaps we will leave early.*
Quizá lo **hagamos** después.	*Maybe we will do it later.*
Quizás lo **sepa** Juan.	*Maybe John knows it.*

ESTRATEGIA COMUNICATIVA • Ojalá que sí

Cuando alguien expresa un deseo o una esperanza, las siguientes respuestas son apropiadas.

Sí, ojalá.	*Yes, I hope so.*
Ojalá que sí.	*Hopefully./I hope so.*
Ojalá que no.	*I hope not.*

Las expresiones a continuación son apropiadas respuestas a ideas introducidas con **tal vez** y **quizá(s)**.

Tal vez sí./Quizás sí.	*Perhaps./Maybe so.*
Tal vez no./Quizás no.	*Maybe not./Perhaps not.*

Actividad A. El futuro

Paso 1. Haz una lista de cinco deseos que tienes para el futuro de tu universidad, ciudad, país o del mundo. Expresa cada uno con **ojalá que** y el subjuntivo.

MODELO: Ojalá que los líderes religiosos busquen paz entre las naciones.

---

*__Quizá(s)__ can be spelled with or without the final **-s**. There is no difference in meaning.

Paso 2. Compara y contrasta tus deseos con dos o tres compañeros/as. Deben responder a los deseos con expresiones correspondientes.

> MODELO: E1: Ojalá que los líderes religiosos busquen paz entre las naciones.
> E2: Ojalá que sí.

Actividad B. Mi amigo/a. Piensa en un amigo (una amiga) o en un miembro de tu familia. Comparte por lo menos cinco deseos que tienes para él/ella con dos o tres compañeros/as. Comienza tus deseos con **ojalá (que), tal vez, quizá(s)** o **que**.

> MODELO: Mi amiga Marta está en el hospital porque está enferma. Ojalá que Marta esté mejor hoy. Tal vez salga del hospital pronto. Quizás vayamos a visitarla esta tarde…

Actividad C. Los deseos famosos. Imagínate que eres una persona famosa del cine, de la política, etcétera. Prepara una lista de los deseos de esa persona. Comienza los deseos con **ojalá (que), tal vez, quizá(s)** y **que**. Escribe por lo menos cinco deseos para leer o presentarle en forma oral a la clase.

> MODELO: Que mi película _____ tenga éxito. Ojalá que yo gane un Oscar por mi papel en la película.

10.2 Quiero que sepas lo que siento por ti. The present subjunctive in noun clauses of wanting, willing, and recommendation

The sentences *I demand that you be on time* and *I insist that he speak for himself* illustrate the subjunctive in English. In both cases, the speaker is expressing a desire for someone else to do something. This type of expression is a hallmark of the subjunctive.

Both of these sentences have subordinate noun clauses that function as the direct object of the verb. If we were to ask *what* the speaker demands in the example, *I demand that you be on time,* the answer would not be an object (such as a book, a car, etc.), but rather the clause *that you be on time.*

With verbs of willing and wanting, the subjunctive is used to indicate or imply a command; for statements of fact, the subjunctive is not used.

> *Grandma insists that Uncle George has Grandpa's watch.*
> *Grandma insists that Uncle George have Grandpa's watch.*

In the first sentence, Grandma insists on what she believes to be true (the indicative): that Uncle George has the watch. Her insistence is probably based on some personal experience (she has seen Uncle George with the watch). In the second sentence, her insistence communicates her desire (wanting or willing) that he have or be given the watch (the subjunctive).

In English, subjunctive constructions are not common. Many are replaced by the infinitive.

I want *that you tell* me the truth. → I want you *to tell* me the truth.
We need *that they sell* us the car. → We need *them to sell* us the car.

In Spanish, the subjunctive occurs in noun clauses whenever the main clause expresses 1) willing, wanting, and recommendation, 2) emotion, and 3) doubt and denial. The following verbs in the main clause are verbs of willing, wanting, and recommendation (a desire that someone else do something).

decir*	*to tell*	**preferir (ie, i)**	*to prefer*
dejar	*to allow*	**prohibir (prohíbo)**	*to prohibit*
desear	*to desire*	**querer (ie)**	*to want*
insistir (en)	*to insist*	**recomendar (ie)**	*to recommend*
mandar	*to order*	**sugerir (ie, i)**	*to suggest*
permitir	*to permit, allow*		

*When **decir** implies giving an order (telling someone to do something), it triggers the subjunctive. If it simply means that information has been conveyed, the indicative is used: **Mamá dice que ya son las ocho** (*Mom says it's already eight o'clock*).

Quiero que me digas la verdad.	*I want you to tell me the truth.*
Sugiero que vuelvas temprano.	*I suggest that you return early.*
Insisto en que acompañes a tu hermana.	*I insist that you accompany your sister.*
Tu papá **prefiere que** te quedes.	*Your dad prefers that you stay.*
Recomendamos que sigas otro plan.	*We recommend that you follow another plan.*
Mamá **dice que** nos vistamos rápido.	*Mom tells us to get dressed fast.*

LENGUA 〜〜〜〜〜〜〜〜〜〜〜〜〜〜〜〜〜

El infinitivo después de algunos verbos

Algunos verbos de mandato y recomendación pueden expresarse con el infinitivo en vez del subjuntivo. En estos casos, el sujeto del segundo verbo se expresa como un complemento indirecto.

No permito que entres. → No **te** permito entrar.	*I don't (won't) permit you to enter.*
Papá no deja que **yo** salga contigo. → Papá no **me** deja salir contigo.	*Dad won't allow me to go out with you.*
El juez manda que la dejes en paz. → El juez **te** manda dejarla en paz.	*The judge orders you to leave her alone.*
Recomiendo que **Uds.** esperen. → **Les** recomiendo a **Uds.** esperar.	*I recommend that you wait.*

Actividad A. Tu familia. Entrevista a dos compañeros/as de clase sobre lo que sus familias quieren o sugieren que hagan. Usa las siguientes ideas para guiar tu entrevista. Háganse preguntas complementarias y elaboren sus respuestas para dar más detalles.

MODELO: E1: ¿Qué quieren tus padres que estudies?
E2: Mis padres quieren que estudie ingeniería mecánica. Mi hermana mayor sugiere que explore algunas carreras los dos primeros años antes de decidir.

IDEAS PARA CONSIDERAR
- tus estudios
- tu carrera
- tus amigos/as
- tu novio/a o esposo/a
- tus hijos
- tu religión

Actividad B. Situaciones. Dramaticen una de las siguientes situaciones para la clase. Incluyan deseos de las dos personas.

MODELO: un consejero (una consejera) y un niño (una niña) difícil →

E1: Eres muy difícil con tus padres. Quiero que los escuches mejor. Insisto en que seas bueno en casa.

E2: Pues, ¡mis padres nunca me escuchan a mí! Yo necesito que me escuchen a mí, y no quiero que me den tantas órdenes...

SITUACIONES POSIBLES

- un consejero (una consejera) y un niño (una niña) difícil
- un pastor (cura, rabino, etcétera) y un miembro de su comunidad religiosa
- un maestro (una maestra) y un(a) estudiante superinteligente pero perezoso/a
- un enfermero (una enfermera) y un médico (una médica)

Actividad C. Los líderes religiosos. Imagínate que eres un líder religioso. Haz una lista de por lo menos cinco deseos que tienes para tu comunidad religiosa. Usa verbos como **querer, sugerir, prohibir,** etcétera, para presentar tus ideas. Compara y contrasta tus deseos con los de dos o tres compañeros/as.

MODELO: Deseo que los niños obedezcan y respeten a sus padres. Recomiendo que los padres eduquen bien a sus hijos...

Actividad D. En mi casa. Antes de ir a clase, prepara una narración sobre las reglas de tu casa. Puedes expresar reglas para tus hijos o reglas para los amigos e invitados que vienen a tu casa. Escribe por lo menos cuarenta palabras para leer o presentarle en forma oral a la clase.

MODELO: En mi casa prohíbo que mis hijos coman en la sala. Sólo permito que coman en el comedor. Y cuando doy una fiesta, prefiero que los invitados no fumen en mi casa. Siempre les digo que fumen en el patio...

10.3 Temo que tengan problemas. The subjunctive to express emotion and doubt

Estructura 1: El subjuntivo para expresar emoción

When the main verb of a noun clause expresses emotion, joy, fear, surprise, etc., about an event or action, the subordinate verb will be in the subjunctive mood. The expression of emotion can be about a potential or hypothetical action or state, or a real one. In either case the emotion triggers the subjunctive mood. The following verbs express emotion before noun clauses.

alegrarse de	to be happy about
esperar	to hope
sentir (ie, i)	to be sorry
sorprender	to surprise
temer	to fear
tener miedo de	to be afraid of

Espero que te sientas mejor.
I hope that you are feeling better.

Siento que estés tan preocupada.
I'm sorry that you are so concerned.

Me alegro de que estés aquí con nosotros.
I am happy that you are here with us.

Espero que sepas nadar.
I hope you know how to swim.

Temen que ella no salga del hospital.
They fear she won't leave the hospital.

Tengo miedo de que algo te pase.
I'm afraid something will happen to you.

Estructura 2: El subjuntivo para expresar duda

After expressions of doubt, disbelief, denial, or uncertainty in the main clause, the subjunctive is normally required in the subordinate clause. When belief, certainty, and lack of doubt or denial are stated or implied, use the indicative.

DOUBT/DENIAL/DISBELIEF/UNCERTAINTY		NO DOUBT/NO DENIAL/BELIEF/CERTAINTY	
no creer	to not believe	creer	to believe
dudar	to doubt	no dudar	to not doubt
no estar seguro/a	to not be sure	estar seguro/a	to be sure
negar (ie)	to deny	no negar (ie)	to deny

Dudo que el profesor **venga** hoy.
I doubt the professor is coming today.

Niegan que él **esté** enfermo todavía.
They deny that he is still sick.

No creo que ella **esté** sufriendo tanto.
I don't believe that she is suffering so much.

Dudamos que ella **pueda** venir porque tiene mucho trabajo.
We doubt that she can come because she has a lot of work.

In questions in which the speaker lacks necessary information and solicits an opinion, the subjunctive is used with either type of expression.

¿No crees que él **venga**?	*Don't you believe he'll come?*
¿Duda Ud. que ella **sea** feliz?	*Do you doubt that she is happy?*

The speaker may choose to use the indicative mood in this type of question to affirm the idea.

¿No crees que el cura **sepa** la verdad?	*Don't you believe the priest knows the truth?* (speaker uncertain)
¿No crees que el cura **sabe** la verdad?	*Don't you believe the priest knows the truth?* (speaker thinks so)

Actividad A. **Este semestre**

Paso 1. Entrevista a dos compañeros/as de clase para saber qué esperan, temen, dudan, etcétera, este semestre. Usa las siguientes ideas como guía general. Haz preguntas complementarias para saber más detalles.

MODELO: E1: ¿Qué temes este semestre?
E2: Temo que el examen final sea difícil.

IDEAS PARA CONSIDERAR
- las notas
- la salud
- los exámenes
- los amigos/as
- la tarea y los proyectos
- la familia

Paso 2. Ahora, hazle preguntas semejantes a tu profesor(a). Compara lo que él/ella dice con lo que dijeron tus compañeros/as.

Actividad B. **¿Qué esperas?** Trabaja con dos o tres compañeros/as para comentar lo que esperan, temen, dudan, etcétera, que pase en el mundo. Háganse preguntas y elaboren sus ideas para dar más detalles.

MODELO: E1: ¿Qué temes que el gobierno haga?
E2: Temo que el gobierno no controle...

IDEAS PARA CONSIDERAR
- el gobierno
- las iglesias
- la universidad
- la ciencia

10.4 Es dudoso que él haya llamado. Subjunctive after impersonal expressions and present perfect subjunctive

Estructura 1: Las expresiones impersonales

You have used impersonal expressions to make general statements. In this case, the impersonal expressions are followed by an infinitive.

Es importante **asistir** al culto.	*It's important to attend the church service.*
Es difícil **saber** la verdad.	*It's hard to know the truth.*

In the preceding sentences, there is no specific subject. When an impersonal expression of wanting, willing, emotions, doubt, or disbelief is followed by a specific subject and verb, the subjunctive is required. The following are some of the impersonal expressions that trigger subjunctive.

WANTING/WILLING	EMOTION	DOUBT/DENIAL/DISBELIEF
es importante	es bueno	es dudoso
es necesario	es (una) lástima	es (im)posible
es preciso	es raro	es (im)probable
es urgente	es triste	no es cierto/seguro

Es preciso que llegues a tiempo.	*It's necessary that you (You must) arrive on time.*
Es raro que ellos oigan misa.	*It's rare that they go to mass.*
Es dudoso que ella vaya a la iglesia mañana.	*It's doubtful that she will go to church tomorrow.*

The impersonal expressions that state the opposite of doubt, disbelief, and uncertainty do not require the subjunctive.

es cierto/seguro	no es dudoso
es verdad	no hay duda

Es verdad que ella es católica.	*It's true that she's Catholic.*
Es seguro que van a construir una sinagoga.	*It's sure that they're going to build a synagogue.*

Estructura 2: El presente perfecto de subjuntivo

The noun clauses you have learned express desire, emotion, doubt, denial, or uncertainty about things that are happening or might happen in the future. When the main clause expresses present tense want, fear, doubt, etc., about something that may have already happened, the present perfect subjunctive is used in the subordinate clause. This tense is formed with the present subjunctive of **haber** and the past participle* of the verb.

que **haya hablado**	que **hayamos dicho**
que **hayas comido**	que **hayáis hecho**
que **haya bebido**	que **hayan vuelto**

The grammatical conditions required for use of the present subjunctive are also required for the present perfect subjunctive.

Esperamos que ellos **hayan llegado** sanos y salvos.	*We hope that they arrived safe and sound.*
Teme que su papá **haya visto** el tatuaje de su novio.	*She fears that her dad saw (has seen) her boyfriend's tatoo.*

Actividad A. Diez reglas para vivir. Casi todas las religiones dan órdenes o mandatos para ser buen creyente (*believer, follower*). Haz una lista de diez cosas que en tu opinión son necesarias para ser buena persona. Usa expresiones impersonales. Compara tu lista con las de dos o tres compañeros/as.

MODELO: Es importante que nosotros respetemos a nuestros amigos.

Actividad B. Este año. Habla con dos o tres compañeros/as sobre algunas cosas que han pasado este año. Expresen sus reacciones a cada una. Usen las siguientes ideas para iniciar su conversación.

MODELO: Me alegro de que el gobierno haya aumentado el sueldo de los maestros.

---

*You can review the past participle forms in **Capítulo 6** (6.3).

IDEAS PARA CONSIDERAR

- la política
  - mundial
  - nacional
  - regional
- en la universidad
  - tus estudios
  - asuntos generales
- noticias importantes
  - los desastres naturales
  - la corte
  - el crimen
- personal
  - tus amigos/as
  - tu familia

Actividad C. Una carta al editor. Antes de ir a clase, prepara una carta al editor de un periodico para expresar tu reacción a alguna situación corriente o pasada. Puedes inventar una situación, si quieres. Usa expresiones impersonales y verbos que expresan deseo, emoción y duda en tu carta. Escribe por lo menos cuarenta palabras para leer o presentarle en forma oral a la clase.

MODELO: Querido editor,

Estoy muy triste de que no hayamos tenido suficientes votos...

LENGUA

Las cláusulas nominales

Puedes usar la siguiente tabla para recordar las condiciones gramaticales para usar el subjuntivo en cláusulas nominales (WEIRDO).

VERBO PRINCIPAL	CLAUSULA PRINCIPAL	*QUE*	CLAUSULA SUBORDINADA
WANTING/WILLING	Quiero	que	me entiendas.
EMOTION	Esperamos	que	todo salga bien.
IMPERSONAL EXPRESSIONS	Es bueno	que	reces todos los días.
RECOMMENDATION	Recomiendo	que	no fumes.
DOUBT/DISBELIEF	El doctor duda	que	sea posible.
OJALÁ, TAL VEZ, QUIZÁS	Ojalá	que	traiga a su amigo.

Recuerda que las ideas opuestas a las de duda, negación, etcétera, se expresan con el indicativo.

No dudo que nos **quiere.**   *I don't doubt that he loves us.*
Creemos que el cura **puede** ayudarnos.   *We believe that the priest can help us.*

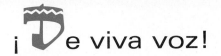

¡De viva voz!

Actividad A. Los errores y las glorias de una generación. A menudo, los comentaristas tratan de caracterizar las generaciones. Entrevista a varios/as estudiantes para saber su opinión sobre los errores y las glorias de su generación. Apunta sus respuestas y después compáralas con las de otros/as estudiantes.

MODELO: E1: ¿Qué opinas de tu generación?
E2: En mi opinión, es lástima que tantas personas hayan tenido problemas con el alcohol. Pero me alegro de que muchos jóvenes de mi generación hayan sido muy activos en la política mundial.

Actividad B. La religión moderna. Comenta con cinco estudiantes el papel de la religión en el mundo moderno. Traten de evaluar los impactos positivos y negativos que tienen las religiones. Apoyen sus puntos de vista.

MODELO: E1: Creo que la religión ha ayudado mucho a los pobres de la sociedad.
E2: Es verdad, pero también es terrible que muchos líderes hayan usado la religión para defender actos violentos.

Actividad C. La religión en el mundo hispánico. Busca información en el Internet o en la biblioteca sobre uno de los siguientes temas. Organiza la información en un esbozo (*outline*) o en un informe para presentársela oralmente a la clase. Puedes usar imágenes visuales en tu presentación, si quieres. Contesta las preguntas de tu profesor(a) y de los/las estudiantes.

TEMAS PARA CONSIDERAR
- las misiones
  - en California
  - en Texas
  - en la Florida
- los evangelistas y los misionarios en el mundo hispánico
- las celebraciones religiosas
- las peregrinaciones
- el judaísmo y el islam en el mundo hispánico

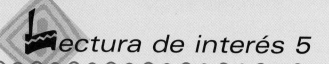

Lectura de interés 5

Sobre el autor

Gregorio López y Fuentes (1887-1966) fue novelista y cuentista mexicano. Su novela más famosa, *El indio* (1935), es una expresión de su interés por los indígenas de México. El cuento a continuación es parte de la colección *Cuentos campesinos* (1940). Esta colección explora temas de la vida y la perspectiva del campesino mexicano.

Antes de leer

Actividad A. Adivina el tema. El título del cuento es «Una carta a Dios». Indica los temas e ideas que crees que el cuento incluye, según el título. Luego, compara tus respuestas con las de otro/a estudiante.

1. ❏ _____ unas perspectivas sobre la vida religiosa en México
2. ❏ _____ información sobre la Iglesia Católica en Hispanoamérica
3. ❏ _____ una descripción de una iglesia famosa
4. ❏ _____ un tratado teológico
5. ❏ _____ un resumen de un sermón famoso

Actividad B. Vocabulario útil. Empareja las siguientes palabras de la lectura con la definición correspondiente. Compara tus respuestas con las de otra persona.

_____ 1. equivocarse   **a.** oficina
_____ 2. rumbo de   **b.** necesitar mucho
_____ 3. una cerca   **c.** una persona que roba
_____ 4. monedas   **d.** acción del movimiento del viento
_____ 5. soplar   **e.** enojo
_____ 6. despacho   **f.** no tener razón
_____ 7. hacer mucha falta   **g.** un muro construido alrededor de una casa
_____ 8. ladrón   **h.** dinero metálico y redondo
_____ 9. cólera   **i.** en la dirección de

Actividad C. **Vocabulario útil**

Paso 1. Estudia las siguientes palabras agrícolas antes de leer el cuento.

1. el maíz: una legumbre amarilla que a veces se come con las manos
2. las matas: las plantas
3. el frijol: la forma singular de la palabra **frijoles**
4. sembrar: plantar semillas
5. la cosecha: el acto de recoger o colectar los frijoles, el maíz y otros productos agrícolas
6. el aguacero: una lluvia muy fuerte
7. la milpa: una parcela de tierra donde se cultiva el maíz
8. la mazorca: la parte superior del maíz

Paso 2. Estudia las siguientes palabras relacionadas con el correo antes de leer el cuento.

1. el pliego: es una hoja de papel que se puede usar para escribir una carta
2. rotular: este verbo describe la acción de escribir un nombre en un sobre
3. papel y tinta: se escribe en el papel con una pluma que contiene tinta
4. un timbre: es una estampilla o un sello postal
5. el buzón: es una caja grande donde se depositan cartas y correo
6. un repartidor: les reparte o distribuye cartas a diferentes carteros
7. un cartero: una persona que lleva las cartas a las direcciones correctas

    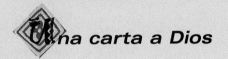

Una carta a Dios

La casa —única en todo el valle— estaba subida en^a uno de esos cerros truncados^b que, a manera de pirámides rudimentarias, dejaron algunas tribus al continuar sus peregrinaciones. Desde allá se veían las vegas, el río, los rastrojos^c y, lindando^d con el corral, la milpa, ya a punto de
5 jilotear^e. Entre las matas del maíz, el frijol con su florecilla morada, promesa inequívoca de una buena cosecha.

 Lo único que estaba haciendo falta a la tierra era una lluvia, cuando menos^f un fuerte aguacero, de esos que forman charcos entre los surcos^g. Dudar de que llovería hubiera sido lo mismo que dejar de creer en la ex-
10 periencia de quienes, por tradición, enseñaron a sembrar en determinado día del año.

 Durante la mañana, Lencho —conocedor del campo, apegado^h a las viejas costumbres y creyente a puño cerradoⁱ— no había hecho más que examinar el cielo por el rumbo del noreste.
15 —Ahora sí que viene el agua, vieja.

 Y la vieja, que preparaba la comida, le respondió:

 —Dios lo quiera.

^asubida... encima de ^bcerros... *truncated hills* ^c*stubble fields* ^d*bordering* ^eformarse, hacerse ^fcuando... por lo menos
^gcharcos... *puddles between the rows* ^hdedicado ⁱcreyente... una persona que cree firmemente

Los muchachos más grandes limpiaban de hierba la siembra, mientras que los más pequeños correteaban^j cerca de la casa, hasta que la mujer les gritó a todos:

—Vengan que les voy a dar en la boca^k...

Fue en el curso de la comida cuando, como lo había asegurado Lencho, comenzaron a caer gruesas gotas de lluvia. Por el noreste se veían avanzar grandes montañas de nubes. El aire olía a jarro nuevo^l.

—Hagan de cuenta^m, muchachos —exclamaba el hombre mientras sentía la fruición^n de mojarse con el pretexto de recoger algunos enseres^o olvidados sobre una cerca de piedra—, que no son gotas de agua las que están cayendo: son monedas nuevas: las gotas grandes son de a diez y las gotas chicas son de a cinco...

Y dejaba pasear sus ojos satisfechos por la milpa a punto de jilotear, adornada con las hileras frondosas del frijol, y entonces toda ella cubierta por la transparente cortina de la lluvia. Pero, de pronto, comenzó a soplar un fuerte viento y con las gotas de agua comenzaron a caer granizos^p tan grandes como bellotas^q. Esos sí que parecían monedas de plata nueva. Los muchachos, exponiéndose a la lluvia, correteaban y recogían las perlas heladas de mayor tamaño.

—Esto sí que está muy mal —exclamaba mortificado el hombre—; ojalá que pase pronto...

No pasó pronto. Durante una hora, el granizo apedreó^r la casa, la huerta, el monte y todo el valle. El campo estaba tan blanco que parecía una salina^s. Los árboles, deshojados. El maíz, hecho pedazos. El frijol, sin una flor. Lencho, con el alma llena de tribulaciones. Pasada la tormenta, en medio de los surcos, decía a sus hijos:

—Más hubiera dejado una nube de langosta^t... El granizo no ha dejado nada: ni una sola mata de maíz dará una mazorca, ni una mata de frijol dará una vaina^u...

La noche fue de lamentaciones:

—¡Todo nuestro trabajo, perdido!

—¡Y ni a quién acudir^v!

—Este año pasaremos hambre...

Pero muy en el fondo espiritual de cuantos convivían bajo aquella casa solitaria en mitad del valle, había una esperanza: la ayuda de Dios.

—No te mortifiques tanto, aunque el mal es muy grande. ¡Recuerda que nadie se muere de hambre!

—Eso dicen: nadie se muere de hambre...

Y mientras llegaba el amanecer^w, Lencho pensó mucho en lo que había visto en la iglesia del pueblo los domingos: un triángulo y dentro del triángulo un ojo, un ojo que parecía muy grande, un ojo que, según le habían explicado, lo mira todo, hasta lo que está en el fondo de las conciencias.

^{j}corrían ^{k}dar... dar de comer ^{l}olía... *smelled like a new clay pitcher* ^{m}Hagan... Presten atención ^{n}gozo, satisfacción ^{o}utensilios ^{p}*hail stones* ^{q}*acorns* ^{r}*pummeled* ^{s}mina de sal ^{t}*locusts* ^{u}*husk, pod* ^{v}*go to (for help)* ^{w}*daybreak*

60 Lencho era hombre rudo y él mismo solía decir que el campo em-
brutece[x], pero no lo era tanto que no supiera escribir. Ya con la luz del día
y aprovechando la circunstancia de que era domingo, después de
haberse afirmado en su idea de que sí hay quien vele[y] por todos, se puso
a escribir una carta que él mismo llevaría al pueblo para echarla al correo.

65 Era nada menos que una carta a Dios.

«Dios —escribió—, si no me ayudas pasaré hambre con todos los
míos, durante este año: necesito cien pesos para volver a sembrar y vivir
mientras viene la otra cosecha, pues el granizo...»

Rotuló el sobre «A Dios», metió el pliego y, aún preocupado, se di-
70 rigió al pueblo. Ya en la oficina de correos, le puso un timbre a la carta y
echó ésta en el buzón.

Un empleado, que era cartero y todo en la oficina de correos, llegó
riendo con toda la boca ante su jefe: le mostraba nada menos que la carta
dirigida a Dios. Nunca en su existencia de repartidor había conocido ese
75 domicilio. El jefe de la oficina —gordo y bonachón[z]— también se puso a
reír, pero bien pronto se le plegó el entrecejo[aa] y, mientras daba
golpecitos en su mesa con la carta, comentaba:

—¡La fe! ¡Quién tuviera[bb] la fe de quien escribió esta carta! ¡Creer
como él cree! ¡Esperar con la confianza con la que él sabe esperar!
80 ¡Sostener correspondencia con Dios!

Y, para no defraudar aquel tesoro de fe, descubierto a través de una
carta que no podía ser entregada[cc], el jefe postal concibió una idea: contestar la carta. Pero una vez abierta, se vio que contestar necesitaba algo
más que buena voluntad, tinta y papel. No por ello se dio por vencido[dd]:
85 exigió a su empleado una dádiva, él puso parte de su sueldo y a varias
personas les pidió su óbolo[ee] «para una obra piadosa[ff]».

Fue imposible para él reunir los cien pesos solicitados por Lencho, y
se conformó con enviar al campesino cuando menos lo que había reu-
nido[gg]: algo más que la mitad. Puso los billetes en un sobre dirigido a
90 Lencho y con ellos un pliego que no tenía más que una palabra, a manera de firma: DIOS.

Al siguiente domingo Lencho llegó a preguntar, más temprano que
de costumbre, si había alguna carta para él. Fue el mismo repartidor
quien le hizo entrega de la carta, mientras que el jefe, con la alegría de
95 quien ha hecho una buena acción, espiaba a través de un vidrio ras-
pado[hh], desde su despacho.

Lencho no mostró la menor sorpresa al ver los billetes —tanta era su
seguridad—, pero hizo un gesto de cólera[ii] al contar el dinero... ¡Dios no
podía haberse equivocado, ni negar lo que se le había pedido!

[x]*stultifies* [y]*vigile, mire* [z]*de buen carácter* [aa]*se... he wrinkled his brow* [bb]*Quien... Would that we had* [cc]*delivered*
[dd]*No... He didn't give up* [ee]*dinero* [ff]*obra... small offering for an act of mercy* [gg]*colectado* [hh]*scratched* [ii]*gesto... angry
grimace*

100　Inmediatamente, Lencho se acercó a la ventanilla para pedir papel y tinta. En la mesa destinada[jj] al público, se puso a escribir, arrugando[kk] mucho la frente a causa del esfuerzo[ll] que hacía para dar forma legible a sus ideas. Al terminar, fue a pedir un timbre el cual mojó[mm] con la lengua y luego aseguró de un puñetazo[nn].

105　En cuanto la carta cayó al buzón, el jefe de correos fue a recogerla. Decía:

　　«Dios: Del dinero que te pedí, sólo llegaron a mis manos sesenta pesos. Mándame el resto, que me hace mucha falta; pero no me lo mandes por conducto de la oficina de correos, porque los empleados son muy

110　ladrones. **Lencho.**»

[jj]distinado... para el uso de　[kk]*wrinkling*　[ll]*effort*　[mm]*wet*　[nn]aseguró... *he hit it with his fist*

Después de leer

Actividad A. Preguntas de comprensión. Contesta las siguientes preguntas sobre la lectura.

1. ¿En qué tipo de casa viven Lencho y su familia? ¿Cómo es el área donde viven?
2. ¿Quién es Lencho? ¿Qué tipo de persona es?
3. ¿Qué hace falta al principio del cuento? ¿Cómo se siente Lencho?
4. ¿Qué hacían los muchachos al principio del cuento?
5. ¿Qué hace Lencho cuando comienza a llover? ¿Por qué se pone triste y preocupado Lencho?
6. Después de pasar el aguacero, ¿cómo se quedan la tierra y las plantas? ¿Cuál es la reacción de Lencho y su esposa?
7. ¿Qué esperanza tienen Lencho y su esposa? ¿Qué decide hacer Lencho?
8. ¿Cómo es la reacción de los empleados de la oficina de correos cuando ven la carta de Lencho?
9. ¿Cómo reacciona el jefe? ¿Qué decide hacer?
10. ¿Cuál es la reacción de Lencho al leer la carta que recoge? ¿Cómo responde a esta carta?

Actividad B. Discusión general. Comenta con tus compañeros/as los siguientes temas en relación a la lectura.

TEMAS PARA CONSIDERAR
- la fe y la religión
- la vida de los campesinos
- la vida de la gente pobre
- la familia
- la esperanza
- las diferencias entre la fe de Lencho y la de los empleados del correo

Uno de los artistas hispanos más conocidos es Diego Rodrigo de Silva y Velázquez (1599-1660). Este «pintor de los pintores» fue pintor real de la corte de Felipe IV de España (1605-1665). En muchas de sus pinturas, incluye su propia imagen. Este cuadro se llama *Las hilanderas*.

Las bellas artes

Metas

En este capítulo vas a...

- conversar sobre las bellas artes
- comentar obras de arte visuales y teatrales
- repasar y practicar
    - ✔ el subjuntivo en cláusulas de adjetivo (11.1)
    - ✔ el subjuntivo en cláusulas adverbiales (11.2, 11.3)
    - ✔ los prefijos y sufijos y las palabras compuestas (11.4)

Vocabulario vivo: Las bellas artes

La música y el baile

los instrumentos de percusión

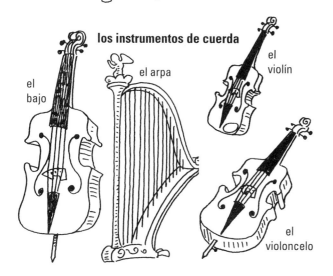

el piano

el tambor

los timbales

los címbalos

los instrumentos de viento

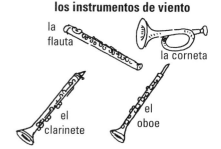

la flauta

la corneta

el clarinete

el oboe

los instrumentos de cuerda

el bajo

el arpa

el violín

el violoncelo

el metal

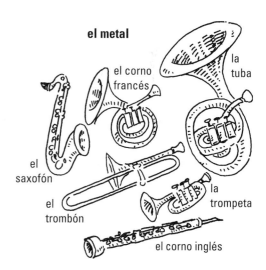

el corno francés

la tuba

el saxofón

el trombón

la trompeta

el corno inglés

bailar to dance
cantar to sing
interpretar to perform
el coro chorus, choir
el disco compacto compact disc
el conjunto/la banda band; musical group
Palabras semejantes: el ballet, el cassette, el concierto, el merengue, la música clásica, la música folclórica, la música popular, la música religiosa, el rock,* la salsa, el tango

Repaso: la radio

Otros instrumentos musicales

la batería drums (drum set)
las castañuelas castenets
las maracas shakers, gourds
la pandereta tambourine
Palabras semejantes: la guitarra (acústica/eléctrica), el órgano

---

*Some forms of music from the United States retain their English spellings, but may be pronounced phonetically: **el rock, el jazz, los blues**. Some Spanish speakers prefer **el rocanrol** for *rock-and-roll*.

El teatro y la ópera

ensayar to rehearse
hacer el papel de to play the role of
representar to perform (a play)
tener lugar to take place
el acto act
el argumento, la trama plot

el desenlace outcome
el drama drama; play
el/la dramaturgo/a playwright, dramatist
el guión script
el personaje character
Palabras semejantes: la acción, el antagonista, el clímax, el conflicto, el/la protagonista, la tensión dramática

La pintura y la escultura

dibujar to draw
esculpir to sculpt
el bronce bronze
el hierro iron
el mármol marble
la piedra stone

el cuadro

el retrato

el paisaje

la escultura

la pintora

la escultora

la estatua

el escultor

el pintor

la pintura

el dibujo

*A framed painting or picture is called **un cuadro**. The frame itself is **un marco**. A painting (with or without a frame) is **una pintura**.

$\mathcal{N}$ota cultural • *La música del mundo hispánico*

La increíble variedad de música en el mundo hispánico es un resultado de las ricas y diversas tradiciones culturales. Estas tradiciones musicales datan de la Edad Media con cantos religiosos y viven aún en las canciones modernas que hacen libre uso de los ritmos y los sonidos latinos. Los ritmos latinos tienen raíces europeas, indígenas y africanas.

Se asocian algunos tipos de música y baile hispánicos con ciertas regiones; por ejemplo: el flamenco y la guitarra clásica con España, los mariachis y la música ranchera con México y con partes del suroeste de los Estados Unidos, la cumbia con Colombia, el merengue con la República Dominicana, el tango con la Argentina y la música andina con el Ecuador y con el Perú.

Los nombres hispánicos abundan no sólo en la música clásica y folklórica, sino también en la música popular en los Estados Unidos: Carlos Montoya, Andrés Segovia, Plácido Domingo, Pablo Casals, Jon Secada, Gloria Estefan, Tito Puente, Julio Iglesias, Enrique Iglesias, Selena, Jennifer López, Marc Anthony, Christina Aguilera, Carlos Santana, Ricky Martin... ¡Hay tantos!

A. La música hispánica. Busca en el Internet o en la biblioteca información sobre un tipo de música hispánica, sobre sus orígenes y su tradición. Busca también información sobre el baile que se asocia con esa música. Organiza la infomación en un esbozo o informe para presentarle a la clase.

B. Un(a) cantante hispano/a. Escoge a un(a) cantante del mundo hispánico. Trata de escuchar su música en el Internet o en una tienda de música. Luego, describe la música para la clase.

Actividad A. Instrumentos musicales. Finge (*Pretend*) tocar un instrumento musical para que tus compañeros/as adivinen qué es.

Actividad B. La música

Paso 1. Entrevista a dos compañeros/as de clase sobre la música que escuchan y los instrumentos que saben tocar. Usa las siguientes ideas para guiar tu entrevista.

IDEAS PARA CONSIDERAR
- instrumentos que tocan
- música que escuchan
- bandas/cantantes que les gustan
- conciertos
- discos compactos que tienen

Paso 2. Ahora, hazle algunas de las mismas preguntas a tu profesor(a). Luego, compara lo que aprendiste de tus compañeros/as con lo que dice tu profesor(a).

Actividad C. El arte hispánico. Busca información en el Internet o en la biblioteca sobre por lo menos dos artistas hispánicos de dos países diferentes. Pueden buscar El Greco, Velázquez, Goya, Dalí, Picasso, Orozco, Frida Khalo, etcétera. Usa las siguientes ideas para organizar la información. Luego, preséntale a la clase un informe sobre los artistas que estudiaste. Trata de incluir imágenes de algunas obras de los artistas.

IDEAS PARA CONSIDERAR
- año(s) de nacimiento (y muerte)
- lugar de nacimiento
- tipo de arte
- estilo / escuela
- unas obras importantes / famosas

Actividad D. Un(a) artista. Antes de ir a clase, prepara una narración sobre un(a) artista musical o visual que te interesa. Describe su música o arte, cómo y dónde trabaja, y explica por qué te interesa. Escribe por lo menos cuarenta palabras para leer o presentarle en forma oral a la clase.

Mejora tu pronunciación

f, *b*, and *v*

EXPLICACION: /f/
Most English speakers pronounce the /f/ by touching the lower lip and the bottom edge of our upper front teeth to constrict the passage of air. Some English speakers, however, force air through a slightly constricted opening in both lips; the bottom lip does not touch or barely touches the teeth. This second, less common, pronunciation is similar to the Spanish **f**.

EXPLICACION: /b/ y /v/
In English, the /b/ and /v/ are two different sounds. However, in Spanish, the letters **b** and **v** are pronounced the same. Variations in hard and soft sounds depend on the relative position of the letter. Both letters follow the same rules of pronunciation: 1) hard [b] with no puff of air at the beginning of a sentence or phrase; 2) hard [b] after nasal consonants (**n, m**); 3) soft [β] following other letters or before consonants; (4) soft [β] between vowels (intervocalic).

Práctica

A. Listen to and repeat the following words with the letter **f**, pronouncing the [f] without completely touching your bottom lip to your teeth.

1. la flor
2. la tarifa
3. la bufanda
4. la familia
5. las gafas
6. Fulanita
7. fluidez
8. el olfato
9. el fuerte
10. el sofá francés
11. el bufón
12. la forma

B. Listen to and repeat the following sentences with the letter **f**.

1. A Florencia le fascinan las flores en el sofá francés.
2. Nos hacen falta gafas de sol en la Florida.
3. Fíjate que Franco fue el bufón de la familia.
4. Frida finge enfadarse con Sofía y Fernando.

C. Listen to and repeat the following words with the letters **b** and **v**. Note the difference between the hard [b] sound and the soft [β] sound.

1. la selva
2. invitar
3. la uva
4. la bata de baño
5. un beso
6. el tubo
7. el pavo
8. salva
9. el cuervo
10. él tuvo
11. el ave
12. el alba

D. Listen to and repeat the following sentences with **b** and **v**.

1. ¡Vámonos! Abrete, Sésamo.
2. No olvidaré que te burlaste de mi tuba.
3. ¡No vas a llevar una bata de baño a la biblioteca!
4. El pavo es un ave que no vuela.
5. El vio el vaso y bajó para beber.
6. Vendió la lavandería y nunca volvió.

Estructuras comunicativas

11.1 ¿Hay alguien aquí que toque el oboe? The present subjunctive in adjective clauses

An adjective clause is a subordinate or dependent clause that functions as an adjective. The entire clause describes an object noun. In both English and Spanish, the clause usually follows the noun it modifies.

Necesito el cuadro **que tiene Angela.**

*I need the painting **that Angela has**.*

The Spanish subjunctive is used in adjective clauses in two cases: 1) when the noun described is indefinite or nonspecific; or 2) when the noun described is nonexistent.

The antecedent (or noun modified) is often indefinite when preceded by an indefinite article and verbs that express desire, search, and need (**buscar, necesitar, preferir, querer,** etc.). The subjunctive is also used in questions in which the antecedent is indefinite.

Necesitamos **una** actriz **que sepa hablar ruso**.	We need an actress who knows how to speak Russian.
¿Hay **alguien** aquí **que toque el oboe**?	Is there anyone here who plays the oboe?

When the antecedent is definite or specific, the indicative is used. The verb **tener** or the definite article often imply that the antecedent is definite or specific.

Manuel **usa** argumentos **que confunden al público**.	Manuel uses plots that confuse the audience.
Buscamos **al** cantante que vive en este barrio.	We're looking for the singer who lives in this neighborhood.

In adjective clauses following declarations of nonexistence or denial, the subjunctive is required.

No hay **nada** que nos **resuelva** este problema.	There is nothing that can resolve this problem for us.
No conocemos a **ningún** actor que **tenga** más talento que éste.	We don't know any actor who has more talent than this one.

Negative and indefinite words are often used in adjective clauses. In questions, indefinite words require the subjunctive, while in an answer, if the antecedent is known, the indicative is used. Negative words require the subjunctive.

¿**Conoces** a alguien que **cante** arias?	Do you know anyone who sings arias?
Sí, **conozco** a alguien que **canta** arias.	Yes, I know someone who sings arias.
No, **no conozco** a nadie que **cante** arias.	No, I don't know anyone who sings arias.

Most adjective clauses are joined to the main clause with the relative pronoun **que**. Some clauses, however, are joined with **quien** (a preposition is required and the antecedent is a person) or **donde** (the antecedent is a destination).

Necesito una actiz **a quien** le guste este papel.	I need an actress who likes this role.
Buscamos un lugar **donde** podamos ensayar.	We're looking for a place where we can practice.

ESTRATEGIA COMUNICATIVA • Las interjecciones

Puedes enriquecer tus conversaciones con interjecciones y otras frases. Las siguientes interjecciones son semejantes a la expression *Man!* en inglés.

¡Hombre!/¡Mujer!
¡Chico!/¡Chica!
¡Niño!/¡Niña!
¡Hijo!/¡Hija!

Para expresar acuerdo, desacuerdo o simpatía, puedes usar las siguientes interjecciones.

¡Claro que sí!/¡Cómo no!/*Of course!*
¡Claro que no!/*Of course not!*
¡Eso es!/*That's it!*
¡Exacto!/*Exactly!*
¡Increíble!/*Incredible!*
¡Pobrecito/a!/*Poor thing!*

Las expresiones *How* (+ adjetivo)! o *What* (+ sustantivo)! se expresan en español con **¡Qué... !**

¡Qué barbaridad!	*How great/incredible!*
¡Qué bonito!	*How pretty!*
¡Qué bueno!	*How nice! (Great!)*
¡Qué cosa!	*How wonderful! (Wow!)*
¡Qué emoción!	*How exciting!*
¡Qué lástima/pena!	*What a pity!*
¡Qué lata!	*What a bore/drag!*
¡Qué lío!	*What a mess!*
¡Qué mono/a!	*How cute!*
¡Qué pecado!	*How terrible!*
¡Qué suerte!	*What luck!*

Para expresar incredulidad, se dice **¡Qué va!** (*You must be kidding!*).

Actividad A. En tu familia

Paso 1. Hazles preguntas a tus compañeros/as de clase sobre sus familias. Escribe los nombres de tus compañeros/as en la tabla según sus respuestas. Haz preguntas complementarias para saber más detalles.

MODELO: E1: ¿Hay alguien en tu familia que toque un instrumento musical?

E2: Sí, hay alguien en mi familia que toca un instrumento musical.

E1: ¿Quién y qué toca?

E2: Mi hermana toca el violín con la orquesta de la escuela.

¿Hay alguien en tu familia que... ?	sí	no	detalles
tocar un instrumento musical			
ser miembro de un grupo musical			
cantar bien			
saber pintar o esculpir			
dibujar bien			
ser actor/actiz			
hacer papeles en obras dramáticas			

Paso 2. Compara y contrasta los resultados de tu encuesta con los de dos o tres compañeros/as.

MODELO: La familia de Andrea es muy musical. Su hermana toca el violín y su madre canta en un coro profesional.

Actividad B. La pareja (*partner*) ideal.
Haz una lista de por lo menos cinco cualidades que buscas en la pareja ideal. Compara y contrasta tus requisitos con los de dos o tres compañeros/as.

MODELO: Quiero una pareja que sepa hablar varios idiomas. Busco una persona que viaje mucho y que se interese en otras culturas.

Actividad C. ¿Qué necesitas?

Paso 1. Pregúntales a cinco compañeros/as qué necesitan o quieren conseguir para su casa, apartamento, etcétera. Deben incluir detalles. Apunta sus respuestas mientras las escuchas.

MODELO: E1: ¿Qué necesitas para tu casa?

E2: Necesito un estéreo nuevo. Quiero un estéreo que toque veinte disco compactos.

Paso 2. Compara las respuestas de tu encuesta con las de dos o tres compañeros/as. ¿Qué tipo de cosas necesitan los estudiantes de tu clase?

Actividad D. El mural. Imagínate que eres muralista y que una ciudad o universidad te ha pedido un mural encargado. Antes de ir a clase escribe un informe que describe lo que quieren. Escribe por lo menos cuarenta palabras para leer o presentarle en forma oral a la clase.

MODELO: La universidad quiere que yo pinte un mural en la biblioteca. Necesitan un mural que muestre las culturas de esta región...

11.2 Antes que te cases mira lo que haces. Adverb conjunctions that always require subjunctive

An adverbial clause is a subordinate clause that describes a verb, adjective, or adverb. Many of these clauses specify time or purpose. They are introduced by adverbial conjunctions such as *when, so that, provided that, even though,* etc. In the sentence, **When you return,** *we will leave for the theater,* the clause *When you return* provides more information about the action of the main clause.

The subjunctive is required in Spanish after the following conjunctions.

a fin de que	*so that*
a menos (de) que	*unless*
antes (de) que	*before*
con tal (de) que	*provided that*
en caso de que	*in case that*
para que	*so that*
sin que	*without*

No iré **a menos que** me **pagues** la entrada.	*I will not go unless you buy my ticket.*
Antes de que te **cases** mira lo que haces. (refrán)	*Look before you leap. (popular proverb)*
Te daré el dinero **con tal que** me **traigas** un recibo.	*I will give you the money provided you bring me a receipt.*

When there is no change in subject, **antes de, después de, para,** and **sin** become prepositions before infinitives. Note that in English the present participle, not the infinitive, is used after *before, after,* and *without.*

Antes de tocar sus esculturas, siempre le pido permiso. No podemos pasar por Chicago **sin visitar** ese museo.	*Before touching her sculptures, I always ask her for permission. We can't go through Chicago without visiting that museum.*

Actividad A. El concierto al aire libre. Imagínense que van a un concierto al aire libre. Expliquen qué van a llevar, cómo van a llegar, cómo va a ser, etcétera. Usen las ideas a continuación para guiar su conversación y usen cláusulas adverbiales para darse razones.

MODELO: Debemos traer el paraguas en caso de que llueva.

IDEAS PARA CONSIDERAR
- comprar entradas
- traer paraguas
- invitar a...
- empezar el concierto a las...
- manejar / ir en autobús (taxi)
- llevar... dólares

Actividad B. Condiciones. Trabaja con un compañero (una compañera) para explicarse lo que van a hacer con tal que ocurra otra cosa y lo que no van a hacer a menos que ocurra otra cosa. Deben discutir las clases, el cine, los museos, el teatro y la musica.

MODELO: las clases →

E1: Voy a salir bien en mi clase de biología con tal que termine mi informe a tiempo.

E2: Yo no necesito estudiar mucho para matemáticas a menos que haya un examen.

Actividad C. ¿Para qué?

Paso 1. Haz una lista de cinco cosas que haces cada semana. Intercambia tu lista con la de un compañero (una compañera).

Paso 2. Háganse preguntas basadas en las listas que tienen. Usen cláusulas adverbiales para explicar sus acciones. Trata de hacer una lista relacionada con uno de los siguientes temas.

MODELO: E1: Los viernes arreglo la casa.
E2: ¿Para qué (Por qué) arreglas la casa los viernes?
E1: Arreglo la casa en caso de que mis amigos me visiten durante el fin de semana.

TEMAS PARA CONSIDERAR
- los quehaceres de la casa
- las clases y tu horario
- la tarea y los proyectos
- el trabajo
- el tiempo libre

11.3 ¡Me voy cuando yo quiera! Adverb conjuctions that sometimes require subjunctive

Estructura 1. Las conjunciones temporales

The following adverbial conjunctions of time require the subjunctive in the subordinate clause when future is used or implied in the main clause. Note that anticipated events are not experienced; therefore, they are hypothetical, provisional, or contingent.

como	*as*	**luego que**	*as soon as*
cuando	*when*	**mientras (que)**	*while*
después (de) que	*after*	**siempre que**	*whenever*
en cuanto	*as soon as*	**tan pronto como**	*as soon as*
hasta que	*until*		

Iremos **aunque llueva**.
Quédate **hasta que** yo te **llame**.
Tan pronto como yo **pueda**, voy a España.
Avísame **en cuanto llegues**.

We'll go even if it rains.
Stay until I call you.
As soon as I can, I'm going to Spain.
Tell me when you arrive.

When the main clause reports habitual or past actions, the indicative is used.

Ella pasa por mi casa **cuando quiere**.
Los actores dejaron de hablar **tan pronto como llegó** el director.

She stops by my house whenever she wants.
The actors stopped talking as soon as the director arrived.

Estructura 2: *Aunque* y *a pesar (de) que*

The conjunctions **aunque** (*although, even though, even if*) and **a pesar (de) que** (*in spite of*) require the subjunctive in the subordinate clause when they introduce an idea that is a conjecture or hypothetical. If the idea is a fact or viewed as fact, the indicative is used. The meaning intended by the speaker is more important with these conjunctions than the tense of the main clause; that is, you may have future in the main clause, but use the indicative after **aunque** or **a pesar (de) que**. Compare the meaning changes in English.

Aunque esa obra dramática **es** popular, no voy a verla.	*Even though that play is popular, I will not see it.*
Aunque esa obra dramática **sea** popular, no voy a verla.	*Even if the play is popular, I will not see it.*

LENGUA 〰️〰️〰️〰️〰️〰️〰️〰️〰️〰️〰️〰️〰️〰️〰️

Las cláusulas adverbiales en resumen

Siempre se usa el subjuntivo en cláusulas adverbiales con las siguientes conjunciones.

a fin de que	antes de que	en caso de que	sin que
a menos que	con tal (de) que	para que	

Se usa el subjuntivo en cláusulas adverbiales con las siguientes conjunciones sólo cuando la idea de la cláusula principal implica el futuro o anticipación.

como	en cuanto	luego que	siempre que
cuando	hasta que	mientras que	tan pronto como
después de que			

Sólo si la idea de la oración es conjectura o hipotética se usa el subjuntivo con estas conjunciones.

aunque   a pesar (de) que

Actividad A. ¿Cuándo? Hazles preguntas a tres compañeros/as de la clase para completar la siguiente tabla. Deben contestar usando conjunciones temporales. Compara los resultados de tu encuesta con los de otros/as estudiantes.

MODELO: E1: ¿Cuándo vas a comprar una casa?
O: E2: Ya compré una casa cuando me casé, pero voy a comprar una casa nueva tan pronto como termine los estudios.

¿CUANDO... ?	ESTUDIANTE 1	ESTUDIANTE 2	ESTUDIANTE 3
comprar una casa			
comprar un carro			
comprar una computadora			
mudarse			
casarse			
tener hijos			
viajar al extranjero			

Actividad B. ¡Nunca! Haz una lista de cinco cosas que nunca harías. Luego, habla con dos o tres compañeros/as para decirse qué no harán. Usen **aunque** y **a pesar de** en sus explicaciones.

> MODELO: Nunca voy a comprar un disco compacto de... aunque tenga suficiente dinero.
>
> Nunca voy a comprar un disco compacto de... a pesar de que es un cantante popular.

Actividad C. Este fin de semana. Antes de ir a clase, prepara una narración sobre lo que vas a hacer este fin de semana. Incluye información temporal en tu narración. Escribe por lo menos cuarenta palabras para leer o presentarle en forma oral a la clase.

> MODELO: Este fin de semana no voy a salir aunque me inviten a una fiesta mis amigos. El sábado me voy a levantar cuando me llame Juan. Estudiaremos en la biblioteca hasta que...

11.4 ¡Estás llena de amargura! Prefixes, suffixes, diminutives, compound words

Both prefixes and suffixes are word parts. Prefixes are found at the beginning of the word and suffixes at the end. Knowing prefixes and suffixes can greatly increase your active vocabulary in Spanish and English. Prefixes and suffixes can enhance or change the meaning of the word.

PREFIX		**SUFFIX**	
typical	→ **a**typical	fast	→ fast**er**, fast**est**
moral	→ **a**moral, **im**moral	nation	→ nation**al**, nation**alize**

Estructura 1: Prefijos

The following verbs are examples of words commonly combined with prefixes to form new words. The irregularities of the root verbs will be the same in the expanded words.

DECIR (*-DICT*)		PEDIR (I,I) (*-PEDE*)	
bendecir	*to bless*	**despedir**	*to dismiss, fire; to say farewell*
contradecir	*to contradict*	**impedir**	*to prevent, impede*
maldecir	*to curse*		
predecir	*to predict*		
PONER (*-POSE, -PONE*)		TENER (*-TAIN*)	
componer	*to compose*	**contener**	*to contain*
oponer(se)	*to oppose*	**detener**	*to detain*
posponer	*to postpone*	**mantener**	*to maintain*
proponer	*to propose*	**obtener**	*to obtain*
suponer	*to suppose*		
VENIR (*-VENE, -VENT*)		VOLVER (UE) (*-VOLVE*)	
convenir	*to convene, to be convenient*	**devolver**	*to return (something), to give back*
intervenir	*to intervene*	**envolver**	*to involve, wrap*
prevenir	*to prevent*	**revolver**	*to revolve, mix*

No pude **impedir** lo que pasó.
¿Te **propuso** matrimonio?
Envuelve la botella en papel para **prevenir** accidentes.

I couldn't prevent what happened.
Did he propose marriage to you?
Wrap the bottle in paper to prevent accidents.

Estructura 2: Algunos sufijos comunes

Suffixes often change the part of speech of a word (e.g., from adjective to adverb), and some suffixes have lexical impact on the root word.

VERB → NOUN			
-IDA, -ADA		**-MIENTO**	
entrar → entrada	entrance	**casar → casamiento**	marriage
llegar → llegada	arrival	**conocer → conocimiento**	knowledge
partir → partida	departure	**crecer → crecimiento**	growth
salir → salida	leaving, departure	**nacer → nacimiento**	birth
venir → venida	coming	**sentir → sentimiento**	feeling

ADJECTIVE → NOUN			
-EZ, -EZA		**-URA**	
cierto → certeza	certainty	**alto → altura**	height
grande → grandeza	largeness, greatness	**amargo → amargura**	bitterness
limpio → limpieza	cleanness, cleanliness	**bravo → bravura**	ferociousness
natural → naturaleza	nature	**dulce → dulzura**	sweetness
niño → niñez	childhood	**largo → largura**	length
triste → tristeza	sadness		
viejo → vejez	old age		

LEXICAL IMPACT			
-ERO/A (PROFESSIONS)		**-ERÍA** (SPECIALTY SHOPS)	
joya → joyero/a	jeweller	**→ joyería**	jewelry store
libro → librero/a	bookseller	**→ librería**	book store
pan →panadero/a	baker	**→ panadería**	bakery
zapato → zapatero/a	shoe seller; shoe maker, cobbler	**→ zapatería**	shoe store

Su cuadro está en la **salida**.
Vamos a la **Zapatería** Roma.
Esa cantante no tuvo una **niñez** feliz.
Los dibujos de ella están llenos de **amargura**.

Her painting is in the exit hall.
We're going to the Roma Shoestore.
That singer did not have a happy childhood.
Her drawings are full of bitterness.

Estructura 3: Los diminutivos, aumentativos y superlativos

A diminutive is a suffix that implies smallness, affection, or cuteness. In English, these are often written as *-y* and *-ie*.

cat → kitty   *husband→ hubby*
dog → doggy   *sweet → sweetie*

A diminutive in some way diminishes the noun and can vary in both form and meaning. Many diminutives merely make the noun smaller or intensify the smallness of the adjective. The most common diminutive form in Spanish is **-ito/a** and **-cito/a**.* Attach **-ito/a** to the end of a noun or adjective that ends in a consonant except **-n** or **-r**. For words that end in a vowel, drop the vowel and add the ending. **-cito** is attached to nouns and adjectives that end in **-e, -n,** or **-r**. For some nouns, **-ecito** can be used.

animal → animalito	fácil → facilito	reloj → relojito
casa → casita	falda → faldita	perro → perrito
amor → amorcito	balón → baloncito	pan → panecito

If the noun or adjective ends in **-c-, -g-,** or **-z-** plus a vowel, there will be a corresponding spelling change.

c → qu	g → gu	z → c
chico → chiquito	amigo → amiguito	taza → tacita
poco → poquito	lago → laguito	voz → vocecita

Diminutives can add special shades of meaning, affection, and humor.

Adiosito.	*Bye-bye.*
Te lo traigo ahorita.	*I'll bring it to you right away.*
Tomemos un cafecito.	*Let's have a little cup of coffee.*
¡Pobrecito!	*Poor little thing!*
Estoy aquí, solita.	*I'm here all by my little lonesome.*

Augmentative suffixes make the noun larger, more impressive, uglier, or insulting. The most common augmentative suffixes are **-ote/a, -azo/a,** and **-ón (ona)**. Add these to the end of words that end in consonants. For nouns or adjectives that end in a vowel, drop the final vowel before adding.

hombre → hombrazo	mujer → mujerona
big, husky man	*vulgar woman*
palabra → palabrota	perro → perrazo
obscenity, swear word	*impressive dog*
silla → sillón *armchair*	

The superlative suffix **-ísimo** always intensifies a modifier; it is usually translated as *very*. It is also added to the end of modifiers that end in a consonant, and to the end of modifiers ending in a vowel, after dropping the vowel.

Estamos **cansadísimas**.	*We're very tired.*
El examen fue **dificilísimo/ facilísimo**.	*The exam was very difficult/easy.*
Esto es **importantísimo**.	*This is very important.*

*Other diminutive suffixes include **-illo/a** and **-ico/a**.

Estructura 4: Palabras compuestas

Many words in Spanish are compound, that is, two words are used as one to form a new word and meaning. All compound words are masculine in Spanish.

cumplir + años → el cumpleaños   *birthday*

Note that **el cumpleaños** is singular; the plural is **los cumpleaños**. The following are some common compound words.

abrir + lata → el abrelatas *canopener*
lavar + plato → el lavaplatos *dishwasher*
salvar + vida → el salvavidas *lifeguard; lifejacket*

Try to guess the meaning of these compound words.

chupar (*to suck*) + tinta (*ink*) =
    el chupatintas
correr (*to run*), falda =
    el correfaldas
espantar (*to scare*), pájaro =
    el espantapájaros
guardar (*to guard*), fango (*mud*) =
    el guardafango
hacerlo + todo = el hacelotodo
limpiar + bota = el limpiabotas
matar (*to kill*) + sano (*healthy person*) = el matasanos
parar + brisa (*breeze*) =
    el parabrisas

parar + caída (*fall*) =
    el paracaídas
parar + choque (*crash*) = el
    parachoques
parar + rayo (*lightning bolt*) =
    el pararrayos
pasar (*to pass*) + tiempo =
    el pasatiempo
que + hacer = el quehacer
romper + cabezas =
    el rompecabezas
saberlo + todo = el sabelotodo
sacar + corcho (*cork*) =
    el sacacorchos

Actividad A. Para comentar. Habla con dos o tres compañeros/as de los siguientes temas.

1. ¿Quién contradice al profesor (a la profesora) mucho en clase?
2. ¿Qué está proponiendo el presidente este mes? ¿Quiénes se oponen al presidente?
3. ¿Por qué van los novios a una joyería?
4. ¿Quiénes dicen que pueden predecir el futuro? ¿Crees que lo pueden hacer?

Actividad B. Charadas. Muestra el significado de una palabra compuesta con gestos físicos, sin hablar, para que la clase trate de adivinarla.

MODELO: E1: (haces gestos de sacar un corcho de una botella)
                 E2: Es un sacacorchos.

Actividad C. La crítica. Escribe un resumen de una obra de arte, un drama o una película que conoces. Trata de usar palabras con sufijos y prefijos y palabras compuestas en tu narración. Escribe por lo menos cuarenta palabras para leer o presentarle en forma oral a la clase.

Nota cultural • *El teatro del mundo hispánico*

El teatro en el mundo hispánico tiene una larga y rica tradición. En la Edad Media, la iglesia dramatizó historias de la Biblia para enseñar valores espirituales a un pueblo analfabeto (*illiterate*). En el Siglo de Oro (*Golden Age*) de España, se destacan grandes dramaturgos (*playwrights*) comparables con Shakespeare. Lope de Vega (1562-1635) era uno de esos dramaturgos importantes. Escribió *Fuenteovejuna*, un drama que trata de un pueblo que se levanta contra su abusivo señor feudal. Otro dramaturgo importante fue Pedro Calderón de la Barca (1600-1681), autor de *La vida es sueño*, una obra profundamente filosófica. En el siglo XIX, José Zorrilla (1817-1893) escribió el popular *Don Juan Tenorio*, la historia de la redención de don Juan, un hombre satánico, famoso por sus conquistas amorosas y su habilidad con la espada. En el siglo XX, el teatro de Federico García Lorca (1898-1936) encuentra en el ambiente andaluz temas universales y muy humanos, como la venganza, la angustia y la represión. La tradición teatral de Hispanoamérica data del Barroco, con la obra de Sor Juana Inés de la Cruz (1542-1591). Los dramaturgos hispanoamericanos del siglo XX como René Marqués, (1919-1979), Jorge Díaz (1930-) y Emilio Carballido (1925-), escriben teatro experimental y a veces de crítica social.

Un dramaturgo. Busca información en el Internet o en la biblioteca sobre un dramaturgo hispano (una dramaturga hispana). Usa las siguientes ideas para organizar la información en un esbozo o informe para presentarle a la clase.

IDEAS PARA CONSIDERAR
- los años que vivió (el año en que nació)
- país de origen
- obras teatrales importantes
- estilo/temas/técnicas dramáticas que usa

¡De viva voz!

Actividad A. Un acto. Trabaja con cuatro o cinco estudiantes para realizar escenas de un drama famoso o de una película. Representen las escenas para la clase.

Actividad B. Las bellas artes. Comenta los siguientes temas con la clase o con un grupo de estudiantes.

TEMAS PARA CONSIDERAR
- el arte moderno (abstracto, clásico, surrealista, etcétera)
- la pintura moderna frente a la clásica
- la escultura moderna frente a la clásica (de Miguel Angel, por ejemplo)
- el teatro y las películas

Actividad C. Las bellas artes hispánicas. Trabaja con dos o tres compañeros Busquen información en el Internet o en la biblioteca sobre una disciplina de las bellas artes en el mundo hispánico. Pueden concentrarse en un país, si quieren. Organicen la información en para presentársela a la clase. Pueden usar imágenes visuales, si quieren.

Actividad D. Las artes en mi futuro. Antes de ir a clase, prepara una narración sobre las artes en tu futuro. ¿Vas a comprar cuadros? ¿Vas a componer música? Trata de usar tu imaginación para describir el papel de las artes en tu vida en unos años. Escribe por lo menos cuarenta palabras para leer o presentarle en forma oral a la clase.

> MODELO: Yo voy a comprar algunos cuadros de pintores famosos con tal de que gane suficiente dinero...

Inés de la Sor Juana Cruz
(1651–1695), monja y
escritora mexicana

La literatura

Metas

En este capítulo vas a...

- hablar de cosas que te gustaría hacer o tener
- aprender a hablar de la literatura
- repasar y practicar las siguientes construcciones
    - ✔ el pasado de subjuntivo (12.1, 12.2, 12.3)
    - ✔ el pluscuamperfecto de subjuntivo (12.4)
    - ✔ las cláusulas con **si** (12.4)

Vocabulario vivo: Términos literarios y analíticos

La introducción

tener lugar to take place
tratar de to be about
versar sobre to be about
el comentario comment; commentary
el punto de vista point of view
la tesis thesis
Palabras semejantes: el análisis, la interpretación
Repaso: Para empezar..., Voy a presentar...

El cuerpo del estudio

Debemos recalcar... We should emphasize . . .
En este pasaje, ... In this passage, . . .
Hay que subrayar... We must emphasize . . .
se emplea(n)... is/are used . . .
se nota(n)... we see . . .
se observa(n)... we observe . . .
Repaso: se repite(n)..., se usa(n)..., se ve(n)...

Elaboración

A mi modo de ver,... To my way of thinking, . . .
Es decir,... That is to say, . . .
Es más,... Moreover, . . .
Hasta cierto punto,... To a certain extent . . .
Mediante/Por medio de... Through/By means of . . .
O sea,... That is to say, . . .
Repaso: En mi opinión,...

Verbos analíticos

enfocar to focus
examinar to examine
intensificar to intensify
retratar to portray
satirizar to satirize
simbolizar to symbolize
Palabras semejantes: analizar, caracterizar, describir
Repaso: sugerir (ie, i)

Transiciones, comparaciones y contrastes

En cambio, ... On the other hand, . . .
No obstante, ... Nevertheless, . . .
Por consiguiente, ... Consequently, . . .
Por eso, ... Therefore, . . .
Por una parte..., por otra parte... On one hand . . ., on the other . . .
Sin embargo, ... Nevertheless, . . .

Los ejemplos

Al principio de la página... At the beginning of the page . . .
A mediados del párrafo... In the middle of the paragraph . . .
Mientras tanto... Meanwhile . . .
Por ejemplo, ... For example, . . .
Al final de la obra... At the end of the work . . .

La conclusión

En conclusión, ... In conclusion, . . .
En resumen, ... In summary, . . .
Para terminar, ... To conclude, . . .

Géneros literarios y artistas

el cuento; el/la cuentista story; storywriter
el ensayo; el/la ensayista essay; essayist
el/la escritor(a) writer
la poesía; el/la poeta poetry; poet
Repaso: el/la autor(a), el drama, el/la dramaturgo/a, la novela, el/la novelista

La narrativa

el argumento plot
el capítulo chapter
el desarrollo development
el desenlace outcome
los personajes principales/secundarios main/supporting characters
la trama plot
Palabras semejantes: la caracterización, la estructura, el/la narrador(a)

La poesía

el ambiente atmosphere
la estrofa stanza
el/la hablante speaker
el/la lector(a) reader

la rima rhyme
el ritmo rhythm
el símbolo symbol
el símil simile
el tema theme
Palabras semejantes: la imagen, la metáfora, el tono, el verso

Actividad A. Rima LIII

Paso 1. Lee el siguiente poema del poeta español Gustavo Adolfo Bécquer (1836-1870).

Volverán las oscuras golondrinas[1]
en tu balcón sus nidos[2] a colgar[3],
y, otra vez con el ala[4] a sus cristales[5],
jugando llamarán;
5 pero aquéllas que el vuelo refrenaban[6]
tu hermosura y mi dicha[7] a contemplar,
aquéllas que aprendieron nuestros nombres...
ésas... ¡no volverán!

Volverán las tupidas madreselvas[8]
10 de tu jardín las tapias[9] a escalar,
y otra vez a la tarde, aun más hermosas,
sus flores se abrirán;
pero aquéllas cuajadas[10] de rocío,
cuyas gotas[11] mirábamos temblar
15 y caer, como lágrimas del día...
ésas... ¡no volverán!

Volverán del amor en tus oídos
las palabras ardientes a sonar;
tu corazón de su profundo sueño
20 tal vez despertará;
pero mudo[12] y absorto y de rodillas,
como se adora a Dios ante su altar,
como yo te he querido... desengáñate[13],
¡así no te querrán!

[1]*swallows* [2]*nests* [3]*hang* [4]*wing* [5]ventanas [6]paraban [7]felicidad [8]*honeysuckle* [9]muros [10]cubiertas [11]*drops*
[12]sin hablar [13]*don't deceive yourself*

Paso 2. Ahora, comenta las siguientes preguntas sobre el poema con dos o tres compañeros/as.

1. En tu opinión, ¿quién es el hablante? ¿Cómo se encuentra?
2. ¿A quién va dirigido el poema? ¿Cómo es su amada, en tu opinión?
3. En la primera estrofa, ¿qué contraste hace el hablante entre las golondrinas? ¿Qué palabras usa para hacer resaltar las diferencias?
4. En la segunda estrofa, ¿qué contraste hace entre las madreselvas? ¿Qué palabras usa para hacer resaltar las diferencias?
5. ¿Por qué hace el hablante estos contrastes?
6. ¿Cuál es la actitud del hablante hacia su amada?
7. En la tercera estrofa, ¿en qué difieren los amores? ¿Qué palabras usa el hablante para hacer resaltar las diferencias?
8. ¿Cuál parece ser la intención del poema?

Actividad B. Un cuento Antes de ir a clase, prepara un resumen de un cuento que has leído. Usa las preguntas a continuación para organizar un comentario analítico. Escribe por lo menos cuarenta palabras para leer o presentarle en forma oral a la clase.

1. ¿Quién es el/la protagonista? ¿el/la antagonista?
2. ¿Qué pasa? ¿Cuál es el argumento?
3. ¿Quiénes son los personajes secundarios?
4. ¿Cuáles son los conflictos principales? ¿Entre quiénes?
5. ¿Dónde tiene lugar la acción? ¿En qué año o época tiene lugar?
6. ¿Cómo se resuelven los conflictos?
7. ¿Tiene un desenlace feliz o trágico?

Actividad C. ¿Qué te gusta leer?

Paso 1. Entrevista a dos compañeros/as de clase para saber qué tipo de literatura y escritores prefieren. Usa las siguientes preguntas como guía general y haz preguntas complementarias para saber más detalles.

1. ¿Quién es tu escritor favorito (escritora favorita)?
2. ¿Cuál es tu novela favorita?
3. ¿Qué tipo de novela prefieres?

Paso 2. Ahora, hazle las mismas preguntas a tu profesor(a), usando la forma de Ud. Luego, compara y contrasta las respuestas de tus compañeros/as con las de tu profesor(a).

Nota cultural • Don Quijote de la Mancha

Miguel de Cervantes publicó *El ingenioso hidalgo Don Quijote de la Mancha* en dos partes, la primera en el año 1605 y la segunda en 1615. Traducida a casi todos los idiomas principales del mundo, es una de las novelas más populares de la historia.

Aparentemente, la intención inicial de Cervantes fue el de escribir una sátira de las novelas de caballería, obras muy leídas en su época, que relataban las aventuras de los caballeros andantes (*knights*). Estos caballeros representaban el bien y los ideales de la época, y luchaban contra las injusticias.

La novela trata las aventuras de Alonso Quijano, un hombre a quien «se le secó el cerebro» como resultado de leer demasiadas novelas de caballerías; decidió armarse caballero andante. Su escudero, Sancho Panza, es un campesino que lo sigue con la esperanza de enriquecerse.

Al principio, esta situación absurda es fuente de humor tanto para el lector como para los otros personajes «cuerdos» de la novela. Pero en la segunda parte, nuestro caballero se convierte en símbolo universal del soñador derrotado, el idealista destruido por un mundo cruel.

Mejora tu pronunciación

x and g

EXPLICACION: *x*

The Spanish **x** can be pronounced in several ways. Between vowels and at the end of words, the **x** is pronounced as /ks/, but before a consonant in some dialects, the **x** is pronounced as /s/. In indigenous words from Mexico and Central America, the **x** is pronounced like a **j** or /x/.

Práctica. Listen to and repeat the following words.

taxi	exacto	examen	Félix
extraño	experto	extendido	experiencia
México	Xalapa	Xipetotec	Oaxaca

EXPLICACION: *g*

The **g** before **e** and **i** is pronounced like a hard English *h*. This sound in some dialects, especially in Spain, is pronounced at the back of the throat and can sound harsh to speakers of English.

The **g** before **o, a,** and **u** is similar to the English *g* or /g/. Following **m** or **n** or a pause (the initial sound of a sentence or phrase), the **g** is pronounced as a hard [g]. Between vowels and after non-nasal consonants, the **g** is a soft [ɣ], that is, the glottis does not completely close.

Práctica

A. Listen to and repeat the following words.

general	el gerente	sugiere	género

B. Listen to and repeat the following words.

un golfo	tengan	ángulo	Gustavo
hago	válgame	algunos	Islas Galápagos

Estructuras comunicativas

12.1 ¡Ojalá fuera yo millonario! Formation of the past subjunctive

The past subjunctive in English is always used in contrary-to-fact *if* clauses.

> *I would be studying very hard at this point, if I **were** you.*
> *If I **had** a million dollars, I would buy a big house.*

These statements are all contrary to reality: a dream, hypothesis, or advice. The English imperfect subjunctive can also be expressed with the helping verb *might* in noun clauses (hope, desire, willing, etc.).

> *We hoped that you **might** (would) see the light.*
> *He feared that she **might** (would) show up.*

The past subjunctive in Spanish is formed by dropping the **-on** of the third-person plural form of the preterite, and adding the corresponding endings: **-a, -as, -a, -amos, -ais, -an.** This is true for both regular and irregular verbs. Note that an accent is required on the **nosotros/as** form.

hablar (hablaron)		comer (comieron)	
que hablara	que habláramos	que comiera	que comiéramos
que hablaras	que hablarais	que comieras	que comierais
que hablara	que hablaran	que comiera	que comieran
dar (dieron)		vivir (vivieron)	
que diera	que diéramos	que viviera	que viviéramos
que dieras	que dierais	que vivieras	que vivierais
que diera	que dieran	que viviera	que vivieran
estar (estuvieron)		dormir (durmieron)	
que estuviera	que estuviéramos	que durmiera	que durmiéramos
que estuvieras	que estuvierais	que durmieras	que durmierais
que estuviera	que estuvieran	que durmiera	que durmieran
seguir (siguieron)		leer (leyeron)	
que siguiera	que siguiéramos	que leyera	que leyéramos
que siguieras	que siguierais	que leyeras	que leyerais
que siguiera	que siguieran	que leyera	que leyeran

LENGUA

Si hablases...

Otra forma del pasado de subjuntivo tiene las siguientes terminaciones: **-se, -ses, -se, -semos, -seis, -sen.** Estas también se usan con la forma de la tercera persona plural del pretérito, pero después de quitar la terminación **-ron**. Estas formas también requieren un acento escrito en la primera persona plural.

hablar (hablaron)		comer (comieron)		vivir (vivieron)	
que hablase	que hablásemos	que comiese	que comiésemos	que viviese	que viviésemos
que hablases	que hablaseis	que comieses	que comieseis	que vivieses	que vivieseis
que hablase	que hablasen	que comiese	que comiesen	que viviese	que viviesen

Estas formas son menos comunes. Se usan en España, en partes de Hispanoamérica y en el español escrito.

Ojalá can be used with the past subjunctive to express *I wish* about something that is contrary-to-fact, highly unlikely, or impossible in the speaker's mind.

Ojalá (que) fuera yo un millonario.	*I wish I were a millionaire.*
Ojalá (que) estuviera vivo mi esposo todavía.	*I wish my husband were still alive.*

Actividad A. Deseos. Piensa en por lo menos cinco cambios que te gustaría ver en el mundo. Expresa esos deseos con **Ojalá (que)** y compártelos con la clase.

MODELO: Ojalá que tanta gente no muriera del cáncer.

Actividad B. Para mi familia. Haz una lista de cinco problemas que tiene tu familia que te gustaría cambiar. Explica tus deseos con **Ojalá (que)** y compártelos con la clase.

MODELO: Ojalá que mi hijo no estuviera enfermo.

Actividad C. Para mí. Antes de ir a clase, prepara una narración sobre algunas cosas que te gustaría cambiar en tu vida. Expresa tus deseos con **Ojalá (que)**. Escribe por lo menos cuarenta palabras para leer o presentarle en forma oral a la clase.

MODELO: Mi clase de matemáticas es muy difícil para mí. Ojalá que no tuviera que tomarla. Salí muy mal en el último examen. Ojalá que yo no sacara malas notas en ese examen...

12.2 ¿No recuerdas? Sugerí que estudiaras más. The past subjunctive in noun clauses

The grammatical conditions required for the subjunctive in noun clauses are identical in the present and past subjunctive.

1. two different subjects
2. a main clause and a subordinate clause
3. relative conjunction **que**
4. main verb of influence (desire, recommendation, willing, wanting, emotion, etc.)

When these conditions are met, the past subjunctive will be used in noun clauses when the main clause is in a past tense.

present subjunctive:	**Queremos** que Uds. **vayan.** *We want you to go.*
past subjunctive:	**Queríamos** que Uds. **fueran.** *We wanted you to go.*

The triggers for the past subjunctive in noun clauses are the same (wanting, willing, emotion, recommendation, doubt, denial, disbelief).

Quería que **fueras** al centro.	*I wanted you to go downtown.*
Sugerí que Ud. **estudiara** más.	*I suggested that you study more.*
El profesor **prefería** que **leyéramos** esa novela.	*The professor preferred that we read that novel.*
Me **alegré** de que **publicara** otro libro.	*I was happy that she published another book.*

As with the present tense, if the main verb is an affirmation, the subjunctive is not used.

Creía que ella **llegó** a las seis y media.	*I thought that she arrived at six thirty.*
No dudo que **tenías** razón.	*I don't doubt that you were right.*

When an expression that triggers the subjunctive is in the past, the past subjunctive is required.

Era preciso que **llegaras** a tiempo.	*It was necessary that you arrive on time.*
Fue urgente que le **dieras** el poema.	*It was urgent that you give her the poem.*
Era triste que muchos no **hablaran** español.	*It was sad that many didn't speak Spanish.*

Actividad A. Este semestre. Entrevista a dos compañeros/as para saber qué pensaban y esperaban al principio de este semestre. Usa las siguientes preguntas para guiar tus entrevistas. Haz preguntas complementarias para saber más detalles.

1. ¿Qué clases querías que te dieran?
2. ¿A qué hora querías que empezara tu primera clase?
3. ¿Cómo esperabas que fueran tus clases?
4. ¿Qué temías que pidieran tus profesores?
5. ¿Qué esperabas que dijeran tus profesores?

Actividad B. Las desilusiones (*disappointments*). Piensa en algunas esperanzas que tu familia o tus amigos tenían para ti pero que no realizaste. Compara las desilusiones de tu experiencia con las de dos o tres compañeros/as. ¿Tienen algo en común?

MODELO: E1: Mi padre quería que yo estudiara medicina pero no me interesaba. Yo quería estudiar literatura.

E2: Mis padres esperaban que yo fuera médica también, pero mi consejero me sugirió que escogiera otra carrera porque nunca salí bien en mis clases de biología.

Actividad C. Antes de empezar los estudios. Explícales a dos o tres compañeros/as qué necesitabas hacer antes de escoger y entrar en una universidad. Usa expresiones impersonales en tu explicación.

MODELO: E1: Era necesario que mis padres y yo visitáramos tres o cuatro universidades.
           E2: Nosotros no visitamos muchas universidades, pero fue importante que buscara información en el Internet.

EXPRESIONES IMPERSONALES

Era/Fue...
- necesario
- importante
- dudoso

- urgente
- verdad
- vital

Actividad D. Narración. Antes de ir a clase, prepara una narración sobre algunas cosas que querías que tus padres, tus hijos o tus amigos hicieran. Escribe por lo menos cuarenta palabras para leer o presentarle en forma oral a la clase.

MODELO: Yo esperaba que mis hijos aprendieran a tocar algún instrumento musical...

12.3 Yo necesitaba un amigo que fuera rico. Past subjunctive in other clauses

As with the present subjunctive, the past subjunctive is used in adjective clauses when the antecedent is indefinite, nonspecific, or nonexistent. The main verb is in a past tense; therefore the subordinate verb is in the past subjunctive.

Estructura 1: Cláusulas adjetivales

Buscaba a alguien que me **ayudara**.	*I was looking for someone who could help me.*
Ella **quería** leer una novela que **fuera** menos melodramática.	*She wanted to read a novel that was less melodramatic.*
No había nadie allí que **conociera** a ese novelista.	*There was no one there who knew that novelist.*

If the antecedent is definite, specific, or identified, a past indicative is used.

Teníamos un carro que **era** muy económico.	*We had a car that was economical.*
Yo **conocía** allí a una persona que **hablaba** ruso.	*I knew a person there who could speak Russian.*

Estructura 2: Cláusulas adverbiales

The always-subjunctive adverbial conjunctions will trigger the past subjunctive when the main verb is in a past tense.

a fin de que	con tal (de) que	para que
a menos que	en caso de que	sin que
antes (de) que		

No **iba** a escribir la crítica **a menos que** me **pagaran**.

I wasn't going to write the critique unless they paid me.

Terminé el artículo antes de que me llamaran.

I finished the article before they called me.

Escribí el poema **para que supieras** cuánto te quiero.

I wrote the poem so that you would know how much I love you.

LENGUA

La preposición con el infinitivo

Recuerda que con **antes de, después de, para** y **sin** se usa el infinitivo cuando no hay cambio de sujeto.

Antes de ver la película, prefiero leer el libro.

Before seeing the movie, I prefer to read the book.

The past subjunctive is used with the following adverbial conjunctions only when the action or state in the adverb clause was anticipated or pending —not yet realized— in the past. Often this is expressed with a past tense of **ir a** + infinitive (**iba a llamar.../**I *was going to call* . . .), or with the conditional tense or as a request.

cuando	en cuanto	luego que	siempre que
después de que	hasta que	mientras que	tan pronto como

Dije que **tendríamos** más tiempo **después de que escribiera** este capítulo.

I said that we would have more time after I wrote this chapter.

Ella **iba a** quedarse allí hasta que yo la **llamara**.

She was going to stay there until I called her.

If the main clause reports past or habitual actions in the past (experienced, not pending), the indicative is used with these conjunctions.

Tuvimos más tiempo después de que **escribí** el capítulo.	*We had more time after I wrote the chapter.*
Siempre **llamaba** cuando **llegaba** al hotel.	*He always called when he arrived at the hotel.*

With the adverbial clause **aunque,** the use of the subjunctive will depend on the speaker's meaning. If the action is hypothetical, unlikely, not experienced, etc., use the subjunctive. Otherwise, the indicative is required.

El protagonista no podía resolver el problema aunque su amigo lo **ayudara.**	*The protagonist couldn't resolve the problem even if his friend helped (were to help) him. (the friend didn't necessarily help)*
El protagonista no podía resolver el problema aunque su amigo lo **ayudó.**	*The protagonist couldn't resolve the problem even though his friend helped him. (the friend did help)*

Actividad A. Cuando tenía 10 años... Explícales a dos o tres compañeros/as qué buscabas, querías, etcétera, cuando tenías 10 años. Usa las siguientes ideas para guiar tu conversación.

> MODELO: Buscaba un amigo que tuviera una colección de...

IDEAS PARA CONSIDERAR
- amigos
- la escuela
- juguetes (*toys*)
- actividades
- los fines de semana
- los veranos
- los regalos

Actividad B. Confesiones

Paso 1. Entrevista a dos compañeros/as de clase para obtener por lo menos una confesión sobre sus actividades de adolescente. Usa las siguientes ideas para guiar tus entrevistas. Hazles preguntas complementarias para saber más detalles.

> MODELO: E1: ¿Cuándo limpiabas tu cuarto?
> E2: No limpiaba mi cuarto a menos que mi madre lo viera desordenado.

IDEAS PARA CONSIDERAR
- los quehaceres
- la tarea
- las fiestas
- el trabajo

Paso 2. Hazle las mismas preguntas a tu profesor(a) y compara sus respuestas con las de tus compañeros/as.

Actividad C. Los personajes. Describe por lo menos cinco personajes de cuentos, novelas o series. Trata de describir cosas que buscaban o querían. Preséntale tus descripciones a la clase sin nombrar los personajes para que adivinen quiénes son.

> MODELO:　E1:　Antes de que viniera una mujer a la selva, no podía hablar ningún idioma humano. De joven no conocía a nadie que le hablara ni enseñara las costumbres del hombre.
> 　　　　　E2:　Es Tarzán.

Actividad D. Una descripción literaria. Antes de ir a clase, prepara una narración sobre un cuento o una novela que has leído. Describe algún aspecto del cuento: los personajes, el argumento, el tema, etcétera. Escribe por lo menos cuarenta palabras para leer o presentarle en forma oral a la clase.

> MODELO:　En *Como agua para chocolate,* la protagonista era obligada a servir a su madre hasta que la madre muriera. Tenía una hermana que se casó con el muchacho que amaba...

12.4 Si yo hablara mejor el español... The pluperfect subjunctive; *If* clauses

Estructura 1: El pluscuamperfecto de subjuntivo

The pluperfect subjunctive is formed with the imperfect of **haber** and the past participle. Like the imperfect subjunctive, the pluperfect subjunctive is used when conditions are met for the subjunctive, and the main clause is in a past tense. This tense describes hypothetical, non-existent, etc., states or actions that *had been* or *had happened.*

que hubiera hablado	que hubiéramos dicho
que hubieras comido	que hubierais vuelto
que hubiera vivido	que hubieran puesto

La heroína **temía** que su esposo ya **hubiera muerto.**	*The heroine feared that her husband had already died.*
El maestro **buscaba** un cuento que aún no **hubieran leído.**	*The teacher was looking for a story that they hadn't read yet.*
No **había** nadie en la clase que **hubiera entendido** esa novela.	*There was no one in the class who had understood that novel.*

Estaríamos mejor preparados para el examen si **hubiéramos estudiado** más.	*We would be better prepared for the exam if we had studied more.*

Estructura 2: *Como si*

Como si is a conjunction that is followed either by the imperfect subjunctive or the pluperfect subjunctive. The tense of the main clause may be present or past. This conjunction and its English equivalent imply that the statement is untrue or contrary to fact.

Nos da órdenes **como si fuera** la directora.	*She orders us around as if she were the director.*
Me miró **como si estuviera** enojada conmigo.	*She looked at me as if she were angry with me.*
Habló de las novelas **como si hubiera inventado** la ficción.	*He talked about the novels as if he had invented fiction.*

Estructura 3: Las cláusulas con *si*

You have practiced **si** clauses in Spanish in which the ideas are statements of fact or future. In these sentences, the indicative is used in the **si** clause and the future or implied future is used in the main clause.

Si termino este capítulo, **iré** con Uds. al parque.	*If I finish this chapter, I'll go with you to the park.*
Me interesa leer tu poema **si** me **permites**.	*I'm interested in reading your poem if you allow me to.*

Note that the **si** clause can be placed before or after the main clause.

When the ideas in the **si** clause are hypothetical or contrary to fact, the past or pluperfect subjunctive is used in the **si** clause and the conditional is used in the main clause. This is true for both English and Spanish.

Si yo **fuera** rico, **compraría** una casa en la playa.	*If I **were** rich, I **would buy** a house on the beach.*

Estructura 4: Los tiempos perfectos y las cláusulas con *si*

To make statements about what *would have happened* if other conditions *had been met*, perfect tenses are required in both clauses. For **si** clauses that require perfect tenses, use the conditional perfect in the main clause and the pluperfect subjunctive in the **si** clause. The conditional perfect is formed with the conditional of **haber** and the past participle.

Si **hubiéramos tenido** más tiempo, **habríamos estudiado** más.	*If we **had** had more time, we **would** have **studied** more.*

habría hablado	habríamos hecho
habrías comido	habríais dicho
habría vivido	habrían vuelto

Yo les **habría dado** dos exámenes si yo **hubiera sido** el profesor.
Te **habrías perdido** si **hubiéras seguido** ese camino.

I would have given them two exams if I had been the professor.
You would have been lost if you had followed that road.

Actividad A. ¿Qué harían? Habla con dos o tres compañeros/as sobre qué harían en otras circunstancias. Usen las ideas a continuación para guiar su conversación. Elaboren sus respuestas para dar más detalles.

MODELO: Si fuera escritor, escribiría libros para niños.

IDEAS PARA CONSIDERAR
- más dinero
- más tiempo
- viajes
- profesión
- posesiones

Actividad B. ¡Qué lata! Haz una lista de cinco personas o situaciones que te molestan, y trata de explicar por qué, usando una oración con **como si**. Compara y contrasta tu lista con las de tus compañeros/as.

MODELO: Mi compañero de cuarto no limpia nada en la casa. Me trata como si yo fuera su sirviente.

Actividad C. ¿Cómo habría sido tu vida? Entrevista a dos compañeros/as de clase para saber cómo habría sido diferente su vida si las circunstancias hubieran sido otras.

MODELO: E1: ¿Cómo habría sido diferente tu vida si hubieras nacido en España?
E2: Habría aprendido a hablar español desde pequeño. Habría jugado más al fútbol y muy poco al béisbol.

IDEAS PARA CONSIDERAR
- nacer en otra ciudad, otro estado, otro país, otra época histórica
- ser hijo/a de padres famosos/ricos
- nacer hombre en vez de mujer o mujer en vez de hombre

Actividad D. Un personaje. Antes de ir a clase, prepara una narración sobre cómo sería tu vida si fueras un personaje de una novela que conoces. Explica también si serías diferente a ese personaje o si lo harías todo igual. Escribe por lo menos cuarenta palabras para leer o presentarle en forma oral a la clase.

MODELO: Me gustaría ser Tita de *Como agua para chocolate*, pero si fuera Tita, no aceptaría las condiciones de la madre. ...

Nota cultural • *El «Boom»*

Para los escritores del período literario del Boom, el Nuevo Mundo se transformó en un mundo mágico al cual Alejo Carpentier le dio el nombre «lo real maravilloso». La literatura de este período incorporaba la vida diaria y real con la magia de la naturaleza hispanoamericana.

Entre los escritores del Boom figuran Gabriel García Márquez, Julio Cortázar, Jorge Luis Borges, Carlos Onetti, Mario Vargas Llosa, Antonio Bioy Casares y Alejo Carpentier. Escribieron novelas, cuentos y poesía y exploraban temas universales y personales y lo mágico de su mundo.

Los años 60 son los años principales del Boom, pero algunos escritores de ese movimiento siguen escribiendo en la actualidad. En los años 70, se empieza a hablar de los escritores post-Boom, los cuales siguen explorando varias técnicas y temas del Boom, pero que también hacen su propia huella en la literatura mundial.

A. Los escritores del Boom. Busca en el Internet o en la biblioteca información sobre un escritor del Boom. Organiza la información en un esbozo o un informe para leer o presentarle en forma oral a la clase.

B. Los post-Boom. Busca información sobre los escritores hispanos post-Boom. Haz una lista de escritores con sus países de origen y trata de encontrar semejanzas entre ellos.

¡De viva voz!

Actividad A. Unas escenas. Trabaja con un grupo de cuatro o cinco estudiantes para dramatizar escenas de una novela, un cuento o una película. Representen las escenas para la clase sin decir de qué obra son para que la clase lo adivine.

Actividad B. Términos literarios

Paso 1. Trabaja con dos o tres compañeros/as para contestar las siguientes preguntas. Luego, comparen sus respuestas con las de otros/as estudiantes de la clase.

1. ¿Qué es una novela?
2. ¿Qué es un cuento?
3. ¿Qué es la poesía?
4. ¿Qué es una metáfora?
5. ¿Qué significa la estructura de una obra literaria?
6. ¿Cuáles son algunos temas literarios populares? ¿En qué obras se observan?

Paso 2. Hazle preguntas a tu profesor(a) sobre la literatura de un país o unos países que conoce.

Actividad C. Escritores hispanos.

Busca información en el Internet o en la biblioteca sobre un escritor hispano o una escritora hispana. Puede ser novelista, poeta, ensayista o dramaturgo. Usa las siguientes ideas y nombres para organizar la información y preséntala en un esbozo o en un informe para la clase.

IDEAS PARA CONSIDERAR
- año(s) de nacimiento (y muerte)
- país de origen
- género de literatura
- temas y estilo
- títulos de obras importantes
- generación literaria

ALGUNOS AUTORES HISPANOS
- Isabel Allende
- Jorge Luis Borges
- Alejo Carpentier
- Miguel de Cervantes
- Julio Cortázar
- Sor Juana Inés de la Cruz
- José Donoso
- Laura Esquivel
- Gabriel García Márquez
- Nicolás Guillén
- Carmen Laforet
- Carmen Martín Gaite
- Gabriela Mistral
- Pablo Neruda
- Benito Pérez Galdós
- Elena Poniatowska
- Miguel de Unamuno
- Mario Vargas Llosa

Actividad D. Un análisis/resumen.

Antes de ir a clase, prepara un análisis o un resumen de una novela que conoces. Escribe por lo menos cincuenta palabras para leer o presentarle en forma oral a la clase.

MODELO: *Don Quijote de la Mancha* es la historia de un señor que decide ser caballero andante. Su escudero, Sancho Panza, es un campesino que espera enriquecerse,... Don Quijote representa el soñador... Sancho Panza es realista...

Lectura de interés 6

Sobre el autor

El escritor uruguayo Horacio Quiroga (1878–1937) es autor de la famosa colección de cuentos, *Cuentos de amor, de locura y de muerte* (1917). Sus temas son universales, pero la acción a menudo tiene lugar en la selva, cerca del Río Chaco, y la provincia argentina de Misiones. Quiroga, uno de los mejores cuentistas latinoamericanos, fue un precursor de los escritores del Boom. El tema de la muerte se nota a través de sus cuentos. La mayoría de éstos se basan en situaciones creíbles y casi cotidianas, pero un poco más allá de la realidad.

Antes de leer

Actividad A. Adivina el tema. El título del cuento es «El hombre muerto». Marca los temas e ideas que crees que el cuento incluye, según el título. Luego, compara tus respuestas con las de otro/a estudiante.

1. ❑ la biografía de un hombre ya muerto
2. ❑ un estudio sociológico acerca del crimen violento en Hispanoamérica
3. ❑ estadísticas sobre las causas de la muerte en la América Latina
4. ❑ la historia de un hombre que ha muerto por accidente
5. ❑ la historia de un hombre que ha sufrido una muerte violenta
6. ❑ la reacción de varios familiares ante la muerte de su papá
7. ❑ la reacción de una familia al descubrir un cadáver en su casa

Actividad B. Vocabulario útil. Empareja cada una de las siguientes palabras de la lectura con la definición correspondiente. Compara tus respuestas con las de otra persona.

K 1.	tenderse	**a.**	un sueño muy malo
I. 2.	vientre	**b.**	ver confusamente
G 3.	divagaciones	**c.**	estar extendido y fijo sobre la tierra
I. 4.	aún = toda vida = still, yet	**d.**	usar con cierta destreza, habilidad

aun = hasta

A.	**5.**	pesadilla	**e.** producir un sonido, a veces musical, con los labios
B.	**6.**	entrever	**f.** con mucha certeza, sin duda
C.	**7.**	yacer	**g.** pensamientos, digresiones
E.	**8.**	silbar	**h.** cuerpo percibido como forma confusa
D.	**9.**	manejar	**i.** todavía
F.	**10.**	efectivamente	**j.** estómago
L	**11.**	comisura	**k.** acostarse
H	**12.**	un bulto	**l.** zona de unión de los bordes de los labios

Actividad C. Vocabulario del bananal. Estudia las siguientes palabras útiles antes de leer el cuento.

1. **el bananal:** una plantación de bananas
2. **chircas:** árboles tropicales
3. **malvas silvestres:** plantas silvestres
4. **gramilla:** hierba
5. **la capuela de canelas:** grupo de árboles
6. **cáscara:** corteza o cubierta exterior de una planta, fruta o huevo
7. **malacara:** un caballo que tiene blanca la mayor parte de la cara
8. **potrero:** tierra destinada al pasto de caballos
9. **tajamar:** represa o dique pequeño que limita el fluir del agua
10. **pedregullo:** tierra con muchas piedras

EL HOMBRE MUERTO

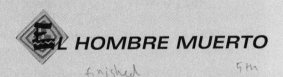

finished   5ta   plantation

El hombre y su machete acababan de limpiar la quinta calle del bananal. Faltábanles aún dos calles; pero como en éstas abundaban las chircas y malvas silvestres, la tarea que tenían por delante era muy poca cosa. El hombre echó, en consecuencia, una mirada satisfecha a los arbustos
5 rozados[a], y cruzó el alambrado[b] para tenderse un rato en la gramilla.

Mas al bajar el alambre de púa[c] y pasar el cuerpo, su pie izquierdo resbaló[d] sobre un trozo de corteza desprendida del poste, a tiempo que el machete se le escapaba de la mano. Mientras caía, el hombre tuvo la impresión sumamente lejana de no ver el machete de plano[e] en el suelo.
10 Ya estaba tendido en la gramilla, acostado sobre el lado derecho, tal como él quería. La boca, que acababa de abrírsele en toda su extensión, acababa también de cerrarse. Estaba como hubiera deseado estar, las rodillas dobladas y la mano izquierda sobre el pecho. Sólo que tras el antebrazo, e immediatamente por debajo del cinto, surgían de su camisa el
15 puño[f] y la mitad de la hoja del machete; pero el resto no se veía.

[a]arbustos... *shrubs trimmed* [b]*wire fence* [c]alambre... *barbed-wire* [d]*slipped* [e]de... *flat* [f]*handle*

El hombre intentó mover la cabeza, en vano. Echó una mirada de re-ojo[g] a la empuñadura[h] del machete, húmeda aún del sudor de su mano. Apreció mentalmente la extensión y la trayectoria del machete dentro de su vientre, y adquirió, fría, matemática e inexorablemente, la seguridad de que acababa de llegar al término de su existencia.

La muerte. En el transcurso de la vida se piensa muchas veces en que un día, tras años, meses, semanas y días preparatorios, llegaremos a nuestro turno al umbral[i] de la muerte. Es la ley fatal, aceptada y prevista; tanto, que solemos dejarnos llevar placenteramente por la imaginación a ese momento, supremo entre todos, en que lanzamos[j] el último suspiro. Pero entre el instante actual y esa postrera expiración, ¡qué de sueños, trastornos[k], esperanzas y dramas presumimos en nuestra vida! ¡Qué nos reserva aún esta existencia llena de vigor, antes de su eliminación del escenario humano!

En éste el consuelo, el placer y la razón de nuestras divagaciones mortuorias. ¡Tan lejos está la muerte, y tan imprevisto lo que debemos vivir aún!

¿Aún?... No han pasado dos segundos: el sol está exactamente a la misma altura; las sombras no han avanzado un milímetro. Bruscamente, acaban de resolverse para el hombre tendido las divagaciones a largo plazo: Se está muriendo.

Muerto. Puede considerarse muerto en su cómoda postura[l].

Pero el hombre abre los ojos y mira. ¿Qué tiempo ha pasado? ¿Qué cataclismo ha sobrevivido en el mundo? ¿Qué trastorno de la naturaleza trasuda[m] el horrible acontecimiento?

Va a morir. Fría, fatal e ineludiblemente, va a morir.

El hombre resiste—¡es tan imprevisto[n] ese horror! Y piensa: Es una pesadilla; ¡esto es! ¿Qué ha cambiado? Nada. Y mira: ¿No es acaso ese bananal su bananal? ¿No viene todas la mañanas a limpiarlo? ¿Quíen lo conoce como él? Ve perfectamente el bananal, muy raleado[o], y las anchas hojas desnudas al sol. Allí están, muy cerca, deshilachadas[p] por el viento. Pero ahora no se mueven... Es la calma del mediodía; pero deben ser las doce.

Por entre los bananos, allá arriba, el hombre ve desde el duro suelo el techo rojo de su casa. A la izquierda, entrevé el monte y la capuera de canelas[q]. No alcanza a ver más, pero sabe muy bien que a sus espaldas está el camino al puerto nuevo; y que en la dirección de su cabeza, allá abajo, yace en el fondo del valle de Paraná dormido como un lago. Todo, todo exactamente como siempre, el sol de fuego, el aire vibrante y solitario, los bananos inmóviles, el alambrado de postes muy gruesos y altos que pronto tendrá que cambiar...

[g]Echó... *Cast a glance out of the corner of his eye* [h]puño [i]*threshold* [j]exhalamos, espiramos [k]*upsets, disturbances* [l]cómodo... *comfortable position* [m]*is sweating through* [n]*unforeseen* [o]*thinned out* [p]*shredded, frayed* [q]capuera... *thicket of cinnamon trees*

¡Muerto! ¿Pero es posible? ¿No es éste uno de los tantos días en que ha salido al amanecer de su casa con el machete en la mano? ¿No está allí mismo con el machete en la mano? ¿No está allí mismo, a cuatro metros
60 de él, su caballo, su malacara, oliendo parsimoniosamente el alambre de púa?

¡Pero sí! Alguien silba... No puede ver, porque está de espaldas al camino; mas siente resonar en el puentecito[r] los pasos del caballo. ...Es el muchacho que pasa todas la mañanas hacia el puerto nuevo, a las once y
65 media. Y siempre silbando... Desde el poste descascarado que toca casi con las botas, hasta el cerco vivo de monte que separa el bananal del camino, hay quince metros largos. Lo sabe perfectamente bien, porque él mismo, al levantar el alambrado, midió la distancia.

¿Qué pasa, entonces? ¿Es ése o no un natural mediodía de los tantos
70 en Misiones, en su monte, en su potrero, en el bananal ralo[s]? ¡Sin duda! Gramilla corta, conos de hormigas, silencio, sol a plomo... .

Nada, nada ha cambiado. Sólo él es distinto. Desde hace dos minutos su persona, su personalidad viviente, nada tiene ya que ver ni con el potrero, que formó él mismo a azada[t], durante cinco meses consecutivos;
75 ni con el bananal, obra de sus solas manos. Ni con su familia. Ha sido a-rrancado bruscamente, naturalmente, por obra de una cáscara lustrosa[u] y un machete en el vientre. Hace dos minutos: Se muere.

El hombre, muy fatigado y tendido en la gramilla sobre el costado derecho, se resiste siempre a admitir un fenómeno de esa trascendencia,
80 ante el aspecto normal y monótono de cuanto mira. Sabe bien la hora: las once y media... .El muchacho de todos los días acaba de pasar el puente.

¡Pero no es posible que haya resbalado... ! El mango de su machete (pronto deberá cambiarlo por otro; tiene ya poco vuelo[v]) estaba perfec-tamente oprimido entre su mano izquierda y el alambre de púa. Tras
85 diez años de bosque, él sabe muy bien cómo se maneja un machete de monte. Está solamente muy fatigado del trabajo de esa mañana, y des-cansa un rato como de costumbre.

¿La prueba?... ¿Pero esa gramilla que entra ahora por la comisura de su boca la plantó él mismo, en panes de tierra distantes un metro uno de
90 otro! ¡Y ése es su bananal; y ése es su malacara, resoplando cauteloso ante las púas del almbre! Lo ve perfectamente; sabe que no se atreve a doblar la esquina del alambrado, porque él está echado casi al pie del poste. Lo distingue muy bien; y ve los hilos oscuros de sudor[w] que a-rrancan de la cruz y del anca. El sol cae a plomo, y la calma es muy
95 grande, pues ni un fleco[x] de los bananos se mueve. Todos los días, como ése, ha visto las mismas cosas.

[r]*little bridge* [s]*thin* [t]*a... with a hoe* [u]*cáscara... slick piece of bark* [v]*tiene... it has little grip anymore* [w]*oscuros... dark threads of sweat* [x]*edge, fringe*

... Muy fatigado, pero descansa solo. Deben de haber pasado ya varios minutos...Y a las doce menos cuarto, desde allá arriba, desde el chalet de techo rojo, se desprenderán hacia el bananal su mujer y sus dos hijos, a buscarlo para almorzar. Oye siempre, antes que las demás, la voz de su chico menor que quiere soltarse de la mano de su madre: ¡Piapiá! ¡Piapiá!

¿No es eso?... ¡Claro, oye! Ya es la hora. Oye efectivamente la voz de su hijo...

¡Qué pesadilla!... ¡Pero es uno de los tantos días, trivial como todos, claro está! Luz excesiva, sombras amarillentas, calor silencioso de horno sobre la carne, que hace sudar al malacara inmóvil ante el bananal prohibido.

... Muy cansado, mucho, pero nada más. ¡Cuántas veces, a mediodía como ahora, he cruzado volviendo a casa ese potrero, que era capuera cuando él llegó, y antes había sido monte virgen! Volvía entonces, muy fatigado también, con su machete pendiente[y] de la mano izquierda, a lentos pasos.

Puede aún alejarse con la mente, si quiere; puede si quiere abandonar un instante su cuerpo y ver desde el tajamar por él construido, el trivial paisaje de siempre: el pedregullo volcánico con gramas rígidas; el bananal y su arena roja: el alambrado empequeñecido en la pendiente, que se acoda[z] hacia el camino. Y más lejos aún ver el potrero, obra sola de sus manos. Y al pie de un poste descascarado, echado sobre el costado derecho y las piernas recogidas, exactamente como todos los días, puede verse a él mismo, como un pequeño bulto asoleado sobre la gramilla —descansando, porque está muy cansado...

Pero el caballo rayado[aa] de sudor, e inmóvil de cautela ante el esquinado del alambrado, ve también al hombre en el suelo y no se atreve a costear el bananal, como desearía. Ante las voces que ya están próximas —¡Piapiá!— vuelve un largo, largo rato las orejas inmóviles al bulto: y tranquilizado a fin, se decide a pasar entre el poste y el hombre tendido —que ya ha descansado.

[y]hanging [z]en... on the slope that draws near to [aa]streaked

Después de leer

Actividad A. Preguntas de comprensión. Contesta las siguientes preguntas sobre el cuento.

1. Al principio del cuento, ¿qué acababa de hacer el hombre con su machete?
2. ¿Cómo se sentía el hombre?
3. ¿Qué decidió hacer?
4. ¿De qué se dio cuenta después de cruzar el alambrado?
5. ¿Qué vio y en qué piensa?
6. ¿De qué se da cuenta? ¿Cómo ha visto la muerte antes? ¿Cómo la ve ahora? *life clearly because of death*
7. ¿Qué y a quiénes oye mientras está tendido? ¿Cómo lo sabe?
8. ¿Cómo sabe cuánto tiempo pasa o qué hora es?
9. ¿Qué cosas recuerda mientras muere?
10. ¿Cuáles son sus meditaciones finales?

Actividad B. Discusión general. Comenta con tus compañeros/as los siguientes temas en relación a la lectura.

TEMAS PARA CONSIDERAR
- la identidad del hombre y qué representa
- la rutina diaria del hombre
- la acción del cuento
- el tema central
- la estructura de la narración (hay poca acción)
- los elementos regionales frente a los elementos universales
- tú frente al hombre
- la importancia de las rutinas y tu propia rutina
- la muerte en el cuento frente a tu perspectiva de la muerte
- una comparación con otros cuentos

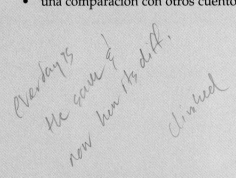

APPENDIX

 erbs

A. Regular Verbs: Simple Tenses

Infinitive Present Participle Past Participle	INDICATIVE						SUBJUNCTIVE		IMPERATIVE
	Present	Imperfect	Preterite	Future	Conditional		Present	Imperfect	
hablar hablando hablado	hablo hablas habla hablamos habláis hablan	hablaba hablabas hablaba hablábamos hablabais hablaban	hablé hablaste habló hablamos hablasteis hablaron	hablaré hablarás hablará hablaremos hablaréis hablarán	hablaría hablarías hablaría hablaríamos hablaríais hablarían		hable hables hable hablemos habléis hablen	hablara hablaras hablara habláramos hablarais hablaran	habla tú, no hables hable Ud. hablemos hablen
comer comiendo comido	como comes come comemos coméis comen	comía comías comía comíamos comíais comían	comí comiste comió comimos comisteis comieron	comeré comerás comerá comeremos comeréis comerán	comería comerías comería comeríamos comeríais comerían		coma comas coma comamos comáis coman	comiera comieras comiera comiéramos comierais comieran	come tú, no comas coma Ud. comamos coman
vivir viviendo vivido	vivo vives vive vivimos vivís viven	vivía vivías vivía vivíamos vivíais vivían	viví viviste vivió vivimos vivisteis vivieron	viviré vivirás vivirá viviremos viviréis vivirán	viviría vivirías viviría viviríamos viviríais vivirían		viva vivas viva vivamos viváis vivan	viviera vivieras viviera viviéramos vivierais vivieran	vive tú, no vivas viva Ud. vivamos vivan

B. Regular Verbs: Perfect Tenses

INDICATIVE										SUBJUNCTIVE			
Present Perfect		Past Perfect		Preterite Perfect		Future Perfect		Conditional Perfect		Present Perfect		Past Perfect	
he has ha hemos habéis han	hablado comido vivido	había habías había habíamos habíais habían	hablado comido vivido	hube hubiste hubo hubimos hubisteis hubieron	hablado comido vivido	habré habrás habrá habremos habréis habrán	hablado comido vivido	habría habrías habría habríamos habríais habrían	hablado comido vivido	haya hayas haya hayamos hayáis hayan	hablado comido vivido	hubiera hubieras hubiera hubiéramos hubierais hubieran	hablado comido vivido

C. Irregular Verbs

Infinitive Present Participle Past Participle	INDICATIVE					SUBJUNCTIVE		IMPERATIVE
	Present	Imperfect	Preterite	Future	Conditional	Present	Imperfect	
andar andando andado	ando andas anda andamos andáis andan	andaba andabas andaba andábamos andabais andaban	anduve anduviste anduvo anduvimos anduvisteis anduvieron	andaré andarás andará andaremos andaréis andarán	andaría andarías andaría andaríamos andaríais andarían	ande andes ande andemos andéis anden	anduviera anduvieras anduviera anduviéramos anduvierais anduvieran	anda tú, no andes ande Ud. andemos anden
caer cayendo caído	caigo caes cae caemos caéis caen	caía caías caía caíamos caíais caían	caí caíste cayó caímos caísteis cayeron	caeré caerás caerá caeremos caeréis caerán	caería caerías caería caeríamos caeríais caerían	caiga caigas caiga caigamos caigáis caigan	cayera cayeras cayera cayéramos cayerais cayeran	cae tú, no caigas caiga Ud. caigamos caigan
dar dando dado	doy das da damos dais dan	daba dabas daba dábamos dabais daban	di diste dio dimos disteis dieron	daré darás dará daremos daréis darán	daría darías daría daríamos daríais darían	dé des dé demos deis den	diera dieras diera diéramos dierais dieran	da tú, no des dé Ud. demos den
decir diciendo dicho	digo dices dice decimos decís dicen	decía decías decía decíamos decíais decían	dije dijiste dijo dijimos dijisteis dijeron	diré dirás dirá diremos diréis dirán	diría dirías diría diríamos diríais dirían	diga digas diga digamos digáis digan	dijera dijeras dijera dijéramos dijerais dijeran	di tú, no digas diga Ud. digamos digan
estar estando estado	estoy estás está estamos estáis están	estaba estabas estaba estábamos estabais estaban	estuve estuviste estuvo estuvimos estuvisteis estuvieron	estaré estarás estará estaremos estaréis estarán	estaría estarías estaría estaríamos estaríais estarían	esté estés esté estemos estéis estén	estuviera estuvieras estuviera estuviéramos estuvierais estuviera	está tú, no estés esté Ud. estemos estén

C. Irregular Verbs (continued)

Infinitive / Present Participle / Past Participle	INDICATIVE					SUBJUNCTIVE		IMPERATIVE
	Present	Imperfect	Preterite	Future	Conditional	Present	Imperfect	
haber habiendo habido	he has ha hemos habéis han	había habías había habíamos habíais habían	hube hubiste hubo hubimos hubisteis hubieron	habré habrás habrá habremos habréis habrán	habría habrías habría habríamos habríais habrían	haya hayas haya hayamos hayáis hayan	hubiera hubieras hubiera hubiéramos hubierais hubieran	
hacer haciendo hecho	hago haces hace hacemos hacéis hacen	hacía hacías hacía hacíamos hacíais hacían	hice hiciste hizo hicimos hicisteis hicieron	haré harás hará haremos haréis harán	haría harías haría haríamos haríais harían	haga hagas haga hagamos hagáis hagan	hiciera hicieras hiciera hiciéramos hicierais hicieran	haz tú, no hagas haga Ud. hagamos hagan
ir yendo ido	voy vas va vamos vais van	iba ibas iba íbamos ibais iban	fui fuiste fue fuimos fuisteis fueron	iré irás irá iremos iréis irán	iría irías iría iríamos iríais irían	vaya vayas vaya vayamos vayáis vayan	fuera fueras fuera fuéramos fuerais fueran	ve tú, no vayas vaya Ud. vayamos vayan
oír oyendo oído	oigo oyes oye oímos oís oyen	oía oías oía oíamos oíais oían	oí oíste oyó oímos oísteis oyeron	oiré oirás oirá oiremos oiréis oirán	oiría oirías oiría oiríamos oiríais oirían	oiga oigas oiga oigamos oigáis oigan	oyera oyeras oyera oyéramos oyerais oyeran	oye tú, no oigas oiga Ud. oigamos oigan
poder pudiendo podido	puedo puedes puede podemos podéis pueden	podía podías podía podíamos podíais podían	pude pudiste pudo pudimos pudisteis pudieron	podré podrás podrá podremos podréis podrán	podría podrías podría podríamos podríais podrían	pueda puedas pueda podamos podáis puedan	pudiera pudieras pudiera pudiéramos pudierais pudieran	

C. Irregular Verbs (continued)

Infinitive Present Participle Past Participle	INDICATIVE					SUBJUNCTIVE		IMPERATIVE
	Present	Imperfect	Preterite	Future	Conditional	Present	Imperfect	
poner poniendo puesto	pongo pones pone ponemos ponéis ponen	ponía ponías ponía poníamos poníais ponían	puse pusiste puso pusimos pusisteis pusieron	pondré pondrás pondrá pondremos pondréis pondrán	pondría pondrías pondría pondríamos pondríais pondrían	ponga pongas ponga pongamos pongáis pongan	pusiera pusieras pusiera pusiéramos pusierais pusieran	pon tú, no pongas ponga Ud. pongamos pongan
querer queriendo querido	quiero quieres quiere queremos queréis quieren	quería querías quería queríamos queríais querían	quise quisiste quiso quisimos quisisteis quisieron	querré querrás querrá querremos querréis querrán	querría querrías querría querríamos querríais querrían	quiera quieras quiera queramos queráis quieran	quisiera quisieras quisiera quisiéramos quisierais quisieran	quiere tú, no quieras quiera Ud. queramos quieran
saber sabiendo sabido	sé sabes sabe sabemos sabéis saben	sabía sabías sabía sabíamos sabíais sabían	supe supiste supo supimos supisteis supieron	sabré sabrás sabrá sabremos sabréis sabrán	sabría sabrías sabría sabríamos sabríais sabrían	sepa sepas sepa sepamos sepáis sepan	supiera supieras supiera supiéramos supierais supieran	sabe tú, no sepas sepa Ud. sepamos sepan
salir saliendo salido	salgo sales sale salimos salís salen	salía salías salía salíamos salíais salían	salí saliste salió salimos salisteis salieron	saldré saldrás saldrá saldremos saldréis saldrán	saldría saldrías saldría saldríamos saldríais saldrían	salga salgas salga salgamos salgáis salgan	saliera salieras saliera saliéramos salierais salieran	sal tú, no salgas salga Ud. salgamos salgan
ser siendo sido	soy eres es somos sois son	era eras era éramos erais eran	fui fuiste fue fuimos fuisteis fueron	seré serás será seremos seréis serán	sería serías sería seríamos seríais serían	sea seas sea seamos seáis sean	fuera fueras fuera fuéramos fuerais fueran	sé tú, no seas sea Ud. seamos sean

C. Irregular Verbs (continued)

Infinitive Present Participle Past Participle	INDICATIVE					SUBJUNCTIVE		IMPERATIVE
	Present	Imperfect	Preterite	Future	Conditional	Present	Imperfect	
tener teniendo tenido	tengo tienes tiene tenemos tenéis tienen	tenía tenías tenía teníamos teníais tenían	tuve tuviste tuvo tuvimos tuvisteis tuvieron	tendré tendrás tendrá tendremos tendréis tendrán	tendría tendrías tendría tendríamos tendríais tendrían	tenga tengas tenga tengamos tengáis tengan	tuviera tuvieras tuviera tuviéramos tuvierais tuvieran	ten tú, no tengas tenga Ud. tengamos tengan
traer trayendo traído	traigo traes trae traemos traéis traen	traía traías traía traíamos traíais traían	traje trajiste trajo trajimos trajisteis trajeron	traeré traerás traerá traeremos traeréis traerán	traería traerías traería traeríamos traeríais traerían	traiga traigas traiga traigamos traigáis traigan	trajera trajeras trajera trajéramos trajerais trajeran	trae tú, no traigas traiga Ud. traigamos traigan
venir viniendo venido	vengo vienes viene venimos venís vienen	venía venías venía veníamos veníais venían	vine viniste vino vinimos vinisteis vinieron	vendré vendrás vendrá vendremos vendréis vendrán	vendría vendrías vendría vendríamos vendríais vendrían	venga vengas venga vengamos vengáis vengan	viniera vinieras viniera viniéramos vinierais vinieran	ven tú, no vengas venga Ud. vengamos vengan
ver viendo visto	veo ves ve vemos veis ven	veía veías veía veíamos veíais veían	vi viste vio vimos visteis vieron	veré verás verá veremos veréis verán	vería verías vería veríamos veríais verían	vea veas vea veamos veáis vean	viera vieras viera viéramos vierais vieran	ve tú, no veas vea Ud. veamos vean

D. Stem-Changing and Spelling Change Verbs

Infinitive Present Participle Past Participle	INDICATIVE						SUBJUNCTIVE		IMPERATIVE
	Present	Imperfect	Preterite	Future	Conditional		Present	Imperfect	
pensar (ie) pensando pensado	pienso piensas piensa pensamos pensáis piensan	pensaba pensabas pensaba pensábamos pensabais pensaban	pensé pensaste pensó pensamos pensasteis pensaron	pensaré pensarás pensará pensaremos pensaréis pensarán	pensaría pensarías pensaría pensaríamos pensaríais pensarían		piense pienses piense pensemos penséis piensen	pensara pensaras pensara pensáramos pensarais pensaran	piensa tú, no pienses piense Ud. pensemos piensen
volver (ue) volviendo vuelto	vuelvo vuelves vuelve volvemos volvéis vuelven	volvía volvías volvía volvíamos volvíais volvían	volví volviste volvió volvimos volvisteis volvieron	volveré volverás volverá volveremos volveréis volverán	volvería volverías volvería volveríamos volveríais volverían		vuelva vuelvas vuelva volvamos volváis vuelvan	volviera volvieras volviera volviéramos volvierais volvieran	vuelve tú, no vuelvas vuelva Ud. volvamos vuelvan
dormir (ue, u) durmiendo dormido	duermo duermes duerme dormimos dormís duermen	dormía dormías dormía dormíamos dormíais dormían	dormí dormiste durmió dormimos dormisteis durmieron	dormiré dormirás dormirá dormiremos dormiréis dormirán	dormiría dormirías dormiría dormiríamos dormiríais dormirían		duerma duermas duerma durmamos durmáis duerman	durmiera durmieras durmiera durmiéramos durmierais durmieran	duerme tú, no duermas duerma Ud. durmamos duerman
sentir (ie, i) sintiendo sentido	siento sientes siente sentimos sentís sienten	sentía sentías sentía sentíamos sentíais sentían	sentí sentiste sintió sentimos sentisteis sintieron	sentiré sentirás sentirá sentiremos sentiréis sentirán	sentiría sentirías sentiría sentiríamos sentiríais sentirían		sienta sientas sienta sintamos sintáis sientan	sintiera sintieras sintiera sintiéramos sintierais sintieran	siente tú, no sientas sienta Ud. sintamos sientan
pedir (i, i) pidiendo pedido	pido pides pide pedimos pedís piden	pedía pedías pedía pedíamos pedíais pedían	pedí pediste pidió pedimos pedisteis pidieron	pediré pedirás pedirá pediremos pediréis pedirán	pediría pedirías pediría pediríamos pediríais pedirían		pida pidas pida pidamos pidáis pidan	pidiera pidieras pidiera pidiéramos pidierais pidieran	pide tú, no pidas pida Ud. pidamos pidan

D. Stem-Changing and Spelling Change Verbs (continued)

Infinitive Present Participle Past Participle	INDICATIVE					SUBJUNCTIVE		IMPERATIVE
	Present	Imperfect	Preterite	Future	Conditional	Present	Imperfect	
reír (i, i) riendo reído	río ríes ríe reímos reís ríen	reía reías reía reíamos reíais reían	reí reíste rió reímos reísteis rieron	reiré reirás reirá reiremos reiréis reirán	reiría reirías reiría reiríamos reiríais reirían	ría rías ría riamos riáis rían	riera rieras riera riéramos rierais rieran	ríe tú, no rías ría Ud. riamos rían
seguir (i, i) (g) siguiendo seguido	sigo sigues sigue seguimos seguís siguen	seguía seguías seguía seguíamos seguíais seguían	seguí seguiste siguió seguimos seguisteis siguieron	seguiré seguirás seguirá seguiremos seguiréis seguirán	seguiría seguirías seguiría seguiríamos seguiríais seguirían	siga sigas siga sigamos sigáis sigan	siguiera siguieras siguiera siguiéramos siguierais siguieran	sigue tú, no sigas siga Ud. sigamos sigan
construir (y) construyendo construido	construyo construyes construye construimos construís construyen	construía construías construía construíamos construíais construían	construí construiste construyó construimos construisteis construyeron	construiré construirás construirá construiremos construiréis construirán	construiría construirías construiría construiríamos construiríais construirían	construya construyas construya construyamos construyáis construyan	construyera construyeras construyera construyéramos construyerais construyeran	construye tú, no construyas construya Ud. construyamos construyan
producir (zc) produciendo producido	produzco produces produce producimos producís producen	producía producías producía producíamos producíais producían	produje produjiste produjo produjimos produjisteis produjeron	produciré producirás producirá produciremos produciréis producirán	produciría producirías produciría produciríamos produciríais producirían	produzca produzcas produzca produzcamos produzcáis produzcan	produjera produjeras produjera produjéramos produjerais produjeran	produce tú, no produzcas produzca Ud. produzcamos produzcan

Vocabulary

This Spanish-English vocabulary contains all the words that appear in the text, with the following exceptions: (1) most close or identical cognates that do not appear in the chapter vocabulary lists; (2) most conjugated verb forms; (3) diminutives in -ito/a; (4) absolute superlatives in -ísimo/a; (5) most adverbs in -mente; (6) most numbers; (7) definite and indefinite articles; (8) subject and object pronouns and most possessive and demonstrative adjectives; (9) glossed vocabulary from realia and authentic readings. Only meanings that are used in the text are given. Numbers following definitions indicate the chapter in which that definition was presented as active vocabulary.

The gender of nouns is indicated except for masculine nouns ending in -o and feminine nouns ending in -a. Stem changes and spelling changes are indicated for verbs: **dormir (ue, u) llegar (gu)**.

Words beginning with **ch** and **ll** are found within the letters **c** and **l**, respectively. Similarly, **ch** and **ll** within words are found within **c** and **l**, respectively.

The following abbreviations are used:

adj.	adjective	*gram.*	grammar term	*p.p.*	past participle
adv.	adverb	*inf.*	infinitive	*pl.*	plural
coll.	colloquial	*inv.*	invariable in form	*poss.*	possessive
conj.	conjunction	*irreg.*	irregular	*prep.*	preposition
f.	feminine	*L.A.*	Latin America	*pron.*	pronoun
fam.	familiar	*m.*	masculine	*s.*	singular
fig.	figurative	*Mex.*	Mexico	*sl.*	slang
form.	formal	*n.*	noun	*Sp.*	Spain
ger.	gerund	*neut.*	neuter	*v.*	verb

A

a to, at; **a causa de** because of; **a pie** on foot; **¿a qué hora?** at what time?
abajo below; downstairs
abandonar to abandon
abanico fan
abdomen *m.* abdomen (5)
abeja bee (7)
abierto/a (*p.p. of* **abrir**) open, opened

abocarse (qu) to approach; to commit
abogado/a lawyer
abordar to board (*ship, train, etc.*) (8); to approach
abrelatas *m. s.* can opener
abreviación *f.* abbreviation
abreviar to abbreviate
abreviatura abbreviation
abrigo coat; shelter
abril *m.* April

abrir (*p.p.* **abierto**) to open; to open, up; **ábrete sésamo** open sesame
absorto/a engrossed
abstener (*like* **tener**) to abstain
abstracto/a abstract (*art, etc.*)
absurdo/a absurd, ridiculous
abuelito/a grandpa/grandma (1)
abuelo/a grandfather, grandmother; *m. pl.* grandparents (1)
abundante abundant

abundar to abound, be abundant

aburrido/a bored; boring

aburrimiento boredom

aburrir to bore; **aburrirse** to get bored

abusivo/a abusive

a.C. (antes de Cristo) before Christ (B.C.) (4)

acabar to end, finish; **acabar de +** *inf.* to have just (*done something*)

académico/a academic; **ámbito académico** academic field/world

acampar to camp

acaso perhaps; **por si acaso** just in case

acceso access

accesorio accessory

accidente *m.* accident

acción *f.* action

acelerar to accelerate, speed up

acento accent; accent mark

acentuar (acentúo) *gram.* to accent, stress (*as a syllable*); to put an accent mark on, to emphasize

aceptable *adj.* acceptable

aceptar to accept; to agree (*to do something*)

acerca de *prep.* about, concerning

acercarse (qu) to approach

aclarar to clarify

acodarse *fig.* to draw near

acomodación *f.* accomodation

acomodar to adapt to, adjust to

acompañante *m., f.* companion

acompañar to accompany

acontecimiento event

acordarse (ue) (de) to remember

acostado/a lying down

acostar (ue) to put to bed; **acostarse** to go to bed

acostumbrado/a accustomed; **estar** (*irreg.*) **acostumbrado/a** to be used to, accustomed to

actitud *f.* attitude

activar to activate, start up

actividad *f.* activity

activo/a active

acto *n.* act

actor *m.* actor

actriz *f.* (*pl.* **actrices**) actress

actual *adj.* present, current

actualidad: en la actualidad at the current time, currently

actualizar (c) to modernize, bring up to date

actualmente currently, presently

actuar (actúo) to act, behave

acudir to turn to (*for advice, help, etc.*)

acuerdo agreement; **estar** (*irreg.*) **de acuerdo (con)** to agree, be in agreement (with)

acústico/a acoustic; **guitarra acústica** acoustic guitar (11)

adelante: en adelante forward; **de hoy en adelante** from today on/forward

además (de) besides, in addition (to)

adentro inside

adicción *f.* addiction

adicional additional

adicto/a *adj.* addicted

adiós *interj.* good-bye; *n. m.* good-bye; **adiosito** bye-bye

adivinar to guess

adjetival *adj. gram.* adjectival

adjetivo *n. gram.* adjective; **adjetivo demostrativo** demonstrative adjective; **adjetivo descriptivo** descriptive adjective; **adjetivo emotivo** adjective of emotion; **adjetivo posesivo** possessive adjective

administración *f.* administration, management; **administración de empresas** business administration (2)

admirar to admire

admitir to admit

adolescente *n. m., f.; adj.* adolescent

adonde *conj.* (to) where; to which

¿adónde? *adv.* (to) where?; **¿adónde vas?** where are you going?

adoptivo/a *adj.* adopted; **hijo/a**

adoptivo/a adopted son/daughter (1)

adorar to worship

adornar to adorn, decorate

adorno *n. m.* decoration, adornment

adquirir (ie) to acquire; to purchase

adulto/a *n.; adj.* adult

adverbial *gram.* adverbial

adverbio *gram.* adverb

adversario/a *n.* opponent, adversary

aeróbico/a *adj.* aerobic; **ejercicio aeróbico** aerobics

aerolínea airline

aeropuerto airport (8)

afectado/a *adj.* affected; *p.p. of* **afectar** affected

afeitarse to shave

aficionado/a *n.* fan

afirmar to affirm, firm up

afirmativo/a *adj.* affirmative

Africa *f.* (*but* **el Africa**) Africa

africano/a *n.; adj.* African

afuera *adv.* outside

afueras *n. f. pl.* suburbs, outskirts

agarrar to grab (onto)

agencia agency; **agencia de viajes** *m.* travel agency (8)

agente *m., f.* agent; **agente de viajes** *m.* travel agent (8)

agnóstico/a *n.* agnostic (10)

agosto August

agradable agreeable, pleasant

agradar to please

agradecido/a thankful, grateful

agradecimiento gratitude

agresivo/a aggressive

agrícola *adj. m., f.* agricultural

agrio/a sour

agua *f.* (*but* **el agua**) water; **agua contaminada** polluted water (7); **agua mineral** mineral water (6); **contaminación del agua** water pollution; **depurar el agua** to purify water (7)

aguacero (rain) shower, downpour

águila *f.* (*but* **el águila**) eagle (7)

ahí there; **de ahí** from there; from that

ahora now; **ahora mismo** right now

ahorita right now

ahorrar to save (*money*) (9)

ahorros savings; **cuenta de ahorros** savings account (9)

aire *m.* air; **al aire libre** in the open air; **contaminación** *f.* **del aire** air pollution

ajeno/a of/belonging to another

ajo garlic (6)

ajustar *fig.* to get by (*paying bills, debt, etc.*)

al (*contraction of* **a** + **el**) to the

ala *f.* (*but* **el ala**) wing, hat brim; **de ala ancha** wide-brimmed (*hat*)

alabado/a *adj.* praised

alambrado wire fence

alambre *m.* wire; **alambre de púas** barbed wire

alarma alarm

alba *f.* (*but* **el alba**) dawn, daybreak

alcance *n. m.* reach

alcanzar (c) to manage to (*do something*); to reach

alcohol *m.* alcohol

alegar (gu) to allege

alegrarse (de) to be/become happy (about)

alegre *adj.* happy

alegría happiness

alejarse to distance oneself

alemán, alemana *adj.* German

Alemania Germany

alergia allergy (5)

alfabetismo literacy

alfombra carpet, rug (1)

álgebra *f.* (*but* **el álgebra**) algebra (2)

algo *pron.* something; *adv.* somewhat

alguien *pron.* someone

algún, alguno/a *adj.* some, any; *pl.* some, a few; **algún día** some day; **de algún modo** somehow; **en alguna parte** somewhere

alguno/a *pron.* some, any, *pl.* some, a few

Alianza para el Progreso Alliance for Progress

alistarse to get ready, to prepare

allá there; **allá tú (Ud.)** it's up to you; **más allá de** beyond

allí there

alma *f.* (*but* **el alma**) soul

almacén *m.* department store

almorzar (ue) (c) to eat lunch, have lunch

almuerzo lunch

alpinismo mountain climbing (3)

alrededor *adv.* around

altar *m.* altar (10)

alteración *f.* change, alteration

alternar to alternate; **alternarse** to take turns

alternativa *n.* alternative, alternate

alternativo/a *adj.* alternative, alternate

altiplano high plateau

alto/a tall, high; **con la cabeza en alto** with head held high; **en voz** (*f.*) **alta** aloud

altura height

alumno/a pupil, student

alzar (c) to raise

amable *adj.* nice, kind, amiable

amado/a *n.* beloved

amanecer *n. m.* dawn

amante *m., f.* lover

amapola poppy

amar to love

amargo/a bitter

amargura bitterness

amarillento/a yellowed; yellowish

amarillo/a yellow

ambicioso/a ambitious

ambiente *m.* ambience, surroundings, atmosphere (12); **medio ambiente** environment

ámbito field, world; **ámbito académico** academic field/world (2)

ambos/as both

amenaza threat

América America; **América Latina** Latin America; **América del Sur** South America; **las Américas** the Americas (*North and South*); **Estados Unidos de América** U.S.A.

americano/a *n.; adj.* (North) American; **fútbol** *m.* **americano** football

amigo/a friend

amiguito/a little friend

amor *m.* love; **mi amor** my dear; **amores** love affairs

amoroso/a amorous, loving

ampliar (amplío) to amplify

analfabetismo illiteracy

analfabeto/a *adj.* illiterate

análisis *m.* analysis (12)

analítico/a analytical

analizar (c) to analyze (12)

anaranjado/a *adj.* orange (*color*)

anca *f.* (*but* **el anca**) haunch (*of a horse*)

ancho/a wide; **de ala ancha** wide-brimmed (*hat*)

anciano/a *n.; adj.* elderly man/woman; **los ancianos** the elderly

andaluz(a) (*m.pl.* **andaluces**) Andalusian, *of or pertaining to Andalusia in southern Spain*

andante: caballero andante knight errant

andar (*irreg.*) to walk, go; **andar en bicicleta** to ride a bicycle (3)

Andes *m. pl.* Andes Mountains

andino/a Andean, *of or pertaining to the Andes Mountains*

ángel *m.* angel; **el Salto Angel** Angel Falls (*in Venezuela*)

angosto/a narrow

ángulo corner

angustia anguish

anhelar to long for, yearn for

animado/a animate, living

animal *m.* animal

animar to encourage; **animarse** to cheer up, to liven up

ánimo spirit; **estado de ánimo** mood; state of mind

aniversario anniversary; **aniversario de bodas** wedding anniversary; **aniversario de nacimiento** birthday

anoche last night (4)

anónimo/a anonymous; **sociedad** *f.* **anónima** incorporated company

anotar to make a note of, write down

ansia *f.* (*but* **el ansia**) anxiety, worry

antagonista *m.f.* antagonist

antaño yesteryear; **de antaño** from the past, ancient

ante before; in front of; in the face of

anteayer day before yesterday (4)

antebrazo forearm

anteponer (*like* **poner**) (*p.p.* **antepuesto**) to place, put before

anterior previous

antes *adv.* before; previously; **antes de** *prep.* before; **antes (de) que** *conj.* before

antibiótico *n.* antibiotic (5)

anticipación *f.* anticipation

antiguo/a antique; former; old

antipático/a unpleasant

antropología anthropology

anual annual

anunciar to advertise; to announce (4)

anuncio ad(vertisement); announcement; **anuncio comercial** advertisement, TV commercial (9)

añadir to add

año year; **el año pasado** last year; **¿cuántos años tienes?** how old are you?; **cumplir años** to have a birthday; **tiene quince años** he's fifteen (*years old*); **los años sesenta** the sixties

apaciguar (**gü**) to calm (down)

apagar (**gu**) to turn off (*lights, etc.*)

aparecer (**zc**) to appear

aparentemente apparently

aparición *f.* appearance (*arrival on the scene*)

apariencia appearance (*how one looks*)

apartamento apartment

aparte *adj.* separate

apedrear to hail

apegado/a attached, devoted

apenas barely, hardly

aperitivo appetizer

apetecer (**zc**) to appeal to; **¿qué te apetece?** what would you like? (*used mostly with food*)

apetito appetite

aplicar (**qu**) to apply

apogeo apogee, highest point

aportar to contribute

apóstol *m.* apostle

apoyar to support

apreciar to estimate

aprender to learn

apretón *m.:* **apretón de manos** handshake

aprobar (**ue**) to approve; to pass (*a test, course, etc.*)

apropiado/a appropriate

aprovechar (**de**) to take advantage (of)

aproximado/a *adj.* approximate

apuntar to make a note of; to write down

aquello *n.* that, that thing, that fact

aquí here

árabe *n. m.* Arabic (*language*); *adj.* Arabic

araña spider (7)

árbitro referee, judge (*sports*) (3)

árbol *m.* tree; **siembra de árboles** tree planting

arbórea: rana arbórea tree frog (7)

arbusto shrub, bush

archivo file (9)

ardiente passionate

ardilla squirrel (7)

arduamente arduosly, with difficulty

área *f.* (*but* **el área**) area; field

arena sand

arete *m.* earring

argentino/a *n.; adj.* Argentine

argumento plot (*of a novel, a play, etc.*) (12)

aria *f.* (*but* **el aria**) aria (*music*)

árido/a dry, arid

arma *f.* (*but* **el arma**) weapon, arm

armario closet (1)

armarse caballero to confer knighthood

arpa *f.* (*but* **el arpa**) harp

arqueología archaeology

arquero/a goalkeeper, goalie (*soccer*) (3)

arquitectura architecture (2)

arrancar (**qu**) to start, originate

arrastrar to sweep away

¡arre, burro! giddy up, donkey!

arreglar to arrange; to straighten up, put in order

arriba above; upstairs

arribar (**a**) to arrive (at)

arriesgarse (**gu**) to risk

arrimarse to draw near, approach

arroyo creek, stream

arroz *m.* (*pl.* **arroces**) rice (6)

arrugar (**gu**) to wrinkle (up)

ars (*Latin*): **ars magna** master work

arte *m., f.* art; **bellas artes** fine arts

arteria artery (5)

artesanía crafts, handicrafts

artículo article; **artículo definido** *gram.* definite article

artista *m., f.* artist (*painter, writer, singer, etc.*)

artístico/a artistic

asado/a *adj.* roasted (6); *n. m.* roast

ascender (**ie**) to rise

ascenso promotion (*at work*) (9)

asegurar to assure; to secure

así *adv.* so, thus; that's how, in that way

asiento seat; **asiento de pasillo/ventanilla** aisle/window seat (8)

asignatura (*school*) subject (2)

asimismo in the same way, likewise

asistente *m., f.* assistant; **asistente de vuelo** flight attendant (8)

asistir (**a**) to attend

asociarse to associate; to relate

asociación *f.* association

asoleado/a sun-drenched
aspecto aspect
áspero/a rough
aspirina aspirin (5)
asqueroso/a disgusting, nasty
astilla splinter
asunción *f.* assumption
asunto affair, matter; subject, topic
asustado/a frightened, scared
atacar (qu) to attack
ataúd *m.* coffin
atención *f.* attention; **prestar atención** to pay attention
atender (ie) to attend to; to assist
ateo/a *n.* atheist (10)
aterrizar (c) to land (*a plane*) (8)
atlético/a athletic
atmósfera atmosphere
atracción *f.* attraction
atraer (*like* **traer**) (*p.p.* **atraído**) to attract
atrás *adv.* back, behind
atraso backwardness; delay
atreverse (a) to dare (*to do something*)
atribuir (y) to attribute
aumentar to increase; to grow
aumentativo *gram.* augmentative
aumento *n.* increase, rise
aun even
aún still, yet
aunque although, even though
australiano/a Australian
auténtico/a authentic
autobús *m. s.* bus (8)
autodescripción *f.* self description
automático/a automatic; **cajero automático** ATM (8)
automóvil *m.* automobile; **gases** *m. pl.* **de combustión** *f.* **de los automóviles** auto exhaust (7)
autor(a) author (12)
autoridad *f.* authority
autorización *f.* authorization, permission
avance *n. m.* advance
avanzado/a advanced
avanzar (c) to advance, to move forward

ave *f.* (*but* **el ave**) bird
aventar (ie) to throw
aventura adventure
aventurarse to venture forth, venture out
avergonzado/a embarrassed
averiguar (gü) to verify; to find out
aversión *f.* aversion, dislike
avión *m.* airplane
avisar to notify, advise
ayer yesterday
ayuda help, assistance
ayudar to help, aid
ayuno *n.* fast, fasting
azada hoe; **a azada** (*dig*) with a hoe
azafata flight attendant (8)
azahar *m.* orange/lemon blossom
azteca *n.; adj. m., f.* Aztec
azúcar *m.* sugar (6)
azul *n. m.* blue (*color*), *adj.* blue

B

bailar to dance (11)
baile *m.* dance, act of dancing
bajar to lower; to go down; **bajarse de** to get off (*a train, plane, etc.*)
bajo *n.* bass (*instrument or voice*), *prep.* under, beneath
bajo/a *adj.* short; down; low
bala bullet
balcón *m.* balcony
ballena whale (7)
ballet *m.* ballet (11)
balón *m.* ball (3)
baloncesto basketball (3)
banana banana (6)
bananal *m.* banana plantation
banano banana (*fruit*); banana (*crop*); banana tree
banca banking system
bancario/a *adj.* bank (*of or pertaining to a bank*)
banco bank; bench
banda band (*music*); band, sash
banquero/a banker (9)
banquete *m.* banquet
bañar to bathe, give a bath to;

bañarse to take a bath
bañera bathtub (1)
baño bath; bathroom (1); **bata de baño** bathrobe
baptista *m., f.* Baptist (10)
barato/a cheap, inexpensive
barba beard
barbaridad *f.:* **¡qué barbaridad!** how great/wonderful!
barbilla chin (5)
barboteo *n.* mumbling, muttering
barco boat, ship (4)
barriga belly (5)
barril *m.* barrel
barrio neighborhood
barro mud
barroco baroque (*European artistic style of the 16th and 17th centuries*)
basado/a based
basarse (en) to be based (on), to use as a basis
base *f.* base; **a base de** based on
básico/a basic
basquetbol *m.* basketball (3)
bastante *adj.* enough, sufficient; *adv.* enough, fairly, quite
bastar to be sufficient, enough
bastión *f.* bastion
basura garbage
bata de baño bathrobe
batalla battle
bate *m.* baseball bat (3)
bateador(a) batter (*baseball*)
batería battery (*drum section*) (11)
batir to beat (*eggs, etc.*)
bebé *m.* baby
beber to drink
bebida drink, beverage
beca scholarship (*money grant*) (2)
béisbol *m.* baseball (3)
bello/a beautiful; **bellas artes** *f. pl.* fine arts (2)
bellota acorn
bendecir (*like* **decir**) to bless
bendición *f.* blessing
bendito/a *adj.* blessed
beneficiar to benefit
beneficio *n.* benefit
besar to kiss; **besarse** to kiss each other

beso *n.* kiss

biblia bible; **Santa Biblia** Holy Bible (10)

bíblico/a biblical

biblioteca library (2)

bibliotecario/a librarian

bicicleta bicycle; **andar** (*irreg.*)/**montar en bicicleta** to ride a bicycle (3)

bien good; *adv.* well; **caerle bien/mal a alguien** to be liked/disliked by someone; **muy bien** very well; **si bien** although

bienes *m. n. pl.* assets, goods, **bienes y servicios** goods and services

biftec *m.* steak (6)

billete *m.* bill (*money*); ticket

billón *m.* trillion (*a thousand million*)

biografía biography

biología biology (2)

biológico/a biological

biosistema *m.* biosystem

bisabuelo/a great-grandfather/grandmother; **bisabuelos** great-grandparents (1)

bisnieto/a great-grandson/granddaughter (1)

bisté *m.* steak

bistec *m.* steak

bizcocho cookie (6)

blanco/a *adj.* white; *n. m.* white (*color*); **la Casa Blanca** the White House

blando/a soft

bloquear to block

bobo/a fool

boca mouth (5); **comisura de la boca** corners of the mouth; **dar en la boca** to hit in the mouth

bocadillo sandwich (6)

boda wedding; **aniversario de bodas** wedding anniversary

bola ball

boleto ticket; **boleto de ida y vuelta** roundtrip ticket (8)

boliche *m.* bowling (3)

bolígrafo ballpoint pen

boliviano/a *adj.; n. m., f.* Bolivian

bolos: juego de bolos bowling

bolsa bag, sack

bonachón, bonachona *adj.* good-natured; easy going

bondad *f.* goodness

bondadoso/a kind, good, good-natured

bonito/a pretty; **¡qué bonito/a!** how pretty!

borde *m.* edge

bosque *m.* forest, woods; **bosque lluvioso** rainforest (8); **bosque tropical** rainforest (8)

bostezar (c) to yawn

bota boot

botella bottle

boxeador(a) boxer

boxeo boxing (*sports*) (3)

Brasil *m.* Brazil

brasileño/a *adj.; n.* Brazilian

bravo/a brave; fierce; wild

bravura ferocity, fierceness

brazo arm (5)

breve *adj.* brief

brillante *adj.* bright, brilliant

brillar to shine

brisa breeze

broma joke; **en broma** jokingly

bronce *m.* bronze

brújula compass

bruscamente brusquely, roughly

bucear to scuba dive (8)

budismo Buddhism (10)

buen, bueno/a good; **bueno** *interj.* well; **estar bueno/a** to be healthy, in good health; **estar** (*irreg.*) **de buen humor** *m.* to be in a good mood; **hacer** (*irreg.*) **buen tiempo** to be good weather; **lo bueno** the good thing, the good part; **más bueno/a** better; **política del Buen Vecino** the Good Neighbor Policy; **¡qué bueno!** how great/nice!

bufanda scarf

bufón, bufona *n.* buffoon, fool

búho owl (7)

bulto package

burdo/a coarse, rough

burlarse (de) to laugh at; to mock

burrito *a Tex-mex dish made of meat and/or beans in a tortilla*

burro/a burro, donkey; dummy (7); **¡arre, burro!** giddy up, donkey!

bus *m. s.* bus; **estación** *f.* **de buses** bus station (5)

busca search; **en busca de** in search of

buscador *m.* search engine (*computer term*)

buscar (qu) to look for, search (for)

búsqueda *n.* search

buzón *m.* mailbox

C

cabalidad: a cabalidad completely; properly

caballerías: novelas de caballerías novels of chivalry/knighthood

caballero gentleman; **armarse caballero** to confer knighthood; **caballero andante** knight errant

caballo horse (7); **montar a caballo** to ride horseback; **caballo regalado** gift horse

caber (*irreg.*) to fit (*into or onto*)

cabeza head (5); **con la cabeza en alto** with head held high; **dolor de cabeza** headache

cabizbajo with head down

cabo: llevar a cabo to carry out, complete

cabra goat (7)

cacao cocoa; **manteca de cacao** cocoa butter

cada *inv.* each; every; **cada vez más** more and more; **cada vez mayor** larger and larger

cadáver *m.* cadaver, corpse, dead body

caer (*irreg.*) (*p.p.* **caído**) to fall; **caerle bien/mal a alguien** to be liked/disliked by someone

café *m.* coffee (6); café; **color** *n. m.* **café** dark brown

cafecito espresso, small cup of coffee

cafetería cafeteria; restaurant; coffee shop (2)

caída *n.* fall

caimán *m.* alligator (7)

caja box, carton; cash register, cashier (9); **caja fuerte** strong box, safe (9)

cajero/a cashier (9); **cajero automático** ATM (8)

calavera skull

calculadora calculator (9)

calcular to calculate

cálculo calculus (2)

calendario calendar, schedule

calentar (ie) to heat up

calidad *f.* quality

cálido/a warm

caliente *adj.* hot

calificación *f.* (*school*) grade (2)

callarse to be quiet

calle *f.* street

calmante *m.* tranquilizer (5)

calor *m.* heat; **hacer** (*irreg.*) **calor** to be hot (*weather*); **tener** (*irreg.*) **calor** to be hot (*person*)

caloría calorie

cama bed; **cama individual** single bed (1); **cama de matrimonio** double bed (1)

cámara camera (8)

camarón *m.* shrimp (6)

cambiar to change; to exchange

cambio *n.* change; **con cambio de radical** *m. gram.* stem-changing (*verb*); **en cambio** on the other hand (12)

camello/a camel (7)

caminar to walk

camino road, route; (*fig.*) path

camión *m. Mex.* bus (8)

camisa shirt

camiseta T-shirt

campaña campaign

campeonato championship

campesino/a *n.* peasant, farmer

campo field; countryside; **en el campo** in the country/field

campus *m. inv.* campus, university area

Canadá *m.* Canada

canadiense *n. m., f.* Canadian

canal *m.* (TV) channel

cana gray hair; **tener** (*irreg.*) **canas** to be gray, have gray hair

cancelar to cancel

cáncer *m.* cancer (7)

cancha court (*tenis, baloncesto*) (3); field (*soccer*) (3)

canción *f.* song

canelas: capuera de canelas stand of cinnamon trees

cangrejo crab (6)

cansado/a tired

cantante *m., f.* singer

cantar to sing (10); to chant (10)

cántaro pitcher

cantidad *f.* quantity

canto *n.* song; chant

cañería pipes (*plumbing*) (9)

caos *m. s.* chaos

capa coat, covering

capacidad *f.* capacity

capacitado/a qualified

capital *f.* capital (*city*), *m.* capital (*money*)

capitalista *m., f.* capitalist

capítulo chapter (12)

captar to grasp, understand

capuera cleared land; **capuera de canelas** stand of cinnamon trees

cara *n.* face (5)

carabela caravel (*sailing ship*)

caracol *m.* seashell, conch shell

carácter *m.* (*pl.* **caracteres**) character; **de buen carácter** of good character

característica *n.* characteristic, feature

característico/a *adj.* characteristic, typical

caracterización *f.* characterization (12)

caracterizar (c) to characterize, describe (12)

caramelo caramel (*cooked sugar*)

cargado/a (de) loaded (with)

Caribe *m.* Caribbean area, region; **el mar Caribe** the Caribbean Sea

caribeño/a *adj.* Caribbean, *of or pertaining to the region of the Caribbean Sea*

caridad *f.* charity

cariño affection

carismático/a charismatic

carne *f.* meat; flesh; **carne de res** beef

carnicería butcher shop

carnicero/a butcher (9)

caro/a expensive, high-priced

carpintero/a carpenter (9)

carrera major (*academic*) (2); career

carretera highway; **en la carretera** on the road (8)

carro car; cart

carta letter; **carta de marear** sailor's license; **echar una carta al correo** to mail a letter

cartero/a letter carrier

casa house; **Casa Blanca** White House; **en casa** at home

casado/a married (1)

casamiento marriage

casarse to marry, get married (4)

cáscara bark (*of a tree or plant*)

casi almost

caso case; **en caso (de) que** in case that

cassette *m.* cassette tape (*audio or video*) (11)

castaño *n. m.* chestnut brown (*color*); **castaño/a** *adj.* chestnut colored

castañuela castanet (*generally pl.* **castañuelas**) (11)

castillo castle

cataclismo cataclysm, major disturbance

catalogado/a catalogued, categorized

catarata waterfall

catarro common cold (5)

catedral *f.* cathedral (8)

categoría category
catolicismo Catholicism
católico/a *n.; adj.* Catholic (10);
Iglesia Católica Catholic
Church
catorce *n.; adj.* fourteen
cátsup *m.* ketchup (6)
causa *n.* cause
causa: a causa de because of
causado/a caused
causar to cause
cautela caution
cauteloso/a cautious
caza *n.* hunt, hunting
cazar (c) to hunt (3)
cebolla onion (6)
cebra zebra (7)
cegado/a blinded
ceja eyebrow (5)
celebración *f.* celebration
celebrar to celebrate
celos jealousy
celtíberos Celtiberians (*prehistoric
inhabitants of the Iberian
península*)
cemento cement
cena dinner, supper (*late-evening
meal*)
cenar to dine; salir (*irreg.*) a cenar
to go out to dinner
centavo cent
centro center; el centro
downtown; centro comercial
shopping center
Centroamérica Central America
centroamericano/a *n.; adj.* Central
American
cepillarse to brush; cepillarse los
dientes/el pelo to brush one's
teeth/hair
cerca *adv.* near, nearby; cerca de
near (to)
cerca *n.* fence
cercano/a *adj.* near
cerco *n.* hedge; fence
cerdo *n. m., f.* pig (7)
cereal *m.* cereal (6)
cerebro brain (5)
cereza cherry (6)

cero zero
cerrado/a closed; creer (y) a puño
cerrado to believe firmly
cerrar (ie) to close
cerro *n.* hill, mountain
certeza *n.* certainty
cerveza beer (6)
cesar to stop, cease (*doing
something*); sin cesar
unceasingly
césped *m.* lawn, grass
cesto basket
chalet *m.* chalet, cottage,
countryhouse
chamán *m.* shaman (10)
chambelán *m.* chamberlain
charada *f.* charade
charco puddle (*of rainwater*)
charlar to chat, converse (3)
chato/a *adj.* flat-nosed
cheque *m.* check; firmar un
cheque to sign a check (9)
¡chévere! *interj.* cool!, fantastic!,
great!
chevi *m.* Chevy, Chevrolet
chico/a boy; girl; young person
chicle *m.* chewing gum
chileno/a *n.; adj.* Chilean
chino/a *n.; adj.* Chinese
chirca euphorbia (*a tropical tree*)
chisme *m.* gossip
chiste *n. m.* joke, amusing remark
chistoso/a *n.; adj.* joker; funny,
wisecrack
choclo ear of corn, corncob
chocolate *m.* chocolate
chocolatl *m.* (*Aztec term*) *a foamy,
unsweetened chocolate drink*
chófer *m., f.* driver, chauffeur (9)
choque *m.* collision, shock
chorizo sausage
chuleta chop; chuleta de cordero
lamb chop
chupar to suck
chupatintas *m. s. coll.* pen pusher,
petty official
cibernético/a *adj.* cybernetic;
cibernética *n.* cybernetics
cielo heaven, sky

cien, ciento *adj.* one hundred; por
ciento percent
ciencia science; ciencia ficción
science fiction; ciencias
naturales/políticas/sociales
natural/political/social science
(2)
científico/a *adj* scientific; scientist
cierto/a a certain (*thing*), true;
hasta cierto punto to a certain
extent (12); ¿no es cierto? isn't
that right?
cifra number, cipher
cigarro cigarette
címbalo cymbal (11)
cine *m.* cinema, movies
(*entertainment industry*); movie
theater; ir al cine to go to the
movies (3)
cinto waist, waistline
cintura waist (5)
ciocolatieri (*Italian*) chocolate
makers
circulación *f.* circulation
circular to circulate
circunstancia circumstance
cita appointment, date
ciudad *f.* city; Ciudad de México
Mexico City; ciudad
universitaria university
campus
ciudadano/a citizen
civil *adj.* civil, civilian; estado civil
marital status; guerra civil civil
war
civilización *f.* civilization
claridad *f.* clarity
clarinete *m.* clarinet (11)
¡claro! of course!; ¡claro que no! of
course not; ¡claro que sí! of
course
claro/a *adj.* clear, evident
clase *f.* class (*school*), type, class,
kind; compañero/a de clase
classmate; primera/segunda
clase first/second class
clásico/a classical, classic; música
clásica classical music (11)
cláusula *gram.* clause; cláusula

con si if clause; **cláusula nominal** noun clause; **cláusula principal** main clause
clave *n. f.* key
cliente, clienta customer, client (9)
clima *m.* climate
climático/a climatic
clímax *m.* climax
clínica *n.* clinic (5)
club *m.* club
coágulo clot
cobarde *n. m., f.* coward, *adj.* cowardly
cobrar to charge; to acquire; **cobrar intereses** to charge interest (9)
cocer (ue) (z) to cook; **cocer al horno** to bake (9)
coche *m.* car; cart (8); **coche de tren** train car
cochino pig (7)
cocina kitchen (1)
cocinar to cook (9)
cocinero/a chef, cook (9)
cocodrilo crocodile (7)
codicia greed
codo elbow (5)
colaborador(a) collaborator, supporter
colección *f.* collection
coleccionar to collect
colecta *f.* collection (*church or charity*); **hacer** (*irreg.*) **una colecta** to take up a collection
colectivo: garaje *m.* **colectivo** parking garage
cólera rage
colgado/a hanging, hung
colgar (gu) to hang
colocado/a located, placed
colocar (qu) to place
colombiano/a *n.; adj.* Colombian
Colón: Cristóbal Colón Christopher Columbus
colonia colony
coloquial *adj.* colloquial
color *m.* color
colorido/a colored, in color
columna column

combatir to combat
combinación *f.* combination
combinado/a *adj.* combined
combinar to combine
combinatoria: ars magna (*Latin*) **combinatoria** combined master work
combustión *f.* combustion; **gases** *m. pl.* **de combusión de los automóviles** *m. pl.* auto exhaust (7)
comedor *m.* dining room (1)
comentar to comment
comentario commentary (12)
comentarista *n. m., f.* comentator
comenzar (ie) (c) to begin (4)
comer to eat
comercial *adj.* commercial; **anuncio comercial** advertisement, TV commercial; **centro comercial** shopping center
comerciante *n. m., f.* merchant, businessman/woman (9)
comercio business, commerce (2)
comestibles *m. pl.* groceries
cometa *m.* comet
cómico/a *adj.* comic, funny
comida food (6); meal
comisionado/a commisioned
comisura de la boca corners of the mouth
como like, as; **así como** the same as; **tan/tanto... como** as . . . as
¿cómo? how?
cómoda *n.* dresser (1)
cómodo/a *adj.* comfortable
compacto: disco compacto compact disc, CD
compañero/a partner, companion; **compañero/a de clase** *f.* classmate; **compañero/a de cuarto** roommate
compañía company
comparar to compare
comparación *f.* comparison; **comparación de desigualdad** *f. gram.* comparison of inequality
comparativo/a comparative

compartir to share
compasión *f.* compassion
competir (i, i) to compete
competitividad *f.* competitiveness
competitivo/a competitive
complejo/a complicated
complementario/a complementary
complemento *gram.* object, complement; **complemento directo/indirecto** direct/indirect object
completar to complete
completo/a *adj.* complete; **por completo** completely
complicación *f.* complication
complicado/a *adj.* complicated
complicar (qu) to complicate, make complicated
componer (*like* **poner**) (*p.p.* **compuesto**) compose; **componerse** to be composed of
composición *f.* composition
compra *n.* purchase; **ir** (*irreg.*) **de compras** to go shopping
comprar to buy
comprender to understand
comprensión *f.* understanding, comprehension
compuesto/a (*p.p. of* **componer**) *adj.* composed; *gram.* compound; **palabra compuesta** *gram.* compound word
computación *f.* computing
computadora *L.A.* computer; **computadora personal** personal computer, P.C.; **escribir en la computadora** to type on a computer, to key in (9)
computarizado/a computerized
común common, ordinary; **en común** in common
comunicación *f.* communication
comunicarse (qu) to communicate
comunicativo/a communicative
comunidad *f.* community
comunista *n. m., f.; adj.* communist
con with; **con frecuencia** frequently

concepción *f.* conception
concepto concept
concebir (i, i) to conceive
conciencia conscience
concierto concert (11)
conciso/a *adj.* concise
concluir (y) to conclude
conclusión *f.* conclusion; **en conclusión** in conclusion, finally (12)
concordar (ue) to agree
concurso contest
condensar to condense
condición *f.* condition
condicional conditional
condimento condiment, seasoning
conducir (zc) (*irreg.*) to drive (8)
conducto: por conducto de by way of
conectado/a connected
conectar to connect
conejo/a rabbit (7)
conferencia lecture (2)
confesión *f.* confession
confianza confidence
confiar (confío) (en) to confide in; to trust in, have trust in
confirmación *f.* confirmation
conflicto *n.* conflict
conformarse to settle for
confundir to confuse, confound
confusión *f.* confusion
confuso/a confused, confusing
congestionado/a congested, stopped up (*nose, etc.*)
congreso conference
conjugar (gu) *gram.* to conjugate (*verbs*)
conjunción *f. gram.* conjunction
conjunto ensemble, musical group (11); **en conjunto** together, as a team
conmigo with me
conocedor(a) (de) one who knows (about)
conocer (zc) to know, be familiar with; to meet, become acquainted with
conocido/a *adj.* known; **muy**

conocido/a well-known, famous
conocimiento knowledge
cono de hormigas anthill
conquista conquest
conquistar to conquer (4)
consecuencia consequence; **en consecuencia** accordingly, therefore
consecutivo/a consecutive, successive
conseguir (i, i) (g) to get, obtain
consejero/a *n.* counselor, adviser
consejo piece of advice; *pl.* advice
conservar conserve, save
considerado/a considered, held to be
considerar to consider
consiguiente: por consiguiente consequently
consistir (en) to consist (of)
constante *adj.* constant
constipado/a stopped up, congested (*nose, etc.*)
constituirse (y) to establish oneself, set oneself up as
construcción *f.* construction
constructivo/a constructive
construido/a built
construir (y) to build, construct (9)
consuelo *n.* consolation
consulta *n.* consultation
consultar to consult
consultor(a) consultant
consultorio doctor's office (5)
consumir to consume, use
contabilidad *f.* accounting (2)
contacto contact
contaminación *f.* contamination, pollution; **contaminación del aire/agua** air/water pollution
contaminado/a contaminated, polluted; **agua** *f.* **contaminada** polluted water (7)
contaminante *n. m.* contaminant, pollutant (7)
contaminar to contaminate, pollute (7)
contar (ue) to tell a story; **contar**

con to count on
contemplar to contemplate
contemporáneo/a contemporary
contener (*like* **tener**) to contain
contento/a happy, content
contestar to answer
contexto context
contigo with you
continente *m.* continent
continuación: a continuación follow, next
continuar (continúo) to continue, go on
continuidad *f.* continuity
contra against
contradecir (*like* **decir**) **(i, i)** to contradict
contrario/a contrary, opposing
Contrarreforma Counter Reformation
contrastar to contrast
contraste *m.* contrast, difference
contribuir (y) to contribute
controlar to control
controversia controversy
controvertido/a controversial
convencer (z) to convince
convención *f.* convention
conveniente *adj.* convenient
convenir (*like* **venir**) to convene
conversación *f.* conversation
conversar to converse
convicción *f.* conviction
convertir (ie, i) to convert
convivir to live together, cohabitate
coordinación *f.* coordination
Copa Mundial World Cup (*soccer*)
copia copy
copiadora copy machine (9)
copiar to copy
Corán *m.* Koran (10)
corazón *m.* heart (5)
corcho cork
cordero/a lamb; **chuleta de cordero** lamb chop
corear to chant; to sing in chorus (10)
corneta cornet, bugle (11)

corno horn; **corno francés** French horn (11); **corno inglés** English horn (11)

coro chorus (11)

corporal: mensaje *m.* **corporal** body language

corral *m.* corral

corrección *f.* correction

correcto/a correct

correfaldas *m. pl. coll.* skirt chaser

corregir (i, i) (j) to correct

correo mail; mail service; **correo electrónico** e-mail (9); **echar una carta al correo** to mail a letter; **oficina de correos** post office

correr to run (3)

corresponder to correspond; **a quienes corresponde** to whom it may concern

correspondencia correspondence, exchange of letters

correspondiente *adj.* corresponding

corretear to run around, run about

corriente *adj.* current; **cuenta corriente** checking account (9); *n. f.* current (*water or electricity*)

cortar to cut; to cut off; to shorten (9)

corte *n. f.* court; **las Cortes** *pl.* (*Sp.*) parliament

corteza bark (*of a tree or plant*)

cortina curtain

corto/a short; **pantalones cortos** shorts

cosa thing; **¡qué cosa!** *coll.* how great!

cosecha *n.* harvest, crop

cosechar to harvest, reap

coser to sew, to mend (3)

costa *n.* coast

costado side (*of a person*)

costar (ue) to cost

costarricense *n. m., f.; adj.* Costa Rican

costear to walk (*run, drive, etc.*) close to

costo *n.* cost; **costo de la vida** cost of living

costumbre *f.* custom, practice; **de costumbre** usually

costurera seamstress

costurero sewing box

cotidiano/a *adj.* daily, everyday

creación *f.* creation

creador(a) creator

crear to create

crecer (zc) to grow

crecimiento growth

crédito credit; **tarjeta de crédito** credit card (9)

creer (y) (*p.p.* **creído**) to think; to believe; to be of the opinion

creíble believable

crema cream

creyente *n. m., f.* believer

crimen *m.* crime

crisis *f.* crisis

cristal *m.* window

cristalino/a chrystalline, clear

cristianismo Christianity (10)

cristiano Christian (*archaic*) *Used to refer to Spanish when contrasted with "barbarian" languages*

cristiano/a *adj.* Christian

Cristo Christ; **antes de Cristo (a.C.)** before Christ (B.C.); **después de Cristo (d.C.)** after Christ (A.D.)

Cristóbal *m.* Christopher; **Cristóbal Colón** Christopher Columbus; **San Cristóbal** Saint Christopher

crítica criticism; critique

crucero cruise ship (8)

crucifijo crucifix (10)

crucigrama *m.* crossword puzzle

cruz *f.* cross (10), withers (*of a horse*)

cruzar (c) to cross (4)

cuaderno notebook; workbook

cuadrilátero *n.* boxing ring (3)

cuadro framed painting (1)

cuajada curd

cual *pron.* which (one), what (one), who

¿cuál? which (one)?, what (one)?, who?

cualidad *f.* quality, characteristic

cualquier, cualquiera (*pl.* **cualesquiera**) *adj.* any, *pron.* anybody, any one

cuando when; **cuando más** at most; **cuando menos** at least

¿cuándo? when?

cuanto: en cuanto *conj.* as soon as; **en cuanto a** *prep.* with regard to, regarding

¿cuánto/a? how much?

¿cuántos/as? how many?

cuarto room; **compañero/a de cuarto** roommate; **y cuarto** quarter past (*time*)

cuarto fourth

cubano/a *n.; adj.* Cuban

cubierta *n.* cover

cubierto/a (*p.p. of* **cubrir**) *adj.* covered

cubrir (*p.p.* **cubierto**) to cover

cucaracha cockroach (7)

cuchara spoon

cucharada tablespoonful

cucharadita teaspoonful

cuchillo knife (9)

cuello neck (5)

cuenta restaurant bill; account; **cuenta corriente** checking account (9); **cuenta de ahorros** savings account (9); **cuentas del gasto** regular bills; **darse** (*irreg.*) **cuenta de (que)** to realize; **hacer** (*irreg.*) **de cuenta** to pretend; **por su cuenta** on his own; **tomar en cuenta** take into account

cuentista *n. m., f.* short-story writer (12)

cuento short story (12); **cuento de hadas** fairy tale

cuerda string; **instrumento de cuerda** string instrument

cuerdo/a *adj.* sane

cuerpo body

cuervo crow

cueva cave

cuidado care; **con cuidado** carefully, with care

cuidadosamente carefully, cautiously

culebra snake (7)

culinario/a culinary, pertaining to cooking

culminar to culminate

culpa blame; **tener** (*irreg.*) **la culpa** to be to blame

cultivar to cultivate

cultivo *n.* crop, growing

culto *n.* church service (10)

cultura culture

cumbia *a popular dance of Colombia*

cumpleaños *m. s.* birthday

cumplir (con) to carry out; **cumplir años** to have a birthday

cuñado/a brother-in-law/sister-in-law (1)

cura *n. m.* priest (10)

curar to cure

curioso/a curious; odd, unusual

curso course; course of study

cutis *m.* skin

cuyo/a whose

D

dádiva gift

dama lady; **primera dama** first lady

dañar to damage, harm (7)

daño *n.* damage, harm; **hacer** (*irreg.*) **daño** to damage, harm, hurt

dar *irreg.* to give; **dar en la boca** to hit in the mouth; **dar guerra** to cause trouble; **dar un paseo** to take a walk (3); **dar una fiesta** to have a party; **dar vueltas** to turn around and around; **darse cuenta de (que)** to realize that; **darse por vencido/a** to give up, yield, to cry uncle, **me da lo mismo** I don't care, it doesn't matter to me

dardo dart, arrow

datar de to date from

dativo de interés *gram.* dative of interest

datos *n. m. pl.* data

de *prep.* from, of; **de compras** shopping; **de la mañana/tarde/noche** in the morning/afternoon/evening; **de pronto** suddenly; **¿de quién?** whose?; **de vacaciones** on vacation; **de vez en cuando** from time to time

debajo de under, underneath, below

debate *m.* debate; struggle

debatir to debate; to argue; to discuss

deber should, ought to; must; **deber de** + *inf.* to probably (*do something*)

debido a due to, because of

débil *adj.* weak

decadencia decadence, decline

decidir to decide; **decidirse por** to decide on

décimo/a tenth

decimoquinto/a fifteenth

decir *irreg.* (*p.p.* **dicho**) (i, i) to say, to tell; **es decir** that is (to say) (12)

decisivo/a decisive

declaración *f.* declaration, statement

declarar to declare, state (4)

dedicación *f.* dedication

dedicado/a dedicated

dedo finger (5); **el dedo del pie** toe (5)

defender (ie) to defend, protect

defensor(a) defender

definición *f.* definition

definido/a defined; **artículo definido** *gram.* definite article

deforestación *f.* deforestation (7)

defraudar to defraud, cheat

dejar to allow; to leave (*behind, out*); **dejar de** + *inf.* to stop (*doing something*), to fail to (*do something*)

del (*contraction of* **de** + **el**) of the; from the

delante de in front of; **por delante** ahead

delantero/a forward (*soccer team position*)

deletrear to spell

delfín *m.* dolphin (7)

delgado/a slender

delicado/a delicate; frail

delicia delight

delicioso/a delicious

delineamiento delineation, description

demás: los/las demás others, the rest

demasiado/a *adj.* too much; *pl.* too many

demasiado *adv.* too; too much

democracia democracy

democrático/a democratic

demora *n.* delay

demostrativo/a *gram.* demonstrative; **adjetivo demostrativo** demonstrative adjective; **pronombre** *m.* **demostrativo** demonstrative pronoun

demostrar (ue) to demonstrate, show

dentista *m., f.* dentist (5)

dentro de inside, within, in

departamento department

depender (de) to depend (on)

dependencia dependence

dependiente/a clerk

deporte *m.* sport

deportista *m., f.* sportsman, sportswoman

deportivo/a *adj.* sports, sporting

depositar to deposit (9)

depurar (el agua *f.***)** to purify (water) (7)

derecha *n.* right; **a la derecha** to the right

derecho *n.* law; right (*legal*); **facultad** *f.* **de derecho** law school

derecho *adv.*: **seguir (g) derecho** *adv.* to go straight ahead

derecho/a *adj.* right-hand; upright; strong

derretido/a melted

derretirse (i, i) to melt
derrota defeat
derrotado/a defeated
derrotar to defeat (4)
desacuerdo disagreement
desafío challenge
desagradable disagreeable
desaparecer (zc) to disappear
desarrollar to develop
desarrollo n. development (7)
desastre m. disaster
desayunar to eat breakfast
desayuno n. breakfast
descalzo/a adj. barefoot
descansar to rest
descanso n. rest
descascarado/a peeled
descenso n. descent
desconfiar (desconfío) to distrust;
  to doubt
desconocido/a unknown,
  unfamiliar
describir (p.p. **descrito**) to describe
  (12)
descripción f. description
descriptivo/a descriptive; **adjetivo
  descriptivo** gram. descriptive
  adjective
descrito/a (p.p. of **describir**)
  described
descubierto/a (p.p. of **descubrir**)
  discovered
descubridor(a) discoverer
descubrimiento discovery
descubrir (p.p. **descubierto**) to
  discover (4)
desde prep. from; since; after;
  desde hace + time
  for + time; **desde luego** of
  course; **desde pequeño/a** since
  childhood
desear to want, desire
desembarcar (qu) to disembark (8)
desempeñar to carry out, fulfill
desengañarse to become
  disillusioned; to stop kidding
  oneself
desenlace m. outcome, ending (of a
  play, novel, etc.) (12)

deseo n. desire, wish
desfilar v. to parade, walk in a line
desfile m. parade
deshilachado/a frayed
deshojado/a stripped of leaves,
  defoliated
desierto n. desert
designado/a specified; assigned
desigualdad f. inequality;
  comparación f. **de desigualdad**
  gram. comparison of inequality
desilusión f. disappointment,
  disillusion
deslizar (c) to slip (by)
desmaquillarse to take off one's
  makeup
desnudo/a bare, nude
desordenado/a adj. untidy,
  disorderly
despacho office
despacio adv. slow, slowly
despedida n. good-bye, farewell;
  fiesta de despedida farewell
  party
despedir (i, i) to dismiss, fire;
  despedirse to say good-bye,
  bid farewell
despegar (gu) to take off (plane) (8)
despejado/a adj. clear sky (weather)
desperdicio waste (7)
despertador m. alarm clock
despertar (ie) to awaken someone;
  despertarse to wake up
despreciar to despise; to disdain
desprenderse (ie) to come out
desprendido/a adj. torn loose
después adv. after, afterward;
  después de prep. after; **después
  de Cristo (d.C.)** after Christ
  (A.D.); **después de que** conj.
  after; **poco después** a little later
destacarse (qu) to stand out
destapar to take the lid off
destinado/a (a) adj. destined (for)
destino n. destination
destreza skill
destrucción f. destruction
destructivo/a destructive
destruido/a destroyed

destruir (y) to destroy (4)
desventaja disadvantage,
  drawback
detalle m. detail
detective n. m., f. detective
detener (like **tener**) to detain, stop
determinación f. determination
determinado/a specific,
  determined
determinar to determine
**determinativo: adjetivo
  determinativo** gram. limiting
  adjective
detrás de behind, in back of
devengar (gu): devengar interés
  to earn interest (9)
devolver (ue) (p.p. **devuelto**) to
  return (something)
devorar to devour, consume
devuelto/a (p.p. of **devolver**)
  returned
día m. day; **algún día** some day;
  día del santo saint's day; **día
  festivo** holiday; **hoy (en) día**
  nowadays; **mantenerse** (like
  tener) **al día** to stay/keep up to
  date; **ocho días** one week; **todo
  el día** all day; **todos los días**
  every day
dialecto dialect
diálogo dialogue
diamante m. diamond
diario n. diary, journal
diario/a adj. daily; **habla** f. (but **el
  habla) diaria** everyday speech;
  vida diaria daily life
diarrea f. diarrhea (5)
dibujar to draw, sketch (3)
dibujo drawing, sketch
diccionario dictionary
dicha n. f. good fortune; happiness
dicho/a (p.p. of **decir**) said,
  aforementioned; **dicho sea de
  paso** it should be noted in
  passing; **dicho y hecho** no
  sooner said than done;
diciembre m. December
dictador(a) dictator
dictar to dictate (correspondence)

diente *m.* tooth (5); **cepillarse los dientes** to brush one's teeth

dieta diet

diferencia difference; **a diferencia** unlike

diferente different

diferirse (ie, i) to differ

difícil *adj.* difficult; unlikely

dificultad *n. f.* difficulty

dificultar to become difficult; to hinder; to obstruct

dignidad *f.* dignity

digresión *f.* digression

diminutivo *n. gram.* diminutive

dinero money; **dinero en efectivo** cash (9); **dinero metálico y redondo** hard cash

Dios *m.* God; **Dios mediante** God willing; **por Dios** for heaven's sake; **¡Santo Dios!** My God!; **¡Válgame Dios!** God help me!; **vaya con Dios** may God be with you

diplomático *m., f.* diplomat

dique *m.* dike, dam

dirección *f.* address; direction

directo/a direct; **complemento directo** *gram.* direct object

director(a) director; manager; principal (*of a school*)

directorio directory

dirigido/a *adj.* directed; addressed

dirigir (j) to direct; to address; **dirigirse a** to head for

disco compacto compact disc (CD) (9)

discurso speech

discusión *f.* discussion; argument

discutir to discuss; to argue

diseño *n.* design, drawing

disfrutar de to enjoy; **disfrutarse** to enjoy oneself

disgusto *n.* annoyance, irritation

disminuir (y) to diminish

disparar to shoot (*ball, gun, etc.*)

disponible *adj.* available

distancia distance

distante *adj.* distant

distinguido/a distinct; distinguished

distinguir (g) to distinguish

distinto/a different, distinct

distribución *f.* distribution

distribuir (y) to distribute

divagación *f.* digression; **divagaciones** ponderings

diversidad *f.* diversity

diversión *f.* diversion, entertainment, amusement

diverso/a diverse; *pl.* various

divertido/a funny, amusing, entertaining

divertir (ie, i) to amuse, entertain; **divertirse** to have fun, enjoy oneself

dividir to divide

división *f.* division

divorciado/a divorced (1)

doblado/a folded

doblar to turn

doble *adj.* double

doctor(a) doctor, physician (5)

doctorar to confer a doctor's degree on

documento document

dólar *m.* dollar

doler (ue) to hurt; **me duele el/la...** my . . . hurts (5)

dolor *m.* pain, ache (5); **dolor de cabeza/estómago** headache/stomachache

doloroso/a painful

domesticado/a domesticated

domicilio residence

dominar to dominate (4)

domingo *m.* Sunday (4); **Domingo de Pascuas** Easter Sunday (10)

dominicano/a *n. m., f.; adj.* Dominican, *from or pertaining to the Dominican Republic*

don *m.* Don (*title of respect used with man's first name*)

donde where

dónde where; **¿dónde?** where?

dorado gold (*color*); **el Dorado** *legend of the existence of a man of gold*

dorado/a golden

dormir (ue, u) to sleep; **dormirse** to go to sleep, fall asleep

dormitorio bedroom

drama *m.* drama, play (2)

dramático/a dramatic

dramatizar (c) to dramatize

dramaturgo/a dramatist, playwright (12)

drogadicción *f.* drug addiction

ducha *n.* shower (1)

ducharse to shower, take a shower

duda *n.* doubt; **no hay duda** no doubt; **sin duda** without doubt, doubtlessly

dudar to doubt

dudoso/a *adj.* doubtful

dueño/a owner (9)

dulce *adj.* sweet

dulces *m. pl.* candy, sweets

dulzura *n.* sweetness

duplicación *f.* duplication, duplicating

durante during; for

durar to last; to take (*time*)

durazno peach (6)

duro/a hard; *adv.* hard

E

echado/a thrown; poured

echar to throw; to pour; **echar de menos** to miss (*a person who is far away*); **echar una carta al correo** to mail a letter; **echar una siesta** to take a nap (3)

ecológico/a ecological

ecologista *m., f.* ecologist

economía economy

económico/a economic; economical

ecoturista *m., f.* ecotourist

ecoturístico/a of ecotourism

ecuatorial *adj.* pertaining to the Equator

ecuatoriano/a *n. m., f.; adj.* Ecuadorian

edad *f.* age; **Edad Media** Middle Ages

edificio building (2)

editor(a) editor

educación *f.* education; **la educación primaria/secundaria** primary/secondary education (2)

educar (qu) to educate; **educarse** to be educated
educativo/a educational
efectivo/a effective; **dinero en efectivo** cash (9)
efecto effect
efectuar (efectúo) to carry out
egipcio/a *n. m., f.; adj.* Egyptian
Egipto Egypt
egoísta *m., f.* selfish
ejecutivo/a executive
ejemplo example; **por ejemplo** for example
ejercer (z) to practice (*a profession*)
ejercicio exercise; **ejercicio aeróbico** aerobics
ejército *n.* military; army
elaboración *f.* construction, elaboration, making
elaborar to make, manufacture; to work out
eléctrico/a electric, electrical; **guitarra eléctrica** electric guitar (11)
electrónico/a electronic; **correo electrónico** e-mail (9)
elefante *m.* elephant (7)
elegante *adj.* elegant
elegir (i, i) (j) to choose, elect
elemento element
eliminación *f.* elimination
ello *n.:* **por ello** for that reason
embajador(a) ambassador
embarazada pregnant
embargo: sin embargo nevertheless (12)
embrutecer (zc) to brutalize, stupefy
emisora radio station
emoción *f.* emotion
emotivo/a emotional; **adjetivo emotivo** *gram.* adjective of emotion
empacadora packing house
empacar (qu) to pack
emparedado sandwich
emparejar to pair; to match
empequeñecido/a made small
emperador(a) emperor, empress
empezar (ie) (c) to begin, start (12)

emplear to use, employ (12)
empleado/a employee
empleo job; employment
emprendedor(a) *n.* entrepreneur; *adj.* enterprising
empresa enterprise, business; **administración de empresas** business administration (2)
empresarial *adj.* business
empujar to push
empuñadura handle (*of a knife*)
enamorarse to fall in love
en *prep.* in; at; on; **en busca de** in search of; **en casa** at home; **en fin** in short; **en punto** sharp, on the dot; **en seguida** at once, immediately
encajar to fit; to be appropriate
encantar to enchant; to charm, delight; **me encanta(n)** I love, I really like
encanto enchantment
encargado/a manager
encender (ie) to turn on (*a light, stove, etc.*)
encima de on top of, above
encontrar (ue) to find; **encontrarse con** to meet up with
encuentro *n.* encounter, meeting
encuesta *n.* survey
endulzar (c) to sweeten
energía energy
enero *m.* January
enfadarse to get mad, become angry
énfasis *m., f.* emphasis
enfatizar (c) to emphasize
enfermarse to become sick, get sick
enfermedad *f.* illness
enfermería: facultad *f.* **de enfermería** school of nursing (2)
enfermero/a nurse (5)
enfermo/a sick, sickly
enfocado/a focused
enfocar (qu) to focus (12)
enfrentar to confront, face; **enfrentarse con** to face, be faced with

enfrente (de) facing; opposite; in front (of)
enfriar (enfrío) to cool; **enfriarse** to cool off
enojado/a angry
enojarse to get mad, become angry
enojo anger
enorme enormous
enriquecer (zc) to enrich; **enriquecerse** to get rich, to enrich oneself
ensalada salad
ensamblaje *m.* assembly
ensayar to rehearse
ensayista *m., f.* essayist (12)
ensayo essay (12)
enseñar to teach; to show
enseres *m. pl.* gear, implements
entender (ie) to understand
enterarse to find out, learn about
entero/a entire, whole
entierro burial, funeral
entonces then
entrada entrance; ticket (*for a concert, theater, etc.*); **puerta de entrada** entry door (1)
entrar to enter, go in, come in
entre *prep.* between; among
entrecejo *space between the eyebrows*
entrega *n.* delivery; **hacer** (*irreg.*) **entrega** to turn in/over
entregado/a delivered, handed over
entregar (gu) to hand in; to turn over
entrenador(a) coach, trainer
entrenamiento training
entrever (*irreg.*) (*p.p.* **entrevisto**) to catch a glimpse of
entrevista interview
entrevistado/a interviewee
entrevistador(a) interviewer
entrevistar to interview
entusiasmar to fill with enthusiasm
entusiasmo enthusiasm
enviar (envío) to send
envolver (ue) (*p.p.* **envuelto**) to involve; to wrap

época epoch, historical period of time

equiparar to make equal

equipo team; **equipo ganador** winning team

equivalente *n. m.* equivalent, *adj.* equivalent

equivocado/a mistaken, wrong

equivocarse (qu) to make a mistake, err

Erase una vez Once upon a time there was

errata error, erratum

error *m.* error, mistake

erupción *f.* eruption, rash (5)

esbozo outline, rough draft

escala scale

escalar to scale, climb (*mountains*) (8)

escalera stairway; ladder

escandaloso/a scandalous, shocking

escáner *m.* scanner (9)

escaparse to escape

escasez *f.* (*pl.* **escaseces**) scarcity

escaso/a scarce, limited

escayola plaster cast (5)

escena scene (*of a play or movie*)

escenario stage; scenario

escoger (j) to choose

escondido/a hidden; **a escondidas** secretly

escribir (*p.p.* **escrito**) to write; **escribir a máquina** to type on a typewriter (9); **escribir en la computadora** to type on a computer, to key in (9)

escrito/a (*p.p. of* **escribir**) written; **lenguaje** *m.* **escrito** written language

escritor(a) writer (12)

escritorio desk

escuchar to listen (to); to hear

escudero squire, shield bearer

escuela school; **escuela primaria/secundaria** primary/secondary school

esculpir to sculpt

escultor(a) sculptor

escultura sculpture (2)

esencia essence

esencial essential

esfinge *f.* sphinx

esfuerzo effort

esmalte *m.* enamel

espacio space

espada sword

espalda back; **de espaldas** from behind (5)

espantapájaros *n. m. s.* scarecrow

espantar to scare

España *f.* Spain

español *n. m.* Spanish (*language*)

español(a) *n.; adj.* Spanish

especial *adj.* special

especialidad *f.* major, specialty (2); **segunda especialidad** minor (*course of studies*) (2)

especializado/a specialized

especie *f.* species (7); **especies en peligro de extinción** *f.* endangered species (7)

específico/a specific

espectáculo spectacle, show

espectador(a) spectator, onlooker

espejo mirror (1)

espera *n.* wait; **sala de espera** waiting room (5)

esperanza hope

esperar to wait; to expect

espesísimo/a very thick, very heavy (*foliage*)

espirar to breathe out, exhale

espiritual spiritual

esposo/a spouse, husband/wife (1)

espumoso/a foamy

esquiar (esquío) to ski (3)

esquina corner (*of streets*)

esquinado/a corner formed by

establecer (zc) to establish, to set up (4)

establecido/a established, created, set up

estación *f.* station; **estación de trenes/buses** train/bus station (8); **estación del año** season of the year

estadio stadium (3)

estadística statistic (2)

estado state (*subdivision of some countries*); **estado de ánimo** mood; state of mind; **Estados Unidos** *n. m. pl.* United States

estadounidense *m., f. pertaining to the United States of North America*

estampilla stamp

estar *irreg.* to be; **estar acostumbrado/a** to be used to, accustomed to; **estar de acuerdo** to agree, be in agreement; **estar de buen/mal humor** *m.* to be in a good/bad mood; **estar de vacaciones** (*f. pl.*) to be on vacation; **estar hecho pedazos** to be torn up, in pieces; **estar hecho polvo** to be a wreck, worn out, done in; **estar nublado** to be cloudy; **estar para** + *inf.* to be about to (*do something*)

estatua statue

este *n. m.* east

estéreo *n.* stereo

estilo style

estimado/a dear (*in a letter*)

estimular to stimulate

estirarse to stretch (*one's muscles*)

estofado/a stewed (6)

estómago stomach (5); **dolor de estómago** stomachache

estornudar to sneeze (5)

estrategia strategy

estrella star

estricto/a strict

estrofa stanza (12)

estructura structure (12)

estuco stucco

estudiante *m., f.* student

estudiantil *adj.* student; **residencia estudiantil** dormitory (2)

estudiar to study

estudio study

estufa stove (1)

¡estupendo/a! terrific!, great!

estúpido/a stupid

etcétera *f.* et cetera
etiqueta label; **vestirse de etiqueta** to dress formally
europeo/a *n.; adj.* European
evaluar (evalúo) to evaluate
evangélico/a evangelical (10)
evangelio gospel
evangelista *m., f.* evangelist
evento event
evidente evident, obvious
evitable avoidable
evitar to avoid
exactitud *f.*: **con exactitud** exactly, with precision
exacto/a exact
examen *m.* exam, test
examinar to examine (12)
excelente excellent
excepción *f.* exception
excepto except
excesivo/a excessive
exceso excess
exclamación *f.* exclamation
exclamar to exclaim; to shout
excluir (y) to exclude
excursión *f.* tour, excursion (8)
exhalar to exhale
exigencia requirement; demand
exigir (j) to demand; to require
existir to exist
existencia existence
éxito success; **tener** (*irreg.*) **éxito** to be successful
exótico/a exotic
expansión *f.* expansion
experiencia experience
experto/a expert
expiración *f.* expiration
explicación *f.* explanation
explicar (qu) to explain
explorar to explore
exponerse (*like* **poner**) (*p.p.* **expuesto**) to expose oneself
expresar to express
expresión *f.* expression
expulsar to expel (4)
expulsión *f.* expulsion
exquisito/a exquisite, delicious

extender (ie) to hand (*something*) to
extendido/a extended
extensión *f.* extension
extinción *f.* extinction; **especies** *f. pl.* **en peligro de extinción** endangered species (7)
extinguir (g) to extinguish
extranjero/a foreign; **lengua extranjera** foreign language; **viajar al extranjero** to travel abroad
extrañar to miss (*someone who is far away*)
extraño/a strange
extraordinario/a extraordinary
extraviar (extravío) to lead astray, mislead

F

fábrica *n.* factory
fabricar (qu) to make, fabricate
fabuloso/a fabulous
fácil easy; likely
facilidad *f.* ease; *pl.* facilities
factor *m.* factor, element
facultad *f.* school, department (*of a university*) (2); **facultad de derecho/leyes** law school (2); **facultad de filosofía y letras** school of Liberal Arts and Humanities (2); **facultad de medicina** medical school (2); **facultad de negocios** business school (2)
falda skirt
faldero keen on women
falso/a false
falta *n.* lack; **hacer** (*irreg.*) **falta** to need
faltar to be lacking, be needed
familia family; **familia nuclear** immediate family
familiar *adj.* family; *n.* family member; **vida familiar** family life
famoso/a famous
fanático/a fan; fanatic (6)
fango mud
fantástico/a fantastic

farmacéutico *n.* pharmaceutical, drug
farmacia pharmacy (5)
faro lighthouse
fascinante *adj.* fascinating
fascinar to fascinate
fatal unavoidable, fateful; fatal
fatigado/a fatigued, exhausted
favor *m.* favor; **(hazme el) favor de** + *inf.* please (*do something*); **por favor** please
favorito/a favorite
fax *m.* facsimile, fax (9)
fe *f.* faith
febrero February
fecha date (*of the month*); **¿cuál es la fecha (de hoy)?** what's the date (today)?; **¿qué fecha es hoy?** what's the date today?
felicidad *f.* happiness
felicitar (por) to congratulate (on)
feliz (*pl.* **felices**) happy
femenino/a feminine
fenicio/a *n.; adj.* Phoenician
fenomenal *adj.* terrific, wonderful
fenómeno phenomenon
feo/a ugly
fermentación *f.* fermentation
feroz (*pl.* **feroces**) ferocious, fierce
ferrocarril *m.* railroad
fertilizante *m.* fertilizer (7)
festivo: **día festivo** holiday
feudal: **Señor feudal** feudal Lord
fiarse (fío) de to trust
ficción *f.* fiction; **ciencia ficción** science fiction
ficticio/a *adj.* fictitious
fidedigno/a trustworthy, reliable
fideo noodle (6)
fiebre *f.* fever, temperature (5)
fiesta party, festival; **dar** (*irreg.*) **una fiesta** to have a party; **fiesta de despedida** farewell party
figura figure
fijarse (en) to notice
fijo/a fixed
fila *n.* line, single file
filología philology

filosofía philosophy (2); **filosofía y letras** liberal arts and humanities (*university division*)

filosófico/a philosophic, philosophical

fin *m.* end; **a fin de que** so that; **en fin** in short; **fin de semana** weekend; **por fin** at last, finally

final final; end; **a finales de** around the end of

financiamiento financing

financiero/a *adj.* financial

finca farm, ranch

fingir (j) to pretend

Finlandia Finland

firma signature

firmar to sign (4); **firmar un cheque** to sign a check (9)

firme *adj.* firm, strong

física *n.* physics (2)

físico/a *adj.* physical

flaco/a skinny

flamenco flamenco (*Spanish musical form with strong gypsy elements*)

flan *m.* baked custard

flauta flute (11)

fleco *n.* fringe

flor *f.* flower

florecilla little flower

fluidez *f.* fluidity

fluir (y) to flow

folclórico/a folkloric; **música folclórica** folk music (11)

follaje *m.* foliage

folleto pamphlet, brochure

fondo *n.* bottom, back, depths; **al fondo** at the end

fonético/a phonetic

fontanero/a plumber

forma form, way

formación *f.* preparation, training

formar to form, create

formidable tremendous

fórmula formula

foto *f.* photo; **sacar (qu.) fotos** to take pictures (3)

fotocopiadora photocopy machine

fracturarse to break (*a leg, arm, etc.*), to fracture (5)

francamente frankly

francés *m.* French (*language*)

francés, francesa *n.; adj.* French; **corno francés** French horn (11)

Francia France

Francisco Francis; **San Francisco de Asís** St. Francis of Assisi

frasco bottle

frase *f.* phrase

frecuencia: con frecuencia frequently

frecuentar to frequent, go to

frecuente *adj.* frequent

fregadero kitchen sink (1)

freír (i, i) to fry

frenético/a frantic

frente *f.* forehead (5)

frente *prep.:* **frente a** facing

fresa strawberry (6)

fresco coolness; **hacer** (*irreg.*) **fresco** to be cool

fresco *adj.* cool, fresh; **estar** (*irreg.*) **fresco** to be cool

frijol *m.* bean (6)

frío *n.* coldness; **hacer** (*irreg.*) **frío** to be cold (*weather*); **tener** (*irreg.*) **frío** to be cold (*person*)

frío/a *adj.* cold

frito/a fried (6)

frondoso/a leafy

frontera frontier

frotar to rub

fruición *f.* pleasure, satisfaction

fruta fruit; **jugo de fruta** fruit juice

fuego fire

fuente *f.* fountain

fuera: fuera de *prep.* outside of; **fuera de quicio** out of sorts

fuerte *adj.* strong; large; **caja fuerte** safe, strongbox (9)

fulano/a (de tal) so-and-so (*unspecified person*)

fumar to smoke (*tobacco*)

función *f.* function

funcionamiento functioning

funcionar to work, function

fundación *f.* foundation

fundador(a) founder

fundar to found, establish (4)

fundido/a melted

furia *n.* rage, fury

furioso/a furious

furor *m.* furor, rage

fútbol *m.* soccer (3); **Copa Mundial de Fútbol** Soccer World Cup; **fútbol americano** football (3)

futbolista *m., f.* football/soccer player

futurístico/a futuristic

futuro *n.* future; **futuro/a** *adj.* future

G

gafas *f. pl.* glasses (*corrective*); **gafas de sol** sun glasses

galán *m.* leading man (*theater, movies, etc.*); **galán romántico** romantic lead

galleta cookie; cracker

gallina hen (3)

gallo rooster (3)

ganador(a) winner; **equipo ganador** winning team

ganancia profit; **vender con ganancia** to sell at a profit (9)

ganar to earn; to win

ganas: tener (*irreg.*) **ganas de** + *inf.* to want to (*do something*)

ganga bargain (9)

ganso *m., f.* gander, goose (7)

garaje *m.* garage; **garaje colectivo** parking garage

garantía guarantee

garantizar (c) to guarantee

garganta throat (5)

gas *m.* gas; **gases de combustión de los automóviles** auto exhaust (7)

gastar to spend (8)

gasto expenditure, spending; **cuentas del gasto** regular bills

gato/a cat (7)

gazpacho cold tomato soup

gemelo/a *n.; adj.* twin; **hermano/a gemelo/a** twin brother/sister (1)

generar to generate

generación *f.* generation
general *adj.* general; **por lo general** generally
generalización *f.* generalization
género *n.* genre, type; *gram.* gender
generoso/a generous
genética genetics
gente *n. f. s.* people
geografía geography
geográfico/a geographical
geología geology
geológico/a geological
geometría geometry (2)
gerente *m., f.* manager, director (9)
gesto gesture; **hacer** (*irreg.*) **gestos** to make faces, to grimace
gimnasio gymnasium (2)
global *adj.* global; general
globo balloon
gloria glory
gobernar (ie) to govern (4)
gobierno government
gol *m.* goal (*in soccer*)
golf *m.* golf (3)
golfo gulf
golondrina swallow
golpe *m.* blow, hit
golpear to hit, strike
golpecito tap, thump
gordito/a a little overweight
gordo/a fat
gorila *m.* gorilla (7)
gorra cap, hat
gota drop
gozar (c) (de) to enjoy
gozo *n.* enjoyment
gracias *n. f. pl.* thanks, thank you
graduación *f.* graduation
graduarse (gradúo) to graduate
gráfico *n.* graphic
grama grass
gramilla grass
gran, grande great; big, large, huge; **más grande** larger
grandeza greatness
granizar (c) to hail
granizo hail
granja farm

grano grain
gratuito/a free (*of charge*)
grave *adj.* serious; **(no) es grave** it's (not) serious (5)
gripe *f.* flu (5)
gris *n. m.* gray (*color*); *adj.* gray
gritar to shout
grosería coarse word or expression
grueso/a thick
grupo group
guagua *f.* bus (*Carib.*)
guante *m.* glove (3)
guapo/a pretty, handsome
guardabarros *m. s.* mudguard (*auto*)
guardafango fender
guardar to keep; to guard
guardería infantil day care center
guatemalteco/a *n.; adj.* Guatemalan
guepardo cheetah (7)
guerra war; **dar** (*irreg.*) **guerra** to cause trouble
guía *m., f.* guide (*person*); guía *f.* guide (*guidebook, map, etc.*)
guiar (guío) to guide, lead
guineo banana (*Carib.*)
guión *m.* script
guitarra guitar; **guitarra acústica/eléctrica** acoustic/electric guitar (11)
gustar to please, to be pleasing, to like; **gustar** + *inf.* to like to (*do something*)
gusto pleasure; **con mucho gusto** with pleasure; **el gusto es mío** the pleasure is mine

H

haber (*irreg.*) *infinitive form of* **hay**; (*auxiliary v.*) to have
había (*inf.* **haber**) there was/were
habilidad *f.* ability
habitación *f.* bedroom, room (1)
habitar to inhabit
hábito: por hábito by habit

habla *n. m.* speech; **habla diaria** everyday speech
hablante *n. m., f.* speaker (12)
hablar to speak; to talk
habrá (*inf.* **haber**) there will be
habría (*inf.* **haber**) there would be
hace + *time* ago (4); **hace** + *period of time* + **que** + *present tense* to have been (*doing something*) for (*a period of time*) (4)
hacer (*irreg.*) (*p.p.* **hecho**) to do, to make; **hace años** years ago; **hace buen/mal tiempo** it's good/bad weather; **hace calor/fresco/frío/sol/viento** it's hot/cool/cold/sunny/windy; **hacer una colecta** to take up a collection; **hacer daño** to do harm/damage (7); **hacer de cuenta** to pretend; **hacer ejercicio aeróbico** to do aerobics (3); **hacer entrega** to turn in/over; **hacer falta** to be lacking, be needed; **hacer gestos** to make faces; **hacer las maletas** to pack (suitcases) (8); **hacer una pregunta** to ask a question; **hacer una reserva** to make a reservation (8); **hacer un viaje** to take a trip (8)
hacelotodo *n. m.* jack-of-all-trades
hacia toward
hada fairy; **cuento de hadas** fairy tale
halagar (gu) to compliment, praise
hambre *f.* (*but* **el hambe**) hunger; **pasar hambre** to suffer hunger; **tener** (*irreg.*) **hambre** to be hungry;
hasta *prep.* until; even; **hasta cierto punto** to a certain extent (12); **hasta que** *conj.* until
hay (*inf.* **haber**) there is, there are; **hay que** + *inf.* one must, it is necessary (*to do something*) (12); **no hay duda** no doubt
hecho/a (*p.p. of* **hacer**) done; made; *n.* fact; action; **estar** (*irreg.*) **hecho pedazos** to be torn up, in

pieces; **estar hecho polvo** to be done in, worn out
hectárea hectare (*2.5 acres*)
helado *n.* ice cream (6)
helado/a *adj.* iced; cold
hemisferio hemisphere
hermanastro/a stepbrother/stepsister (1)
hermano/a brother/sister (1); **hermano/a gemelo/a** twin brother/sister (1); **medio/a hermano/a** half-brother/half-sister (1)
hermoso/a beautiful
hermosura beauty
héroe *m.* hero
heroína heroine
hervir (ie, i) to boil
hidalgo minor nobleman
hielo ice
hierba grass, herb
hierro iron
hígado liver (5)
hijastro/a stepson/stepdaughter (1)
hijo/a son/daughter (1); **hijo/a adoptivo/a** adopted child (1); **hijo/a mayor** oldest child (1); **hijo/a único/a** only child (1)
hilandera spinner
hilera row, line
hilo thread
hinduismo Hinduism (10)
hipopótamo hippopotamus (7)
hipotético/a hypothetical
hispano/a Hispanic
hispánico/a Hispanic
Hispanoamérica Spanish America
hispanoamericano/a *n.; adj.* Spanish American
hispanohablante *n. m., f.* Spanish speaker; *adj.* Spanish-speaking
historia history; story (2)
histórico/a historic, historical
hogar *m.* home
hoja leaf; **hoja de papel** *m.* sheet of paper
hola *interj.* hello
Holanda Holland, the Netherlands
hombrachón *m.* big man

hombrazo big man
hombre *m.* man; **el hombre** mankind
hombro shoulder (5)
homogeneizar (homogeneíce) to homogenize
hondureño/a *n.; adj.* Honduran
honor *m.* honor
honrar to honor
hora hour; (the) time; **¿a qué hora?** at what time?; **es la hora de** + *inf.* it's time to (*do something*); **¿qué hora es?** what time is it?
horario schedule, timetable (2)
hormiga ant (7); **cono de hormigas** anthill
horno oven; **cocer (ue) (z) al horno** to bake (6)
horror *m.* horror
hospital *m.* hospital (5)
hotel *m.* hotel (8)
hoy today; **de hoy en adelante** from today on/forward; **hoy (en) día** *m.* nowadays; **¿qué fecha es hoy?** what is the date today?
huella mark; stamp
huerta garden
hueso bone (5)
huevo egg (6)
huir (y) to flee, run away
humano/a *adj.* human
humedad *f.* humidity
húmedo/a humid
humilde *adj.* humble, lowly
humor *m.* humor; mood; **estar (*irreg.*) de buen/mal humor** to be in a good/bad mood
huracán *m.* hurricane

I

ibérico/a Iberian; **Península Ibérica** Iberian Peninsula
ida: de ida y vuelta round trip
idea idea; concept
idealista *n. m., f.* idealist; *adj.* idealistic
idéntico/a identical
identidad *f.* identity
identificación *f.* identification

identificar (qu) to identify; **identificarse con** to identify with
idioma *m.* language
idiomático/a idiomatic, characteristic of a particular language
ido/a (*p.p. of* **ir**) gone, gone away
iglesia church; **Iglesia Católica** Catholic Church
igual *n. m.* equal; **igual (que)** *adj.* the same (as)
igualdad *f.* equality
ilegal illegal
ilógico/a illogical
ilustrado/a illustrated
ilustrar to illustrate
imagen *f.* image; picture
imaginación *f.* imagination
imaginar(se) to imagine, think up
imán *m.* imam (*Moslem leader*) (10)
imitar to imitate
impaciente *adj.* impatient
impacto impact
impedir (i, i) to impede; to prevent
imperfecto *n. gram.* imperfect tense
imperfecto/a *adj.* imperfect
imperio empire
impersonal impersonal; **expresión impersonal** *gram.* impersonal expression
ímpetu *m.* impetus, motivation
implicar (qu) to imply
implicado/a implied; **mandato implicado** *gram.* implied (indirect) command
imponer (*like* **poner**) (*p.p.* **impuesto**) to impose; **imponerse** to dominate
importancia importance
importante important
importar to matter
imposible impossible
impreciso/a imprecise; approximate
imprenta printing press
impresión *f.* impression
impresionante *adj.* impressive, awesome

impresora printer (*computer*) (9)
imprevisto/a unforeseen, unexpected
imprimir to print
impuesto *n.* tax
impulsar to push for, drive
inca *n. m., f.* Inca; *adj.* Incan
incendio fire
incidente *m.* incident, occurrence
incluir (y) to include
incluso *adv.* even; including
incoherente *adj.* incoherent
inconveniente *n.* drawback, obstacle
incorporar to incorporate, include
incredulidad *f.* disbelief, incredulity
increíble *adj.* incredible, unbelievable
indagar (gu) to inquire about, investigate
indefinido/a indefinite
independencia independence
independiente *adj.* independent
independizarse (c) to become independent (4)
India India; *n. pl.* **Indias** Indies
indicar (qu) to indicate, point out
indicativo indicative; **presente de indicativo** *gram.* present indicative
indígena *n. m., f.* native; indian; *adj. m., f.* indigenous; native
indigenista *adj. m., f. pertaining to the indigenous peoples of the New World*
indio/a *n.; adj.* Indian
indirecto/a indirect; **complemento indirecto** *gram.* indirect object; **mandato indirecto** *gram.* indirect command
individual *adj.* individual, personal
individuo *n. m.,f.* individual, person
industria industry; **industria pesquera** fishing industry
industrializado/a industrialized
ineficiente *adj.* inefficient
ineludiblemente unavoidably
inequívoco/a unmistakable

inercia inertia
inesperado/a unexpected
inexorablemente inexorably
infantil *adj.* children's; **guardería infantil** day care center
infeliz (*pl.* **infelices**) unhappy
inferior *adj.* inferior, lower
infinitivo *n. gram.* infinitive
inflar to inflate
influencia influence
influir (y) to influence
información *f.* information
informal informal, *gram.* familiar **tú** or **vosotros** verb form
informar to inform
informática *n.* computer science
informe *m.* report
ingeniería engineering (2); **ingeniería mecánica** mechanical engineering
ingeniero/a engineer
ingenioso/a ingenious
inglés *n. m.* English (*language*)
inglés, inglesa *n.* Englishman, Englishwoman; *adj.* English; **corno inglés** English horn (11)
ingrediente *m.* ingredient
ingresar to come in; to arrive
inhábil incapable, incompetent
inicial *adj.* initial, first
iniciar to start, initiate (4)
injusticia injustice
inmediatamente immediately
inmediato: de inmediato at once, immediately
inmejorable perfect, unbeatable
inmigrante *n. m., f.* immigrant
inmoderado/a immoderate, unrestrained
inmóvil *adj.* immobile, still
inodoro *n.* toilet (1)
inquietarse to worry about
inscribirse to enroll, sign up, register (2)
inscrito/a enrolled
insecticida *m.* insecticide (7)
insecto insect
inseguro/a unsure, uncertain; insecure
insistir to insist

inspirar to inspire
instalación *f.* facility, plant
instantáneamente instantly
instante *m.* instant, moment
instintivamente instinctively
institución *f.* institution
instrucción *f.* instruction
instructivo/a instructive
instructor(a) instructor
instruir (y) to instruct
instrumento instrument; **instrumento de cuerda** string instrument; **instrumento de viento** wind instrument
insuficiente *adj.* insufficient
inteligente intelligent
intención *f.* intention
intensificar (qu) to intensify (12)
intentar to try
interacción *f.* interaction
intercambiar to exchange
intercambio *n.* exchange
interceptar to intercept
intercesión *f.* intercession
interés *m.* interest (*benefit paid on savings*) interest, attraction (9); **cobrar interés** to charge interest (9); **dativo de interés** *gram.* dative of interest; **de interés** interesting; **devengar (gu) interés** to earn interest (9)
interesado/a interested; with an interest in
interesante interesting
interesar to interest; to be interesting, **interesarse en** to take an interest in
interior *n. m.; adj.* inside, interior
interjección *f.* interjection
interlocutor(a) speaker, talker
intermedio/a intermediate
interminable endless, interminable
internacional *adj.* international
interno/a internal
Internet *m.* Internet
interpretación *f.* interpretation (12)
interpretar to interpret; to translate (11)
intérprete *n. m., f.* translator, interpreter

interrogar (gu) to interrogate
interrogativo/a interrogative
interrumpir to interrupt
interrupción *f.* interruption
intervalo interval
intervenir (*like* **venir**) to intervene
íntimo/a intimate
introducción *f.* introduction
introducido/a introduced
introducir (zc) (*irreg.*) to introduce; to insert into
inundación *f.* flood
inútil *adj.* useless
invadido/a invaded
invadir to invade
invasión *f.* invasion
invención *f.* invention
inventado/a invented, made up
inventar to invent, make up (4)
inversión *f.* investment
invertir (ie, i) to invest
investigación *f.* investigation
investigar (gu) to investigate
invierno winter
invitación *f.* invitation
invitado/a guest
invitar to invite
involucrado/a involved
involucrarse to become involved
inyección *f.* injection
irónico/a ironic
irregular *adj.* irregular; **verbo irregular** *gram.* irregular verb
irresoluble *adj.* unsolvable
irrespetuoso/a disrespectful
irritar to irritate
ir (*irreg.*) to go; **ir a** + *inf.* to be going to (*do something*); **ir a la playa** to go to the beach (3); **ir al cine** to go to the movies (3); **ir de compras** to go shopping (8); **ir de vacaciones** to go on vacation; **vámonos** let's go; **vamos a** + *inf.* let's (*do something*); **vaya con Dios** may God be with you
irse to leave, go away
isla island
Islam *m.* Islam (10)

israelí *adj. m., f.* Israeli
Italia Italy
italiano/a *n.; adj.* Italian
izquierda left; **a la izquierda** to the left
izquierdo/a *adj.* left, left-hand

J

jadeante *adj.* panting, gasping
jaguar *m.* jaguar (7)
jalea jelly (6)
jamás never; **nunca jamás** never ever
jamón *m.* ham (6)
Jánuca *m.* Hanukkah (10)
japonés *m.* Japanese (*language*)
japonés, japonesa *n.; adj.* Japanese
jarabe *m.* syrup (10); **jarabe para la tos** *f.* cough syrup
jardín *m.* garden; **trabajar en el jardín** to work in the garden (3)
jarro jug, pitcher
jefe/a chief, boss, head (*of a department or office*) (9)
jilotear to begin to ripen (*especially corn*)
jirafa *n. m., f.* giraffe (7)
jogging: hacer (*irreg.*) **jogging** to jog
jornalero/a day laborer
joven *n. m., f.* youth: *adj. m., f.* young; **de joven** as a youth
joya jewel
joyería jewelry store
joyero/a jeweler
jubilarse to retire (*from work*)
judaísmo Judaism (10)
judía verde green bean (6)
judío/a *n.; adj.* Jew; Jewish
juego game; **juego de bolos** bowling
jueves *m. s.* Thursday (4)
juez (*pl.* **jueces**) *n. m., f.* judge
jugador(a) player
jugar (ue) (gu) (a) to play (*a game or sport*)
jugo *L. A.* juice; **jugo de fruta** fruit juice (6)
juguete *m.* toy

juguetón, juguetona *adj.* playful
julio July
junio June
juntar to join
junto: junto a *prep.* near; **junto con** *prep.* along with; **juntos/as** *adj.* together
justo precisely
juzgar (gu) to judge

K

kilómetro kilometer

L

labio lip (5)
laboratorio laboratory
lado side; **al lado de** beside, next to
ladrillo brick
ladrón, ladrona thief
lagarto/a lizard (7)
lago lake (8)
lágrima tear
lamentación *f.* lamentation
lámpara lamp (1)
langosta lobster (6)
lanzar (c) to launch; to throw
lápiz (*pl.* **lápices**) *m.* pencil
largo/a long; **a largo plazo** long term; **adjetivo posesivo largo** stressed possessive adjective
largura length
laringe *f.* larynx
lástima pity; **es lástima** it's a pity; **¡qué lástima!** what a pity!
lata can; **¡qué lata!** what a bore/pain!
latín *m.* Latin (*language*)
latino/a *adj.* Latin; *n.* person of Hispanic heritage in the U.S.; **América Latina** Latin America; **sonido latino** Latin music
Latinoamérica *f.* Latin America
latinoamericano/a *n.; adj.* Latin American
lava lava (*from a volcano*)
lavabo sink (*bathroom*) (1)
lavamanos *m. s.* washstand
lavandería laundry

lavaplatos *m. s.* dishwasher

lavar to wash; **lavarse** to wash up, wash oneself

lealtad *f.* loyalty

lección *f.* lesson

leche *f.* milk (6)

lechuga lettuce (6)

lector(a) reader (12)

lectura reading (2)

leer (y) *(p.p.* **leído)** to read; **leer poesía / una novela** to read poetry / a novel (3)

legalización *f.* legalization

legible *adj.* readable, legible

legua league *(unit of measure)*

legumbre *f.* vegetable

lejano/a distant, far away

lejos distant; **lejos de** far from

lengua tongue (5); language (2); **lengua extranjera** foreign language (2)

lenguaje *m.* language, idiom *(of a particular discourse)*; **lenguaje escrito** written language

lenteja lentil

lento/a *adj.; adv.* slow, slowly

león, leona lion, lioness (7)

leopardo *m.* leopard

letra letter *(of the alphabet)*; **las letras** letters, literature; **facultad** *f.* **de filosofía y letras** school of Liberal Arts and Humanities

levantar to raise; **levantar pesas** to lift weights; **levantarse** to get up; to arise; to rise up

léxico *n.* lexicon, special vocabulary

léxico/a *adj.* vocabulary

ley *f.* law; **facultad** *f.* **de leyes** law school; **leyes ecológicas** environmental laws (7)

leyenda legend

liberación *f.* liberation, freedom

libertad *f.* liberty, freedom

librar to free, set free

libre *adj.* free; **al aire libre** open-air; **libre de riesgo** risk free; **tiempo libre** free time;

librería bookstore (2)

librero/a bookseller

libro book

licenciatura master's degree

licor *m.* liquor, liqueur

líder *m.* leader

ligero/a light *(weight, substance)*

limitado/a limited

limitar to limit, restrict

limón *m.* lime, lemon (6)

limonada lemonade, limeade

limpiabotas *m. s.* shoeshine person

limpiar to clean

limpieza cleanliness; cleaning

limpio/a *adj.* clean

lindo/a pretty

lindar: lindar con to be adjacent to

línea line; **en línea** on line

lingüístico/a *adj.* linguistic

lío: ¡qué lío! what a mess!

liquidación *f.* liquidation, sale

lista list

listo/a ready; clever

literario/a literary

literatura literature (2)

llamada *n.* call; **llamada telefónica** telephone call

llamar to call; **llamar por teléfono** to phone; **llamarse** to be called, named

llamado/a called; so-called

llamativo/a exciting; gaudy, showy

llave *f.* key

llegada *n.* arrival

llegar (gu) to arrive (4)

llenar to fill

lleno/a full

llevar to carry; **llevar a cabo** to carry out, complete

llorar to cry

llover (ue) to rain

llovizna *n.* drizzle

lloviznar to drizzle

lluvia *n.* rain

lluvioso/a rainy; **bosque** *m.* **lluvioso** rainforest (8)

lobo/a wolf (7)

loco/a crazy

locro *dish of meat, potatoes, and corn in the Andean region*

locura craziness, insanity

locutor(a) announcer

lógico/a logical

lograr to achieve; to manage to

lona canvas

luchar to struggle, fight

luego then; **desde luego** of course; **luego que** as soon as

lugar *m.* place; **tener** *(irreg.)* **lugar** to take place

lujo luxury; **de lujo** luxurious, luxury

lujurioso/a lecherous

luna moon

lunes *m. s.* Monday (4); **este lunes** this Monday (4); **el lunes pasado** last Monday (4)

lustroso/a lustrous, shiny

luz *(pl.* **luces)** light

M

macanudo/a great, terrific, fantastic

machete *m.* machete *(large knife for cutting cane)*

madera wood (9)

madre *f.* mother (1)

madreselva honeysuckle

madrina godmother (1)

madrugada dawn, daybreak

maestría Masters

maestro/a teacher

magia *n.* magic

mágico/a *adj.* magic, magical; **poción** *f.* **mágica** magic potion

magno/a *(Latin)*: **ars magna combinatoria** combined master work; **emperador máximo magno** greatest emperor

magnífico/a magnificent, terrific

magnitud *f.* size, magnitude

maíz *m. (pl.* **maíces)** corn, maize (6)

mal *n. m.* problem, misfortune

mal, malo/a *adj.* bad; ill; evil; **estar** *(irreg.)* **de mal humor** to be in a bad mood; **hacer** (*irreg.*) **mal tiempo** to be bad weather

mal *adv.* badly, poorly; **caerle mal a alguien** to be disliked by someone; **estar** (*irreg.*) **mal** to be sick; **me siento mal** I feel bad (5)

maldecir (*like* **decir**) to curse

maleta suitcase, bag; **hacer** (*irreg.*) **las maletas** to pack (suitcases) (8)

malo: lo malo the bad thing, part, aspect

malva: malva silvestre *f.* wild mallow

mamá soltera single mom (1)

mandar to order (*to do something*); to send (*a letter, etc.*)

mandato *gram.* command; **mandato directo/implicado (indirecto)** direct/indirect command

manejar to drive; to handle, manage (8)

manejo handling

manera way; manner; **a (la) manera de** like, in the manner of

mango handle (*of a knife, sword, etc.*)

manipulador(a) *adj.* manipulative; *n.* manipulator

mano *f.* hand (5); **apretón** *m.* **de manos** handshake

manteca de cacao cocoa butter

mantener (*like* **tener**) to maintain; to stay, keep; **mantenerse al día** to stay, keep up to date

mantequilla butter (6)

manual *m.* manual, book of instructions

manuscrito manuscript

manzana apple (6)

mañana *f.* morning; tomorrow; **esta mañana** this morning (4); **todas las mañanas** every morning

mapa *m.* map

maquillado/a made-up (*using make-up*)

maquillaje *m.* make-up

maquillarse to make oneself up, apply make-up

máquina machine; **escribir a máquina** to type on a typewriter

mar *m.* sea, ocean

maraca *percussion instrument made from a gourd* (11)

maravilloso/a marvelous, wonderous

marca brand (*of a product*)

marcado/a por marked by, characterized by

marcar (qu) to mark

marcha progress

marco frame

marear: carta de marear navigational map

margarina margarine (6)

mariachi *n. m.* (*Mex.*) **Mariachi** (*type of Mexican popular music*); street singer (*a musician that plays Mariachi music*); *adj. pertaining to Mariachi music*

marido husband (1)

mariposa butterfly, moth (7)

marisco shellfish

mármol *m.* marble (*stone*)

martes *m. s.* Tuesday (4)

marzo March

más more; **cada vez más** more and more; **cuando más** at most; **es más** moreover, in addition (12); **más allá de** beyond; **más o menos** more or less

masculino/a *gram.* masculine gender

masivo/a mass; massive

masticar (qu) to chew

mata bush, stalk

matar to kill; **matarse** to commit suicide, kill oneself

matasanos *m. s.* quack, incompetent doctor

matemático/a mathematical

matemáticas *f. pl.* mathematics (2)

materia subject (*school*)

matrícula tuition

matriculado/a registered; signed up

matricularse to register, sign up (*for school*) (2)

matrimonio matrimony, marriage; married couple (1); **cama de matrimonio** double bed (1)

Matusalén Methuselah

máximo/a maximum; **emperador máximo magno** foremost emperor

maya *n. m., f* Maya, Mayan; *adj. m., f.* Mayan

mayo May

mayonesa mayonnaise (6)

mayor older; oldest; larger; largest; greater; main; **cada vez mayor** larger and larger; **hijo/a mayor** oldest child (1); **plaza mayor** main square

mayoría majority

mazorca ear of corn

me da lo mismo it doesn't matter (it's all the same) to me

mecánico *m., f.* mechanic (9); **mujer** *f.* **mecánico** female mechanic

mecánico/a mechanical; **ingeniería mecánica** mechanical engineering

mecedora rocking chair

mecerse (z) to rock

mediados: a mediados de around the middle of (*the paragraph, month, etc.*)

medianoche *f.* midnight

mediante through (12); **Dios mediante** God willing

medicina medicine (2)

médico/a *n.* physician; *adj.* medical (5); **revisión** *f.* **médica** medical checkup

medida *n.* measure, step

medieval *adj.* medieval, of or pertaining to the Middle Ages

medio means; **medio ambiente** *m.* environment; **medio de transporte** *m.* means of transportation; **por medio de** through, by means of (12)

medio/a *adj.* middle; half; **Edad Media** Middle Ages; **el de en medio** the middle one; **en medio de** in the middle of; **medio/a hermano/a** half-brother, half-sister (1); **y media** thirty, half-past (*with time*)

medioambiental environmental

mediodía *m.* noon, midday

medir (i, i) to measure

meditación *f.* meditation (10)

meditar to meditate (10)

mediterráneo/a *adj.* Mediterranean

mejilla cheek (5)

mejor better; best

mejorar to improve, make better

melocotón *m.* peach

melodramático/a melodramatic

memoria memory

memorizar (c) to memorize

mencionar to mention

menor younger; youngest; smaller; smallest

menos less; least; **a menos que** unless; **cuando menos** at least; **echar de menos** to miss (*someone who is far away*); **más o menos** more or less; **por lo menos** at least; until, before (*with time*)

mensaje *m.* message; **mensaje corporal** body language

mentalmente mentally, in one's mind

mente *f.* mind

mentir (ie, i) to lie

mentira *n.* lie

menú *m.* menu

menudo: a menudo often, frequently

mercado market (8); **mercado al aire libre** open-air market

merecer (zc) to deserve

merengue *m.* a musical rhythm of the Caribbean, especially the Dominican Republic (11)

mérito merit

mermelada jam

mes *m.* month; **este mes** this month (4)

mesa table (1)

mesero/a waiter/waitress

mesilla end table (1)

meta goal, object, aim

metáfora metaphor

metal *m.* brass instrument (11); **los metales** brass section (*of a band or orchestra*)

metálico/a metallic; **dinero metálico y redondo** hard cash

meteorológico/a meteorological

meter to put in, insert; to score (*a goal*); **meter la pata** to stick one's foot in one's mouth; **meterse** to put oneself into, get into

metodista *n. m., f.; adj. m., f.* Methodist

método method

metro meter (*measurement*); subway

mexicano/a *n.; adj.* Mexican

México *m.* Mexico; Mexico City

mexicoamericano/a *n.; adj.* Mexican American

mezclado/a mixed

mezclar to mix

mezquita mosque (*Moslem place of worship*) (10)

mi amor my dear

micro ambiente *m.* microenvironment

micromedio ambiente *m.* microenvironment

microondas *m. s.* microwave oven (1)

miedo fear; **tener (*irreg.*) miedo** to be afraid, be scared

miembro member

mientras (que) while, whereas; **mientras tanto** meanwhile (12)

miércoles *m. s.* Wednesday (4)

mil *m.* one thousand; **dos mil y dos** two thousand and two

milímetro millimeter

militar *adj.* military

millar *m.* a thousand

millón *m.* million

millonario/a millionaire

milpa cornfield

mina *n.* mine

mineral: agua *f.* **mineral** mineral water (6)

mínimo/a minimum

ministerio ministry, cabinet department

ministro/a (cabinet) minister

minuto minuto

mirada look; glance; **echar una mirada de reojo** to glance at; gaze; **mirada vigilante** watchful gaze

mirar to look, look at; **mirar la tele** to watch TV (3)

misa mass (*religious ceremony*) (10)

miserable miserable; poor, wretched

misión *f.* mission

misionario/a *n.* missionary

misionero/a *adj.* missionary

mismo/a same; very; **ahora mismo** right now; **allí mismo** right there, in that very spot; **lo mismo que** the same thing as; **me da lo mismo** it doesn't matter (it's all the same) to me; **yo mismo** I myself (*you yourself, etc.*)

misterio mystery

misterioso/a mysterious

mitad *f.* half, middle, center

mochila backpack

moción *f.* motion

moda fashion; **de moda** in style

modelo model

moderno/a modern

modesto/a modest

modificar (qu) *gram.* to mo??

modificado/a *gram.* modi??

modismo *gram.* idioma? expression

modo way; means; ?i modo de ver in my opi?, de algún modo some?, de ningún modo no?, ?modo de transpo??on means of

transı??

mofet?

mojado/a wet
mojarse to get wet
molestar to bother
molestia bother, annoyance
molido/a ground
momento moment
moneda coin
monja nun (10)
monje m. monk (10)
mono/a monkey (7); ¡qué mono/a! how cute!
monótono/a monotonous
montaje m. assembly
montaña mountain (8)
montar en bicicleta / en motocicleta / a caballo to ride a bicycle/motorcycle/horse (3)
monte m. mountain, woodland
morado n. purple (color); morado/a adj. purple
morder (ue) to bite
moreno/a dark, tanned
moribundo/a moribund, dying
morir (ue, u) (p.p. muerto) to die (4)
moro/a n. Moorish
mortificado/a mortified
mortificar (qu) to mortify
mortuorio/a funereal, pertaining to burials or the dead
mosca fly (insect) (7)
mosquito mosquito (7)
mostaza mustard (6)
mostrador m. counter (9)
mostrar (ue) to show
motivación f. motivation
moto(cicleta) f. motorcycle (8)
motor m. motor
mover (ue) to move (something); moverse to move (oneself); to mo
movimiento movement
muchacho boy; girl
mucho/a much, a lot of; pl. many; muchas veces often, frequently
mudarse to move (one's residence)
mudo/a mute
mueble m. piece of furniture; pl. furniture
muerte f. death

muerto/a (p.p. of morir) adj. dead
mujer f. woman (1); mujer de negocios businesswoman; mujer mecánico female mechanic; mujer político woman politican
mujerona large woman
mujerzuela vulgar woman
muleta crutch (5)
multimillonario/a multimillonaire
múltiple adj. multiple
mundial adj. world; Copa Mundial de Fútbol Soccer World Cup
mundo n. world; Nuevo Mundo New World; Viejo Mundo Old World
mural m. mural
muralista m., f. muralist
muro wall (exterior)
músculo muscle (5)
museo museum (8)
música n. music (2); música clásica/folclórica/popular/religiosa classical/folk/popular/religious music (2); música ranchera "western" type Mexican music
músico n. m., f. musician
musulmán, musulmana n.; adj. Moslem
muy adv. very

N

nacer (zc) to be born (4)
nacimiento birth; aniversario de nacimiento birthday
nación f. nation
nacional adj. national
nacionalidad f. nationality
nada nothing, not anything; not at all; más que nada more than anything; no tener (irreg.) nada que ver con to have nothing to do with
nadar to swim (3)
nadie no one, nobody, not anybody; más que nadie more than anyone

naranja n. orange (6); de color m. naranja orange colored
naranjal m. orange grove
naranjo orange tree
narcotráfico drug traffic
nariz f. (pl. narices) nose (5)
narración f. narration
narrador(a) narrator (12)
narrar to narrate
narrativa narrative
natación f. swimming (3)
natural: ciencias naturales natural sciences (2)
naturaleza nature
naturalidad f. naturalness
náufrago/a shipwreck victim
navegar (gu) to navigate
navegación f. navigation
Navidad f. Christmas (10)
neblina mist; hay neblina it's misty
necesario/a necessary
necesidad f. necessity
necesitar to need
negación f. gram. negation
negar (ie) (gu) to deny
negativo/a negative
negociación f. negotiation
negociar to negotiate
negocio business; firm; pl. business in general (2); facultad f. de negocios business school; hombre m./mujer f. de negocios businessman/businesswoman
negro n.m. black (color); negro/a adj. black
nene/a baby
nervio nerve (5)
nervioso/a nervous
neutro/a gram. neuter gender
nevar (ie) to snow
nevera refrigerator (1)
Niágara f. Niagara
nicaragüense n. m., f.; adj. Nicaraguan
nido nest (bird)
niebla fog; hay mucha niebla it's very foggy
nieto/a grandson/granddaughter (1)

nieve *f.* snow; **hay nieve** it's snowy

ningún, ninguno/a no, (not) any; none, not one; **de ningún modo** no way; **en ninguna parte** nowhere

niñez *f.* (*pl.* **niñeces**) childhood

niño/a child, *pl.* children

nítido/a cool, great

nivel *m.* level

noche *f.* night; **de la noche** P. M.; **por la noche** at night; **todas las noches** every night

nombrar to name

nombre *m.* name

nominal *adj. gram.* nominal; **cláusula nominal** noun clause

noreste *m.* northeast

norte *m.* north; *adj.* northern

norteamericano/a *n.; adj.* North American

nota note; grade (*academic*) (2)

notar to note; **se nota(n)** it is noted (12)

noticias *f. pl.* news

novedad *f.* novelty, something new

novela novel (12); **leer una novela** to read a novel (3); **novelas de caballerías** novels of chivalry/knighthood

novelista *n. m., f.* novelist (12)

noveno/a ninth

noviembre *m.* November

novio/a boyfriend/girlfriend, fiancé/fiancée, bridegroom/bride (1)

nube *f.* cloud

nublado/a cloudy; **estar** (*irreg.*) **nublado** it's cloudy

nuclear *adj.* nuclear; **familia nuclear** immediate family (*parents and children*)

nuera daughter-in-law (1)

nuevo/a new; **Nuevo Mundo** New World

nuez *f.* (*pl.* **nueces**) nut

número number; *gram.* number (*singular or plural*)

nunca never, not ever; **más que nunca** more than ever; **nunca**

jamás never ever

nutritivo/a nutritive, nourishing

O

o *conj.* or; **o... o** either . . . or

obedecer (zc) to obey

objeto object

obligación *f.* obligation

obligado/a obliged

oboe *m.* oboe (11)

óbolo donation

obra *n.* work (*of art, etc.*)

obrero/a worker, laborer (9)

observación *f.* observation

observar to observe; **se observa(n)** it is observed (12)

obsesivo/a obsessive

obstáculo obstacle

obstante: no obstante nevertheless (12)

obstruir (y) to obstruct

obtener (*like* **tener**) to obtain, get

obvio/a obvious

ocasión *f.* occasion

occidental western

oceánico/a oceanic

océano ocean; **Océano Pacífico** Pacific Ocean

ocho días a week

octavo/a eighth

octubre *m.* October

ocupado/a occupied, busy

ocupar to occupy

ocurrir to occur, happen

odontología odontology (2)

ofender to offend

ofertarse to be offered

oficina office; **oficina de correos** post office

oficio trade; letter

ofrecer (zc) to offer

oído (*p.p. of* **oír**); *m. s.* (inner) ear (5)

oír (*irreg.*) (*p.p.* **oído**) to hear, listen

¡ojalá! if only!, I hope!; **¡ojalá que... !** I hope that . . . !

ojo eye (5)

oler (huelo) to smell; **oler a** to smell like

olfato smell; sense of smell

olla pot, saucepan; kettle

olmeca *n. m., f.; adj.* Olmec

olor *m.* odor, smell

olvidado/a forgotten

olvidar to forget; **olvidarse de** to forget about

olvido *n.* forgetfullness; oblivion

omitir to omit

opción *f.* option, choice

ópera *f.* opera

operación *f.* operation

opinar to think, have the opinion

opinión *f.* opinion (12)

oponerse (*like* **poner**) (*p.p.* **opuesto**) to oppose

oportunidad *f.* opportunity

oportunista *m., f.* opportunist

oprimido/a pressed

opuesto/a (*p.p. of* **oponer**) opposite; **lo opuesto** the opposite

oración *f.* sentence; prayer (10)

orar to pray (10)

orden *m.* order, structure

ordenación *f.* ordering, arrangement

ordenado/a neat, ordered, in order

ordenador *m. Sp.* computer

ordenar to order, put in order (4)

oreja (outer) ear (5)

orgánico/a organic; **química orgánica** organic chemistry

organización *f.* organization

organizar (c) to organize

órgano organ (*music*) (11)

orgulloso/a proud; arrogant

orientación *f.* orientation, direction

orientado/a *adj.* oriented; directed toward

origen *m.* origin; **país de origen** native country

originarse to originate

originalidad *f.* originality

orilla bank, shore (*of a river, etc.*)

oro gold; **Siglo de Oro** Golden Age (*of Spanish literature*)

orquesta orchestra; **orquesta sinfónica** symphony orchestra (11)

orquídea orchid

ortográfico/a orthographic, *pertaining to spelling*

Óscar *m.* Oscar, Academy Award

oscuridad *f.* darkness

oscuro/a dark

oso/a bear (7)

otoño autumn, fall

otro/a other, another; **otra vez** again

oveja sheep (7)

overoles *m.* overalls

oxígeno oxygen

oyente *m., f.* auditor (*in a class*); listener

P

paciencia patience

paciente *n. m., f.* patient (*in hospital, clinic, etc.*); *adj.* patient

Pacífico: Océano Pacífico Pacific Ocean

padrastro stepfather

padre *m.* father (1); *pl.* parents

padrino godfather (1)

paella paella (*Spanish dish of rice, chicken, fish, and shellfish*)

pagado/a paid

pagano/a pagan

pagar (gu) to pay (for)

página page; **página Web** Web page

país *m.* country, nation; **país de origen** *m.* native country

paisaje *m.* landscape

paja straw

pájaro bird

palabra word; **palabra compuesta** *gram.* compound word (*word made by combining two or more other words*)

palabrota obscenity, swear word

paladar *m.* roof of the mouth, palate

palangana washbasin

pálido/a pale

palma palm tree

pan *m.* bread (6)

panadería bakery; bread store

panadero/a baker, breadmaker (9)

panameño/a *n. m., f., adj.* Panamanian

pandereta tambourine (11)

panecillo roll, bun (*bread*)

pantalón *m. s.* (*gen. pl*) **pantalones** pants; **pantalones cortos** shorts

pañuelo handkerchief

papa *L.A.* potato (6); **papas fritas** French fries (6)

Papa *m.* Pope (10)

papá *m.* dad, father; **papá soltero** single father (1); **los papás** parents

papagayo parrot (7)

papel *m.* paper; role (*to act*); test paper; *pl.* papers, documents

paquete *m.* package; package tour

para *prep.* (intended) for; in order to (*do something*); by (*time*), for a, toward (*a place*); **estar para** + *inf.* to be about to (*do something*); **para mí/ti** in my/your opinion; **¿para qué?** what for?; **para que** so that; **para terminar** in closing, to conclude (12)

parabrisas *m. s.* windshield

paracaídas *m. s.* parachute

parachoques *m. s.* bumper (*automobile*)

paradigma *m.* paradigm

paraguas *m. s.* umbrella

paraguayo/a *n.; adj.* Paraguayan

paraje *m.* place, spot

parar to stop

pararrayos *m. s.* lightning rod

parcela parcel

pardo n. brown (*color*); **pardo/a** *adj.* brown

parecer (zc) to seem; **parecerse** to resemble

pared *f.* wall

pareja *n. f.* couple; partner, mate (1)

pariente *n. m., f.* relative

párpado eyelid (5)

parque *m.* park

párrafo paragraph

parrilla grill; **a la parrilla** grilled (6)

parrillada barbecue

parsimoniosamente soberly; frugally

parte *f.* part; place; **de todas partes** from everywhere; **en alguna parte** somewhere; **en ninguna parte** nowhere; **la mayor parte** the greater part; **por todas partes** everywhere; **por una parte, por otra parte** on the one hand, on the other hand

participación *f.* participation

participante *n. m., f.* participant

participar to participate

participio *gram.* participle

particular *adj.* particular, specific

partida *n.* departure

partido *n.* game, match (*sports, etc.*); political party

partir to leave, depart (8)

pasado *n.* past (4); **pasado/a** past, last; **el año pasado** last year; **la semana pasada** last week (4); **participio pasado** *gram.* past participle

pasaje *m.* passage; ticket; **en este pasaje** in this (*reading*) passage (12)

pasajero/a passenger (8); **vagón** *m.* **de pasajeros** passenger railcar (8)

pasaporte *m.* passport

pasar to spend time; to pass (*by, over, through, etc.*); to happen; **pasar un día** *m.* **en el campo** to spend a day in the country (3); **pasar hambre** *f.* to suffer hunger

pasatiempo pastime, diversion, hobby

Pascua: Domingo de Pascuas Easter Sunday; **la Pascua judía** Jewish Easter, Passover (10)

pasear to stroll, walk around

paseo *n.* stroll, walk; **dar un paseo** to take a walk (3)

pasillo aisle; hallway; **asiento de pasillo** aisle seat (8)

pasión *f.* passion

pasivo/a *adj. gram.* passive; **la voz pasiva** passive voice

paso step; pace; **de paso** in passing

pastel *m.* pie; cake; (*Puerto Rico*) meat pie

pastilla pill (5)

pasto *m.* pasture

pastor *m.* (*religion*) pastor, priest (10)

pata foot (*of an animal*); **meter la pata** to stick one's foot in one's mouth

patata *Sp.* potato

patinar to skate (3)

pato/a duck (7)

patriótico/a patriotic

patrón *m.* pattern; patron

patrono/a *n.* patron; protector, defender

pausar to pause

pavo turkey (6)

payaso/a clown

paz *f.* (*pl.* **paces**) peace; **en paz** in peace

pecado sin (10)

pecho chest; breast (5); **de pelo en pecho** strong, robust, vigorous

pedagogía pedagogy, education (2)

pedazo piece; **estar** (*irreg.*) **hecho pedazos** to be torn up, in pieces

pedir (i, i) to ask for, request, to order (*in a restaurant*); **pedir prestado/a** to borrow (9)

pedregullo rocky field

peinado/a combed

peinarse to comb one's own hair

pelar to peel

pelear to fight

película movie, film

peligro danger; **especies** *f. pl.* **en peligro de extinción** *f.* endangered species (7)

peligroso/a dangerous

pelirrojo/a redhead

pelo hair (5); **cepillarse el pelo** to brush one's hair; **de pelo en pecho** strong, robust; vigorous

pelota ball (3)

pena shame, pity; **¡qué pena!** what a shame!; **valer** (*irreg.*) **la pena**

to be worthwhile, worth the trouble

pendiente *adj.* hanging, *n. f.* slope

penetrar to penetrate

península peninsula; **Península Ibérica** Iberian Peninsula (*Spain and Portugal*)

penoso/a distressing, unpleasant

pensamiento thought, idea

pensar (ie) to think; **pensar** + *inf.* to plan/intend to; **pensar de** to think about (*have an opinion*); **pensar en** to think about (*focus on*);

pensión *f.* (*retirement*) pension

peor worse; worst

pepino cucumber (6)

pequeño/a little, small; young; **desde pequeño/a** since childhood; **más pequeño/a** smaller, younger

pera pear (6)

percibir to perceive; to sense

percibido/a perceived; seen

percusión *f.* percussion (11)

perder (ie) to lose; to miss (*a train, a class, etc.*) (4)

pérdida *n.* loss

perdido/a *adj.* lost

perdonar to pardon, excuse; **perdóname** excuse me

peregrinación *f.* pilgrimage (10)

perezoso/a lazy

perfeccionamiento perfecting, improvement

perfecto/a perfect; **tiempo perfecto** *gram.* perfect tense

perfilar to profile; to characterize

perfumado/a perfumed

periódico newspaper

periodista *n. m., f.* journalist, newspaper reporter

período period

perla pearl

permanecer (zc) to remain, stay

permanente *adj.* permanent

permiso permission

permitir to permit, allow

pero *conj.* but

perrazo/a big, impressive dog

perro/a dog (7)

persona *f.* person

personaje *m.* personage; character (*playing a part*); **personaje principal** main character (12)

personal *adj.* personal; **computadora personal** personal computer, P.C

personalidad *f.* personality

perspectiva *n.* perspective, point of view

pertenecer (zc) to belong to

peruano/a *n.; adj.* Peruvian

pesadilla nightmare

pesado/a heavy; boring; **¡qué pesado/a!** what a bore!

pesar: a pesar de despite, in spite of

pesa *n.* weight (*for lifting*)

pesca *n.* fishing (7)

pescado fish (*when caught*) (6)

pescador(a) fisherman/fisherwoman (9)

pescar (qu) to fish (3)

pesimista *n. m., f.* pessimist

pésimo/a *adj.* terrible, appalling

peso *monetary unit of several Latin American countries*

pesquero/a *adj.* fishing; **industria pesquera** fishing industry

pestaña eyelash (5)

pesticida *m.* pesticide (7)

pez *m.* (*pl.* **peces**) fish (*alive*) (7)

piadoso/a pious

pianista *n. m., f.* pianist, piano player

piano piano (11)

piapiá *m. sl.* papá

picadillo *popular dish often containing chopped meat and vegetables*

picante *adj.* spicy hot; **salsa picante** hot sauce

picar (qu) to chop; to slice (*food*)

pico: y pico more or less; **veinte y pico** twenty something, about twenty

pie *m.* foot (5); **a pie** on foot, walking; **dedo del pie** toe

piedad *f.* pity, mercy; **ten piedad** have mercy, pity

piedra stone

piel *f.* skin (5)

pierna leg (*human*) (5); **romperse la pierna** to break one's leg

pieza musical piece, number

pijama *m.* or *f.* pajama

píldora pill

pimienta pepper (*spice*) (6)

pimiento pepper (*plant and fruit in general*)

pintado/a painted

pintar to paint (3)

pintor(a) painter

pintoresco/a picturesque

pintura individual painting; painting (*the art form*) (2)

piña pineapple (6)

pionero/a pioneer

piragua light canoe

pirámide *f.* pyramid

piratería piracy

piscina swimming pool (3)

piso floor

pista court (*tennis, basketball, etc.*)

pistola pistol

piyama *m.* pajama

pizarra chalkboard

pizca pinch (*recipe amount*)

placenteramente with pleasure, gladly

placer *m.* pleasure

plan *m.* plan

planear to plan

planeta *m.* planet

plano: de plano plainly, clearly

planta plant; **planta de ensamblaje** (*m.*) assembly plant; **planta silvestre** wild plant

plantación *f.* plantation

plantar to plant

plástico/a plastic

plata silver; **de color** *m.* **de plata** silver-colored

plátano plantain, banana (6)

plateado/a silver-colored

plato plate, dish (*tableware*), prepared dish; **plato típico** typical regional dish; **primer/segundo plato** first/second course (*of a meal*)

playa beach (8); **ir a la playa** to go to the beach (3)

plaza square, park; **plaza de toros** bullring (8); **plaza mayor** main square

plazo: a largo plazo long term

plegar (gu) to crease

pliego sheet of paper

plomero/a plumber (9)

plomo lead (*metal*); **caer** (*irreg.*) **a plomo** to fall like a stone

pluma writing pen

plural *m. gram.* plural

pluscuamperfecto *gram.* past perfect, pluperfect

población *f.* population

pobre poor

pobrecito poor thing

pobreza poverty

poción *f.* potion; **poción mágica** magic potion

poco *n.* little bit, small amount; *adv.* little, not very; **un poco** a little; *adj.* little; few; *adv.* little; **poco después** a little later

poder *n. m.* power

poder (ue) *v.* (*irreg.*) to be able to, can; might

poderoso/a powerful

poema *m.* poem

poesía poetry (12)

poeta *m., f.* poet (12)

poético/a poetic

policía *f.* police, *m.* policeman; **mujer** *f.* **policía** policewoman

política *n. f. s.* politics; policy; **política del Buen Vecino** Good Neighbor Policy

político/a political; **ciencias** *pl.* **políticas** political science (2); **pariente político** in-law

político *m., f.* politician

pollo chicken (6)

polvo: estar (*irreg.*) **hecho polvo** to be a wreck, worn out, done in

pomada ointment (5)

poner (*irreg.*) (*p.p.* **puesto**) to put, place; **poner la mesa** to set the table; **ponerse** to put on (*clothes*); to become

popular popular; **música popular** popular music (11)

popularizado/a popularized

poquito: un poquito a little bit

por *prep.* in (*the morning, evening, etc.*); because of, due to; around; for (*thanks for*); for (*a period of time*), in exchange for; per; by; along; through; during; on account of; **por ciento** percent; **por completo** completely; **por conducto de** by means of; **por consiguiente** as a consequence (12), therefore; **por delante** ahead; **por Dios** for heaven's sake; **por ejemplo** for example (12); **por eso** therefore (12); **por favor** please; **por fin** at last, finally; **por lo general** generally; **por lo menos** at least; **por lo tanto** therefore; **por medio de** by means of; **¿por qué?** why; **por si** in case; **por si acaso** just in case; **por su cuenta** on his own; **por supuesto** of course; **por una parte, por otra parte** on one hand, on the other hand (12)

porcentaje *m.* percentage

porción *f.* portion, serving

porque because

portar to carry

portería goal (*net in soccer*) (3)

portero/a goalkeeper (3)

portugués, portuguesa *n.; adj.* Portuguese

poseer (y) to possess, have

poseído/a possessed

posesión *f.* possession

posesivo *gram.* possessive; **pronombre** *m.* **demostrativo/posesivo/relativo** demonstrative/ possessive/relative pronoun

posibilidad *f.* possibility

posible possible
posición *f.* position, job; status
positivo/a positive
posponer (*like* **poner**) (*p.p.* **pospuesto**) to postpone, delay
postal *adj.* postal; **tarjeta postal** postcard
poste *m.* post
póster *m.* poster
postre *m.* dessert
postrero/a last
postura posture
potencial *n. m.; adj.* potential
potrero pasture
práctica *n.* practice
practicar (qu) to practice; to play (*with sports*)
práctico/a practical
preceder to precede
precio price
precioso/a precious
precisamente precisely
preciso: es preciso it's necessary
precolombino/a pre-Columbian, *pertaining to the New World before Columbus arrived*
predecesor(a) predecessor
predecir (*like* **decir**) to predict
predicar (qu) to preach
predilecto/a favorite
preferencia preference
preferido/a preferred, favorite
preferir (ie, i) to prefer
prefijo prefix
pregunta question; **hacer** (*irreg.*) **una pregunta** to ask a question
preguntar to ask (*a question*); **preguntarse** to wonder
premisa premise
prender to turn on (*lights, radio, etc.*); to light (*candle*)
preocupación *f.* worry, preoccupation
preocupado/a worried, preoccupied
preocuparse (por) to worry (about), be preoccupied; **preocuparse de** to take care of
preparación *f.* preparation

preparado/a prepared
preparar to prepare
preparatorio/a preparatory, of preparation
preposición *f. gram.* preposition
preposicional *adj.* prepositional
presbiteriano/a *n.; adj.* Presbyterian
presenciar to witness, be present at
presentación *f.* presentation
presentado/a presented
presentar to present; to introduce (12)
presente *n. m.; adj.* present (*time*); **participio presente** *gram.* present participle; **presente de indicativo/ subjuntivo** *gram.* present indicative/subjunctive
preservación *f.* preservation, conservation
presidencia *n.* presidency
presidente/a president
prestado/a: pedir (i, i) prestado/a to borrow
préstamo loan (9)
prestar to lend (9); **prestar atención** *f.* to pay attention
presumir to presume, conjecture
pretérito *n. gram.* preterit, past tense
pretexto pretext
prevenir (*like* **venir**) to prevent; to anticipate
previsto/a (*p.p. of* **prever**) foreseen
primario/a primary; **educación primaria** primary education (2); **escuela primaria** primary (elementary) school
primavera spring
primer, primero/a first; **primera clase** first class (8); **primera dama** first lady; **primer plato** first course (*of a meal*)
primero *adv.* first; in the first place
primo/a cousin (1)
principal *adj.* principal, main; **cláusula principal** *gram.* main

clause; **personaje** *m.* **principal** main character (12)
principio: al principio at first
prisa haste; **sin prisa** unhurriedly; **tener** (*irreg.*) **prisa** to be in a hurry
prisionero/a prisoner
pristino/a pristine, clear
privacidad *f.* privacy
privado/a private
probabilidad *f.* probability
probar (ue) to try out; to test
problema *m.* problem
problemático/a problematic(al)
proceso process
producción *f.* production
producir (zc) (*irreg.*) to produce
productivo/a productive
producto product; **vender productos** to sell products (9)
productor(a) producer
profesión *f.* profession
profesional *adj.* professional
profesor(a) professor
profeta *m.* prophet (10)
profundo/a deep; profound
programa *m.* program; **programa de reciclaje** *m.* recycling program (7)
programación *f.* programming (*computer*) (2)
programador(a) programmer (*computer*) (9)
programar to program (*computer*) (9)
progresivo *gram.* progressive
progreso progress
prohibido/a forbidden, prohibited
prohibir (prohíbo) to prohibit, forbid
promesa promise
prometedor(a) promising
prometer to promise
prometido/a engaged, promised (1)
promover (ue) to promote
promulgar (gu) to promulgate, to put law or policy into force

pronombre *m.* pronoun; **pronombre posesivo** possessive pronoun

pronto *adv.* soon; quickly; **tan pronto como** as soon as; **de pronto** suddenly

pronunciación *f.* pronunciation

pronunciar to pronounce

propagar (gu) to spread

propina tip (*for service*)

propio/a *adj.* own, one's own

proponer (*like* **poner**) (*p.p.* **propuesto**) to propose (*marriage, a plan*)

proporcionar to provide

proseguir (i, i) to go on, continue; to proceed

protagonista *n. m., f.* protagonist

protección *f.* protection; **protección de los recursos naturales** protection of natural resources (7)

protector(a) protector

proteger (j) to protect

protegido/a protected

protestante *n. m., f.; adj.* Protestant; **Reforma Protestante** Protestant Reformation

proveer (y) to provide

provenir (*like* **venir**) to come from; originate from

proverbio proverb

próximo/a next; nearby, near, close

proyecto project

prueba *n.* test; proof

psicología psychology (2)

púa barb; **alambre** *m.* **de púas** barbed wire

publicado/a published

publicar (qu) to publish (4)

publicidad *f.* publicity (2)

público/a *adj.* public; *n.* público

pueblo town, village; people, common people

puente *m.* bridge

puerco pig; pork (6)

puerta door; **puerta de entrada** entry door (1)

puerto port (8)

puertorriqueño/a *n.; adj.* Puerto Rican

pues... well . . .

puesta setting; **puesta del sol** setting of the sun

puesto position, job; **puesto que** since

pulmón *m.* lung (5)

pulpa *n.* pulp, flesh

pulsar press (*button*); **pulse aquí** click here (*on computer screen*)

pulso pulse; **tomar el pulso** take one's pulse

puma *m.* puma, panther (7)

punto point; **en punto** sharp, on the dot; **hasta cierto punto** to a certain extent (12); **punto de vista** point of view (12)

punzante *adj.* sharp

puñetazo punch (*with the fist*)

puño fist; **creer (y) a puño cerrado** to believe firmly

pupitre *m.* student desk, school desk

puro/a pure, clear; **la pura verdad** the absolute truth

púrpura *f.* purple

Q

que that; which; **lo que** that which

¿qué? what?; which?; **¿qué hora es?** what time is it?; **¿qué tiempo hace?** what's the weather like?

¡qué...! *interj.* how . . . ! what . . . !; **¡qué barbaridad!** how great/wonderful!; **¡qué bonito/a!** how pretty; **¡qué bueno!** how great/nice!; **¡qué cosa!** *coll.* how great!; **¡qué lástima!** what a pity!; **¡qué lata!** what a bore/pain!; **¡qué lío!** what a mess!; **¡qué mono/a!** how cute!; **¡qué pena!** what a shame!; **¡qué pesado/a!** what a bore!; **¡qué suave!** how great!; **¡qué suerte!** what luck!, how lucky!

quebrado/a broken

quebrar(se) (ie) to break (5)

quedar to remain, stay; to be (*location*); **quedar en** to agree to

quehacer *m.* chore

queja *n.* complaint

quejarse to complain

querer (*irreg.*) to love; to want

querido/a *n.* beloved, loved one, *adj.* loved, beloved

queso cheese (6)

quicio: estar (*irreg.*) **fuera de quicio** to be out of sorts, beside one's self

quien who, whom; **a quienes corresponde** to whom it may concern

¿quién(es)? who?, whom? **¿de quién?** whose?

química *n.* chemistry; **químico/a** *adj.* chemical (2); **química orgánica** organic chemistry

químicamente chemically

quinceañera fifteen-year-old girl; celebration of a girl's fifteenth birthday

quingentésimo/a five hundredth

quinientos/as five hundred

quinto/a fifth

quitar to take away; **quitarse** to take off (*clothing*)

quizá(s) perhaps

R

rabia *f. s.* rabies

rabino *m.* rabbi (10)

radicado/a located

radical *m. gram.* stem (*of a verb*); **con cambio de radical** stem-changing

radio *f.* radio communication (11); *m.* radio set

raíz *f.* (*pl.* **raíces**) root

raleado/a thinned out

ralo/a sparse, thinned out

rama bough, branch

Ramadán *m.* Ramadan (10)

ramo bouquet, bunch

rana frog; **rana arbórea** tree frog (7)

ranchero/a *U.S.* rancher; **música ranchera** *"western" type Mexican music*

rancho ranch, farm

rapidez *f.* (*pl.* **rapideces**) speed; swiftness

rápido/a rapid, fast, quickly

raptar to abduct

raqueta racquet (3)

raro/a rare, uncommon; strange, odd

rascacielos *m. s.* skyscraper

raspado/a scraped

rastrojo stubble

rata rat (7)

rato while

ratón *m.* mouse; computer mouse (7)

rayado/a striped

rayo lightning bolt

razón *f.* reason; **tener** (*irreg.*) **razón** to be right

reacción *f.* reaction

reaccionar to react

real *adj.* royal; real

realidad *f.* reality

realista *m., f.* realist

realizado/a produced, created

realizar (c) to carry out

rebaja price reduction, discount

rebelde *n. m., f.* rebel

recalcar (qu) to emphasize

recalentar (ie) to reheat

recepción *f.* reception

recepcionista *m., f.* recepcionista (9)

receptáculo receptacle, container

receta prescription, recipe (5)

recetar to prescribe

rechazar (c) to reject

recibir to receive

recibo receipt (9)

reciclaje *n. m.* recycling; **programa** *m.* **de reciclaje** recycling program

reciclar to recycle (7)

recién *adv.* recently

reciente *adj.* recent

recio/a strong, robust

recíproca *adj. m., f.* reciprocal

reclutar to recruit

recoger (j) to collect; gather (up); pick up

recogido/a gathered; collected

recolectar to gather; to reap

recomendación *f.* recommendation

recomendar (ie) to recommend

reconocer (zc) to recognize

reconquista reconquest

reconquistar to reconquer (4)

recordar (ue) to remember

recorrer to traverse, travel

recortado/a cut down, shortened

recreación *f.* entertainment, amusement

recrear to recreate

recreativo/a recreational

recreo recreation; entertainment

recuerdo souvenir; reminder (8)

recurso resource

red *f.* net (*tennis court, etc.*) (3); computer network

redactar to edit

redención *f.* redemption

redondo/a *adj.* round; **dinero metálico y redondo** hard cash

reducir (zc) (*irreg.*) to reduce

referencia reference

referente *m. gram.* referent

referirse (ie, i) (a) to refer (to)

refinado/a refined

refinar to refine

reflejar to reflect

reflexionar to reflect on, think about

reflexivo *n. m. gram.* reflexive

Reforma Protestante *f.* Protestant Reformation

refrán *m.* refrain, proverb

refrenar to restrain, rein in

refresco soft drink (6)

refrigerador *m.* refrigerator

regalado: caballo regalado gift horse

regalo gift, present

región *f.* region, area

regla rule

regresar to return, come back

regulación *f.* regulation

regular *adj. gram.* regular; **verbo regular** regular verb

reina queen

reinado reign

reinar to reign, rule (4)

reino kingdom, realm

reírse (i, i) (*p.p.* **reído**) to laugh

relación *f.* relation; relationship

relacionado/a (con) related (to)

relacionarse (con) to relate (to)

relajarse to relax

relámpago *n.* lightning bolt

relatar to relate, tell

relativo: pronombre relativo *gram.* relative pronoun

relato story

religión *f.* religion

religioso/a religious; **música religiosa** religious music (11)

rellenar to fill

reloj *m.* watch, clock

remedio remedy, cure

remendado/a mended

remoto/a remote; isolated

renacimiento Renaissance

renta income

reojo: mirada de reojo sideways glance

reparar to repair (9)

repartir to deliver, distribute

repartidor(a) mail carrier

reparto subdivision

repasar to review

repaso review

repetir (i, i) to repeat

reportaje *m.* journalistic article

reporte *m.* report

reportero/a reporter

represa *n. f.* dam

representar to represent

represión *f.* repression

república republic; **República Dominicana** Dominican Republic

requerir (ie, i) to require

requisito requirement (2)

res *f.* head of cattle; **carne** *f.* **de res** beef

resaltar to stand out
resbalar to slip, slide
reserva *n.* wildlife reserve; park; reservation; **hacer** (*irreg.*) **una reserva** to make a reservation (8)
reservar to have in store, have waiting
resfriado/a common cold (5)
residencia residence; **residencia estudiantil** dormitory (2)
resistir to resist
resolver (ue) (*p.p.* **resuelto**) to resolve; solve
resonar (ue) to resonate
resoplar to snort
respetable respectable
respetar to respect
respeto *n.* respect
respetuoso/a respectful; considerate
responder to answer
responsable *adj.* responsible
respuesta *n.* answer
restar to take away
restaurante *m.* restaurant (8)
resto *n.* rest
resuelto/a (*p.p. of* **resolver**) resolved; solved
resultado *n.* result
resultar to result; to turn out
resumen *m.* summary; **en resumen** in summary (12)
resumir to summarize
retirar to withdraw (9)
reto *n.* challenge
retratar to portray (12)
retrato *n.* portrait
reunión *f.* meeting
reunir (reúno) to put together (*money*); **reunirse** to gather; to meet
revisar to check; to examine
revisión *f.*: **revisión médica** medical checkup
revista magazine
revolución *f.* revolution
revolucionar to revolutionize
revolucionario/a *n.; adj.* revolutionary

revolver (ue) (*p.p.* **revuelto**) to revolve
Reyes Católicos Catholic Monarchs (Fernando e Isabel)
rezar (c) to pray (10)
rico/a rich; delicious
rienda rein, control line
riesgo risk; **libre de riesgo** risk free
rígido/a rigid
rima rhyme (12)
rinoceronte *m.* rhinoceros (7)
río river (8)
risa laughter
ritmo *n.* rhythm (12)
rivalidad *f.* rivalry
robar to steal, rob
rocanrol *n. m.* rock and roll
rocío dew
rock *m.* rock (*music*) (11)
rodar (ue) to roll
rodilla knee (5); **de rodillas** kneeling
rogar (ue) to beg
rojo/a red
Roma *f.* Rome
románico/a Romanic (*language*)
romano/a *n.; adj.* Roman; **Iglesia Católica Apostólica Romana** Apostolic Roman Catholic Church; **número romano** Roman numeral
romántico/a romantic; **galán** *m.* **romántico** romantic lead
rompecabezas *m. s.* puzzle
romper (*p.p.* **roto**) to break; **romperse la pierna** to break one's leg
ropa *s.* clothes
rosa: de color *m.* **rosa** red
rosado/a pink
rosario rosary
rotular to label
rozado/a cleared
rubio/a blond
rudimentario/a primitive
rudo/a rough, coarse
rueda wheel

ruido noise
ruidoso/a noisy
ruina *n.* ruin
rumbo de in the direction of
ruso *n.* Russian (*language*)
ruso/a *adj.* Russian
rústico/a rustic; rural
ruta *n.* route
rutina routine

S

sábado Saturday (4)
sabelotodo *n.* know-it-all
saber (*irreg.*) to know (*a fact, some information*); **saber + inf.** to know how to (*do something*)
sabiamente wisely
sabor *m.* flavor, taste
sabroso/a tasty, flavorful
sacacorchos *n. m. s.* corkscrew
sacado/a taken out, removed
sacar (qu) to take out; to receive (*a grade*) (9); **sacar fotos** to take photos (3)
sacerdote *m.* priest (10)
sacrificio *n.* sacrifice
sagrado/a holy
sal *f.* salt (6)
sala room; living room (1); **sala de espera** waiting room (5)
salado/a salty
salario salary
salchicha sausage (6)
saldo: en saldo on sale
salida exit
salina salt pit
salir (*irreg.*) to go out; to leave; to come out; result (8); **salir a cenar** to go out to dinner
salsa *term that includes most forms of contemporary Latin popular music* (11)
salsa picante hot sauce
salto waterfall; **Salto Ángel** Angel Falls (*in Venezuela*)
salud *f.* health
saludable *adj.* healthy
saludar to greet
salva greeting

salvadoreño/a *n.; adj.* Salvadoran, *pertaining to or from El Salvador*

salvar to save (*from harm*)

salvavidas *n. m. s.* lifejacket; lifeguard

salvo/a *adj.* safe

sancocho *n.* boiled dinner

sándwich *m.* sandwich

sangre *f.* blood (5)

sano/a healthy

santería *religion similar to voodoo practiced primarily by people of the Caribbean region*

santificado/a sanctified

santo/a *n.* saint; *adj.* holy; **día del santo** saint's day; **Santa/Sagrada Biblia** Holy Bible (10); **¡Santo Dios!** My God!; **santo patrón** patron saint; **Semana Santa** Holy Week

saque *m.* goal kick (*in soccer*); serve (*in tennis*)

sarcasmo *n.* sarcasm

sarcástico/a sarcastic

sartén *f.* frying pan, skillet

sastre/a *n.* tailor (9)

satánico/a satanic

sátira satire

satírico/a satirical

satirizar (c) to satirize (12)

satisfacción *f.* satisfaction

satisfacer (*like* **hacer**) (*p.p.* **satisfecho**) to satisfy

satisfecho/a satisfied; full (*after a meal*)

saxofón *m.* saxophone (11)

sazonador *m.* seasoner

seco/a dry; **estación seca** dry season

secado/a dried; drying

secar (qu) to dry

sección *f.* section

secretario/a secretary (9)

secreto secret

sector *m.* sector (*of the economy*)

secuencia sequence

secundario/a secondary; **educación** secondary (high

school) education (2); **escuela secundaria** secondary (high) school; **personaje secundario** secondary character (12)

sed *f.* thirst; **tener** (*irreg.*) **sed** to be thirsty

sefardí (*pl.* **sefardíes**) Sephardic

seguida: en seguida at once, immediately

seguir (i, i) (g) + *ger.* to continue, keep on (*doing something*); to follow; **seguir derecho** to go straight

según according to

segundo/a second; **segunda clase** second class (8); **segunda especialidad** minor (*course of studies*) (2); **segundo plato** second course (*of a meal*)

seguridad *f.* security, safety; certainty

seguro/a *adj.* sure; safe, secure; **seguro médico** medical insurance (5)

selección *f.* selection

seleccionar to select

selectivo/a *adj.* selective

sello stamp

selva jungle (8)

selvático/a jungle-like

semana week; **fin** *m.* **de semana** weekend; **Semana Santa** Holy Week (10)

sembrado/a planted land

sembrar (ie) to sow, plant

semejante similar

semestre *m.* semester

semilla seed

sencillo/a *adj.* simple

senda *n.* path, trail

sensación *f.* sensation, feeling

sentado/a seated

sentar (ie) to seat (*someone*); **sentarse** to sit down, have a seat

sentido *n.* sense; **cinco sentidos** five senses

sentimiento feeling

sentir (ie, i) to feel sorry, regret;

sentirse to feel (*good, bad, better, etc.*)

señal *f.* sign, signal

señor (Sr.) *m.* Mr.; sir; gentleman; Lord (*especially in prayers*); **Señor feudal** feudal Lord

señora (Sra.) Mrs.; ma'am; lady

separado/a separated (1)

separar to separate

septiembre *m.* September

séptimo/a seventh

sequía *n.* drought

ser (*irreg.*) to be; **bendito (alabado) sea** blessed be; **dicho sea de paso** it should be noted in passing; **es decir** that is to say; **es la (son las)...** it's . . . o'clock; **o sea** that is to say

serie *n. f. s.* series

serio/a serious

sermón *m.* sermon

serpiente *f.* serpent, snake (7)

servicio service; **bienes y servicios** goods and services

servir (i, i) to serve; to be of use; **¿para qué sirve?** what's it good for?; **servir de** to serve as; **sírvase** + *inf.* please + *inf.*

sésamo: ábrete sésamo open sesame

sexto/a sixth

si if; **por si (acaso)** in case; **si bien** although

sí yes

sicología psychology

sicológico/a psychological

sicólogo/a psychologist

siembra *n.* planting, seeding; **siembra de árboles** *m.* tree planting

siempre always

sierpe *f.* serpent, snake (7)

sierra *n.* mountain range

siesta nap; **echar (tomar) una siesta** to take a nap (3)

siglo century; **siglo XXI (veintiuno)** 21st century; **Siglo de Oro** Goldern Age (*Spanish Literature*) significado *n.* meaning; significance

significante *adj.* significant

significar (qu) to mean; to signify

significativo/a significant

siguiente *adj.* next; following; **al día siguiente** on the following day

silbar to whistle

silbido *n.* whistle (*sound*)

silencio *n.* silence

silencioso/a *adj.* silent

silla chair (1)

sillón *m.* armchair, easy chair (1)

silvestre *adj.* wild; **malva silvestre** wild mallow

simbólico/a symbolic

simbolizar (c) to symbolize (12)

símbolo *n.* symbol (12)

símil *n. m.* simile (*type of literary comparison*) (12)

simpatía affection, fondness, liking,

simpático/a likeable, pleasant, appealing

simple *adj.* simple

sin without; **sin cesar** unceasingly; **sin duda** without doubt, doubtlessly; **sin embargo** nevertheless (12); **sin prisa** unhurriedly; **sin que** *conj.* without; **sin zapatos** shoeless, barefoot

sinagoga *f.* synagogue (10)

sinceridad *f.* sincerity

sincero/a sincere, honest

sinfónica/o symphonic; **orquesta sinfónica** symphony orchestra (11)

singular *adj.* singular; *gram.* singular number

sino but (rather); **no sólo... sino también...** not only . . . but also . . .

síntoma *m.* symptom

siquiera at least, even

sirviente *m., f.* servant

sistema *m.* system

sitio *n.* site; Web site

situación *f.* situation

situar (sitúo) to place, put

sobre *prep.* on, about, above; *n. m.* envelope; **sobre todo** above all; **versar sobre** to be about (12)

sobrevivir to survive

sobrino/a nephew/niece (1)

social *adj.* social; **ciencias sociales** social sciences (2)

socialista *n. m., f.; adj.* Socialist

sociedad *f.* society; **sociedad anónima** incorporated

sociología sociology (2)

socorro succor, aid

sofá *m.* sofa, couch (1)

software m. software

sol *m.* sun; **gafas de sol** sun glasses; **hace sol** it's sunny; **puesta del sol** sunset

soldado soldier

solemne solemn, serious

soler (ue) + *inf.* to tend to (*do something*)

solicitado/a requested

solicitar to request, solicit, look for

sólidamente solidly, firmly

solitario/a solitary, alone

sollozo sob

sólo *adv.* only

solo/a alone

soltarse (ue) to let go, release

soltero/a single person; **mamá soltera** single mom; **papá soltero** single dad

solución *f.* solution

solucionar to solve

sombra shade; shadow

sombrero hat

sonar (ue) to sound

sonido sound; **sonido latino** Latin music

sonreír (i, i) (*p.p.* **sonreído**) to smile

sonrisa *n.* smile

soñador(a) dreamer

soñar (ue) (con) to dream (about)

sopa soup

soplar to blow (*wind*)

sor *f.* Sister, *title for a nun*

sorprender to surprise

sorpresa surprise

sorpresivo/a surprising

sostener (*like* **tener**) to sustain; to hold up; to keep up

suave *adj.* soft, smooth; **¡qué suave!** how great!

suavizar (c) to smooth; to soften

subir to go up (*stairs, a hill*); to rise; to get in/on (*car, train, etc.*)

subjefe *n. m., f.* assistant chief

subjuntivo *gram.* subjunctive

submarino/a underwater

subordinado/a: **cláusula subordinada** *gram.* subordinate clause

subrayar to underline (12); *fig.* to stress

suceder to happen, occur

sucesión *f.* succession, series

suceso *n.* event, occurrence

sucio/a dirty

sucumbir to yield

sudado/a *adj.* sweaty

Sudamérica *f.* South America

sudar to sweat

sudor *n. m.* sweat

suegro/a father-in-law/mother-in-law (1)

sueldo salary (9)

suelo *n.* ground, floor

sueño sleepiness; dream; **tener** (*irreg.*) **sueño** to be sleepy

suerte *f.* luck; **¡qué suerte!** what luck!, how lucky!; **tener** (*irreg.*) **suerte** to be lucky

suéter *m.* sweater

suficiente *adj.* enough, sufficient

sufijo *n.* suffix

sufrimiento suffering

sufrir to suffer

sugerencia suggestion

sugerir (ie, i) to suggest (12)

Suiza Switzerland

suizo/a *n.; adj.* Swiss

sujeto *gram.* subject (*of a verb*)

sumamente very, extremely

superar to surpass, overcome

superinteligente *adj.* very intelligent

superior *adj.* upper; higher
superlativo *gram.* superlative
supermercado supermarket
suplicar (qu) to beg
suponer (*like* **poner**) (*p.p.* **supuesto**) to suppose
supremo/a supreme, highest
supuesto (*p.p. of* **suponer**) supposed; **por supuesto** of course
sur *n. m.* south; **América del Sur** South America
Suramérica *f.* South America
surco *n.* furrow, plowed row
surgir to arise; to appear
suroeste *m.* southwest
surrealista *n. m., f.; adj.* surrealist (*art movement of the 20th century*)
suspiro *n.* sigh
sustancia substance
sustantivo *n. gram.* noun
sustituir (y) to substitute
susurrar to whisper, murmur
suyo/a *poss.* of yours, yours; of his, his; of hers, hers; of theirs, theirs

T

tabla *n.* table, chart
tacaño/a stingy
tacita small cup (*diminutive of* **taza**)
taco *n.* taco (*kind of tex-mex sandwich*)
taíno Taino (*indigenous peoples of Puerto Rico*)
tajamar *m.* dam, dyke
tal such (a); **con tal (de) que** provided that; **fulano de tal** so and so; **tal como** such as, just as; **tal vez** perhaps
talento talent
tallarín *m.* noodle
tallo stem
tamal *n. m.* tamale
tamaño size
también also
tambor *m.* drum (11)

tamborilear to drum
tampoco neither, not either
tan as, so; **tan... como** as . . . as; **tan pronto como** as soon as
tango *n.* tango (*dance style created in Argentina*) (11)
tanto/a as much, so much; *pl.* as many, so many; **mientras tanto** meanwhile; **por lo tanto** therefore; **tanto/a... como** as much . . . as; **tantos/as... como** as many . . . as; **treinta y tantos** thirty so, about thirty
taoísmo *n.* Taoism (10)
tapar to block (*a ball in volleyball*)
tapia adobe wall
taquilla box-office (8)
tarde *adv.* late; **más tarde** later; **tarde o temprano** sooner or later
tarde *n.* afternoon; **las... de la tarde** . . . o'clock in the afternoon; **por la tarde** in the afternoon; **todas las tardes** every afternoon
tarea homework; task, job (2)
tarifa *n.* tariff; price list
tarjeta card; **tarjeta de crédito** credit card (9); **tarjeta postal** postcard
tarta cake; pie; *type of sandwich* (6)
Tarzán *m.* Tarzan
tasa *n.* rate
tatuaje *m.* tatoo
taxi *n. m.* taxicab
taxista *n. m., f.* taxi driver
taza cup
té *n. m.* tea (6)
teatral *adj.* theatrical, theater
teatro theater (2)
techo roof
técnica *n.* technique
técnico/a *adj.* technical
tecnología technology
tecnológico/a technological
tejido fabric, textile
tele *f.* television (1); **mirar la tele** to watch TV (3)
telefónico/a *adj.* telephone;

llamada telefónica telephone call
teléfono telephone; **hablar por teléfono** talk on the phone; **llamar por teléfono** to phone
telenovela soap opera
televisión *f.* television
televisor *n. m.* television set
tema *n. m.* theme, subject, topic (12)
temblar (ie) to tremble
tembloroso/a trembling, tremulous
temer to fear, be afraid (of)
temperatura temperature; **tomarle la temperatura a alguien** to take someone's temperature
templado/a temperate
templo temple (10)
temporal *adj.* time; **línea temporal** time line
temprano early; **más temprano** earlier; **tarde o temprano** sooner or later
tendencia tendency
tenderse (ie) to stretch out, lie down
tendido/a stretched out, lying down
tener (*irreg.*) to have; **no tener nada que decir** to have nothing to say; **tener... años** to be . . . years old; **tener calor** *m.* to be hot (*person*); **tener canas** to be gray (*hair*); **tener la culpa** to be to blame; **tener dolor** *m.* **de cabeza** to have a headache; **tener éxito** to be successful; **tener frío** to be cold (*person*); **tener ganas de** + *inf.* to feel like (*doing something*); **tener hambre** *f.* to be hungry; **tener lugar** *m.* to take place; **tener miedo** to be afraid; **tener prisa** to be in a hurry; **tener que** to have to; **tener razón** *f.* to be right; **tener sed** *f.* to be thirsty; **tener sueño** to be sleepy; **tener suerte** *f.* to be lucky

tenis *n. m.* tennis (3)
tenista *n. m., f.* tennis player
tensión *f.* tension
tenso/a tense, tight
tentación *f.* temptation
teología theology
teológico/a theological
teoría theory
tercer, tercero/a third
terminación *f. gram.* ending (*of verbs, adjectives, etc.*)
terminar to conclude; to end; to finish (4); **para terminar** to conclude (12)
término *n. m.* end; term (*word*)
ternura tenderness
terreno land, terrain
territorio territory, area
tesis (*pl.* **tesis**) *f.* thesis (12)
tesoro treasure
testimonio testimony
Tex-mex *adj. pertaining to the Mexican population of Texas, especially food*
texto text; **libro de texto** textbook
tiburón *m.* shark (7)
tiempo *n.* time; weather; *gram.* tense; **a tiempo** on time; **a tiempo que** at the same time as; **hacer** (*irreg.*) **buen/mal tiempo** to be good/bad weather; **hacer mucho tiempo que** + *present* to have *done something* for a long time; **pasar tiempo con** to spend time with; **¿qué tiempo hace?** what's the weather like?; **tiempo libre** free time
tienda store (8)
tierra land
tieso/a stiff
tigre *n. m.* tiger (7)
timbal *m.* kettledrum, tympanum (11)
timbre *m.* postage stamp
tímido/a timid
tinieblas *n. f. pl.* darkness; ignorance
tinta *n.* ink

tío/a uncle/aunt; **tío abuelo** great uncle (1)
típico/a typical; **plato típico** typical regional dish
tipo *n.* type, kind
tirarse to throw oneself
título title
tiza chalk
tobillo ankle (5)
tocadiscos *n. m. s.* record player
tocar (qu) to touch; to knock; to play (*an instrument or a CD*); **tocar (qu) el piano / la guitarra** to play the piano/the guitar (3)
tocino bacon (6)
todavía still, yet
todo/a all (of), every(thing); **de todas partes** from everywhere; **por todas partes** everywhere; **sobre todo** above all; **todo derecho** straight ahead; **todo el día** all day; **todos los días / las noches** every day/every night
tomar to take; to drink (8); **tomar el pulso** to take the pulse (5); **tomar el sol** to sunbathe; **tomar en cuenta** to take into account; **tomar las riendas** (*fig.*) to take control (*of a situation*); **tomar una siesta** to take a nap (3); **tomarle la temperatura a alguien** to take someone's temperature
tomate *n. m.* tomato (6)
tomo volume (*book*)
tono *n. m.* tone
tonto/a *n.* fool; *adj.* silly
torcer (ue) (z) to twist (5)
torero/a bullfighter
tormenta storm
tornarse to turn, become (*weather*)
torneo tourney, tournament
toro bull (7); **plaza de toros** bullring (8)
torpe *adj.* awkward, clumsy
torta cake; pie (6)
tortilla *Mex.* tortilla (6), *Sp.* omelette
tos *f.* cough (5); **jarabe** *m.* **para la tos** cough syrup

toser to cough (5)
tostado/a toasted
trabajador(a) *n.; adj.* (hard) worker
trabajar to work (9); **trabajar en el jardín** to work in the garden (3)
trabajo work; job
trabalenguas *n. m. s.* tongue-twister
tradición *f.* tradition
tradicional traditional
traducción *f.* translation
traducido/a translated
traducir (zc) (*irreg.*) to translate
traductor(a) translator
traer (*irreg.*) (*p.p.* **traído**) to bring; to have, carry (**la tortilla española trae huevos**)
tráfico *n. m.* traffic
tragar (gu) to swallow
trágico/a tragic, sad
trama plot (*of a novel, movie, etc.*) (12)
trampa *n.* trap; trick
tranquilizado/a tranquilized
tranquilo tranquil, calm, peaceful
transacción *f.* transaction
transcurso course; passage (*time*)
transferir (ie, i) to transfer
transformarse to be transformed, changed
transparente *adj.* transparent
transporte *m.* transportation; **medio/modo de transporte** means of transportation
tras behind; after
trascendencia transcendence, importance
trasladar to transfer
trasto utensil; household junk
trastorno *n.* upset; disturbance
trasudar to perspire, sweat lightly
tratado treaty; treatise, exposition
tratamiento treatment
tratar to treat; to deal with; **tratar de** to be about (12); **tratar de** + *inf.* to try to (*do something*)
través: a través de through, by means of; across
trayectoria trajectory
trazar (c) to draw; to trace; to sketch

tremendo/a huge; great

tren *n. m.* train (8); **coche de tren** train car; **estación** *f.* **de trenes** train station (8)

triángulo triangle

tribu *f.* tribe

tribulación *f.* tribulation, trouble

tributo tribute, tax

trigo wheat

trigueño/a brunette; dark complexioned

trimestre *m.* quarter (*period of three months*)

trinidad *f.* trinity

triste sad; unhappy; **ponerse** (*irreg.*) **triste** to become sad

tristeza *n.* sadness

triunfar to triumph (4)

trivial *adj.* trivial; trite

trombón *m.* trombone (11)

trompeta trumpet (11)

tronar (ue) to thunder

tropical: bosque *m.* tropical rainforest (8)

trozo piece

trueno thunder; **hay trueno** there's thunder

truncado/a chopped off, truncated

tú: allá tú it's up to you

tuba tuba, bass horn (11)

tubo pipe (*for water, gas, etc.*)

tupido/a dense, thick

turismo tourism

turista *n. m., f.* tourist

turístico/a *adj.* tourist

turno *n.* turn; **de turno** on duty

tuyo/a *poss.* your, of yours

U

Ud.: allá Ud. it's up to you

último/a last; latest; ultimate

umbral *m.* threshhold

único/a only; unique; **hijo/a único/a** only child (1); **la única cosa** the only thing; **lo único** the only thing

unido/a united; **Estados Unidos** United States

unidad unit; unity

unificar (qu) to unify; to join (4)

unión *f.* union; joining

universidad *f.* university

universitario/a *adj.* university; **ciudad** *f.* **universitaria** university campus; **vida universitaria** university life

urgente *adj.* urgent, emergency

uruguayo/a *n.; adj.* Uruguayan

usar to use, employ; to wear

uso *n.* use; **hacer** (*irreg.*) **uso de** to make use of

usuario/a user

utensilio utensil

útil useful

utilizar (c) to utilize, to use

uva *n.* grape (6)

V

vaca cow (7)

vacación *f.* vacation; **estar** (*irreg.*) / **ir** (*irreg.*) **de vacaciones** to be/to go on vacation; **pasar las vacaciones en...** to spend one's vacation in . . .

vacío/a empty

vacuna *n.* vaccination

vagón *m.* railcar; **vagón de pasajeros** passenger railcar (8)

vaina pod, husk

vaivén *m.* fluctuation; swinging

valer (*irreg.*) to be worth; **vale la pena** it's worthwhile, worth the trouble; **Válgame Dios** God help me

valiente *adj.* brave, courageous

valle *n. m.* valley

valor *n. m.* value

vano: en vano in vain, uselessly

vapor *n. m.* steamship (8)

vara *n.* rod; measuring stick

variación *f.* variation

variado/a varied

variante *n. f.* variant

variar (varío) to vary

variedad *f.* variety

varios/as several; various; varied

vaso (drinking) glass

Vaticano Vatican

vecino/a neighbor

vega plain

vehículo vehicle

vejez *f.* (*pl.* vejeces) old age

velar to watch over

velocidad *f.* speed, velocity

vena *n.* vein (5)

vencer (z) to defeat; to surpass, overcome

vencido/a defeated; **darse** (*irreg.*) **por vencido** to give up, yield; to cry uncle

vendedor(a) salesperson (9)

vender to sell; **vender con ganancia** to sell at a profit (9); **vender productos** to sell products (9)

venezolano/a *n.; adj.* Venezuelan

venganza vengeance

venida *n.* coming

venir (*irreg.*) to come; **el año que viene** next year

venta *n.* sale; **en venta** on sale (9)

ventaja advantage

ventana window

ventanilla small window; **asiento de ventanilla** window seat (8)

ver (*irreg.*) (*p.p.* visto) to see; to watch; **a mi modo de ver** in my opinion; **tener** (*irreg.*) **que ver con** to have to do with; **verse** to find oneself; **ver la tele** to watch TV (3)

verano summer

verbo *gram.* verb; **verbo irregular** irregular verb; **verbo principal** main verb; **verbo regular** regular verb

verdad *n. f.* truth; **¿verdad?** right?

verdadero/a true

verde *n. m.* green (*color*), *adj.* green, not ripe; **judías verdes** green beans

verificado/a verified

versar sobre to be about (12)

versión *f.* version

verso line of poetry

vértigo vertigo, dizziness

vestir (i, i) to dress (*someone*); **vestirse** to get dressed; **vestirse de etiqueta** to dress formally

vez *n. f.* (*pl.* **veces**) time, occasion; **a la vez** at the same time; **a veces** at times, sometimes; **cada vez más** more and more; **cada vez mayor** larger and larger; **de vez en cuando** from time to time; **en vez de** instead of; **muchas veces** often; **otra vez** again; **la primera vez** the first time; **tal vez** perhaps; **la última vez** the last time; **una vez/dos veces** once/twice (4)

vía *n.* route, way

viajar to travel (8); **viajar al extranjero** to travel abroad

viaje *m.* trip; *pl.* travels; **agencia (agent) de viajes** travel agency (agent); **hacer un viaje** to take a trip (8)

viajero/a traveler

víbora snake (7)

vibrante *adj.* vibrating

victorioso/a victorious

vida life; **costo de la vida** cost of living; **vida diaria** daily life; **vida familiar** family life; **vida universitaria** university life

vídeo *n.* video

videocasetera VCR (1)

vidrio glass (*window, etc.*)

viejecito/a *n.* little old man/little old woman

viejo/a *adj.* old, elderly; *n.* old man/old woman; **Viejo Mundo** Old World

viento wind; **hacer** (*irreg.*) **viento** to be windy; **instrumento de viento** wind instrument

vientre *m.* belly; womb

viernes *m. s.* Friday (4)

vigilante *adj.* vigilant, watchful

vigilar to watch, keep an eye on

vino *n.* wine (6)

violencia violence

violento/a violent

violeta violet (*color*)

violín *m.* violin (11)

violoncelo cello (11)

virgen *n. f.* virgin; *adj.* virgin, uncorrupted

virtud *f.* virtue

visa *n.* visa

Visigodo/a *n.* Visigoth

visionario/a *n.* visionary

visitar to visit (8)

visto/a (*p.p. of* **ver**) seen; **punto de vista** point of view

visual *adj.* visual

viudo/a widower/widow (1)

vívido/a vivid, lively

viviente *adj.* alive, animated

vivir to live

vivo/a *adj.* live, alive; **el cerco vivo** live fence (*made of bushes*); **en vivo** live (*broadcast, etc.*)

vocal *f.* vowel

volar (ue) to fly (8)

volcán *m.* volcano

volcánico/a volcanic

voleibol/volibol *m.* volleyball (3)

voluntad *f.* will; willpower

voluntario/a volunteer

volver (ue) (*p.p.* **vuelto**) to return, go back; **volver a** + *inf.* to (*do something*) again

vomitar to vomit (5)

votar to vote

voto *n.* vote

voz (*pl.* **voces**) *f.* voice; **en voz alta** aloud

vudú *n. m.* voodoo

vuelo flight (8); **asistente de vuelo** flight attendant (8)

vuelta *n.* return; **boleto de ida y vuelta** round-trip ticket; **dar** (*irreg.*) **vueltas** to turn around and around

vulgar *adj.* vulgar, common, low

Y

y and

ya now, already; right now; by then; **ya lo creo** of course, certainly; **ya no** no longer;

yacer (zc) to lie (*down*)

yerno son-in-law (1)

yendo (*ger. of* **ir**) going

yo mismo I myself

yogur *n.m.* yogurt (6)

Z

zanahoria carrot (6)

zapatería shoe store, shoe shop

zapatero/a shoe repairer; shoe maker, cobbler; shoe seller

zapato shoe; **sin zapatos** shoeless, barefoot

zona zone, area

zoológico/a *adj.* zoological; **parque** *m.* **zoológico** zoo

zorrillo skunk (7)

zorro/a fox (7)

zumbido buzz

zumo *Sp.* juice

Index

About the Author

Michael D. Thomas is Chairperson of the Department of Modern Foreign Languages at the University of Mary Hardin-Baylor, Belton, Texas, where he has taught Spanish and French for 17 years. He previously taught Spanish and Portuguese at the University of Houston from 1975-1983. He has directed 18 summer intensive language programs and numerous study abroad programs in Mexico and Costa Rica.

Professor Thomas received his B.A. and M.A. in Spanish and French from the University of Northern Iowa. He holds a Ph.D. in Spanish and Portuguese from the University of Kansas and has done post-doctoral study at the Université de Paris (Sorbonne), Dartmouth College, and Yale University.

In addition, Professor Thomas has given workshops on his teaching methods at the Texas Foreign Language Association Conference, Dartmouth College, Houston Baptist University, and at the University of Texas, Austin. He has received three awards for excellence in teaching, including being named a "Piper professor" in 1990 by the Minnie Stevens Piper Foundation of San Antonio, Texas.

Professor Thomas has published articles and reviews on twentieth century Spanish literature and is currently pursuing research into the origins of the novel in Spain. He has also compiled an anthology of Hispanic poetry with his own translations.

Professor Thomas lives in Temple, Texas, with his wife, Susan. They have three children.